检察实务调研集

（2015—2017 年）

海南省人民检察院第二分院　编

中国海洋大学出版社
·青岛·

图书在版编目（CIP）数据

检察实务调研集. 2015—2017 年 / 海南省人民检察院第二分院编. — 青岛：中国海洋大学出版社，2019.5
ISBN 978-7-5670-2221-8

Ⅰ. ①检… Ⅱ. ①海… Ⅲ. ①检察机关–工作–调查研究–海南–2015-2017–文集 Ⅳ. ①D926.32-53

中国版本图书馆 CIP 数据核字(2019)第 092680 号

出版发行　中国海洋大学出版社
社　　址　青岛市香港东路 23 号
邮政编码　266071
出 版 人　杨立敏
网　　址　http://pub.ouc.edu.cn
电子信箱　1922305382@qq.com
订购电话　0532-82032573（传真）
责任编辑　曾科文　周佳蕊　　　　电　话　0898-31563611
印　　制　海南金永利彩色印刷有限公司
版　　次　2019 年 5 月第 1 版
印　　次　2019 年 5 月第 1 次印刷
成品尺寸　170 mm × 240 mm
印　　张　28
字　　数　516 千
印　　数　1—2500
定　　价　78.00 元

发现印装质量问题，请致电 0898-66728019 调换。

目　录

CONTENTS

课　题

完善退回补充侦查相关问题研究 ……… 海南省人民检察院第二分院课题组 / 1

以审判为中心诉讼制度改革与新型侦诉审工作机制构建研究

——以审判为中心视角下新型侦诉审关系的构建

…………………………………… 海南省人民检察院第二分院课题组 / 16

以审判为中心视角下的退回补充侦查

——以H省检察机关部分案件为样本

…………………………………… 海南省人民检察院第二分院课题组 / 32

检察官办案责任制的实践与探索研究 … 张远南　李光甫　傅剑平　李少甲 / 47

“天保”工程中渎职犯罪轻刑化实证分析

——以海南某分院辖区判决的此类案件为视角

……………………………………………… 黄太银　李颍林　陈玉琪 / 66

海南检察机关办理公益诉讼案件实证研究 ………………………… 张远南 / 77

理论文章

认罪认罚从宽制度中检察机关的作用研究 …… 李伟军　文　伟　李颍林 / 90

检察机关推动全面从严治党向纵深发展的思考 …………………… 李伟军 / 101
司法责任制改革背景下核阅制度的构建 …………………………… 李伟军 / 112
核阅制度初探 ………………………………………………………… 张远南 / 119
检察机关如何进一步加强和改进生态检察 ………… 罗凡兴　李颍林 / 127
检察机关惩防扶贫领域职务犯罪服务海南脱贫攻坚战的路径选择
………………………………………………………………… 罗凡兴 / 134
司法责任制下检察官责任追究的完善
——以三起强奸抗诉案为例分析 ………… 文　伟　李颍林　陈相敏 / 141
检察机关如何在打赢脱贫攻坚战中发挥职能作用 ……………… 文　伟 / 151
农村基层三元治理模式之建构与法律监督研究
…………………………………………… 刘国良　杨洪泽　王　巍 / 159
检察机关强化法律监督　服务保障海南自由贸易区（港）建设国家生态文明试验区的思考
——以海南省H院开展生态检察工作为例 ………… 王　巍　李少甲 / 166
加强和改进生态检察　保障生态宜居美好新海南建设 …………… 陈　雄 / 175
检察官员额制试点中的问题与完善 ……………………… 李颍林　闫春蕾 / 183
关于建立案件质量监督评查制度的思考 ………………………… 王帮元 / 193
关于建立检察机关提起公益诉讼制度的思考 …………………… 王帮元 / 200
论检察机关内设业务机构的重构 ………………………………… 王帮元 / 205
检察公益诉讼工作机制完善路径分析 …………………………… 王帮元 / 220
论建设和谐国际旅游岛的法律保障
——关于海南特区立法的几点思考 ……………………………… 王帮元 / 233
论生态检察制度的构建 …………………………………………… 王帮元 / 238
新常态下检察机关形成自身反腐倡廉机制之探究 ……………… 刘子金 / 250
明晰司法责任的四个着力点 ……………………………………… 刘子金 / 254
构建我国检察官助理制度初探 …………………………………… 张　幸 / 259
民事诉讼法执行程序司法解释若干问题的理解与适用 ………… 何钦武 / 267

检察官司法责任制度研究 …………………………………………… 苏保云 / 271
核阅制度的功能定位和作用 ………………………………………… 赵志杰 / 281

实 务

防止错案与检察职业责任的平衡兼顾
——以一起找不到尸骨的故意杀人案为例 ………………………… 张远南 / 291
论司法办案的多维度思维 …………………………………………… 张远南 / 298
这起杀人案是否过了追诉时效 ……………………………………… 张远南 / 305
从控辩视角审视王书金故意杀人案 ………………………………… 张远南 / 312
对阿珠的“入户抢劫行为”应当如何定性、量刑 ………………… 张远南 / 321
检察机关案件承办确定机制研究 …………………………………… 王 巍 / 324
海南省人民检察院第二分院生态检察工作调查报告 ……… 二分院课题组 / 334
公诉工作如何开展生态检察
——以一起非法采伐黄花梨案罪名研究为例 ……………………… 李 梅 / 346
试析违法发放林木采伐许可证罪之“情节严重” ………………… 李光甫 / 351
非法占用农用地罪的特殊犯罪构成及证明
——周某某非法占用农用地案的实践展开 ………………………… 潘成荣 / 359
检察官联席会议程序设计探幽 ……………………………………… 庄二华 / 371
检察技术信息化人员在司改中面临的问题与对策 ……… 陈玉林 冯宗美 / 378
新《刑事诉讼法》框架下的司法鉴定问题浅析 ………… 陈玉林 冯宗美 / 386
海南检察机关生态环境领域职务犯罪预防机制初探 ……… 陈 运 张 幸 / 399
论行政调解的检察监督
——源于两则案例的思考 …………………………………………… 王帮元 / 310
危害生态犯罪实证研究
——以E分院辖区的提起公诉的此类案件为视角 ………………… 李颍林 / 419
检察机关如何为新一轮农垦改革服务研究 ………………………… 陈 颖 / 435

课　题

完善退回补充侦查相关问题研究

海南省人民检察院第二分院课题组*

内容摘要：实践中，案件侦查质量不高等原因，导致要退回补充侦查的案件占移送审查起诉的案件的比例一直居高不下。检察机关对侦查机关的过度迁就，造成侦查机关对证据要求一直不高。退回补充侦查不到位，补查不得力，导致诉讼难度增加。在一审期间没有补充的证据材料，部分案件在二审阶段尚能补到，部分案件永远失去了补充的机会。本文试从分析退回补充侦查案件的现状及原因的角度出发，提出退回补充侦查案件的救济机制，强化审前过滤职责，对退回补充侦查工作的监督和制约，完善退回补充侦查制度，提高案件质量。

关键词：完善　退回补充侦查　补充证据

针对退回补充侦查的案件占移送审查起诉的案件的比例一直居高不下的现状，课题组通过召开座谈会、发放调查问卷、查阅案卷等方式，重点选取H省检察机关中的E分院和其辖区的C、D、L检察院以及Y分院辖区的W检察院的退回补充侦查案件情况进行统计分析，研究问题，剖析问题，对完善退回补充侦查工作提出建议，以适应以审判为中心的诉讼制度和司法责任制改革。

一、退回补充侦查现状

从调研情况看，除C检察院外，基本上各院三分之一甚至以上的案件经过了

---

*本文系最高人民检察院2017年检察专题调研重点题目《完善退回补充侦查相关问题研究》理论成果。课题组负责人为李伟军（海南省人民检察院第二分院党组书记、检察长），成员为陈雄（海南省人民检察院第二分院法律政策研究室主任）、李颖林（法律政策研究室副主任）。

退回补充侦查，少量的案件经过了两次退回补充侦查。

（一）退回补充侦查案件情况[①]

E 分院

年度	受理案件数（件/人）	第一次退查案件数（件/人）	一退率（%）	第二次退查案件数（件/人）	二退率（%）
2014	119/223	52/100	43.70/44.84	18/50	15.13/22.42
2015	114/259	61/154	53.51/59.46	17/67	14.91/25.87
2016	107/212	50/127	46.73/59.91	25/77	23.36/36.32
2017 上半年	144/244	35/86	24.31/35.25	11/22	7.64/9.02

C 检察院

年度	受理案件数（件/人）	第一次退查案件数（件/人）	一退率（%）	第二次退查案件数（件/人）	二退率（%）
2014	189/266	45/73	23.81/27.44	13/20	6.88/7.52
2015	193/286	49/90	25.39/31.47	23/44	11.92/15.39
2016	188/276	60/110	31.91/39.86	28/67	14.89/24.28
2017 上半年	115/161	41/65	35.65/40.37	16/21	13.91/13.04

D 检察院

年度	受理案件数（件/人）	第一次退查案件数（件/人）	一退率（%）	第二次退查案件数（件/人）	二退率（%）
2014	251/325	96/140	38.25/43.08	39/57	15.54/17.54
2015	261/338	107/156	41.00/46.15	38/73	14.56/21.60
2016	253/349	106/165	41.90/47.28	50/91	19.76/26.07
2017 上半年	177/221	46/66	25.99/29.86	19/31	10.73/14.03

①来源于各院案件管理部门统计的数字。

L 检察院

年度	受理案件数（件/人）	第一次退查案件数（件/人）	一退率（%）	第二次退查案件数（件/人）	二退率（%）
2014	438/539	144/186	32.88/34.51	56/73	12.79/13.54
2015	427/557	161/231	37.70/41.47	59/92	13.82/16.52
2016	387/494	141/191	36.43/38.66	44/67	11.37/13.56
2017 上半年	221/278	71/79	32.13/28.42	17/22	7.69/7.91

W 检察院

年度	受理案件数（件/人）	第一次退查案件数（件/人）	一退率（%）	第二次退查案件数（件/人）	二退率（%）
2014	477/614	127/173	26.62/28.18	39/64	8.18/10.42
2015	437/553	151/210	34.55/37.97	53/88	12.13/15.91
2016	507/659	158/233	31.16/35.36	45/84	10.30/12.75
2017 上半年	407/473	89/130	21.87/27.48	25/48	6.14/10.15

（二）退回补充侦查案件特点

（1）退回补充侦查的案件，集中在多人多起、一人多起等重大疑难复杂案件。

（2）退回补充侦查后的部分案件经补查后符合提起公诉条件被提起公诉，极少量的被法院作无罪处理，部分案件经两次退回补充侦查后不符合提起公诉条件而作不起诉处理。

（3）退而不查、查而不细、查而不清甚至以说明代替侦查的现象仍时有发生，导致部分案件因缺少关键证据而难以认定或难以排除合理怀疑。部分案件第一次补充侦查的质量较高，部分案件第二次退回补充侦查才开始按退查内容要求进行补查，部分案件的瑕疵证据无法补正。

（4）自行侦查的案件多集中在分、市院的案件，基层院自行侦查的案件极少。在侦查机关补查不到位或没有补查时，分、市院不得不进行自行侦查。

如符某某故意伤害案中，符某某以被害人提供用于鉴定的 CT 影像资料系假冒为由，不服判决而上诉。二审期间，经二审检察员、公安侦查人员、被害人、被害人的儿子、上诉人的儿子共同到案发地的某市人民医院重新拍摄喉部 CT 片，以便进一步与鉴定的CT片进行比对，在调取该CT室所保存的原CT影像资料时发现，该市医院的系统内保存有就诊的所有记录，被害人陈某提供的喉部CT片系其在某市人民医院就诊时所拍摄，与其病历完全相符。上诉人上诉理由不成立。一审时，假如公诉机关或侦查机关做此工作，上诉人就没有以此为理由上诉的必要了。

(5) 各个检察院的第一次退回补充侦查的案件比率基本上每年变化不大。

（三）退回补充侦查中存在的问题

(1) 侦查质量不高导致退查数量、比例高，案件质量并不因退回补充侦查而提高。部分侦查人员证据意识不强，重破案，轻证据，没有及时固定证据，对影响定罪量刑的证据，在完全能够调取时未调取，在退回补充侦查时却失去了全面收集涉案证据的最佳时间，造成了案件证据不足，诉讼难度增加。

调研中发现案件质量不高主要表现在：直接证据缺乏或者存在矛盾，而间接证据链条不完整；证人证言、犯罪嫌疑人供述缺乏相互印证；遗漏罪行或者犯罪嫌疑人；量刑证据收集不到位；涉案实物证据保存不善、不随案移送甚至丢失；取保候审、监视居住适用不当，犯罪嫌疑人到案难；笔录与同步录音录像不一致，证据客观真实性存疑；侦查人员对物证和书证重视不够，缺少物证的提取过程、证据存放地的说明，目前仍存在缺少提取人员签名（以某地的案件最为突出，公安和检察办的基本均无提取书证人员的签名）；电子证据重视不够，要么是不及时提取或拒绝提取，要么是提取了不移送。

(2) 退回补充侦查的多，查的少。一方面是公诉部门退回补充侦查的内容多，侦查机关补查的内容和符合退查提纲要求的少。侦查机关认为案件移送审查起诉后侦查工作已经终结，对退回补充侦查存在抵触情绪。另一方面是公诉部门退回补充侦查的案件多和首选退回补充侦查的检察官多，自行补充侦查案件的少和自行补充侦查的检察官少。

部分案件经过一审后，案卷中仍存在关键性的错误，成为案件的硬伤，二审期间仍不得不补缺补漏。如孙某祥故意伤害上诉案中，伤情鉴定意见书分析说明中引用的《人体损伤程度鉴定标准》轻伤二级的标准的条款，鉴定结论却是被害人系重伤。侦查机关、公诉机关、一审法院均未发现此问题，二审检察官发现后要求侦查机关纠正时，侦查人员认为检察官多此一举。

(3) 退查提纲指向不明，可操作性不强。部分案件退查提纲过于简单笼统，对罪与非罪、此罪与彼罪、罪轻与罪重的证据要求把握不准，不能明确指出案件中存在问题、侦查方向和解决办法，缺乏明确的指导内容和可操作性。如E分院部分支持抗诉的案件，甚至是部分一审宣告无罪的案件，在二审时自行补充了新证据后，二审法院予以改判。而这些证据均是能在一审前补充到的，完全没有必要在二审来补充。如一审阶段退回补充侦查时补充侦查到位，就可能排除法院的合理怀疑，也就没有必要浪费司法资源提起二审程序抗诉。

如葛某2010年受贿40多万元，2011年一审法院以单位受贿罪判处葛某有期徒刑三年，公诉机关以适用法律错误为由抗诉，而葛某上诉要求改判其无罪。二审承办检察官调阅涉案单位的全部账目，补查了大量足以证明葛某犯受贿罪的证据，单位受贿罪不成立；同时还补查到了葛某的家属在葛某被侦查后、一审判决前，唆使相关证人伪造证据、提供违背事实的证言，严重干扰司法机关正常办案的证据。二审法院发回重审后，原审法院采信二审检察官所补充的证据，以受贿罪改判葛某有期徒刑十年。改判后，葛某要求以单位受贿罪改判其有期徒刑三年而再次上诉，二审裁定维持有期徒刑十年的原判。

(4) 互借办案期限。一方面是侦查机关向公诉部门借期限，随着司法责任制改革的推进，此现象逐渐减少。一是在案情尚未查清、证据明显不足而侦查期限已满的情况下，侦查机关先移送审查起诉，继续侦查；二是经事前与公诉部门协商，在未实质移送案件的情况下，仅办理移送审查起诉手续，继续侦查；三是在退回补充侦查不能补查完毕，常以"有突击行动，无法完成补查"为由，继续"借用"公诉部门审查起诉办案时间，完成补查。这也是侦查机关最常用的理由，将随公诉机关迁就侦查机关以补充侦查关键证据的存在而将长期存在。

另一方面是公诉部门向侦查机关借期限。公诉部门为缓解办案压力，在没有退回补充侦查必要的情况下作退回补充侦查处理。

(5) 为走程序退回补充侦查。许多重要证据甚至是定罪关键证据因在侦查阶段未及时提取，导致因时过境迁而难以补充，公诉部门通过退回补充侦查来体现工作和排除徇私的嫌疑。刑事诉讼法将退回补充侦查作为存疑不起诉的前置程序，作存疑不起诉的案件，即使预测退回补充侦查没有效果仍经历这一程序。如精神病人符某在2014年曾故意伤害被害人陈某的父亲陈某荣至重伤二级，因无刑事责任能力而不负刑事责任。2017年，犯罪嫌疑人符某故意伤害被害人陈某致死，为了查明公安机关有无对犯罪嫌疑人符某进行强制医疗而不得不进行退查。

(6) 犯罪嫌疑人未羁押的案件，有补充侦查超时现象。侦查人员往往只重视犯罪嫌疑人被羁押案件的办案期限，认为只要是未对嫌疑人采取羁押措施，超期不会侵犯到嫌疑人的权利。

(7) 审查起诉环节，排除非法证据的案件极少，导致出现无罪判决甚至冤假错案。

如符某某故意伤害案中，由于审判机关与检察机关对证据标准认识不一致，对非法证据排除程度认识不同，导致法检两家在案件认定方面存在分歧。法院认为，公诉机关出示的部分证据存在取证程序违法，具有诸多疑点、甚至相互矛盾的情形，不能形成完整的证据链条，判处符某某无罪。检察机关认为在没有新的直接有力有罪证据情况下，抗诉难以改变结果而放弃抗诉。①该案主要的定罪证据就是被告人的有罪供述，但侦查机关在取证程序方面存在一些瑕疵，如没有完全遵守办案期限规定，被告人额、面部存在的擦伤及瘀斑无法解释清楚，程序方面的问题难以让法官对被告人供述内容的真实性形成内心确信，不能排除其合理怀疑。②虽经两次退查，但由于侦查机关立案侦查不及时，证据收集太晚，致使关键性证据羊角锤在野外草丛中放置时间过长，羊角锤上黏附的指纹、DNA 灭失，该锤虽属先供后证的证据，但与该案没有建立起直接的联系。③侦查机关收集证据不全面、不规范。如侦查机关只提取了收条的复印件，影响了法官对该证据内容真实性的判断，作为本案关键性物证羊角锤的来源也没有查清，为被告人的翻供提供了机会。

再如张高平、张辉叔侄强奸错案[①]中，公诉机关退回补充侦查中有张高平手腕上三个圆形伤痕是否系侦查员用烟头烫伤等内容。退回补充侦查后，公安机关基本以说明来应对——“无法鉴定张手腕的伤疤系烟头烫伤，侦查员未刑讯逼供”。公诉机关未对非法证据进行排除，失去了纠正错案的机会。

(8) 因证据不足而被作不起诉处理的案件极少。

(9) 公诉引导侦查的数量不多，质量有待提高。

二、形成原因

（一）侦诉理念的差异

受侦查中心主义长期影响，我国刑事诉讼的重心在侦查阶段，公诉和审判工作都是为惩罚犯罪服务。诉、侦理念存在差异，公诉部门审查起诉案件以“证”

①广东省人民检察院：《张高平、张辉叔侄强奸错案的分析》，http：//10.44.100.59：81/forum.php?mod=viewthread&tid=1488&extra=page%3D3，访问日期：2017 年 8 月 13 日。

为中心，侦查机关以“破”为中心，将破案作为硬性考核规定，存在“重破案，轻诉讼”的思维模式。

（二）能力的不足

一方面是部分侦查人员能力的不足。一是缺乏特殊类型案件专门性的专业知识，办案存在短板。二是承担侦查办案、维稳、扶贫等的多重工作，无法专注于案件侦办。三是只重视侦破案件的能力，而忽视收集证据来证明案件事实的能力。

另一方面是部分公诉人员有发现问题的能力，但分析问题、解决问题的能力不足，导致引导侦查的能力不足，不能对案件补侦进行有效的引导。如某被告人系利用信用社主任的职务便利进行的职务侵占、挪用资金、合同诈骗犯罪案中，侦查人员和公诉人员均缺乏银行账务知识，尽管两次退回补充侦查，且第二次退回补充侦查时其他检察官已经帮助列出明确的退查提纲，但二退后仍没有提取到关键证据，难以起诉。其他检察官帮助补查到关键证据后，该案起诉并被法院判决有罪。

（三）监督的缺乏

一方面，退回补充侦查的决定和内容缺乏监督。既缺少内部严格的启动退回补充侦查的规定，也缺少外部监督机制予以制约。什么情形可以退回补充侦查，什么情形应当自行补查，应当补查哪些内容，完全由公诉部门自行决定。

另一方面，侦查机关的补查活动相对封闭。补充侦查是否进行，如何进行补充侦查，补充侦查到什么程度，完全依赖于侦查人员的主观能动性，其补查过程和结果缺乏有效监督，尤其是对侦查中出现的非法证据、退回补充侦查效率低下等问题，缺乏相关制约机制。有的案件退查后没有重报，杳无音讯；有时几页纸的退查提纲，换来的只是不痛不痒的几份《情况说明》，二审案件再想要求侦查机关补充相关证据更是难上加难。有的证据由于时间的变化，退回补充侦查阶段错过时机，无法补充到该关键证据；部分退回补充侦查前后基本不予补查证据，或者避重就轻，补查一些无关紧要材料应付了事。

（四）制度的缺陷

一是办案期限设计不合理。首先，公诉部门难以在审查起诉期限内完成自行补充侦查。其次，公诉部门以退回补充侦查来解决需要技术处理关联案件办案期限。如，事实清楚、证据比较充分，需等待同案犯罪嫌疑人一并起诉或判决后再作处理的、不能及时到案的、向上级院请示的等案件。

二是对诉讼标准的认识不统一，缺乏沟通或沟通不畅。在整体的诉讼程序上，诉讼标准没有变化，但侦查的标准是一个，起诉的标准是一个，法院判决的标准又是一个，这三个标准却又难以在以审判为中心诉讼实践中统一起来。虽然侦查人员与公诉人都参与刑事诉讼，但是身份、角色不同，对于证据收集、应用、甄别的认识不一致，导致双方对证据的证明效果产生分歧，加上侦诉双方不同程度地存在对事实和证据把握不准，侦查取证、审查把关不到位的情况，特别是对案件的证据链是否存在缺陷、案件事实是否清楚、证据是否充足、是否足以影响定罪量刑等问题存在争议。

（五）缺乏必要的奖励追责机制

一是不起诉决定无法影响侦查机关的考核，即使部分因侦查人员不及时收集证据而导致证据不足作出存疑不起诉决定。渎职案件要求有一定的后果，而部分案件因检察机关的自行补充侦查而避免了重大后果的出现。目前尚未发现任何单位、个人因补查不力造成案件可能不诉或判决无罪的而被追责。如被告人杜某某、朱某某集资诈骗案中，案卷中缺少证明被告人朱某某共同犯罪的证据，被告人朱某某一直不认罪，被害人在侦查阶段向侦查人员多次提出，杜、朱逃匿后和被害人就如何还款有电话、短信、微信、QQ 等沟通，被害人手机上保留与杜、朱沟通，杜、朱拒绝还款的记录，侦查人员以该记录没有证明价值而拒绝提取。退回补充侦查后要求侦查机关提取相关电子证据，侦查机关仍拒绝提取，公诉机关无奈自行委托省公安厅提取了相关的电子证据。

二是检察机关缺乏对引导侦查或补查有功人员的奖励机制。可喜的是部分检察院出台的绩效考核中指标出现了引导侦查或经补查的加分项，但仍缺乏相应的奖励机制。

（六）检察机关对侦查机关的过度迁就

现行法律缺乏检察机关拒绝受理侦查机关移送审查起诉的案件条件的明确规定，且目前检察机关采用网上统一受理案件，对案件不进行实质审查，难以从初始环节对证据不到位的案件进行制约。实践中出现“捕了之后就要诉，诉了之后就要判，判还要判实刑”，否则就有可能在考核当中排名靠后。案件提起公诉之后，侦查一方不再参与诉讼，为了考核的排名，公诉机关独自对案件进行善后，独自面对各种责难。

（七）司法责任制下检察官办案更加谨慎

在以审判为中心的司法责任制改革中，要求办案质量终身负责制、实现“谁办案谁负责，谁决定谁负责”，检察官办案更加谨慎，部分检察官基本上通过退回补充侦查来排除证据间存在的矛盾。

三、完善退回补充侦查需要厘清的几个问题

（一）退回补充侦查的原因和目的

退回补充侦查是指人民检察院在审查起诉过程中，对事实不清、证据不足的案件，将案件依法退回侦查机关或侦查部门进一步查清事实、补充证据的诉讼活动。根本目的在于补充、完善证据，使证据达到确实、充分的标准，并且查明有无遗漏罪行和其他应当追究刑事责任的人，这也是刑事诉讼法第一百六十八条对人民检察院审查案件的要求。

退回补充侦查也是人民检察院实现对侦查机关监督权的一个重要途径。在现代法治国家，一方面赋予侦查机关充分的侦查权，要求其详尽搜集证据，抓捕犯罪嫌疑人，从而有效地惩治犯罪，维护社会秩序；另一方面又规定完备的司法程序，给予专门机关法律监督权，对侦查权的行使进行监督和制约，以维护被追诉人的基本权益。[①]

（二）补查的义务是侦查机关而不仅仅是侦查人员个人，增加侦查机关负有协作侦查义务的硬性规定

退回补充侦查案件的补查义务是侦查机关，而不是侦查人员个人，不因侦查人员的任何事由而怠于履行侦查职权。在立法中增加侦查机关负有配合公诉部门协查义务的硬性规定，使得公诉部门能够有效指挥侦查机关所掌握的资源、手段，在不影响效率的情况下，保证案件事实的及时、顺利查清。如，北京市公安局由专人研究检察机关第一次退回补充侦查提纲所列内容，发现确属原侦查应当完成而没有完成或侦查过程中不应该出现的情况，扣减该案侦查人员办案分数的一部分；如果第二次退回补充侦查还出现上述问题，就进一步加大扣分比例。[②]

（三）公诉部门的自行补充侦查权

刑事诉讼法第 171 条规定了检察院的自行补充侦查权。检察机关在侦查的人员专业能力、侦查设备、侦查经验等方面明显弱于公安机关，公诉人在侦查技能和侦查经验上都没有长处，因而在案件需要补充侦查时很少自行补充侦查。有侦查工作经验的检察官自行补查能力相对没有侦查工作经验的检察官强一些。如，

---

①孙长永：《侦查程序与人权》，中国方正出版社，2000，第 45 页。

②天津市河东区人民检察院课题组：《起诉阶段退回补充侦查程序运行情况调查》，http://www.tj.jcy.gov.cn/llyj/201603/t20160311_1763521.shtml，访问日期：2017 年 9 月 20 日。

部分案情基本类似的案件，有的公诉人通过自行补查追加了犯罪，而有的公诉人却没有通过退回补充侦查或自行补查追加犯罪。

部分学者认为公诉人的属性，过多地涉及到侦查环节，行使侦查职责，与其定位属性均不相符。侦查行为仍然是侦查机关的主业，自行补充侦查绝不是代替侦查机关进行补充侦查，否则将产生侦查机关完全放弃补充侦查的消极后果，也将影响公诉部门指控主业的开展，面广量大的自行补充侦查反而会成为沉重的枷锁，甚至导致侦查职责转移，应明确自行侦查的范围。

（四）认罪认罚案件能否退回补充侦查

对于证据间存在矛盾，可能影响定罪量刑的，仍可退回补充侦查，不能因为被告人愿意认罪认罚而忽略证据间的矛盾，否则，就有可能出现无罪的判决。如余某某交通肇事案[①]中，尽管被告人余某某主动供述犯罪，检察机关抗诉，支持抗诉机关补充了大量证据，但该案没有任何能够将余某某与肇事现场或肇事现场车辆联系起来的客观性证据，也没有提取到其仅为亲历者所知晓的隐蔽性证据，特别是如何取得车辆这一重要环节上，余某某的供述不但前后矛盾存在诸多无法解释的不合常理之处，且与其他证言相互矛盾，因而仍然维持无罪判决。

（五）非法证据的排除

检察机关排除非法证据有利于避免非法证据进入审判阶段，造成冤假错案。

非法证据是由于取证程序的严重违法即证据资格问题而被绝对排除，与证明力没有必然的联系；瑕疵证据则是因为轻度程序违法，司法人员往往根据程序性违法与程序性制裁相均衡的原则，要求侦查人员予以补正或者作出合理解释，然后再决定是否采信。非法证据有直接排除的后果，但瑕疵证据也有被否定证据的能力。由于瑕疵证据在司法实践中的存在，且证据瑕疵往往又不能引起侦查人员的注意，部分案件再行补正或合理解释的难度大。现在司法实务当中把大量的瑕疵证据当作非法证据排除。

检察机关稳妥开展非法证据排除工作，通过提前介入方式，督促提醒侦查机关从侦查工作源头上把好关。只有对非法取证的侦查人员予以责任追究，才能有效遏制非法取证行为的发生。

避免正当证据作为非法证据排除。正当证据作为非法证据排除的后果非法严

①章宁旦：《一男子自首称“无证驾车撞人致死”，证据未达法定证明标准被判无罪》，《法制日报》2017年9月25日第3版。

重，可能导致错案。如，在张高平、张辉叔侄强奸错案的分析中，一审庭审时辩护人出具了张高平手机的通话记录，证明该时间点是5月19日1时29分29秒，与公诉人理解并出示的1时3分的证据出现重大矛盾，差了26分钟。这本是纠正案件继续向错误方向发展的好机会，但公诉人认为辩护人出示的通话记录无提取人、出证人签字，不符合证据形式，不能作证据使用，没有建议休庭对此关键证据进行复核，丧失了防止错案的机会。更可惜的是，一审判决也把辩护人出具的这份证据作为非法证据进行了排除。

（六）防止冤假错案

许多冤案在事后发现是有避免的可能，此种教训是深刻的，如果以审判为中心，完善退回补充侦查制度，做好公诉引导侦查工作，能否避免冤案的发生或减少冤案的发生，这都是值得探讨的。通过退回补充侦查，在一定程度上可以避免"公安侦查起点错，检察起诉跟着错，法院审判错到底"的现象。对"张氏叔侄强奸冤案"中的神探一片追讨声中，通过阅读《张高平、张辉叔侄强奸错案的分析》，我们可以看出此冤案本是有可能避免的，公诉部门致命的错误是对二张是否有作案时间的证据审查不细、把关不严、分析不透、应对不力，公安机关明显违背办案规律、毫无道理地来应对退补问题的说明，公诉部门没有找张高平的家属核实真假，过多把自己定位于指控犯罪的角色，使案件向错误方向进一步发展，十分可惜。整体看来，公诉部门对公安机关的敷衍塞责持纵容态度，属补证不力。

四、完善对退回补充侦查的监督和制约机制

（一）构建"以证据为核心、以公诉为主导的刑事指控体系"

以审判为中心司法制度改革是跟原来传统的以侦查为中心相对应，主要目的就是为了提高证据标准，防止冤假错案。那些典型的冤错案件中都存在着以侦查为中心的影子，包括张高平、张辉叔侄强奸案，聂树斌案。曹建明检察长指出："这些冤错案件不是在检察机关发生，就是在检察机关发展。"

1. 转变司法理念，构建以审判为中心的新型侦诉关系

以审判为中心实质就是以庭审为中心，实现庭审从"虚化"向"实质化"的转变，核心就是以审判证据标准为导向，倒逼侦查、起诉案件质量提高。健全和完善"以审判为中心"的诉讼制度，必须树立侦查取证为公诉、法庭审理服务的大局意识，侦查、起诉和辩护等各诉讼环节都围绕审判展开。以审判为中心背景下新型诉侦关系，应当是在分工负责基础上，公诉审前主导，侦查服务公诉指控，诉侦全方位协作的"大控方"追诉格局的关系。

（1）强化审前过滤机制，不再迁就侦查机关。

适应庭审实质化的要求，发挥好审查过滤和分流功能。首先，检察机关案件管理部门要通过制定操作性较强的受理案件规定，对退查重报案件，先由承办人进行证据审查，确定补查证据到位或符合受案的条件的，经案管部门正式受案；不符合的，出具《暂不受案情况说明》，并给出继续侦查的建议，真正从源头上保证案件质量，把问题解决在移送审查起诉前。其次，通过一个个不批捕、不起诉的案件将以审判为中心的证据标准传递给侦查机关，让侦查机关清楚，不按此证据标准来，要么不捕，要么不诉，倒逼侦查人员主动提高办案质量，走上良性循环之路，这比任何宣讲、座谈和辅导都有意义。如果检察机关在捕和诉的问题上继续迁就侦查机关，自己将案件质量的压力背在身上，质量不高的案件依然能够批捕、起诉，形成侦查职责检察化，案件质量不高的后果永远无法传导给侦查机关，永远难以指望侦查质量有大的提高，公诉机关永远“受伤”。目前，检察官谈无罪色变，畏首畏尾，在法院面前一味妥协，对于矫枉过正的判决也不敢纠正，走上由审判中心滑向法官中心的歧途，也减损了检察机关的威信。

（2）完善公诉引导侦查取证机制，转变执法理念，增强证据意识。无罪推定、疑罪从无、人权保障等司法理念的树立是一个艰难曲折的过程。因证据不足判无罪的理念很先进，但是害怕会出现打击不力的后果，于是公诉机关放松了要求。以往有的案件之所以诉不出、判不了，根子多在侦查取证不到位。公诉机关要通过引导侦查，促进侦查工作做到从“由供到证”到“由证到供”“以证促供”“供证结合”的侦查理念转变，更加重视侦查活动中以客观证据为核心，将完善证据体系作为核心任务。公诉机关对判决所需的证据和量刑情形予以预判，就取证方向、取证标准以及侦查中需要注意的其他事项等问题引导取证。同时，对客观性证据、电子数据的来源、流转、保管、鉴定等问题提出明确要求，并对易发性类案证据种类、证据固定等内容进行总结，提高侦查机关取证效率，引导侦查机关补强补足证据，且应注意引导取证并不能代替侦查机关取证。

（3）构建以客观性证据为核心的指控犯罪体系。司法实践中，许多案件的侦破都要靠口供，就产生了“先供后证”的现象，甚至部分侦查机关并不顾及证据收集是否完整、全面，一旦获取口供就认为案件已破，使案件“带病”进入审查起诉环节。在证据审查过程中，要以客观性证据为核心；优先使用客观性证据，以客观证据为基础开展审查；以客观性证据的信息为基础，查证口供等言词证据的真实性，并形成集聚性，分解事实因素、解决疑点、排除合理怀疑并认定事实。

(4) 完善侦查人员作证制度，以庭审倒逼诉侦质量提高。侦查部门与审判部门长期脱节，侦查人员对庭审活动缺乏直观认识，导致侦查部门常常不理解公诉部门为何对证据要求如此严格。侦查人员参与庭审，直接感受案件的审判过程，能感知案件中存在的问题，及时把握以审判为中心的司法理念、宽严尺度、证据标准和证明要求。

侦查人员出庭，不止是规范自身的执法行为、自证所办的刑事案件的质量，其意义更在于把相关法律事实和侦查过程在法庭上讲清楚，便于法官更加公正高效地作出判决。让刑事案件的侦查人员到法庭上，面对旁听群众和媒体，接受来自公诉人、法官和辩护人对于其证据采集、现场勘察、办案程序等细节的陈述和询问，强化侦查人员对取证的及时性、全面性、合法性的认识。通过庭审倒逼侦查人员在案件侦查过程中能更有针对性地收集证据，符合以审判为中心的证据要求，形成高标准的证据链条，从源头上提升证据提取、固定、采集的规范性与合法性，形成侦诉合力。

(5) 健全科学的考核评价机制。

首先，建议公安机关制定起诉必要性审查制度。起诉必要性审查主要通过对案件事实的审查以及对起诉的法律效果和社会效果的评估，最终对案件做出移送审查起诉或者刑事和解、撤销案件的处理决定，这样也有利于节约司法成本。

其次，将退回补充侦查的案件数量、退回补充侦查的质量、退回补充侦查案件的最终审判结果列入绩效考核体系，对退回补充侦查的案件进行不定期抽查，根据案件被退回的不同情况做相应的处理，消除侦查人员消极怠工的现象。调动侦查人员补充侦查的积极性，形成补充侦查有功人员重点奖励的良好导向。

(6) 明确公诉引导侦查的范围。要制度性地提前介入到公安机关侦查活动中去，将公诉引导侦查的范围确定为以下几种：一是重大疑难复杂案件，主要是涉金融类经济犯罪案件、票据犯罪案件等；二是重大社会影响的案件，例如重大团伙案件、黑恶势力案件；三是一定时期内多发性案件，对于某一特定时期由于一定的特殊社会背景而导致某类激增的案件；四是犯罪涉及面广、取证困难的重大复杂案件。对于上述类型案件，要求公诉部门与侦查部门及时沟通配合，切实做好公诉引导侦查工作。

2. 以证据为核心，树立“有效退回补充侦查”理念

退回补充侦查是否必要，是自行侦查还是退查，既要考虑案件的证据状况，也要考虑案件的办理周期和对当事人的影响。要从事实认定、证据审查判断，到

适用法律，到定罪量刑，严把质量关。健全诉侦互动的补充侦查机制。

(1) 严把退回补充侦查的出口关。补充侦查要明确方向、明确重点、提升效率。在作出退查决定前进行仔细的预测和把握，对于证据不足等原因拟退回补充侦查案件，由承办人详细列明补查事项及所需达到的目的，开门见山指明差什么材料、补什么材料的具体意见，做到一次退净，不留证据的空白点，杜绝因审查不细造成问题有遗漏而重复退回补充侦查。由部门负责人审核，提交科室集体讨论，集思广益，最终经分管检察长决定退回补充侦查，确保退回补充侦查具有必要性。

(2) 建立健全退回补充侦查说理机制。对于证据不足退回补充侦查案件，更要加强说理。公诉人员当面向侦查人员就退回补充侦查提纲中的问题说清补查内容和理由，提高补充侦查的针对性，达到提高退补质量和效率，实现“有效退补”的目的，使退回补充侦查机制在准确、及时查明案件事实，保障被告人合法权益方面的作用得以充分发挥。

(3) 严把补查重报审查关，要求侦查部门必须根据补查提纲写出详细的补充侦查报告，对未取证或者不能取证的事项必须说明合理原因，有效减少屡查不清的情况。对侦查机关应补未补仅写出说明的，诉侦双方共同研究取证的突破点，引导其取证方向，减少二次退回补充侦查。

(4) 加强捕诉衔接。捕诉衔接，就是侦查监督部门与公诉部门工作上的联系与配合，建立两部门的案件资源共享机制。批捕是检察机关审查刑事案件的第一关，也是冤假错案的第一道防线，对于非法证据要坚决排除。对于审查逮捕期限内还不能确定非法证据的，应认定为存疑证据，同时将存疑的情况及时通报公诉部门。如张高平、张辉叔侄强奸错案中，批捕阶段的承办人罗列了案件证据上存在的一系列问题，提出了不批准逮捕的意见。审查起诉阶段，捕、诉之间缺乏进一步的交流。

(5) 强化诉侦合力的出庭指控机制。建立案件质量定期通报机制。通报案件质量及退回补充侦查案件总体情况及存在的共性问题，并提出建议。建立侦查人员列席公诉案件讨论机制。以个案把关为切入点，对部分重大、复杂、疑难案件，适时邀请侦查人员列席公诉部门集体案件讨论，使侦查人员充分了解案件存在的问题，及应采取的补侦方法和符合起诉标准的证据条件。

（二）加强监督和制约

1. 强化对侦查机关和人员的监督和制约

健全、落实执法过错责任追究制度与奖励激励机制。明确侦查人员在案件侦查过程中所起到的作用和应承担的责任，严格执行过错追究及立功奖励。

对退回补充侦查案件进行限期催办，强化监督刚性。对侦查机关未按补充侦查提纲切实进行补查的、在补充侦查过程中出现违法现象的、或补充侦查工作不力致使案件质量出现重大问题的，应对相关责任人进行惩戒。对于侦查人员消极侦查造成严重后果的，检察机关可以建议公安机关更换侦查人员或惩戒；因侦查机关对证据提取不及时导致案件不起诉或被判处无罪的或造成冤假错案的，因故意或重大过失造成以上后果的，特别是在判决书中明确认定侦查存在问题的，对负有领导责任或直接责任的人员进行追责。

如H省高级人民法院于2015年11月发布的2014、2015年H省宣告无罪的5件典型案例，其中有4件是因为证据问题。其中，2015年S市中级人民法院一份刑事附带民事判决书写道："本院认为，本案因为侦查不及时，导致大量证据缺失，据以定案的证据单薄，且有矛盾，无法排除合理怀疑，不具有排他性，未能形成证据锁链证实上诉人周某伙同他人持刀伤害被害人杨某的事实，不能认定上诉人周某有罪。原公诉机关指控上诉人周某犯故意伤害罪，事实不清，证据不足，应当作出证据不足、指控的犯罪不能成立的无罪判决；对原审附带民事诉讼原告人的诉讼请求应予驳回。……"由此可见，由于侦查机关失职导致证据缺失问题已经严重影响了案件最后的判定结果。

2. 对公诉部门和人员的监督和制约

完善对退回补充侦查案件的限制，建立独立的检察机关的监督部门，加强对退回补充侦查的事中抽查、事后监督和考核；明确奖惩措施，对滥用退回补充侦查权、推卸责任、造成嫌疑人和被害人权益受损的检察官，予以处分。

3. 完善对退回补充侦查案件的救济

建立侦查机关的异议机制。如侦查机关认为退回补充侦查决定不当的，可向检察机关提出复议，在复议期间，补充侦查工作不能停止。对因侦查不力而受到追责的，侦查机关有异议的，可以向检察机关提请复议一次。

六、结束语

完善退回补充侦查相关制度，进一步提高案件质量，让侦查服务于公诉、审判，实现庭审实质化，必将更好地适应以审判为中心的诉讼制度改革对检察机关的要求，做到"指控犯罪有力、诉讼监督有效、社会治理有为"。

以审判为中心诉讼制度改革与新型侦诉审工作机制构建研究

——以审判为中心视角下新型侦诉审关系的构建

海南省人民检察院第二分院课题组*

内容摘要：“以审判为中心”的改革，是为了将刑事诉讼的重心转移到审判阶段，对犯罪嫌疑人和被告人的定罪量刑只能在审判中完成。侦诉机关的追诉行为要得到审判的最终确认，就必须以审判为方向和标准开展侦诉工作。我国长期实行的“侦查中心主义”的诉讼模式，侦诉审工作机制存在较多的缺陷与问题，侦诉审之间的关系以及相应的工作机制需要进行重构，将目前地位畸变的侦诉关系变为“以审判为中心”下的检察机关引导下的侦诉协作关系。强化侦诉审之间的配合、制约机制，推进以审判为中心的诉讼制度改革，确保侦查、审查起诉、审判的案件经得起法律的检验。

关键词：以审判为中心　诉讼制度改革　侦诉审　机制构建

近年来，呼格吉勒图案、李怀亮案、张氏叔侄案，因均是错案引起社会各界广泛关注。错案不仅给予司法界痛彻心扉的震撼，更给予法律人痛定思痛的反省。当人们研究、探讨这些错案，发现致错的原因都离不开一个问题——证据。党的十八届四中全会《中共中央关于全面推进依法治国若干问题的决定》（下称《决定》）指出：要“推进以审判为中心的诉讼制度改革，确保侦查、起诉的案件

---

*本文系海南省人民检察院2015年度一般课题《以审判为中心诉讼制度改革与新型侦诉审工作机制构建研究》的理论成果。课题组负责人为李伟军（海南省人民检察院第二分院党组书记、检察长），成员为王妙燕（海南省人民检察院第二分院行政检察处处长、未检办负责人）、李颖林（二分院公诉二处检察官）、张幸（二分院研究室干警）。

事实证据经得起法律的检验。全面贯彻证据裁判规则，严格依法收集、固定、保存、审查、运用证据，完善证人、鉴定人出庭制度，保证庭审在查明事实、认定证据、保护诉权、公正裁判中发挥决定性作用。①”习近平总书记在《决定》说明中指出，“充分发挥审判特别是庭审的作用，是确保案件处理质量和司法公正的重要环节”，“推进以审判为中心的诉讼制度改革，目的是促使办案人员树立办案必须经得起法律检验的理念；……。这项改革有利于促使办案人员增强责任意识，通过法庭审判的程序公正实现案件裁判的实体公正，有效防范冤假错案的发生。”②“刑事诉讼中审判程序难以发挥对其他诉讼程序的制约作用，严重影响刑事司法尺度的统一和刑事司法公正，必须深化刑事司法改革，推进建立以审判为中心的诉讼制度。”③

在全国检察机关第五次公诉工作会上，最高人民检察院检察长曹建明强调，各级检察机关要积极适应以审判为中心的诉讼制度改革的新要求，正确把握和处理诉、侦、审、辩等关系，推动构建新型的侦诉、诉审、诉辩关系。“以审判为中心”不仅强调法院审判的重要性，同时也强调公安机关、检察院以及辩护律师在审判前的协作与配合。公安机关、检察院和法院之间的相互关系以及所形成的工作机制对我国刑事诉讼的改革与发展具有重要的意义和影响。以审判为中心的诉讼制度改革，对我国刑事诉讼体制、机制，理念、意识，方式、方法都带来全方位的影响，迫切需要构建新型的侦诉审的关系来适应改革。构建新型的侦诉审关系，不仅是理论的范畴，也是司法实践的课题。

一、侦诉审关系的调研

遵循学术研究规范，本课题主要采用实证分析研究的方法，通过对海南省人民检察院第二分院（以下简称二分院）部分成功支持抗诉的案件进行统计，结合案件情况，分析“侦查中心主义”的工作中的存在的问题，在辖区法院、检察院、公安局召开座谈会3次和发放问卷表700余份，就当前侦诉审关系中存在的

---

①本书编写组编著《党的十八届四中全会〈决定〉学习辅导百问》，党建读物出版社、学习出版社，2014，第17页。

②本书编写组编著《党的十八届四中全会〈决定〉学习辅导百问》，党建读物出版社、学习出版社，2014，第46页。

③周强：《推进严格司法》，载《党的十八届四中全会〈决定〉学习辅导百问》，党建读物出版社、学习出版社，2014，第153页。

问题和如何构建新型的侦诉审关系进行座谈调研。

（一）二分院支持抗诉的案件统计

二分院部分支持抗诉并获改判的案件均是补充了大量的新证据，而这些证据均是能在一审前能够补充到的证据，完全没有必要在二审来补充。如果一审时补充这些证据，在一审量刑时就可能不会出现畸轻或畸重，就没有抗诉的必要，也就没有必要浪费司法资源提起二审程序。由于种种原因，出现部分侦查人员抵触公诉引导取证，甚至部分侦查机关抵制公诉引导侦查，部分公诉人不能、不愿、抵触引导侦查。

2012 年 12 月 26 日—2015 年 12 月 25 日的 3 年中，二分院辖区基层检察院提出抗诉 17 件 36 人，二分院支持抗诉 11 件 26 人，撤回抗诉 6 件 10 人，二审法院维持原判 2 件 3 人。二分院支持抗诉的案件中在二审期间补充证据 8 件 22 人，法院改判 6 件 19 人（含发回重审 1 件 1 人）。

（二）调研内容设计

序　号	内　容
1	“以审判为中心”，是否等于“以法院为中心”
2	“以审判为中心”与“以法院为中心”的区别
3	“以审判为中心”的核心是什么
4	“以审判为中心”与“以庭审为中心”的实质是否一样
5	以审判为中心，检察机关是否还要提前介入
6	以审判为中心，是否需要检察机关在审前程序中的主导作用，如何理解主导作用，如何实施
7	以审判为中心，是否需要召开公检法联席会议，要解决什么问题
8	推进以审判为中心的诉讼制度改革公检法三机关的难度在于什么
9	以审判为中心是否需要“分工负责、互相配合、互相制约”的原则，如何理解
10	以审判为中心诉讼制度下，新型侦诉审关系应该是怎样的关系，如何构建

二、以审判为中心的背景、内涵

（一）“以审判为中心”的提出背景

“以审判为中心”的提出背景主要有两方面。一是深化司法改革的大环境。党的十八大以来，司法改革得以重启。二是以侦查为中心的刑事诉讼模式下，刑事诉讼的真正中心在侦查程序，检察院、法院的监督制约作用难以有效发挥。实践中，“分工负责、互相配合、互相制约”原则早已异化为被广泛诟病的“配合有余，制约不足”，“最后一道防线”不时失守，冤假错案频现，引起公众的广泛愤慨。

（二）“以审判为中心”的内涵

“以审判为中心”不能简单等同于“以审判机关为中心”，这个观念要厘清。以审判为中心的诉讼制度包含以下几层含义：（1）确保侦查、起诉的案件事实、证据经得起法律的检验，是“以审判为中心”的核心。在整个刑事程序中，审判程序是中心，只有在审判阶段才能最终决定被告人的刑事责任问题。（2）发挥审判在刑事诉讼中的决定性作用，是“以审判为中心”的本质。以审判为中心要求庭审实质化并起决定性作用，以庭审为焦点，只有经过法庭质证的证据才能作为定案的事实根据。法庭成为检验案件侦查、起诉事实证据、法律适用、定性处理的最具标准化和最具权威性环节，在刑事诉讼中有着毋庸置疑的最高地位。（3）侦查、起诉活动是为审判活动做准备，侦查、起诉这两个阶段的办案质量，要经得起庭审的检验。增强办案人员办案必须经得起法律检验的理念是以审判为中心的目的。刑事诉讼由侦查、起诉、审判等环节构成，要保证案件经得起法律的检验，增强诉讼各环节办案人员谁办案谁负责的办案责任心，坚持以程序公正保障实体公正，坚守防止冤假错案的底线，形成保证案件质量和效果的责任共同体。对于事实认定和法律适用的标准应当参照适用审判阶段的标准，确保侦查、审查起诉的案件在事实证据层面经得起法律的检验，从源头上防范冤假错案。

三、当前侦诉审关系存在的问题

（一）“侦查中心主义”下侦查机关一家独大

所谓“侦查中心主义”，是指将侦查阶段视为整个刑事诉讼程序的中心，审判阶段则以侦查的卷证为基础[①]。

1. 检察监督乏力，侦诉难以形成合力

侦诉机关是控诉职能的共同承担者，其诉讼目标具有天然的一致性。侦诉如果不是相互配合与协作，而是相互牵制，则会分散控诉力量，导致侦查与公诉脱

①刘磊：《我国诉审关系的反思——从法社会学视野审视审检关系》，《中山大学法律评论》2010 年第 2 期。

节，影响国家追诉犯罪的质量和效率。诸多冤案在事后发现是有避免的可能，此种教训是深刻的，如果以审判为中心，做好公诉引导侦查工作，能否避免冤案的发生或减少冤案的发生，这都是值得探讨的。在张氏叔侄强奸冤案中，对“神探”追讨声一片。作为公诉人，我们关心的是承办的公诉人在此案中有没有发现证据存在的问题，有没有提出质疑，有没有对非法证据排除、对瑕疵证据予以补正。

一是侦查活动是整个刑事诉讼程序的重心。虽然法律并没有规定以侦查为中心，但是由于体制和程序的设计，客观上形成了这样的现象。只要人抓住了，侦查机关就认为是破案，进行立功表彰。侦查机关挑选出有关联性并能证明犯罪的证据，形成证据材料，移送公诉机关审查起诉。公诉机关的审查起诉工作具有先天的被动性，往往以侦查机关移送的材料为前提。公诉机关经审查后，便移交法院审判。法院则以公诉机关提交的案卷材料为主要依据，开庭审判。从该诉讼流程可以看出，侦查活动成了刑事诉讼活动的中心环节，审查起诉和审判则是侦查的后续活动以及所产生的结果。

二是是否补充证据，全凭侦查人员的“心情”。我国实践中长期以来对侦查机关通常是考核批捕率，导致侦查机关搜集证据真正的发力基本都是在批准逮捕之前，只要批准逮捕，检察机关就为其侦查行为背书了。公诉机关经审查发现案件证据达不到起诉标准的，要求侦查机关重新侦查补充证据，在实际操作中，双方的“配合”演变为迁就。在批准逮捕后的整个漫长的侦查羁押期限对侦查行为缺乏评价，侦查机关取证的动力不足，公诉机关要让侦查机关补充证据反而需要商请他们“帮忙”；勉强起诉法院会判处无罪，如杜某某、朱某某集资诈骗案中，二次退查根本没有实质性地补查内容，证明朱某某共同犯罪的关键性证据仍然缺失，且不收集被害人提供的能够证明朱某某共同犯罪的相关证据。二次退查重报后，公诉人员迫不得已自行补查，重新询问了所有的被害人，提取了被害人与杜、朱之间的能证明杜、朱犯罪的各种微信、QQ 聊天记录等电子证据及涉案的近 100 个银行账户资金流水，补强证据后，确保了案件有罪判决。

三是公诉引导侦查难以落实。长期以来，在侦查中心主义的诉讼构架和观念之下，公诉检察官对事实认定与证据采信中的疑罪从有不可避免，无罪证据、罪轻证据及证据的合法性、真实性与关联性等得不到应有重视，被告人及其辩护人提出的异议得不到应有关注，公诉权自然难以有效引导侦查权。审查起诉具有明显的被动性和滞后性，容易因为时间迟延无法准确纠正补错、追诉犯罪，加上侦查机关先天权力的强势，审查起诉沦为对侦查结论的再次确定。审查起诉过程中发现的问题，公诉机关仅能提出纠正违法通知或者检察建议，不能控制侦查机关处理过程及结果，使得这种监督难以产生实质效果。从心理上，公安机关并没有将检察院视为可以对其指导甚至引导的机关，也不认为自己要服从检察院对事实和证据的认定标准，实践中常见的检察院和公安机关之间的联席会议恰恰是两者之间地位平等的体现。

二分院辖区基层检察院每年很少有提前介入的案件。基层检察院审查起诉的工作任务非常重，有些院的公诉人员每年人均办理100个案件左右，加之侦查案件质量不高，根本没有时间和精力介入侦查。由于案件侦查终结进入审查起诉阶段一般在数月之后，即使公诉机关在审查起诉时发现证据问题，需要补充调取证据，但由于时过境迁，导致证据已经灭失而无法收集。

不论哪个案件，侦查机关尽管调取了许多证据，但可能会因为缺少一个关键性证据，无法形成证据锁链，一步错，全盘皆错，导致出现错案。案件中常见的问题有：案件中认定的部分事实没有相关证据支持；书证来源不明；笔录与书证没有联系或联系很小；讯问时偶尔有诱供的嫌疑；过于依赖口供，而忽视其他证据，一旦口供发生变化，案件将陷入证据不足的窘境；部分对证明案件事实毫无意义的材料，侦查人员也不加鉴别一起装订进卷宗等问题。

2. 审判引导侦查难

侦查机关在打击犯罪中承担侦查取证的重要任务，在立案后，特别是对犯罪嫌疑人实行强制措施之后，通常会努力将其定罪，否则就可能会被认为是错案，可能还要承担赔偿被采取强制措施的人的责任。因此侦查机关对法院判处被告人无罪有很大的抵触情绪。“侦查中心主义”的诉讼制度中，法庭审理主要围绕“侦查卷宗”，有争议的重要证人几乎不出庭作证，质证难以真正展开，从而使法庭调查虚化。法院也担心对侦查终结移送起诉的案件作无罪判决可能影响与侦查和公诉机关的关系，因此很少作无罪判决，这种状况严重影响了审判的功能和权威。

非法证据排除的申请多是由辩方提出，法院依职权提出的极少，且法院最终启动非法证据排除程序的仅为一小部分；对于定罪证据不足的，法院对侦查机关发出的相关函件也未必能够得到对方积极的回应。如法院要求侦查人员出庭作证的，仅有部分案件中警察能够出庭，且相当一部分是因为公诉机关事前已经做通了相关工作。对于警察不愿出庭的，侦查机关多提交由侦查人员签名盖章的《工作说明》，法院鲜见对其证据能力做出否定性的评价。法院即使发出了《建议补充侦查函》，也需要公诉机关来充当“二传手”，由公诉机关转交侦查机关，侦查机关也是大量超期补侦、消极补侦。而对于建议补充侦查之后定罪证据仍存疑的案件，法院最终能够宣告无罪的仅仅是其中的一部分，审判引导侦查效果不明显。

3. 配合有余，制约不足

虽然我国法律明确规定了公检法在刑事诉讼程序中应当“分工负责、互相配合、互相制约”，然而纵观我国整个刑事诉讼的流程就会发现三机关彼此间的配合多于制约。“互相制约”在刑事司法实践中往往被操作成“平行”制约、“彼此”制约，造成监督刑事诉讼全程的检察机关在很多时候只能变成“软”监督。侦查和起诉都应按照“审判”的要求和标准进行，后一个程序发挥对前一个程序的审查把关、制约的作用，最终服务于审判。现在反而是，公诉机关的审查起诉和法院的裁判被牵着鼻子走变为对侦查的确认、维护。

（二）案件权责错位，追责难

谁该对案件负责，这是一个分清容易而落实难的问题。公诉机关行使公诉案件的举证责任，举证的基础就是侦查机关侦查所取得的证据，侦诉本应一体。侦查机关作为诉讼程序的开启者及具体侦查工作的实施者，却并不需要在之后的审判程序中承担相应责任。实践中，只要犯罪嫌疑人被批准逮捕，通常要求“诉得出、判有罪”，公诉机关千方百计要使其定罪。所有的侦查工作反而要么停止，要么消极应对，案件的后续审理及其审理结果则在所不问，即使案件因证据不足而被不起诉，也无关紧要。只要侦查机关没有发生刑讯逼供，就永远不会被追责，诉讼风险及错案追责全部由公诉机关承担。

（三）侦、诉、审均有委屈

在调研中感触最深的是，侦、诉、审三机关的人员均有难言之苦，均提出案件多，人手少的问题。侦查人员抱怨案件多，人手少，公诉机关要求太高，增加了很多工作量；公诉人员抱怨侦查机关侦查质量不高，起诉难度大，无罪风险高；审判人员抱怨公诉机关把关不严，把难题交给审判机关，让审判机关成为矛盾的焦点。

四、以审判为中心背景下侦诉审关系的原则

（一）分工负责、配合、制约的原则不能变

推进“以审判为中心”的诉讼制度改革，是十八届四中全会为完善司法权力运行机制作出的重要部署，是一个复杂工程，也是一个系统工程，更是一个艰难工程，但并不涉及司法权力的重新分配。“我国刑事诉讼法规定的公检法三机关

在刑事诉讼活动中各司其职、互相配合、互相制约，这是符合中国国情、具有中国特色的诉讼制度，必须坚持”。[①]公安机关的立案、侦查，应为检察机关审查批准、提起公诉做好准备；检察机关对于公安机关提请逮捕而又符合逮捕条件的，应及时批准逮捕；检察机关直接受理的自侦案件，若需要拘留、逮捕犯罪嫌疑人的，应由检察机关作出决定后，由公安机关予以执行；检察机关需要通缉犯罪嫌疑人时，应当通知公安机关执行。公诉机关的起诉应当为法院审判做好准备，法院对公诉机关提起的公诉，只要起诉书中有明确的犯罪事实和附有相关证据材料的，就应当及时开庭审判；法院审理公诉案件，公诉机关除特定情况外应当派员出席法庭支持公诉。法院经过审理，认为公诉机关的指控案件事实清楚，证据确实、充分，依据法律认定被告人有罪的，应当作出有罪判决；依据法律认定被告人无罪的，应当作出无罪判决。同时，公诉机关对法院的判决、裁定认为有错误时，有权按第二审程序或审判监督程序提出抗诉等。

在控审分离原则的支配下，公诉机关和法院的诉讼角色分别为公诉方与裁判者，公诉机关对法院的制约更多地表现为起诉内容对审判的制约，即起诉的事实限制了审判的对象。法院对公诉机关的制约则表现在对起诉事实及证据的认定和评价上，即在评价证据的基础上认定事实，然后通过对被告人定罪量刑肯定公诉机关的公诉行为，或者通过作出无罪判决而予以否定。

（二）诉讼体制的变化的同时，更重要的是诉讼方式的转变

“以审判为中心”的诉讼制度与“侦查中心主义”的诉讼制度的差别，从表面看是刑事诉讼重心的不同，实质上是诉讼方式的差异。审判者和控诉方不再是“同盟军”，侦查、起诉、审判、执行也不再是“接力赛”。以审判为中心的诉讼制度对侦查将提出更高的要求，即不仅要求其破案，而且要求其收集到确实、充分的证据证明其确实破了案，推动现有的“发现案件真实”模式向“证明案件真实”模式转变。一则避免错案，二则避免司法资源的浪费，建立真正的控辩对抗的诉讼格局。通过庭审的实质化，促使办案人员增强责任意识，通过法庭审判的程序公正实现案件裁判的实体公正，有效防止冤假错案产生。

---

①本书编写组编著《党的十八届四中全会〈决定〉学习辅导百问》，党建读物出版社、学习出版社，2014，第46页。

五、以审判为中心背景下侦诉审关系的应然

以审判为中心的诉讼制度改革，主要任务是理顺侦查、起诉与审判三者之间的关系，公检法机关的办案活动都要围绕法庭审判进行。强调审判在诉讼中居于中心地位，公诉机关与侦查机关作为共同控诉方与辩护方攻守对抗，法院居中裁判。庭审成为决定性环节，审前程序认定的事实、证据和案件定性都要接受法庭的审查，侦查活动、强制措施的适用都要接受法庭的检验，庭前收集固定的证据并不具有终局性的效力。

（一）侦诉双方合作更加紧密

建立以审判为中心的诉讼制度，实质上就是强调庭审中的控辩对抗，控辩双方的质证与交叉询问均在庭审中进行。党的十八届四中全会明确将刑事诉讼的中心调整到审判上来，是对实践中“侦查中心主义”的否定。它意味着承担追诉责任的侦查、起诉方只是处于指控犯罪的一方，能否定罪追责完全由审判说了算，因此侦诉职能只有紧密结合，强化指控体系建设，才能有效查明案件、履行好指控犯罪的职责。侦查人员往往只是擅长于发现犯罪线索、抓获犯罪嫌疑人、讯问和获取口供，而对于所收集的证据的证明力以及说服力，在庭审质证后能否被法官采信，则往往不是很了解，这样就容易导致犯罪嫌疑人虽然被抓获，但由于有些证据没有固定、关键证据没有得到强化或者收集的证据无法证明案件事实，而使公诉人的控诉活动处于被动境地。而公诉人擅长于庭审中的控辩对抗，深知各种证据的证明力大小以及在庭审中能否被法官采信，将证据要求通过公诉中间环节由审判向侦查前端传导，发挥起诉前对取证工作、建构指控体系的主导作用，并最终使法官判决被告人的指控罪名成立。承担收集固定证据职责的侦查机关应当与公诉机关通力合作，在公诉机关引导或指导下全面收集、补充证据，真正做到侦查为起诉服务，确保指控成功。如果侦查阶段收集的证据在庭审中不能被法官采信，那么就意味着对侦查和公诉的否定，白白浪费了国家有限的司法资源。

（二）侦诉权责承担主体的错位带来一系列的负面影响必须要解决

首先，要正确区分指控犯罪的证明责任，由侦诉机关共同对认定被告人有罪的证据的真实性、合法性和关联性承担证明责任。责任明确才能有效整合侦诉力量，防止侦查机关单方的推诿扯皮。侦查机关要在必要的时候出庭作证，更要对因侦查机关自身原因导致证据被排除、证据链条断裂等严重后果时承担相应的责任。其次，建立追责制度，按照侦诉双方各自的过错程度分别追究责任，不能只追责公诉机关，而侦查机关无事，这样对侦查机关形成倒逼机制，督促其在侦查

过程中严格依法办事。

（三）庭审实质化

侦查机关和检察机关所调取的证据，对于审判机关只有程序意义，那么如何在庭审中赢得诉讼，就成为公诉机关与侦查机关面临的共同问题。在以审判为中心下，加之非法证据排除和直接言词证据原则的贯彻落实，瑕疵的证据则有可能不被法官采信。侦查机关的非法取证行为无法进行当庭质证是实践中较少适用排除非法证据的一个很重要的原因。一旦被告人及其辩护人提出侦查机关存在非法取证行为，侦查机关往往会通过一纸“情况说明”予以应付。侦查人员根本不愿意也不屑于以证人的身份出庭接受质证和交叉询问。如果这种情形不能彻底根除，那么，确立“以审判为中心”的诉讼制度改革也就无从谈起。

六、新型侦诉审关系的构建

（一）构建以公诉为主导的刑事指控体系

1. 创新审前程序

审前程序创新构建是这次司法改革中一个重大的课题，检察机关是审前程序的主导者，要考虑如何建构一个完备的审前程序。检察机关要引导、介入侦查，要从范围、条件、程序、效力等方面进行司法解释；介入的范围、工作的重点、如何引导取证、程序是什么、检察建议不执行的后果是什么，要落到实处。

2. 强化侦查的基础作用

刑事诉讼的核心是证据，侦查是刑事诉讼的起点、是犯罪事实的发现者、案件证据的收集者、犯罪嫌疑人的抓捕者，所以侦查工作的成果是指控犯罪的基础，侦查职能要由“中心”转变为“基础”。有了良好的证据基础，公诉机关才能指控犯罪。相反，如果侦查取证质量粗糙、漏洞百出，再优秀的公诉人也难以支撑。近几年陆续披露纠正的一系列冤假错案，一个共性就是侦查出了问题，特别是侦查在开始阶段就出了问题。非法取证，刑讯逼供，被告人屈打成招，认定案件事实错误，就会导致冤假错案。所以四中全会提出来要加强对纠正非法取证的源头治理。

3. 批捕把好关

审查逮捕是公诉、审判的源头。捕与不捕，审查批捕时怎么去引导侦查取证，如何有效开展监督，这是个关键环节。这个关键环节为后边的公诉、审判顺利进行奠定基础。报捕案件主要存在证据质量差、入罪门槛低的问题，需要发挥好审查逮捕的把关作用，避免“起点错、跟着错、错到底”现象的发生。

4. 强化审前过滤

在以审判为中心诉讼制度改革下，在控辩审三方的关系中，控诉是庭审程序的发动者，是以审判为中心的重要主体。公诉不仅仅是“端饭的”，也不仅仅是对侦查程序的一种确认，而是案件的审查者、核实者，是防止冤假错案产生的重要屏障。公诉权作为一种预判断权，相当于一个筛选机制。非法证据排除规则的确立，是修改后刑诉法浓墨重彩的一笔。侦查取证程序是否规范、证据来源是否合法，已逐渐成为控辩双方交锋争辩的一大重点。公诉人的证据审查重点，已绝不能单限于证据内容的实体审查，必须同时注重证据来源的程序审查。通过排除非法证据，及时补正瑕疵证据，把不符合追诉条件的案件筛选出来，以不起诉方式结案，阻挡在审前阶段，防止案件“带病”进入审判程序，防止把矛盾推向审判环节和上级公诉机关，坚决守住防范冤假错案的底线。

5. 加强“诉”对“侦”的引导与制约

曹建明检察长在第五次公诉工作会议上明确提出，要以审判为中心为视野，要探讨检察机关诉前主导或者审前分流，要发挥主导作用。不解决侦查中心主义，实际上还是前面说了算，后面跟着前面走，法院的审判依然是走过场，法院的权威和终局性依然不能实现。

通过修改国家赔偿法，转以不诉率来评价侦查。因为如果起诉失败，就是前面侦查机关收集证据出现了问题，此时，以不诉率来评价侦查行为是最合理的，这样做同时也解决了我国无罪和不诉案件比例过低的问题。批捕在前，公诉部门考虑到本院的责任，往往对从严审查证据多有顾忌。考核以“不诉率”为标准，打通了侦查与起诉的联系，既可使侦查真正为审判服务，取消批捕对于侦查行为的背书责任，也解除了公诉机关的负担。

以审判为中心的刑事诉讼改革奠定了公诉机关在审前程序中的终局性审查职能，把握的证据标准更趋于法院裁判，开展提前介入可为侦查取证提供最贴近法院裁判标准的证据收集意见，更具有实效性和权威性。公诉的主导性更多地体现为目标和标准的主动性。这种诉前主导，不仅针对公安机关的侦查活动，同样针对检察机关自身的职务犯罪侦查活动，不能外严内松、两套标准。

要有效解决制约侦查取证质量的问题，公诉机关要引导侦查机关以审判为中心，及时、全面、客观、合法地收集与固定证据，加强介入侦查、引导取证工作，坚持对命案等重大复杂案件提前介入，通过第一时间介入现场勘查、介入第一次讯问、参加案件讨论等方式，提出侦查取证的意见和建议，引导侦查人员根据庭审证明的需要，确保收集证据的真实性、合法性和证据链条的完整性，严格实行禁止强迫自证其罪原则和非法证据排除原则，推动侦查工作实现由“抓人破案”向“证据定案”转变，而不是对侦查机关侦查结果的勉强迁就或被动依附。

适应以审判为中心，公诉引导侦查，是一种共赢关系，而不是单向制约关系。要防止两种倾向，一是要防止侦查完全置身事外，公诉对侦查的包办代替，二是防止侦查与公诉完全对立，公诉引导，而侦查不查。检察机关在引导侦查时要注意把握限度，既不能完全介入侦查活动与公安机关形成追诉犯罪的合力，也不能干扰公安机关正常的侦查工作，成为追诉犯罪的“拦路者”。

6. 公诉精确化

近年来，随着案件数量的增加，“案多人少”的矛盾日渐突出，检察官在公诉工作中往往难以做到精确，从而造成司法公信力降低。以审判为中心，必然将控辩博弈聚焦于法庭上，要求审前程序之侦、捕、诉各环节的职能要围绕满足公诉人出庭支持公诉的需要展开，要牢固树立案件质量是公诉工作生命线的意识，确保公诉程序的办案标准符合审判程序的法定定案标准。公诉作为展示检察机关和检察人员形象的重要窗口，必须始终把专业化、职业化和规范化建设贯穿始终，着力加强公诉队伍自身建设，不断提升严格公正司法能力和水平。要树立和强化符合社会主义法治要求、符合司法规律和诉讼规律的科学司法理念，特别是要突出强调加强人权司法保障、全面贯彻证据裁判规则，确保办案过程符合程序公正、落实疑罪从无的法律原则，以司法理念的提升促进公正司法能力和水平的提升。把专业化作为公诉队伍的核心战斗力来抓，强化业务培训和岗位练兵，探索建立生态环境保护等类案专门办理机制，培养专业化公诉办案人才和专业化公诉团队。公诉人不仅要增强取证程序审查能力，也要增强非法证据排除规则下的证据体系弥补能力。首先，要克服案卷依赖思想，法庭上不能只念材料；其次，公诉人要提高交叉询问的能力和水平，加强科学技术在庭审中的运用，尤其是电子证据的运用。在公诉中做好每个环节、每个细节的工作，环环打造，层层把关，使每个提起公诉的案件都能实现质量、效率、效果的统一。

7. 监督是保障

检察院审查起诉，不仅是要审查案件的质量，还要监督侦查活动是否合法，法院的审判活动也是监督的范围，发现错误并及时纠正。刑事案件的平反昭雪常常是因为亡者归来或真凶再现，很少是由于程序里面检察机关履行了监督职能。以审判为中心，绝不是说侦查、起诉、审判里面哪个更重要，绝不是说公检法三机关哪个是老大。赋予检察机关更具实际效力的处理权限，要把促进社会公平正义作为核心价值追求，强化对执法不严、司法不公突出问题的监督纠正力度，切实维护司法公正。

一是要把法律监督的重点转移到侦查监督上，强化侦查监督，建立一个公诉机关主导的“大控诉”格局。首先，检察机关要真正承担起“法律守护人”的职责，发挥其法律监督者的作用。在刑事诉讼过程中牢记自身的双重属性，避免为追求惩罚犯罪，或偏重侦诉合作而对侦查环节中的诸多违法行为采取放任态度。其次，要完善监督手段、改进监督机制。要强化对侦查活动的监督，运用各种监督方式督促侦查机关依法侦查、规范侦查，提高侦查取证的质量，为完成指控犯罪职责发挥好基础性、保障性作用，及时发现和纠正侦查活动的违法行为，重点加强对刑讯逼供、暴力取证、滥用刑事手段插手民事纠纷等问题的监督，促进侦查活动严格依法进行。在建立侦诉信息互通平台的同时，要建立强制处分性措施的告知机制，方便检察机关对搜查、扣押等强制措施的监督，以同步的事前监督代替目前滞后的事后监督，在相互配合的过程中切实进行法律监督。

二是加强审判监督。以审判为中心绝不意味要削弱检察机关对审判的监督，面对实践中将逐渐膨胀的法院中心主义、法官中心主义倾向，检察机关要增强紧迫感，积极认真地落实好党的十八届四中全会关于完善检察机关行使监督权的法律制度、加强对刑事诉讼的法律监督的要求，从定案标准到法律适用、从程序运行到实体判断，都应当充分体现检察机关的意见和主张，体现检察机关在维护国家法律统一正确实施方面的保障性作用，在推进以审判为中心的诉讼制度改革中发挥好保障性作用。一要切实加强刑事抗诉，落实好高检院加强和改进刑事抗诉的指导意见，强化裁判审查，完善抗前指导，提高办案效率和抗诉书规范化水平。坚持把监督纠正个案中的问题与监督纠正普遍性问题、开展经常性监督与开展专项监督、加强监督与查处司法腐败等有机结合起来，逐步形成以抗诉为中心的刑事审判监督格局，提高监督能力和水平。二要在尊重和支持法官在审判活动中的主导地位和权威同时，依法全面履行法律监督职能，拓展监督范围，研究对法院自行启动再审后改判或判缓刑、一审书面审理和定罪免刑案件的监督，开展对上诉后改判或发回重审案件的监督。三要通过纠正审理违法、再审检察建议、情况通报或联席会议等积极开展其他方式监督，打好监督的“组合拳”。进一步完善检察长列席审委会制度，加强对法院指令异地再审案件的监督，强化对庭审中程序违法情况的监督，推动公诉工作和刑事审判工作既相互配合又相互制约。

8. 追责要明确

我国目前的检察监督主要以对侦查机关发出纠正违法通知书或检察建议书两种方式进行，但侦查机关后续的改正情况是否合法、合理，则不在检察机关的掌控范围之内，明显缺乏必要的强制效力。要加强法律监督，就必须明确检察机关的实体处理权，明确侦查人员在无正当理由的情况下拒绝接受检察建议的程序及实体后果。当侦查、审判工作出现违法情形时，检察机关可以依据违法情节轻重，相应采取建议纠正、说明理由、限期改正、向上级侦查机关提出追责建议等方式进行处理。

（二）理顺检察机关与法院之间的关系

在我国，检察机关既是国家唯一的公诉机关，也是专门的法律监督机关，其对法院的审判活动依法享有监督权。从多年来的立法与司法实践来看，检察机关与法院之间的关系有待于理顺。

1. 明确限定公诉人的法律监督者的权限和行使方式

“以审判为中心”的诉讼制度下，法官才是庭审的中心，公诉人只是庭审中的控诉方，其指控的证据是否被采信，应由庭审法官决定。但是，法律监督者的身份又容易使公诉人凌驾于法官之上，成为法官之上的法官。这样，就很容易扭曲控审之间的关系，使法官不得不屈从于公诉人的指控。如果不能对公诉人的法律监督者的权限和行使方式进行明确限定，推进以审判为中心的诉讼制度改革就是一句空话。对法官的独立审判权以及当庭的认证、采信证据的过程，公诉人则不能以法律监督者的角色进行监督。

2. 控诉职能与审判职能的权限范围应该明确予以限定

控审职能分离是当今任何一个国家和地区普遍采行的基本原则。法院行使审判权是被动的，只能在指控的范围内进行审理和裁判。法院在变更指控罪名时，只能有利于被告人，而不能在事实认定同一的前提下将指控罪名变更为比控诉罪名更严重的罪名，因为这样做会导致判决中被告人构成比控诉罪名更为严重的犯罪。

（三）加强对侦查权的规制

1. 把侦查权关到制度笼子里

权力具有自我膨胀的天然属性，在刑事诉讼中公诉机关和法院在某种意义上会受制于侦查机关，主要是因为侦查的权力得不到有效的规范。要把侦查权关在制度的笼子里，涉及人身自由、财产权利的侦查手段要实行司法审查。要规范侦查行为，促进侦查机关严格依法收集、固定、保存、审查和运用证据。要严格落实非法证据排除规则，准确界定需要排除的“非法证据”范围、规范调查核实的具体程序。

2. 发挥律师在侦查程序中的作用

侦查一个最基本的原则就是侦查不公开，这是任何一个法治国家都坚持的，但是不能等同于侦查秘密。在侦查不公开的情形下，要加强对公权力的规制，要加强对犯罪嫌疑人的权益保障，除了公权力自身的制约以外，还要发挥律师的作用。强化诉讼中律师知情权、辩护权、申请权等各项权利的制度保障，尊重律师在会见、阅卷、调查取证、收集证据等方面的权利，完善听取律师意见特别是无罪意见制度，发挥辩护律师在全面查清案件事实、保障犯罪嫌疑人人权等方面的积极作用。

（四）确保裁判权的独立性、实质性

公诉机关为了避免自己的指控被法院所否定，会利用各种手段与策略影响法院的决策，而法院在审判中的独立地位在某些情形下也确实被影响，本应作出无罪判决的案件被以各种非审判的程序机制如撤回起诉所消化。审判机关能否不受侦诉机关干涉，独立进行判断，反映了审判是否为中心的程度。实质意义上审判机关独立，最为关键的因素在于确立审判机关相对于侦诉机关的独立性，保证其不受侦诉机关的干预。只有消除这些过度和不必要的干预，法院才能客观、中立地作出裁判，实现以审判为中心的改革目标。

侦诉机关作出的书面化结论在庭前、庭中与庭后得到了充分的展示与使用，侦诉前期活动所产生的结果过早而全面地成为审判环节的决定性因素，成为审判机关不得不依赖的证据材料，从而构成了事实上的“以审判前为中心”。要想避免并革除这一痼疾，必然要求从根本上打破这一早期决定式的诉讼框架，不能让在审前阶段形成的书面材料成为审判的基础性、前提性材料。换言之，需要落实直接言词原则，保障辩方的举证、质证权利。要坚决禁止未审先定，严格规范上下级法院之间对个案的请示、“指导”，把证人保护、证人出庭落到实处，全面贯彻证据裁判规则，坚决排除非法证据，确保侦查、起诉、审判案件的事实经起法律检验，确保法院依法独立审判等。

七、结语

理论上的探索有助于为现在正在进行的改革建言献策，让改革少走弯路，但是任何理论上的创新都必须立足于我国实际，都必须接受实践的检验。司法改革也不例外。侦查中心主义的刑事诉讼程序不能适应以审判为中心的诉讼制度。以审判为中心诉讼制度改革对我国现行侦、诉、审关系产生了巨大的冲击，也对三者之间的工作机制提出了新的要求。要准确理解和把握“以审判为中心”的含义和精髓，主动适应改革新要求，重构侦诉审工作机制，强化彼此间的制约，加强公检法之间的协作，完善审判前程序以及审判中的相关制度。要认真研究提高检察机关公诉能力水平，强化检察机关在审前程序的主导作用，强化引导取证，严把起诉标准，全面贯彻证据裁判规则，充分发挥审判程序在确保案件质量和司法公正的重要保障作用。新型的侦诉审关系是一种责任，更是一种义务，这需要审判、公诉和侦查的共同努力。“路漫漫其修远兮，吾将上下而求索”。

以审判为中心视角下的退回补充侦查

——以H省检察机关部分案件为样本

海南省人民检察院第二分院课题组*

内容摘要：当前正在推进以审判为中心的诉讼制度改革，而公诉对侦查的监督、制约不力，审判更缺乏对侦查的直接制约。实践中，案件侦查质量不高等原因，导致退查案件占移送审查起诉的案件的比例一直居高不下。退查不到位，补查不得力导致诉讼难度增加。本文试从分析退补案件的现状及原因的角度出发，强化对退补工作的监督，提出退补案件的救济机制，构建新型侦诉关系，以适应以审判为中心的诉讼制度改革。

关键词：审判为中心　退查　监督　制约

当前，构建公诉对侦查的监督、制约机制，提高侦查质量，让侦查服务于公诉、审判，成为推进以审判为中心的诉讼制度改革中亟须解决的问题。审查起诉环节退回补充侦查的现状如何？如何构建新型诉侦关系以适应以审判为中心的诉讼制度改革？笔者重点选取H省检察机关中的E分院和其辖区的D、F检察院以及Y分院辖区的L检察院的退回补充侦查（下称退补）的案件适用情况进行统计分析，从分析退补案件的现状及原因的角度出发，对完善退补工作提出建议，构建新型侦诉关系，以适应以审判为中心的司法改革。

---

*本文系海南省人民检察院2015年度一般课题《以审判为中心诉讼制度改革与新型侦诉审工作机制构建研究》阶段性理论成果。课题组负责人为李伟军（海南省人民检察院第二分院党组书记、检察长），成员为王妙燕（海南省人民检察院第二分院行政检察处处长、未检办负责人）、李颖林（二分院公诉二处检察官）、张幸（二分院研究室干警）。

一、退回补充侦查现状

侦查机关在某些案件中补侦不力是长久以来一直存在的问题。从调研情况看，实践中退而不查、查而不细、查而不清甚至以说明代替侦查的现象时有发生，严重影响了办案效果，也浪费了诉讼资源。

（一）退补案件情况

E 分院

年度	受理案件数	第一次退查案件数	第二次退查案件数
2013	129 件	66 件	24 件
2014	119 件	55 件	15 件
2015	114 件	57 件	14 件

C 检察院

年度	受理案件数	第一次退查案件数	第二次退查案件数
2013	175 件	39 件	15 件
2014	193 件	48 件	15 件
2015	192 件	57 件	31 件

D 检察院

年度	受理案件数	第一次退查案件数	第二次退查案件数
2013	214 件 305 人	60 件 115 人	17 件 37 人
2014	244 件 298 人	71 件 98 人	20 件 26 人
2015	239 件 299 人	76 件 113 人	15 件 30 人

L 检察院

年度	受理案件数	第一次退查案件数	第二次退查案件数
2013	261 件 343 人	106 件 157 人	30 件 54 人
2014	289 件 399 人	72 件 131 人	9 件 15 人
2015	325 件 445 人	135 件 205 人	38 件 64 人

（二）退补案件特点

（1）从退补案件的类型来看，主要集中在多人多起、一人多起等重大疑难复杂案件。

（2）从退补后退而不补的数量来看，呈逐年增多趋势。

（3）从退补后案件的处理来看，经两次退补后作不起诉处理的案件时有发生，甚至被法院作无罪处理。

（4）第一次退查后，补查的质量较高，第二次退查后，补查的质量较低，部分瑕疵证据无法补正。

（5）部分案件没有退查到关键点上，对罪与非罪、此罪与彼罪、罪轻与罪重的证据要求把握不准，没有起到公诉引导侦查的效果。如E分院部分支持抗诉的案件甚至是一审宣告无罪案件，在二审补充了新证据后，二审法院予以改判。而这些证据均能在一审前补充到，完全没有必要在二审来补充。如一审时退补到位，就没有抗诉必要，也就没有必要浪费司法资源提起二审程序。

（6）排除非法证据的案件极少。非法证据有直接排除的后果，但瑕疵证据也有被否定证据的能力。由于瑕疵证据在司法实践中大量存在，且证据瑕疵往往不能引起侦查人员的注意，再行补正或合理解释的难度大。如符某某故意伤害案中，由于审判机关与检察机关对证据标准认识不一致，对非法证据排除程度认识不同，导致法检两家在案件认定方面存在分歧。该案主要的定罪证据就是被告人的有罪供述，但侦查机关在取证程序方面存在一些瑕疵，如没有完全遵守办案期限规定，被告人额、面部存在的擦伤及瘀斑无法解释清楚，程序方面的问题难以让法官对被告人供述内容的真实性形成内心确信。虽经两次退查，但由于侦查机关立案侦查不及时，证据收集太晚，致使关键性证据羊角锤在野外草丛中放置时间过长，羊角锤上黏附的指纹、DNA灭失。该锤虽属先供后证的证据，但与该案没有建立起直接的联系。且侦查机关收集证据不全面、不规范，如侦查机关只提取了收条的复印件，导致影响了法官对该证据内容真实性的判断，作为本案关键性物证羊角锤的来源也没有查清，为被告人的翻供提供了机会。法院认为，公诉机关出示的部分证据存在取证程序违法，具有诸多疑点、甚至相互矛盾的情形，不能形成完整的证据链条，判处符某某无罪。检察机关认为在没有新的直接有力证据情况下，抗诉的结果不会有什么改变而放弃抗诉。

（三）退补中存在的问题

1. 侦查质量不高导致退查数量居高不下

侦查质量不高是退查数量居高不下的根本原因。部分侦查人员法律思维素养偏低，证据意识不强，不关注侦查终结的案件能否顺利起诉、审判，重破案，轻证据，没有及时固定证据，造成了案件证据不足，诉讼难度增加。对影响定罪量刑的证据，在完全能够轻易调取时未调取，在退补时却失去了全面收集涉案证据的最佳时间。

案件质量不高主要表现在：直接证据缺乏或者存在矛盾，而间接证据链条不紧密；证人证言、犯罪嫌疑人供述缺乏系统性；有遗漏罪行或者犯罪嫌疑人；量刑证据收集不到位；涉案实物证据不随案移送甚至丢失，导致案件事实难以核实；取保候审、监视居住适用不当，犯罪嫌疑人到案难；笔录与同步录音录像不一致，导致证据客观真实性缺陷。另外，从移送的案卷材料来看，侦查人员往往对物证和书证重视不够，尤其表现为物证的提取过程缺少证据。

2. 退的多，查的少

一是公诉部门退查时要求补查的案件内容多，侦查机关真正补查的内容少，符合要求的少。退查事项往往涉及一些取证存在困难、取证需要耗费较大人力、物力、财力等侦查机关不愿触及的问题。侦查机关对退回补充侦查往往比较反感，存在抵触情绪，认为案件移送审查起诉后侦查工作已经终结，对退补的案件经常不补充任何证据或仅仅出具一纸说明便重新移送审查起诉，导致部分案件退查质量不高。二是公诉部门退查的多，自行补查的少。

3. 退查提纲指向不明，引导性、可操作性不强

部分案件的退查提纲过于简单笼统，补查事项介绍不明、表述含糊不清，没有明确指出案件中存在问题、侦查方向和解决办法，缺乏明确的指导内容和可操作性，侦查机关无所适从。加之侦诉双方缺乏必要沟通，对退查事项的理解存在偏差，侦查机关不能很好地领会退查意图，补查质量较低。

4. 互借办案期限

一方面是侦查机关向公诉部门借期限。一是在案情尚未查清、证据明显不足而侦查期限已满的情况下，侦查机关先移送审查起诉，继续侦查；二是经事前与公诉部门协商，在未实质移送案件的情况下，仅办理移送审查起诉手续，继续侦查；三是在退查中“借用”公诉部门审查起诉办案时间。

另一方面是公诉部门向侦查机关借期限。一是公诉部门为缓解办案压力，对没有退查必要的案件作退查处理；二是经与侦查机关沟通，在未实质退查的情况下，仅完善退查手续而实际上继续审查；三是侦查机关补充侦查不到位，公诉部门自行补充侦查期限不足，借退查继续补充侦查。

5. 第一次退查随意性大

除法定的启动退补的事由外，有的公诉部门将犯罪嫌疑人在逃或患有严重疾病丧失诉讼能力无法到案的、为落实宽严相济刑事政策给予当事人一定和解时间的、需要做相关鉴定的、因法律适用存在争议需请示的案件，均以退补来解决办案超过期限的问题。

6. 为走程序而退查

许多重要证据，甚至是定罪证据因在侦查阶段未及时提取，导致在公诉阶段因时过境迁而难以补充，不退查就有公诉徇私的感觉。新的刑事诉讼法将退回补充侦查作为存疑不起诉的前置程序。案件作存疑不起诉的，即使预测退查没有效果仍经历这一程序。

7. 犯罪嫌疑人未羁押的案件，补侦超时现象明显

侦查人员往往只重视犯罪嫌疑人被羁押案件的办案期限，认为只要是未对嫌疑人采取羁押措施，超期不会侵犯到嫌疑人的权利。公诉部门对未羁押的犯罪嫌疑人不到案的案件退补的，侦查机关找不到嫌疑人的，出现补充侦查期限超期。

三、形成原因

（一）诉侦理念上的差异

公诉部门审理案件以“证”为中心的理念与侦查机关以“破”为中心的理念在一定程度上相悖。侦查机关重点业务在于破案，将破案作为硬性考核规定，尤其是“命案必破”“限期破案”的理念在基层依然占有重要地位，无形中导致侦查人员“重破案，轻诉讼”的思维模式。

侦查人员证据意识、侦查意识和责任意识不强。一是侦查人员在办案中责任意识不够导致侦查案卷中出现一些低级错误。二是公安机关内部监督不力。一件普通的刑事案件从受理、初查到立案、破案，直到侦查终结、移送审查起诉，在公安机关内部会历经刑警大队（或派出所、经侦中队等部门）、法制科（处）等部门，历经侦查人员侦查、法制人员审核等多道关口，即使层层把关，瑕疵案件仍不时流出。

（二）能力不足

一方面，侦查人员能力不足。一是缺乏特殊类型案件专门性的专业知识，成为办案的短板。二是很多侦查人员承担着侦查办案和社会治安治理的双重工作，导致其无法专注于案件侦办。三是只重视侦破案件的能力，而忽视收集证据来证明案件事实的能力。

另一方面，部分公诉人员有发现问题的能力，但分析问题、解决问题的能力不足，导致引导侦查的能力不足，不能对案件补侦进行有效的引导。如台某某职务侵占、挪用资金、合同诈骗案中，台某某系利用信用社主任的职务便利进行犯罪，侦查人员和公诉人员均不懂银行账务，尽管两次退查，且第二次退查时其他公诉人员已经帮助列出明确的退查提纲，但二退后仍补查不到关键证据。

（三）监督缺乏

一方面，退回补充侦查过程和补查结果缺乏相应的监督机制。侦查机关的补查活动相对封闭，其补查过程缺乏有效监督，侦查不为公诉服务。公诉工作难开展，尤其是对侦查中出现的非法证据、退查效率低下等问题，公诉缺乏相关制约机制。大案、疑难案件退补率高，有的证据由于时间的变化，在退查阶段已错过时机，无法补充侦查。部分退查前后证据基本不变、二次退查案件两次退查内容基本一致，或者避重就轻，补查一些无关紧要材料应付了事。

另一方面，退回补充侦查的决定和内容缺乏监督。退回补充侦查决定除自身没有严格的启动规定外，亦无相应的外部监督机制予以制约，比如什么情况可以退回补充侦查，什么情况应当自行补查，应当补查哪些内容，完全由公诉部门自行决定。

（四）制度缺陷

一是办案期限设计不合理，须借退补期限缓解办案压力。首先，案多人少，公诉部门为避免办案超期，不得已采用退补的方式缓解办案压力。其次，法律只规定重新鉴定时间在审判阶段不计入审判期限，如果在审查起诉环节，当事人要求重新鉴定的，在鉴定意见未作出前，公诉部门只好退补。再次，技术处理关联案件。有的案件因与其他同案人员的处理有重大关联，在事实清楚、证据比较充分的情况下，需等待同案犯罪嫌疑人一并起诉或判决后再作处理，公诉部门往往以退补来延长办案期限。最后，强制措施不到位，部分嫌疑人到案难。因侦查机关对取保候审、监视居住的执行不到位，导致在起诉、审判等环节时常出现人不到案的情况，检察机关常以退补为手段来督促侦查机关确保犯罪嫌疑人到案。

二是缺少统一证据规则的指导，缺乏沟通或沟通不畅。虽然侦查人员与公诉人员都参与刑事诉讼，但是身份、角色不同，对于证据收集、应用、甄别的要求不一致，导致双方对证据的证明效果产生分歧，特别是对案件的证据链是否存在缺陷、案件事实是否清楚、证据是否充足、是否足以影响定罪量刑等问题存在争议，侦查人员往往认为没有必要补充侦查，该提取的证据没有提取，该找的证人没有找，导致案件屡退不查，屡查不清。且侦诉双方不同程度地存在对事实和证据把握不准，侦查取证、审查把关不到位的情况，这也会导致退补案件增加。

三是法律规定公诉退查要列明退查提纲，没有规定公诉人员参与退查期间的对案件的调查核实。

（五）缺乏必要的奖惩考核制度

一是检察机关的不起诉决定对侦查机关的考核无任何影响，这使得部分侦查人员对检察机关即使作出存疑不起诉决定仍持无所谓态度。因补查不到位而使案件不诉、无罪处理的，无任何单位、个人被追责。二是检察机关对引导侦查或补查有功人员更是缺乏奖励机制。

（六）受案机制不完善，无法倒逼侦查取证

现行法律没有明确规定检察机关在何种情况下可以不受理侦查机关移送审查起诉的案件，检察机关内部也缺乏可操作性的规定，难以从初始环节对证据不到位的案件进行制约。目前，检察机关采用网上办案系统，统一受理案件，由于案件管理部门只作形式审查，对有无管辖权、不捕后又移送起诉时是否补充了证据、退补后是否按要求进行补充等均不进行全面审查。

四、完善监督制约机制，积极应对以审判为中心的诉讼制度

（一）更新理念，正确认识以审判为中心的诉讼制度改革

1. 明确以审判为中心的诉讼制度的含义，树立科学、现代的司法观

在厘清“以审判为中心并不是以审判机关为中心”的前提下，树立科学、现代的司法观：一是从片面强调打击犯罪价值取向转向寻求多种价值观念的兼顾与平衡。二是从偏重实体转向实体和程序并重。三是从有罪推定转向无罪推定，养成中立、客观调查取证的思维习惯。四是从查明事实转向证明事实。

2. 树立“有效退补”理念

一是要严把退补条件关。在作出退查决定前进行仔细的预测和把握，对于证据不足等原因拟退补案件，由承办人提出具体意见，详细阐述退补事项及说明理由，增强退补提纲的说理性、具体性，由部门负责人审核，提交科室集体讨论，集思广益，最终经分管检察长决定退补，确保退补具有必要性。

二是要严把退补提纲关。详细列明补查事项及所需达到的目的，开门见山指明差什么材料、补什么材料，做到一次退净，不留证据的空白点，杜绝因审查不细造成问题有遗漏而重复退补。公诉人员当面向侦查人员就退补提纲中的问题说清补查内容和理由，防止侦查人员不理解退补目的而做无用补查或补查不到位。

三是要严把补查重报审查关，要求侦查部门必须根据补查提纲写出详细的补充侦查报告，对未取证或者不能取证的事项必须说明合理原因。公诉人员在补查过程中与侦查人员加强工作沟通，交换意见，有效减少屡查不清的情况。对侦查机关应补未补，仅写出说明的，诉侦双方共同研究取证的突破点，引导侦查机关的取证方向，减少二次退补。

（二）构建以证据为核心的公诉引导侦查机制

推进以审判为中心诉讼制度改革，不能理解为弱化检察机关的法律监督职能，相反，要强化检察机关在审前程序中的主导作用。在侦诉关系方面，建立新型的配合、制约关系，加强公诉对侦查的引导和规制，特别是通过提前介入等方式加强对侦查机关调查取证的引导。新刑诉规则第 361 条明文规定："对于重大、疑难、复杂的案件，人民检察院认为确有必要时，可以派员适时介入侦查活动，对收集证据、适用法律提出意见，监督侦查活动是否合法。"

1. 公诉引导侦查的范围

公诉引导侦查的范围为以下几种：一是重大疑难复杂案件，主要是涉金融类经济犯罪案件、票据犯罪案件等；二是重大社会影响的案件，例如重大团伙案件、黑恶势力案件；三是一定时期内多发性案件，对于某一特定时期由于一定的特殊社会背景而导致某类激增的案件；四是犯罪涉及面广、取证困难的重大复杂案件。对于上述类型案件，要求公诉部门与侦查部门及时沟通配合，切实做好公诉引导侦查工作。

2. 建立健全引导侦查机制

健全公诉引导侦查机制，加强侦诉人员之间的沟通，让侦查人员领会退补的意图，有的放矢地开展工作。加强对退补案件的跟踪监督，适时引导侦查，共同解决问题，提高补充侦查的针对性。侦诉双方还要适时合议，对多发、常见案件指控犯罪最低证据标准达成共识，从源头上减少认识分歧。

强化证据意识，加强引导侦查作用和规制功能。对证据的客观真实性、证据与案件的关联性、取得证据的合法性进行全面、细致、严格审查，围绕案件焦点做好出庭应对准备；要完善侦查模式，促进侦查工作做到从"由供到证"到"由证到供""以证促供""供证结合"的模式转变，更加重视侦查活动中以客观证据为核心；要强化侦查引导，加强侦诉协调，切实发挥重大案件提前介入的引导侦查取证作用，切实排除非法证据。

3. 转变侦查人员执法理念，增强证据意识

在审查起诉中，推行以客观性证据为核心的审查模式，引导侦查人员全面贯彻证据裁判规则，依照法定程序收集能够证实犯罪嫌疑人、被告人有罪或者无罪、犯罪情节轻重的各种证据，使证据之间形成牢固的链条，严格遵守非法证据排除规则。对于已收集的证据材料，必须通过有效的方法妥善保存，以保证证据真实性和证明力。努力实现证据审查从“在卷审”向“在案审”，从“静态审”向“动态审”转变。

公诉人根据案件的情形对侦查活动的引导，促其向“证”的侦查理念转变，对重大、疑难、复杂案件和一般案件取证进行分别引导。公诉部门通过分类讨论常见案例，同时对以往法院判决进行梳理，对判决所需的证据和量刑情形予以预判，就取证方向、取证标准以及侦查中需要注意的其他事项等问题引导取证。同时，对客观性证据、电子数据的来源、流转、保管、鉴定等问题向侦查机关提出明确要求，并对易发性类案证据种类、证据固定等内容进行总结，提高侦查机关取证效率。

4. 以庭审促侦查，强化审判对侦查的制约

以审判为中心的诉讼制度下，法庭不仅仅根据侦查所收集到的证据进行定罪判刑，审判权还要对侦查权形成一种事实上的制约，进而对侦查活动形成倒逼机制，从源头上提升证据提取、固定、采集的规范性与合法性。既要切断侦、审的联系，更要强化审判对侦查的制约。目前，侦查部门与审判部门长期脱节，侦查人员对庭审活动缺乏直观认识，导致侦查部门常常不理解公诉部门为何对证据要求如此严格。公诉部门通过不定期地邀请侦查干警旁听庭审，参加庭审观摩活动，使其直接感受案件的审判过程，以达到个案有提高、类案有指导的效果，形成侦诉合力。

根据庭审证据的需要，进一步强化公诉对侦查的引导功能，及时把审判机关的司法理念、宽严尺度、证据标准和证明要求传导到侦查机关，从侦查源头上打牢基础。

5. 公诉人员对侦查工作进行换位思考

通过邀请侦查行家里手来检察院现场讲授、交流座谈，由一线侦查人员亲身讲述所办精品案例的过程，拓宽公诉人员的学习渠道和知识面，学习了解侦查机关侦破案件的思路和各种侦查手段的规范运用，对侦查工作进行换位思考。

6. 加大自行补查力度

刑诉法明确规定检察机关有自行补侦权，但实践中不少承办人惯性地将退补作为补查的首选甚至是唯一途径，无论缺少何种证据均退回侦查机关要求补充，补查效果不尽如人意。承办人对于可以自行补查的证据，不必退补，这样既可提高效率，也能对案情有更为深入细致的了解。

7. 确定重新调取证人证言的标准

证人证言具有主观性、易变性、不可替代性等特点，导致了实践中对其认证的复杂性。若无线索及证据证明已存在的证人证言是非法证据应予排除，还能以什么标准来确定是否需要重新调取证据？笔者认为，此类案件可从以下两方面综合考虑是否要重新取证。一是重新取证必要性。案发后的侦查环节是向证人取证的最佳时期，此时证人对案件事实记忆清晰度较高、履行作证义务积极性较高、证言内容受到其他因素干扰的概率较低，此时作出的证言可信度较高。若对上述证言的客观性、真实性、关联性均无异议，为节省司法资源、提高办案效率、应审慎判断重新取证的必要性。二是重新取证可能性。实践中，案件进入审查起诉环节后，再次找到证人重新取证的成功率偏低。新刑诉法第 62、63 条增设了专门对证人的保护规定，但现暂未形成完善的证人保护制度，证人出于对自身安全的保护、免于遭受其他麻烦的考虑、对重新作证的不理解，往往不愿配合再次作证。而重新取证一旦失败，不论是因上述何种缘由，会在一定程度上影响检察人员、审判人员对定罪的内心确认。因此，决定重新取证前，应对取证的可能性有基本的衡量预测。

（三）健全机制，完善职能

1. 严格受案标准

明确受案标准，甄别情形应对。检察机关案件管理部门要通过制定操作性较强的受理案件规定，对不捕后未取得实质性证据而移送起诉的案件、退补重报时未按要求补充影响定罪量刑证据的案件，制定相关制约措施，明确受理案件标准，真正从源头上保证案件质量。在严格形式审查的同时，对几类案件的收案审查作出专门的规定。把问题解决在移送审查起诉前。这样避免了案件的多次退查，为审查起诉节省了大量时间。如确定专人对公安机关直诉案件进行收案前的实体审查，避免后续的司法资源浪费；对侦查机关移送的指定管辖案件的受理，由案管部门负责人直接审查材料，严格按公检法联合规定办理；对退查重报案件，先由承办人进行证据审查，确定补查证据到位后再由案管部门予以受理。

关口前移，注重事前沟通。为从源头上保证案件质量，对退补重报时未按要求补充影响定罪量刑的案件明确受案标准，符合受案的条件的，经案管部门正式受案；不符合的，由公诉部门向公安机关出具《暂不受案情况说明》，并给出继续侦查的建议。

对于取保直诉案件，建立书面审与询问审查相结合机制。对公安机关移送起诉的取保候审案件，案管部门不仅对案件管辖权、强制措施、卷宗材料、涉案款物等内容进行书面审查，还要当面与侦查人员沟通有关案情，当场向取保的嫌疑人落实到案情况和了解有关情况，在确定现有证据是否已经达到起诉的标准后做出受理与否的决定。对于证据明显存在瑕疵的审查起诉案件，以部门业务骨干为成员的受案审查小组进行审查，把“瑕疵案件”有效消灭在源头环节，要求公安机关补充完善后再行移送。对于不予受理的，公安机关根据检察机关对侦查活动的引导和要求，补充完善后再行移送。

对于存疑不捕案件，建立不捕案件跟踪机制。案管部门对该类案件建立专门台账，定期了解不捕案件的诉讼进展情况，并待移送审查起诉时严格查看公安机关是否根据侦监部门批捕时发出的《不批准逮捕案件补充侦查提纲》补充证据材料，如果所列事项已经查清或作出相应说明，案管部门才予受理。

对于退查重报案件，建立瑕疵案件监督机制。对于案件证据存在瑕疵而退查的案件，案管部门在受理该类案件时，不仅要对卷宗材料的规范、齐备与否进行全面细致审查，还要严格按照公诉部门随案发出的《补充侦查提纲》所列事项，详细查看公安机关是否查清，必要时向公诉承办人进一步核实，监督公安机关是否按时保质做好侦查补证工作，根据查实的情况决定受理与否，切实把好退查重报案件的受理关。

对于受案中的问题，建立检警定期沟通机制。案管部门对移送案件中反映出的问题及时向公安机关反馈，同时建立定期沟通机制，每月检警两家定期碰头，就案件受理时应当具备的证据标准进一步细化，对存在的问题积极沟通整改，避免同类问题再次发生。

2. 健全科学的考核评价机制

（1）将退查质量情况纳入侦查机关考核内容，消除侦查人员消极怠工的现象。

（2）建议公安机关制定起诉必要性审查制度。起诉必要性审查主要通过对案件事实的审查以及对起诉的法律效果和社会效果的评估，最终对案件做出移送审查起诉或者刑事和解、撤销案件的处理决定，这样也有利于节约司法成本。

(3) 建立案件评估与追责机制，调动侦查人员补充侦查的积极性。

(4) 加强考评引导。上级侦查和检察机关应当在案件质量考评中考虑到公诉环节退查因素，设置退查率上限，对退查率过高的单位在考评中予以扣分，引导基层侦查、检察机关依法正确适用退查措施。

3. 抓好重点环节的介入，确保案件快侦快结

2015 年 6 月 15 日最高检制定了《最高人民检察院关于加强出庭公诉工作的意见》。公诉部门根据公诉在审前程序中的作用，围绕起诉的证据标准，对一定时间段内高发的某类案件或者某类问题进行类案指导，为后面的审查起诉做好准备。公诉人以适当的介入范围、适时的介入时机、适度的介入程度进行提前介入，通过出席现场勘查和案件讨论等方式，对收集证据、适用法律提出意见，监督侦查活动是否合法，引导侦查部门完善证据链条和证明体系，让审前司法活动以公诉为重心。

4. 特殊案件专门人员办理制度

特殊案件指抢劫、强奸等恶性暴力案件，以及重大、疑难、复杂的团伙案件和黑恶势力案件。针对这类案件一般涉案人数较多，被告人可能判处十年以上有期徒刑，证据质量要求高等特点，由公诉部门选定业务能力强、认真负责的检察官提前介入侦查，其应在发案后与侦查民警第一时间赶赴案件现场，提出具体可行的指导意见，并做好记录、汇报工作。

自侦案件公诉质量不高一直是困扰检察机关的难题。由检察机关侦查监督和公诉部门指定本部门能够熟练运用专门法律业务知识，并具有办理审查逮捕、审查起诉此类案件经验的检察官，作为专门型侦查监督人员和专门型公诉人员，负责自侦案件的审查逮捕、审查起诉和出庭公诉、出席二审法庭工作。

5. 建立健全侦诉联席会议制度

(1) 建立案件质量定期通报机制。针对公安机关对退补案件存在“退”而“不补”、“可补”而“不去补”，或者仅出具《无法补证的工作说明》重新移送审查起诉的问题，建立移送审查起诉案件质量季度通报机制。

(2) 建立侦查人员列席公诉案件讨论机制。以个案把关为切入点，对部分重大、复杂、疑难案件，适时邀请侦查人员列席公诉部门，集体进行案件讨论，使侦查人员充分了解案件存在的问题，及应采取的补侦方法和符合起诉标准的证据条件。

⑶ 建立案件质量联席会议机制。每半年召开一次由承办案件的侦查人员、公诉干警、公安局法制室、检察院公诉科负责人及主管领导参加的案件质量联席会议，通报案件质量及退补案件总体情况及存在的共性问题，并提出建议。

⑷ 建立为公安机关民警主动授课机制。针对近年来新招录年轻干警多，侦查人员业务不熟、经验不足、收集固定证据意识不强的现状，建立为公安机关民警主动授课机制。

6. 给予办案人自由裁量权

即明确不得退回补充侦查的类型，剩下的情形鉴于案件复杂性和对案件承办检察官的尊重，在完善决定审批机制的基础上，结合案件起诉证据标准，由办案人自由裁量。⑴ 无退查可行性的。⑵ 不适于退查的，这种情况主要是指侦查机关或机构存在违法取证或案件办理存在程序瑕疵，尤其是刑讯逼供等严重侵害嫌疑人权益的情形。⑶ 退查无经济性的。在调研中，我们发现退查提纲中有不少是存在文书、程序轻微瑕疵或因找不到被害人无法核实被害人陈述、听取被害人意见而退回侦查机关重新侦查，甚至有诸如证据卷编号存在错误等。在这种情况下退回侦查机关重新补充侦查，不仅有违退查的制度设计初衷，还浪费大量宝贵的司法资源，有违退查的经济性和比例原则。

7. 增加侦查机关负有协作侦查义务的硬性规定

在当前审查起诉阶段退查率过高、自行补充率偏低的诸多原因中，除相关人员主观方面的原因外，还需要正视检察机关公诉部门能力、设备、资金、人员、手段等方面的不足，使得即使要求公诉部门提高自行补查率，也将因为诸多限制而达不到查清案件事实的要求。再加之公诉人的属性，过多地涉及侦查环节，行使侦查职责，与其定位属性均不相符。因此，应当在立法中增加侦查机关负有配合公诉部门协查义务的硬性规定，使得公诉部门能够有效指挥侦查机关所掌握的资源、手段，在不影响效率的情况下，保证案件事实的及时、顺利查清。

在当下“分工合作、相互制约、相互监督”的分工格局中，各方不是没有监督制约的机制和沟通协调平台，缺少的是一个能够具体运作层面，较易启动，易被评价，诸如内部考评性质的监督制约机制。在这方面，北京市公安局已经作出了一定尝试，由专人研究检察机关第一次退补提纲所列内容，发现确属原侦查应当完成而没有完成或侦查过程中不应该出现的情况，扣减该案侦查人员办案分数的一部分；如果第二次退补还出现上述问题，就进一步加大扣分比例。

跟踪督办，完善事后监督。规定由专人对退补案件进行限期催办，跟踪退补案件的后续处理情况。对退补期限届满未移送审查起诉的，及时发出催办函，并综合运用纠正违法、检察建议等法律监督手段，要求侦查机关说明理由。

8. 组织开展类案专项调研

每年定期对办案中遇到的疑难、新型或趋势性问题开展专项调研分析，并向检委会提出合理性建议，为检委会决策提供参考。

（四）完善对退回补充侦查的监督和制约机制

1. 对侦查机关和人员的监督和制约

比较旧刑诉规则第 383 条和新刑诉规则第 567 条，关于检察机关对于侦查机关侦查活动的监督，在发现违法行为后的处理结果上有所不同，新刑诉规则更加细化了对于侦查机关在侦查中违法行为的处理方法，并且加重处罚。即便如此，在侦诉关系当中，检察机关对公安机关侦查活动的监督权在实质上仍然没有很好地得以贯彻落实，使得检察机关在行使退回补充侦查或纠正违法等监督权时常常流于形式。

公诉人要注重发挥法律监督职能，强化监督刚性。侦查机关未按补充侦查提纲切实进行补查的，视案件具体情形及情节轻重，检察机关可采取措施或告知侦查主管部门或通报或发出检察建议。对侦查人员仅以办案说明的形式敷衍退补的，向侦查机关提出书面纠正违法意见。对侦查人员违法取证行为情节较轻的，可以向侦查人员或者侦查机关负责人提出纠正意见；对违法取证行为情节较重，但尚未构成犯罪的，应向侦查机关发出《纠正违法通知书》，对相关人员进行追责，并跟踪监督纠正情况。

对自侦部门侦查中的违法情形，依法向检察长报告。

2. 对公诉部门和人员的监督和制约

完善对退回补充侦查案件的限制，建立独立的检察机关的监督部门，加强对退回补充侦查的事中抽查、事后监督和考核；明确奖惩措施，对滥用退回补充侦查权、推卸责任、造成嫌疑人和被害人权益受损的检察官，予以处分。

加强补证环节的侦检配合。承办人应加强对退查案件的跟踪监督。案件退查后，承办人要加强与侦查人员联系，对发现的退查过程中的违法行为，发出纠正违法通知书。案件退查期限届满以后，侦查机关没有将案件移送审查起诉，公诉人员要及时通知侦查机关说明理由，对案件退查情况和处理结果进行有效监督，防止案件流失。

3. 加大对侦查不力人员的追责

对侦查不力的人员要追责，特别是在判决书明确认定侦查存在问题的，遗憾的是目前为止尚没有因侦查不力而被追责。如H省高级人民法院于2015年11月发布的2014、2015年H省宣告无罪的5件典型案例，其中有4件是因为证据问题，其中，2015年S市中级人民法院一份刑事附带民事判决书写道："本院认为，本案因为侦查不及时，导致大量证据缺失，据以定案的证据单薄，且有矛盾，无法排除合理怀疑，不具有排他性，未能形成证据锁链证实证实上诉人周某伙同他人持刀伤害被害人杨某的事实，不能认定上诉人周某有罪。原公诉机关指控上诉人周某犯故意伤害罪，事实不清，证据不足，应当作出证据不足、指控的犯罪不能成立的无罪判决；对原审附带民事诉讼原告人的诉讼请求应予驳回。……"由此可见，由于侦查机关失职导致证据缺失问题已经严重影响了案件最后的判定结果。同时，检察机关在此过程中的责任也值得我们思考。

4. 完善对退补案件的救济

检察机关自侦部门如果认为退回补充侦查不当的，可以对退查的内容是否符合案件的侦查方向等报请检察长或者检察委员会讨论决定。检察委员会在作出决定前应当听取公诉部门的意见。检察机关之外的其他侦查机关对退回补充侦查和纠正违法有异议的，可以向检察机关提出复议，由检察机关另行指派人员审查。不服检察机关维持原决定的，可以向上一级检察机关提出复核。在争议处理期间，不得停止对案件的补充侦查。

对因侦查不力而受到追责的，侦查机关有异议的，可以向检察机关提请复议一次。

三、结束语

以审判为中心的诉讼模式改革将对公诉部门在司法理念和工作方式上带来的深刻变革，在此视角下的退回补充侦查，也必须厘清思路，进一步适应改革，迎接挑战，全面履行公诉职能，摆正侦查、公诉和审判机关之间的关系，构建一个以审判为中心的科学、合理的诉讼构造。

检察官办案责任制的实践与探索研究

张远南　李光甫　傅剑平　李少甲*

内容摘要：我国检察机关正在进行的检察官办案责任制改革意义深远，其主旨是将过去的办案审批制改革为检察官决定制，改变了过去办案人员无权决定，决定人员不办案的传统，使承办检察官回归了“三性”，即亲历性、决定性、担责性。本文将对正在进行的改革进行梳理，分析得失，摸准脉搏，并对下一步的司法改革提出符合司法规律的构建。

关键词：检察官办案责任制　实践　探索

一、原检察官办案模式概述

一个国家检察机关选择什么样的办案模式，是由这个国家的国体、政体、检察机关功能定位和法律文化传统以及特定时期政治经济发展所决定的。长期以来，我国检察机关实行的是以“层级审批”为主要形式的办案工作机制，即承办人办理，部门负责人审核，检察长或者检察委员会审批决定。该模式虽具有极强的行政化色彩，但在当时的历史条件下，与检察机关起步晚、底子薄、基础弱的现实相适应。

（一）原检察官办案模式的优点

1. 有利于提高诉讼效率

检察机关、审判机关和公安机关进行刑事诉讼，应当分工负责、互相配合、

---

*本文系海南省人民检察院2014年度一般课题《检察官办案责任制的实践与探索研究》理论成果。课题组负责人为张远南（海南省人民检察院第二分院党组成员、副检察长，全省检察业务专家）。成员为李光甫（海南省人民检察院第二分院民事检察处处长）；傅剑平（海南省人民检察院第二分院公诉二处检察官）；李少甲（海南省人民检察院第二分院案件管理处检察官助理）。

互相制约，这是我国宪法原则在刑事诉讼法中的体现。传统的“层级审批”模式通过加强内部协调与配合，有效做到“快侦、快捕、快诉、快判”，极大提高了办案效率。如在办理重大毒品犯罪和社会影响恶劣的暴力刑事案件时，通过快捕、快诉机制，促使案件快速办结，消除了社会影响。

2. 有利于保障刑事追诉的统一性

在实践中，由于检察长、部门负责人、办案人所处位置的不同，工作侧重点也有所不同。具体而言，办案人的工作重心更偏向于个案的处理，且在处理时更注重案件的法律效果。各办案人又由于学历、司法理念和法律认识的不同，对于案件的把握尺度与处理方式也会有所不同。而领导层则更注重工作的全局性，对于案件的政治效果和社会效果往往保持更高的关注。在所有案件均需经过三级审批的情况下，所有案件最后都集中到检察委员会或检察长手中，因此，对于案件类似情节的处理尺度基本是统一、均衡的，有利于检察机关正确地行使检察权，确保法律效果、社会效果和政治效果的统一。

3. 有利于打击犯罪

长期以来，在国家和社会利益绝对优先的思想观念影响下，我国包括检察机关在内的所有刑事司法机关均把打击犯罪作为司法活动的主要目标。而行政化审批的办案模式恰恰为打击犯罪提供了便利，利用行政指令式的协调，建立“快侦、快捕、快诉、快判”机制，尤其在全国“严打”期间，取得了较好效果，有效地震慑犯罪，维护了社会稳定。

（二）原检察官办案模式的缺点

1. 不利于保障人权

由于传统办案模式难以划分责任，且办案人容易产生依赖心理，在办理案件中又过于强调与侦查机关、审判机关的互相配合，弱化了相互制约和法律监督，导致诉讼当事人的合法权益无法得到保障，甚至出现冤假错案。如呼格吉勒图案，正因为过于强调尽快消除社会影响，忽略了对案件事实和证据的审查，导致被告人在案发 62 天就被执行死刑。

2. 模糊了错案责任界限

“层级审批”办案机制，往往出现“决定者不办案，办案者无权决定”的情况，造成了主体模糊，责任分散。在这种办案模式框架下，对责任的划分似乎有据可循，但人人负责即相当于无人负责，责任的层层上移，责任被过度分散，导致了权责不分明的矛盾。即便是改革后的主诉检察官制度，虽然开创性地赋予了主诉检察官对审查起诉案件的决定权，但部门负责人还是保留了一定的案件决策权，主诉检察官所拥有的权力并没有达到独立办案的程度，反而因为受部门行政负责人的领导和制约，这部分决定权在实际运行过程中很容易自觉或不自觉地被“架空”，导致权、责、利这一主诉检察官制度无法解决的矛盾越来越突出。疑难案件的责任压力和行政领导分权的限制，导致主诉检察官最终选择集体决策这一避责途径，使该项改革最终陷入原有的办案模式的漩涡之中。①

3. 违背了司法活动规律

检察官办案主要反映的是一种司法活动，审查逮捕、审查起诉、抗诉等都具有较强的司法属性。而亲历性是司法属性的重要特征，办案人只有亲历办案的过程，才能获取尽可能丰富精确的信息。司法认定的事实实际上是一种客观见于主观的法律事实，因此办案人获取和接触的证据越直接、越全面，越有利于接近事实原貌。办案人的每一次汇报就意味着信息递减，汇报的层级越多，信息量和精确度递减越严重，这种亲历性的要求在事实判断方面尤其突出。传统办案模式中审核人和审批人仅凭办案人汇报来决定案件的定性和处理，显然缺乏亲历性，而这种判断是不全面的、不准确的，也是违背司法活动规律的。

4. 检察官缺乏职业荣誉感

传统的办案模式下，办案人实施的诉讼活动，只是具体事务的承办，既要受业务部门负责人的审查，又要服从检察长的决定。在这种纵向层级体制下，检察机关与行政机关没有太大的区别，检察官也和政府的公务员一样，在社会地位、工资待遇、社会认同感等几方面几乎没有差别。“层级审批”等行政化的办案方式不利于强化责任心和职业荣誉感，也不利于在检察工作一线保留骨干，不利于检察队伍整体素质的提高。

二、域外检察官办案模式概述

（一）台湾地区的检察官办案模式

台湾的检察官分为检察长（最高法院检察署检察总长、高等法院及其分院与其下级法院检察署的检察长）、主任检察官、检察官。依据台湾《法院组织法》第 59 条之规定，各级法院及分院检察署检察官员额在六人以上者，得分组办事，

①潘祖全、林竹静：《主任检察官制度的探索与实践——以上海市闵行区人民检察院的试点探索为例》，载《第十届国家高级检察官论坛论文集》，中国检查出版社，2014，第 49–59 页。

每组以一人为主任检察官，监督各组事务。主任检察官是检察总长或检察长的“辅助管理者”，是检察长管理监督职能的延伸。

根据台湾刑诉法的规定，检察官作为独立行使职权之机关在行使刑事追诉任务时均以自己名义独立对外作出决定。可以说台湾立法赋予了检察官“相对独立”的司法人格。在台湾司法案例中，检察官以其制作的起诉书原本向法院起诉，即使未经检察长审阅且未盖用检察署印章，其起诉行为仍然有效。①检察官未按照要求履行内部控管程序，只能通过检察机关内部进行行政惩处。虽然台湾“立法”为保障检察一体，确立了检察长指挥监督权、职务收取权及转移权，但为突出检察官的独立性，台湾“立法”对检察长的指令权进行了严格限制，除必须遵守法定性义务之外，其行使方式和界限亦受到诸多约束。

同时，主任检察官作为组内其他检察官办案的监督和指导者，在检察长核定之前，主任检察官需要对其他检察官的检察文书进行审阅。如果不同意检察官的意见，可以提出意见供检察官参考。但如果意见不能统一，主任检察官无权改变检察官的意见，也只能报请检察总长或检察长决定。

（二）日本地区的检察官办案模式

在日本地区，检察权属于行政权，其是内阁对国会负责的一项工作，所以作为内阁成员的法务大臣对检察官持有某种程度的监督权。同时《检察厅法》和《刑事诉讼法》中明确的授权的对象是检察官，检察权的载体属于每一个检察官，每一个检察官均以个人名义来履行职权，因此，日本检察官被称为独任制官厅。②

正因为检察权的行政权属性，《检察厅事务章程》第8条规定，“检察官关于检察厅法第4条和第6条规定的事务，应在上级的指挥监督下，关于同法第11条的事务处理，应接受上级的命令，并按照分担的事务，指挥监督检察事务官、检察技术官和其他职员”。也就是说，检察官办理的案件都要经部（局）长进行审批，部（局）长有权直接更改所属检察官对案件的处理意见。对于疑难复杂的案件，由部（局）长提请检事总长或次长检事决定，但检察官独立办案的权力不受干涉。

①姚莉、张柳：《两岸主任检察官制度比较与借鉴》，《中南大学学报（社会科学版）》2015年10月第21卷第5期。

②田口守一：《刑事诉讼法》，张凌、于秀峰译，中国政法大学出版社，2010。

(三) 法国地区的检察官办案模式

根据宪法，法国检察官拥有司法和行政官员的双重身份。基于司法官的身份，他们隶属于司法机关，并且能够享受到专属于这一身份的职业保障、独立性以及作为公民自由守护者的头衔。然而，刑事公诉职能又使检察院成了国家利益的代表，其公诉活动必须受控于国家的整体公共政策。检察院检察官被置于其上级长官的领导和审查之下，并且必须尊重司法部部长的权威，检察院因此变成了一个由司法部部长领导的官僚层级体系。①

法国的检察制度遵循一体化原则，上令下从的模式，使所有司法官在法律上均被视为一体。每一位检察官在诉讼过程中，并不是以其本人的名义，而是代表整个检察院在进行诉讼活动。在检察官内部有隶属和服从关系，检察官要服从上级的指令，接受上级的领导与监督。尽管检察官行使职权时不享有与法官同样的独立性，但他也绝非对上级指令唯命是从，在办理具体个案时也具有相对独立性，如检察官享有的公开指令权、表明个人态度权和拒绝停止追究指令权。②比如说今年政府决心要重点惩治酒驾行为，就会由司法部下达指令，检察院则会遵照执行。但司法部部长只能提出政策性地指导意见，不能对检察官打招呼，无权对个案插手，只能下达准许立案的决定，不能下达不予立案的决定，不能下达结案的决定，而且司法部的指令要和案卷放在一起。

三、改革中的检察官办案模式概述

2015 年 9 月，最高人民检察院下发《关于完善人民检察院司法责任制的若干意见》（以下称《意见》），《意见》共 7 部分 48 条，对司法责任制改革做了框架性的规定。上海市、重庆市、海南省、吉林省等地也下发了司法责任制改革的规范性文件。

(一) 检察官运行模式

1. 产生程序

(1) 选任。如上海市检察机关实行全市检察官“统一提名、分级任免”的办法，由市检察官遴选（惩戒）工作办公室统一组织考试，择优提出初步遴选人选，报市法官、检察官遴选（惩戒）委员会审核，市法官、检察官遴选（惩戒）委员会经审核后提出遴选建议名单，经市院党组研究决定后，由各级院检察长提

①俞亮、张驰：《法国检察体制变革研究》，《中国刑事法杂志》2009 年第 3 期。

②张远南：《法国司法制度之法国检察官》，《检察行与知》2015 年第 4 期。

请同级人大常委会依法任命。海南省检察机关则实行“考试+考核”的检察官选任工作思路，即对各级院副检察长、具有法律职务的党组成员、副厅级以上检察员，采取“考核”方式选任；对各级院检察委员会专委委员、检察员、助理检察员，采取“考试+考核”的方式选任，其中考试占40分，考核占60分。以海南省人民检察院第E分院（以下简称“E分院”）为例，除检察长外，符合选任条件的有65人，共选任出检察官43名，其中通过“考核”方式选任出检察官2名，通过“考试+考核”的方式选任出检察官41名。

⑵ 检察长任命。检察官由检察长任命主要针对的是主任检察官。如重庆市渝北区、武隆县的主任检察官采取竞争上岗和考察任命相结合的产生方式，经党组研究决定，可直接由检察长任命为主任检察官；上海市检察机关固定办案组的主任检察官依据市检察院有关规定的程序选任产生，但专案检察官办案组的主任检察官可由检察长指定，但一般应是入员额的检察官。

2. 职权配置

检察官办案模式的改革实质上就是一种职权的重新分配，把原附于行政权、由部门负责人掌握的权力划归到检察官手上。从各地的实践来看，职权分配原则趋于一致，但在具体范围上各有侧重。以海南省检察机关为例。一是按照不同业务性质合理授权。制定各业务条线检察官权限指引，按照“检察权既有司法属性，又有行政属性，还有法律监督属性”的特点进行合理放权：对司法属性较强的侦监、公诉类检察官实行“充分放权”，将审查逮捕、审查起诉工作中的33项决定事项授权给检察官；对监督属性较强的诉讼监督类检察官实行“部分授权”，授予11项一般诉讼监督自主决定权，相对重大的事项报检察长或检察委员会决定；对行政属性较强的自侦类检察官实行“限制授权”，将8项非决策性事项的自主决定权授予检察官，其他16项决策权仍由检察长或检察委员会决定。二是按照不同层级检察院的工作特点合理授权。针对不同层级检察院的工作特点，制定《海南省检察机关检察官办案责任制职权规范指引（试行）》，对权限划分提出原则性意见，各院可以结合自身实际制定具体的、细化的权力清单，报省院批准后执行。

3. 监督机制

在依法授予检察官更多决定权的同时，各地检察机关也建立了多层次的监督制约体系。一是加强检察长和检察委员会的监督制约。检察长通过审批案件、听取部门负责人对本部门检察官履职情况的汇报，听取检察官的履职情况汇报等方式，对检察官履职情况进行监督。检察委员会通过审议检察官办理的案件或者事项，对检察官的履职情况进行监督。检察长或者检察委员会不同意检察官作出的决定，可以予以改变；发现其履职中存在问题的，应当责令其整改或更换检察官。二是加强部门负责人的监督机制。部门负责人可以通过抽查法律文书、核阅法律文书、组织质量评查和评议的方式，加强对本部门检察官办案活动的监督，同时可以主持召开检察官联席会议，讨论拟提请检察委员会讨论决定的案件以及其他疑难、复杂案件，为检察官办理案件提供参考。并定期听取侦查机关、审判机关及律师等单位和个人对检察官办案的意见和建议，将情况通报给检察官。三是加强案管部门的流程监控。案件管理部门依托统一业务应用系统直接对每位检察官进行个体监控，对其在办案中存在超期办案、法律文书不规范、程序办理不规范等问题，直接点名通报。四是完善办案组内部的相互监督。通过制定检察官、检察官助理和书记员的岗位职责规范，建立相互考评制度，明确内部职责和责任划分。对检察官明显违法的决定和指令，检察官助理、书记员可以提出意见。意见未被采纳，可以向业务部门负责人报告，由业务部门负责人视情况处理或报告检察长处理。五是加强案件质量专项监督。以重点评查、专项评查等方式对案件进行监督，并将评查结果纳入检察官年度目标管理考评内容。

（二）办案组织的成立

从各地实践来看，办案组织的设置遵循了《意见》的要求。一是独任检察官，即由一名检察官和若干辅助人员组成。二是检察官办案组，即由两名以上检察官及若干检察辅助人员组成。各地在检察官办案组设置的人数要求、组织地位上有所区别。如上海市检察机关的检察官办案组则是由三名以上检察官、若干名检察官助理、书记员组成。检察官办案组一般应固定，也可根据办案工作需要临时组成。主任检察官为办案组织的负责人，在检察长授权范围内，依法独立行使检察办案权；对本办案组内检察官办理的案件，依照相关规定分别承担审核、决定、监督、指导、管理等职权。海南省检察机关的检察官办案组由两名以上检察官组成，配备必要的检察辅助人员。检察官办案组可以固定设置，负责的检察官只有在办案组办理案件时才成为主任检察官。

各地对检察官办案组进行了分类，如上海市检察机关的检察官办案分为专业化办案组、团队制办案组、合议制办案组和专案办案组四种形式。专业化办案组主要根据一部分刑检案件专业性强的特点组建，主要适用于刑检部门；团队制办案组主要根据职务犯罪案件需要团队协作配合办理的特点组建；合议制办案组主要适用于监督部门对抗诉、纠正违法意见、重要检察建议等重要法律监督事项需要多名检察官共同合议决定的特点组建；专案办案组因特别重大案件办理需要由检察长决定组建。

四、当前检察官办案模式的实践与探索

（一）E分院正在进行的检察官办案模式改革

1. 权责定位改革

一是细致划分权限范围，依法合理下放检察官办案权限。首先，坚持依法授权下放。规定除应当由检察长、检察委员会行使的权力外，其他案件和事项由检察官决定。但是，对于权限不明的，由检察长决定。同时，E分院以《海南省检察机关职权规范指引（试行）》为参考，按业务部门职权逐条梳理，认真研究，形成了较为细致的、符合分院工作实际的《检察官授权清单》。其次，坚持“否定性权力不下放、监督性权力不下放、重大案件权力不下放、重大事项权力不下放”等四个不下放。在此次依授权清单对统一业务应用系统中完成业务文书最低审批权限的调整中，共排查统计公诉、侦监、民行、控告、刑申、刑事执行、职务犯罪预防业务可能使用的文书851个（自侦部门除外），将最低审批权限降为检察官的369个，占总数的43.4%；下放的检察官职权占比将近一半，均属办理一般案件和事项的权限，使用率高，可以满足检察官依法独立履行职责需要。

二是合理划分办案责任，明晰检察官的责任范围。按照人员分类，对办案的责任进行了划分，既使检察官明责、担责，又使检察官享有应有的责任豁免，从而保证检察官作为办案主体的责任担当。首先是明确检察官与检察长、检察委员会的责任划分。检察官对其作出的决定承担主要责任和终身责任。检察长、检察委员会改变检察官决定的，对改变部分承担责任。检察长、检察委员会支持检察官决定的，由检察长、检察委员会、检察官共同承担责任。为了使检察官切实承担起办案主体责任，其次是明确检察官与检察官助理、书记员的责任划分。检察官助理严重不负责任或故意隐瞒重要证据、事实等而导致检察官作出错误审查决定的，检察官助理应承担责任。检察官助理、书记员不服从检察官指挥，导致案件出现程序违法等情形的，检察官助理、书记员应当承担责任。

2. 办案组织改革

一是探索办案组织建设。根据检察官与检察官助理配比相当、书记员缺乏的现状，E分院主要实行以下办案组形式。一般办案组相对固定，1名检察官原则上配备检察官助理1名，检察官助理缺位的，也可由检察官互为搭配履行检察官

助理职责。书记员不固定配备，需要临时配备。联合办案组临时组建，根据案件重大、复杂程度，由检察官申请，部门负责人提出意见，检察长决定。联合办案组由 2 名以上检察官组成，1 名检察官为主任检察官，其他检察官为协办检察官，协办检察官受主任检察官指挥。检察官办案组主要设置在一线办案部门。综合部门的检察官与综合部门的检察官助理分别搭配组成办案组，归口到公诉、侦监等一线办案部门，承担力所能及的办案任务。院领导、专委不固定配备检察官助理。

二是探索办案管理形式。坚持强调“去行政化不等于不要行政管理，更不等于不要办案管理”的原则，针对实行办案责任制以后，部门管理有所弱化的情况，要求各部门负责人仍然负责部门行政管理责任，切实承担“一岗双责”的职责。虽然各部门领导没有了案件审批权，仍然要履行分案、办案组管理、对重点案件进行核阅、召开检察官联席会议、审查监督案件、业务协调等办案管理工作。明确这办案管理形式后，各业务部门的管理工作得到了加强，也为推进责任制工作提供了可靠的管理保障。

3. 监督制约机制改革

一是发挥检察长和检察委员会的领导监督作用。采取部门领导—检察长—检察委员会三级领导监督方式，通过检察长听取案件汇报、检察长审批案件、检察委员会讨论案件等途径，实现对检察官办案的领导和监督，发现检察官在办理案件上出现的错误或不当行为，依法及时提出纠正意见。

二是部门负责人对检察官办案实行重点核阅。专门出台案件核阅办法，明确业务部门负责人作为检察官办案的核阅主体，可以在认为案件重大疑难复杂时和检察官主动提请时对本部门检察官司法办案中形成的（批准）逮捕决定书、起诉书、公诉意见书、量刑建议书、案件审查报告进行核阅，重点核阅事实认定是否正确、定性是否准确、程序是否违法、是否需要进行诉讼监督等方面，有效防控办案风险和提高办案质量。

三是加强案件管理部门的流程管控。在强化案件管理部门依托统一应用业务系统，对检察官的办案期限、办案程序、办案质量等进行管理、监督和预警，从案件“入口”到“出口”进行全程、动态监督。

四是要求纪检监察部门对检察官办案实行监督。要求纪检监察部门严格按照《E 分院检务督察工作暂行规定》，加强检务督察；对检察官在办案中有《E 分院约谈办法（试行）》中规定的约谈情形之一的行为，及时对其进行约谈，有违纪违法行为的，区分不同情形进行问责。突出强调检察官应当全面、如实记录领导干部干预司法活动、插手具体案件处理以及司法机关内部人员过问案件的情况，不记录或者不如实记录的，纪检监察部门应当依法依纪追究责任。

（二）现办案模式运行情况

自实行检察官办案责任制以来，到2016年6月25日，E分院共办理各类案件789件。一是检察官办案主体地位充分体现。通过增加对检察官的放权，逐步淡化司法办案的行政色彩。一方面，以放权形式调动检察官办案积极性。实行检察官办案责任制以来，E分院已受理逮捕案件38件44人，其中逮捕35件39人，较改革前同比分别上升63.2%和83.5%。另一方面，以建立灵活的办案组织提升检察官办案效果。根据E分院检察官、检察官助理、书记员的数额，重点在一线办案部门设置以检察官为核心，检察官助理、书记员等辅助人员协助办案的检察官办案组。办案组相对灵活的组成方式，不仅达到了“1+1>2”的效果，而且实现了检察办案组织专业化、制度化。二是检察官办案效率有所提高。通过改变原先“三级审批”的办案模式，有效减少了案件审批程序和流转时间，在充分保障办案效果的同时，明显缩短了办案周期。实行检察官办案责任制以来，共召开检察委员会会议10次，同比下降12.5%；审议案件11件，同比下降8.3%；审查逮捕案件平均办案天数由改革前的6.68天降低为5.5天。三是检察官办案质量有所提高。一方面通过部门负责人的管理监督、案管部门的流程监控、纪检监察部门的纪检监察监督，切实加强对检察官办案的实体和程序监督。另一方面在减少案件审批层级后，检察官更加谨慎地办理案件。实行办案责任制以来，E分院通过监管发现的不规范法律文书为70份，较改革前同比下降18%。

（三）运行过程中存在的问题

1. 单一的制度创新与系统化改革的协调

从宏观上说，检察机关的司法体制改革作为全面深化改革的一部分，其改革的成效不单单受检察机关内部改革的影响，也与其他相关部门的协助、配合有关。比如，检察机关内部人员的分类管理、职业保障机制的建立均离不开党委、组织、人事、财政等部门的支持。司法体制改革的任务不在于简单地减弱司法机关与其他权力机关的联系，而在于改善和调整这些关系的内容，在此情况下，司法体系中的任何主体都不可能脱离于其他权力的关系而独立运行[①]。

①邓思清：《论我国司法体制改革的几个问题》，《中国法学》2003年第3期。

从检察机关内部来说，检察官办案责任制作为一项单一的制度创新，所要达到的却是系统化的改革目的，从目前各地以及E分院的实践探索来看，检察官办案责任制这一制度创新至少包涵或者牵涉到下列问题：（1）检察机关内设机构的改革；（2）检察机关内部人员的分类管理等。从改革的一般顺序上来讲，应该是先破后立，先进行几项“基础性”改革，然后建立检察官办案责任制才顺理成章，也就是，先进行检察机关内设机构的改革和检察机关内部人员的分类管理，然后通过修改《检察官组织法》和《检察官法》设立检察官，明确其法律地位，建立检察官办案责任制，最终实现“去行政化”和提高办案效率的目的。然而现在的改革却呈现出“倒逼”的态势，即通过检察官办案责任制促成其他“基础性”改革。在这种情况下，就应该特别注意改革的“顶层设计”，要以去行政化和提高办案效率这一最终目的为统筹，系统权衡考虑各项“基础性”改革与检察官办案责任制之间的关系和衔接。①

2. 权限过大与能力不适的矛盾

检察官办案责任制对检察官进行了大胆放权。但面对突如其来的案件决定权，部分检察官缺乏必要的心理准备和行使权力的信心，因为传统公诉方式造就了公诉检察官在责任承担上的依赖性。由于对检察官放权不充分，而责任要求又十分严格，检察官权力与义务的不对等导致其在一些疑难问题上不敢或不能坚持自己个人的意见，又或者因担心被追责而不愿意接受一些权力，从而影响了检察官自主权的行使。

3. 检察官与助理之间利益的平衡

目前，检察官办案责任改革，将检察官确立为整个办案组织中的核心和主体，而将整个组织的其他人员定义为附属地位。因此，两者之间的评价体系和职业通道均不尽相同。对检察官助理来讲，其职业通道为进入检察官员额，加之检察官对助手的评价作用，客观上造成检察官助理更像是一个依附于检察官序列的过渡性岗位，作为“检察官”后备军的形式存在。②同时发现，在实践中也出现了一种倾向，即检察官审阅案件后，将具体工作分配给助理办理，助理受检察官

①吴强林：《主任检察官办案责任制的理论期许与实践探索》，载《第十届国家高级检察官论坛论文集》，中国检察出版社，2014，第152—161页。

②夏阳：《主任检察官办案责任制的改革反思与重构——以重庆市渝中区人民检察院的改革为例》，《中国检察官》2015年第9期。

指派审阅案卷、制作阅卷笔录、提讯犯罪嫌疑人、询问证人、拟定案件审查意见，助理对案件的事实和证据负责，检察官对检察官助理拟定的法律文书作出指导和判断，对案件定性负责。在此种情况下，如果不从制度层面解决检察官助理资格准入、评价体系和独立的晋升通道等，在检察官办案组织内将会形成新的行政化倾向，不同的仅仅是审批主体由检察长、部门负责人变为了检察官。

4. 办案指标考核与检察职能、检察工作的错位

目前判断检察官办案的指标较狭隘，仅指单纯的办理具体案件，这种考核方式忽略了对检察权性质、检察职能的涵盖，并不能真正反映检察官的工作情况。一是对审批案件的认定。由于检察权具有行政、监督、司法三大属性，检察权的司法属性要求较高的亲历性，但行政属性、法律监督属性则不然。如在审批具有司法属性的公诉案件中，审批人相当于教练员；在办理反贪、反渎案件中，审批人既是指挥员，又是战斗员。如果把办案的涵义局限于办理具体案件，那么对办案指标的考核显然不能涵盖检察权的所有属性。二是对办案涵义的认定。检察机关的检察职能除了侦查、审查具体案件，也包括法律监督、法律政策研究等职能。在E分院就约有三分之一的检察官从事法律监督工作，如刑事执行检察部门，检察业务包括了对服刑人员减、假、保案件的监督，对刑罚执行过程中违法行为的纠正、对辖区看守所的巡视检察、检察阶段的羁押必要性、社区矫正等。如果这些工作既不算办案，又不算工作指标，或者以现有工作折抵办案指标，这样的考核就不能客观公正地衡量一个检察官的工作量。同样的问题也存在于案件管理部门、控告部门和法律政策研究部门的检察官身上。

5. 改革实践与法律法规、全国统一业务应用系统的对接

有关《人民检察院组织法》《检察官法》层面的问题我们暂不予论述。而与办案活动紧密相关的《人民检察院刑事诉讼规则（试行）》第四条规定的“人民检察院办理刑事案件，由检察人员承办，办案部门负责人审核，检察长或者检察委员会决定”与现行的检察官办案责任制发生冲突。整合内设机构、授权检察官处理部分案件和事项后，工作职能和流程得到了优化调整，但全国统一业务软件的业务模块和工作流程的设计仍然是改革前的模式。可以通过后台配置实现对接，但还是有一些项目由于涉及机制问题暂时无法解决。

（四）改进建议及未来发展方向

（1）应当与内设机构改革、检察人员分类管理等改革措施统筹。检察官办案责任制仅仅是检察体制和工作机制改革中的一项内容和一个步骤，它与其他的改

革措施连环交叉，相互依存，不仅涉及侦查权、公诉权、诉讼监督等不同检察权能的平衡，涉及检察长、检察委员会、业务部门负责人之间的职权划分，还涉及人事部门与财务部门之间的协调保障。检察官办案责任制改革的经验已经证明，脱离了检察体制和工作机制的整体改革而单独进行，办案责任制必将成为无源之水、无缘之木，难以获得持久而旺盛的生命力。①

（2）应当充分考虑不同检察业务的特点而区别对待。与审判权的权能相对单一不同，检察权的职能组合相对复杂，既包括司法权属性强的批捕起诉权和诉讼监督权，又包括带有一定行政权属性的职务犯罪侦查权。我们认为，与批捕起诉权和诉讼监督权强调司法的直接性、亲历性和独立性不同，职务犯罪侦查权更加强调团队作战、个体独立性较弱，部门负责人、检察长对职务犯罪侦查权行使过程中立案、侦查终结等重要环节仍然要加以控制。

（3）应当建立科学的检察官考核机制。现行的改革要求所有检察官均应放在办案一线，但由于检察权性质的复合型和不同检察业务的不同特点，现有的、单纯地以直接办案数量为考核指标的考核机制显然并不能完整反映和科学地衡量一位检察官的实际工作情况，那么如何更加科学地构建检察官考核机制呢？我们认为，在设置考核指标时，应充分结合不同的检察业务，除设置办案数量、质量考核指标外，还应增加对法律监督、法律政策研究、案件管理等检察业务可量化的考核指标。同时在设置办案指标考核时，也应充分考虑不同的工作性质和工作角色，将审批案件和办理案件同等作为考核指标。在建立符合检察业务特点的专业考核机制基础上，由检察官考核委员会对每一位检察官进行年度考核。对经考核后认为不适合担任检察官和因岗位调整不再履行检察官职责的，应免去检察官职务。

（4）应当建立完善的选任、激励、监督机制。检察官办案责任制要做到科学化、规范化运行，就需要建立完善的配套机制。①完善选任机制。检察官实行员额制，具体人选的确定实行选任制。在前期完成检察官选任基础上，完善检察官的后备机制。②完善激励机制。在业务上，应当由检察官承办绝大部分的重大疑难复杂的案件，凸显他们的核心价值，激发他们的职业荣誉感；在职业保障上，

①张和林、王栋、李元端：《主任检察官办案责任制的理论与实践——以广东省检察官办案责任制改革为例》，载《第十届国家高级检察官论坛论文集》中国检察出版社，2014，第37—48页。

应当强化检察官的职业权益和身份保障，非因法定事由、非经法定程序不得随意解除其职务。③构建严密的监督制约机制。建立检察官惩戒委员会制度，强化检察长、检察委员会、纪检监察部门和业务部门负责人对执法办案的监督，严格落实案件管理制度，建立检察官执法档案等内部监督机制。加大检务公开力度，形成常态化工作机制。

5. 应坚持思想政治工作贯穿始终。认真学习中央关于司法体制改革的总体思路和各项要求，以及全国司法体制改革试点推进会和全国大检察官研讨班精神，进一步凝聚改革共识，解放思想，大胆探索，关注并解决改革中的重点、热点问题。积极回应干警提出的问题，引导干警理解改革、拥护改革，确保队伍稳定，实现改革试点与日常工作“两不误、两促进”，切实把改革的成效体现到促进检察工作创新发展上来，完成各项检察任务。

五、应然的检察官办案模式的改革途径

改革从来就不是一蹴而就的。检察官办案责任制的改革是一项复杂的系统工程，牵涉方方面面，要稳妥、顺利地推进改革就必须遵循先易后难、由浅入深、循序渐进的途径。因此，我们认为，应然的检察官办案模式应当分“两步”实施改革。

（一）当前检察官办案责任制实现的目标

1. 实现扁平化

扁平化是凸现检察官司法属性、改变原有行政化审批模式的关键性改革措施。司法权不同于行政权，它以公正为价值取向，以独立为保障，与行政机关在人员资质、权力属性及其运作规律等方面均有相当大的区别。扁平化的关键和目的就在于“放权”，而放权的过程应是循序渐进的，这由检察官对办案责任制从不适应到适应的过程所决定的。在前文中，我们也看到各地检察机关在实践中均依据不同检察业务的属性进行权限下放，只是权限下放的方式和程度有所区别。检察官拥有一定的自主决定权，很大程度上削弱了案件办理的行政化色彩，体现了“审定合一”的亲历性原则，很大程度上解决了“审者不定，定者不审”的问题。

2. 实现集约化

实现检察官集约化主要是通过推行大部制来实现，弱化行政化审批模式，淡化检察机关内部业务科（处）室设置是实行检察官制度的一个重要目的。检察机关作为国家监督机关，虽然也具有很强的司法属性，但由于其全程参与刑事诉讼活动，兼具职务犯罪侦查、批准逮捕、审查起诉以及对诉讼活动的全程监督等诸

多职能，是典型的直线型、流程型职能设计，因此，其内设机构不同于法院的“块状”设置，而是明显的“条状”分段设置。不仅如此，检察职能还具有主动追诉、司法审查、程序监督等多种属性，集司法属性与行政属性于一身。因此，其专业化涉及比法院要复杂得多。[①]以诉讼流程的纵向走势划分检察机关的内设机构这一管理模式，比较适合原有的以三级审批为主的办案模式。而在实行检察官制度的大背景下，部门负责人与检察官承担了类似的办案职责，同样对检察长和检察委员会负责。从检察职能划分的大的层次来说，有必要将原有职能相似的部门，按照“明晰职责、优化结构、理顺关系、提高效能”的思路进行整合与精简，在横向管理上实行大部制。

大部制的设立有利于从检察职能的类别进行专业化划分，体现检察官不同的专业门类，形成职务犯罪侦查和预防、刑事检察、诉讼监督以及案件管理等不同专业的检察官序列，并根据检察权的不同性质，设计不同的权力运行模式。

3. 实现专业化

专业化即实行专业化办案模式。大部制是宏观层面的检察职能专业分类，在大部内部，还应当根据案件性质和类别进行微观层面的专业化办案模式设计。行政化管理模式下，有限的行政职级不仅封闭了检察官的自我发展空间，而且误导了检察官对职业发展方向的追求，专业化人才队伍稳定性差的问题在相当程度上影响了检察队伍的专业化进程。由于近年来司法行政化发展倾向的影响，留在一线办案的检察官往往是资历较浅、经验不足的年轻人。将检察官设定为一种有职有权的检察官职务等级，有助于选拔和培育检察精英，在检察机关，尤其是办案一线留住检察业务骨干，从而实现检察事业的可持续发展。当前检察机关专业化办案的思路主要是按照犯罪主体、客体等构成要件的特性来设计的。如根据查办和防控未成年犯罪的特殊性，将未成年人这一特殊主体涉嫌犯罪的案件从刑事犯罪案件中分离出来，通过成立专业办案组和办案部门的路径，逐步形成未成年检察的专业化办案模式。

（二）未来检察官办案责任制改革的方向

1. 实行检察官完全办案负责制

检察官办案责任制改革的目标正在于实现每一个具有检察官资格的检察人员

①最高人民检察院 2013 年重点课题组：《主任检察官制度研究》，载上海检察内网。

在办理案件上的责任制。检察官既是司法办案的主体，也是司法责任的主体，通过不断放权，直至到完全放权，最终实现检察官的完全办案责任制，真正建立以检察官为中心的办案模式，回归“亲历性”“决定性”和“担责性”。检察官拥有充分的自主决定权，并由检察官直接对检察长负责，使检察权能的行使主体落实到检察官身上，而不是抽象的“机构上”。

2. 实现司法属性与行政属性的完全剥离

现行的科（处）称谓本身就是行政化的体现，而实行检察官办案组织，由检察官直接向检察长负责。从长远的目标和理想的模式看，这个办案组织可取代科（处）机构的设置。从淡化科（处）的行政职能，到取消科（处）的设置，做到以执法办案为中心，实现纵向到底、横向到边的管理方式。纵向到底使决策权最大化延伸至办案一线，实现检察长直接领导下的检察官办案模式，由检察官直接对检察长负责。横向到边要求检察机关内部的非办案部门主动配合、协调、服务、保障执法办案活动，确保办案活动顺利进行。[①]

3. 建立符合职业特点的司法人员管理制度

在前期的司改进程中，各地检察机关已经建立了以检察官为主体，以检察官助理、书记员为辅助，以检察行政人员三个序适度分离的现代司法组织体系，有效破解了目前司法人员专业混同、岗位混同、法律职务混同、管理行政化的难题。下一步要将书记员和检察行政人员逐步剥离，并精简人员，采取政府购买服务、合同竞聘的方式选用，争取实现“司法的归司法、行政的归行政”。比如计划财务、车辆保障均通过购买服务的方式运行，能够回归社会的就尽量回归社会。

4. 构建中国特色的检察官机制

一个国家的司法制度的形成是基于这个国家的政治、经济、历史、地理、人文、风俗习惯、文明的发展，社会阶层的构成等综合因素，经过各个时代的实践和洗礼而形成的。我国的司法制度中有很多制度也受到了外国法律专家学者的肯定和赞许。如我国的被害人保护制度，宽严相济的刑事政策，办案考虑政治、社会和法律效果等。当然，我们的司法体制中确实存在不足的地方，应当向好的司法制度学习，但在学习借鉴他国的司法制度过程中绝不能因噎废食、邯郸学步，一味地照猫画虎，而把我国的固有的好的法律精神丢掉。就以法国为例，法国的检察体制中有合理的、好的司法制度，也有不足的地方，需要不断地改进、完

①罗昌平：《检察机关基本办案组织构建——建立主任检察官办案组织》，载上海检察内网。

善。比如法国会尽量地让法国的司法制度与欧盟的法律框架相一致，对于欧洲人权法院的判决，法国人会欣然地接受，但是他们从来没有丢掉法国司法的基本精神，法国检察制度经历两百多年，基本上容颜未改，依然是光彩夺目，这就源于法国人民对自己的司法制度的信任和坚守。

我国的检察制度经过几十年的发展和完善，逐渐形成了一系列有特色的、合理的、好的制度。这些制度即使在今天，也应予以保留和发扬。

（1）检察委员会制度：

检察委员会制度是我国检察机关内部讨论重大疑难案件和重要事项的重要制度，是中国特色检察制度的重要组成部分。1979 年通过的《人民检察院组织法》确立了我国的检察委员会制度，明确规定检察委员会实行民主集中制，在检察长的主持下，讨论重大案件和其他重要问题。经过几十年的检察实践，检察委员会制度在保证我国检察权正确行使、维护司法公正方面发挥了重要的作用。

在检察官办案责任制改革中，有人认为："检察委员会讨论案件缺乏司法亲历性，侵犯了检察官办案的独立性，与现行的检察官办案责任制背道而驰。"我们认为这种观点并不科学。一是我国建立检察委员会制度，由检察委员会集体来行使检察权，这是由我国特色检察制度、司法制度以及政治制度决定的，其具有充分的合理性。[①]检察委员会制度不仅是司法公正的有效保证，也是对检察官进行有效监督的客观需要。二是检察委员会制度不仅不与检察官办案责任制背道而驰，恰恰还是检察官办案责任制的有益补充。这主要有两方面的原因：一方面，检察委员会制度符合我国宪法对检察权行使主体的定位要求。我国宪法第一百三十一条规定："人民检察院依照法律规定独立行使检察权，不受行政机关、社会团体和个人的干涉。"根据该规定，我国独立行使检察权的主体是人民检察院，而不是检察官个人。在改革中，虽然部分检察权已下放检察官行使，如批捕权和起诉权等，但是检察官行使的这些权力均是检察院授权或委托的。对于涉及重大、疑难案件的检察权，检察院仍有权保留由检察委员会来行使，这充分体现了检察委员会是检察机关独立行使检察权的重要实现形式；另一方面，检察委员会是由多名经验比较丰富、业务能力比较强的资深检察官组成的，其利用集体智慧，弥补了个体检察官知识和经验不足的缺陷。况且并非所有案件的决定均需经过检察委员会讨论。当检察官遇到难以处理、决定的疑难复杂案件，启动提请检

①邓思清：《论我国检察委员会制度改革》，《法学》2010 年第 1 期。

察委员会讨论的程序时，检察委员会方才讨论决定案件。此时要保证检察官能够发现案件事实、正确适用法律，建立检察委员会制度就十分必要了。当然，论述我国检察委员会制度存在的合理性，并不是说我国现有的检察委员会制度就尽善尽美。随着检察官办案责任制改革的深入，检察委员会制度必然也要改革完善。

（2）刑事政策指导司法制度：

因我国在很长一段时期都没有制定刑法典和刑事诉讼法典，基于“有法依法，无法依政策”的指导思想，刑事政策曾被广泛地予以应用。即使到了法律已经相对完善的今天，刑事政策在惩治犯罪、预防犯罪方面依然发挥着重要的作用。刑事政策虽然不是法律，它并不具体规定刑事司法的明确程序，也不具体规定某个犯罪应当适用何种刑罚，但是它却与法律具有相同的价值追求。因此，刑事司法活动除了必须严格遵循法律所确定的刑事诉讼程序，严格依据法律规定适用刑罚等制度外，还必须从预防犯罪、改造犯罪和抑制犯罪的最终目的出发，接受刑事政策的指导。具体到刑事司法实践来看，如“严打”刑事政策以及现在的“宽严相济”的刑事政策。刑事政策均在一定程度上决定了刑事司法的基本价值取向，并对具体司法实践活动有直接的指导作用，同时对法律起着具体化和补缺的作用。在刑事司法中，刑事政策的功能是对刑事立法及具体司法实践提供宏观的、指导性的方针和原则，这一功能经过立法对精神的正确吸收以及法律在司法活动中的具体应用才能得以发挥。诚如，“刑法之制定与运用，罪刑之确定与执行，都应从刑事政策的观点出发，以是否合于刑事政策的要求为指归，不合于刑事政策的立法，是不良的立法，离开刑事政策的裁判和执行，也必定是不良的裁判和执行”①。

（3）诉讼监督制度：

诉讼监督是指人民检察院根据宪法和法律的规定，通过行使国家法律监督权，依照法定程序，督促纠正诉讼过程中的违法行为，以保障诉讼程序正当合法的一项专门性的活动。②诉讼监督作为我国司法制度的重要组成部分，贯穿于司法和诉讼活动的主要过程，对司法权行使的有效监督和制衡，能够依法启动各司法机关之间的监督制约机制，保障司法权力和行政权力在国家法律在法治的轨道

①林纪东：《刑事政策学》，台湾中正书局，1969，第9页。

②王志国：《诉讼监督的理论与实践——“2010诉讼监督论坛”综述》，《法学杂志》2010年第11期。

上运行，因此，切实加强诉讼监督工作，可以更有效地激发司法机关内部监督制约机制的活力，使我国司法制度所确定的保障司法公正权力制约机制功能更充分发挥出来，从而体现我国司法制度的优越性[①]。一直以来，检察机关通过行使诉讼监督职能，加强个案监督维护了司法的公正和权威，促使行政权和审判权运行机制的健全和完善，有效保障了国家法律的统一正确实施。

(4) 刑事执行监督制度：

刑事执行是法律实施中的重要环节，既是解决社会活动主体之间各种纷争的最后一个环节，也是动用国家强制力制裁犯罪行为、维护法律秩序的活动，无论其过程还是结果，都会对社会活动主体的利益和权利发生，都会对社会生活和社会心理产生巨大的影响，进而影响整个社会对法律的认同程度和遵守[②]。刑罚的执行大部分是在监所这样一个封闭的场所里完成的，刑法执行机关与受刑人原本就处于管制与被管制的地位，外界甚少或者根本无从了解监所内的有关信息，无疑加剧了两者之间力量的不均衡状态。如果刑罚执行机关执行权随意膨胀和扩张，极易侵犯受刑人的合法权利，那么前期已完成的所有刑事诉讼活动就会失去原有意义。而且纵使受刑人的合法权益受到严重侵犯，仅仅依靠受刑人及其家属自己的力量去对抗国家权力是不现实的。而同时单靠执行机关自己去政治显然也无法解决问题。“寄希望于一种权力机关的内部救济和自律，正义常常会被搁置，尤其刑事执行活动须由一只看得到的手来掌握”[③]。因此，我国宪法赋予了拥有法律监督权的检察机关作为第三方力量来全程介入这种二元式结构[④]，以权力约束权力，防止权力被滥用。这种监督恰恰能够克服个人力量直接抗衡司法公权的不对称制约形式，用国家暴力来制约国家暴力，为受刑人维护自身人权提供一个坚强的法盾，从而使刑法执行权力的行使更加规范。而在美国，正是缺少了刑事执行监督制度，才会在监狱发生诸多暴力刑事案件和侵犯受刑人合法权益的案件。

①韩哲：《诉讼监督的价值目标及其实现》，《中国刑事法杂志》2011 年第 5 期。

②张智辉：《检察权研究》，中国检察出版社，2007，第 139 页。

③王利荣：《论刑事执行监督的法律依据》，载孙谦主编《检察论丛》（第 7 卷），法律出版社，2004，第 458 页。

④周禹等：《监所检察监督职能的衍伸性分析——以减刑假释案件的检察监督为视角》，载王守安主编《中国检察》（第 24 卷），中国检察出版社，2015，第 359 页。

“天保”工程中渎职犯罪轻刑化实证分析
——以海南某分院辖区判决的此类案件为视角

黄太银　李颍林　陈玉琪*

内容摘要： 1998年我国开始全面实施天然林资源保护工程（以下简称“天保”工程）以恢复蓝天白云，青山绿水。表面上是个人所为的“天保”工程中的渎职行为，一旦案发，由于社会、立法、司法的原因导致判决轻刑化。轻刑化的判决，无法形成打击“天保”工程中渎职犯罪的震慑力，严重影响了打击力度，必须防范“天保”工程中的渎职犯罪的轻型化。

关键词： “天保”工程　渎职犯罪　轻刑化　实证分析

当今世界，发展绿色经济已经成为一个重要趋势。进入工业社会后，人们在享受经济增长带来好处的同时，也不得不面对日益突出的资源环境问题。由于人类无节制的乱砍滥伐，致使天然林面积锐减。天然林的过滤净化作用逐步减弱，加剧了生态危机。随着生态的恶化，青山绿水、蓝天白云已经变成了一种奢侈。

一、问题的提出

课题组成员在对海南省检察院某分院辖区院上报的职务犯罪一审判决进行同步审查的过程中，发现涉及“天保”工程的渎职犯罪判决以缓刑、免刑占多数。尽管相当多的案件造成的危害后果远远大于盗窃、诈骗等常见的侵财型犯罪，却量刑明显偏轻，甚至畸轻。原本属于清水衙门的林业部门，随着国家对林业的投

---

* 本文系海南省人民检察院2014年度一般课题《“天保”工程中渎职犯罪轻刑化实证分析》理论成果。课题组负责人为黄太银（海南省人民检察院第二分院检察委员会专职委员）；成员为李颖林（二分院研究室副主任、检察官），陈玉琪（安徽省颍上县人民检察院公诉科科长、检察委员会委员）。

入的加大，林业部门腐败案件频发，窝案串案、“前腐后继”等现象屡见不鲜，国家对林业系统“严管林、慎用钱、质为先”的总体要求受到了严峻考验。

二、“天保”工程中渎职犯罪轻刑化基本现状

海南多原始森林，笔者选取海南省检察院某分院辖区内从 2009 年 7 月 1 日至 2014 年 6 月 30 日这 5 年间（以下省略此时间段）一审法院判决的渎职案件进行实证分析。

（一）“天保”工程中渎职犯罪被告人占全部渎职犯罪的比例高

<table>
<tr><td colspan="4">渎职犯罪案件 54 件 66 人</td></tr>
<tr><td colspan="3">“天保”工程渎职犯罪案件 33 件 45 人</td><td rowspan="2">其他渎职犯罪案件 21 件 21 人</td></tr>
<tr><td>玩忽职守 30 件 41 人</td><td>滥用职权 2 件 2 人</td><td>违法发放林木采伐许可证 1 件 2 人</td></tr>
</table>

“天保”工程渎职犯罪案件占全部渎职犯罪的 61.11%，被告人占全部渎职犯罪被告人的 68.18%。

（二）渎职犯罪免刑、缓刑比例高

表一：渎职犯罪案件中被告人判决情况

	人数（人）	比例（%）
判处免刑的被告人	10	15.15
判处缓刑的被告人	42	63.64
判处实刑的被告人	14	21.21
全部渎职犯罪的被告人	66	100

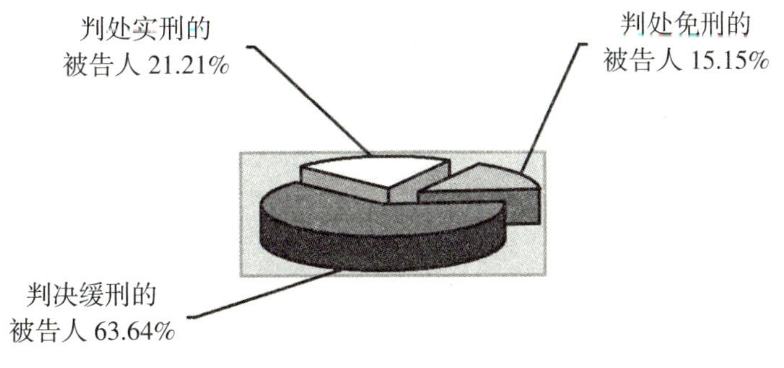

渎职犯罪案件中被告人判决情况

渎职犯罪案件中被告人判处免刑、缓刑比例高，占全部被告人的78.79%，是判实刑被告人的3.71倍。

（三）“天保”工程中渎职犯罪免刑、缓刑比例畸高，高于渎职犯罪免刑、缓刑的比例

表二：“天保”工程中渎职犯罪案件中被告人判决情况

	人数（人）	比例（%）
判处免刑被告人	5	11.11
判处缓刑被告人	31	68.89
判处实刑被告人	9	20
“天保”工程中渎职犯罪被告人	45	100

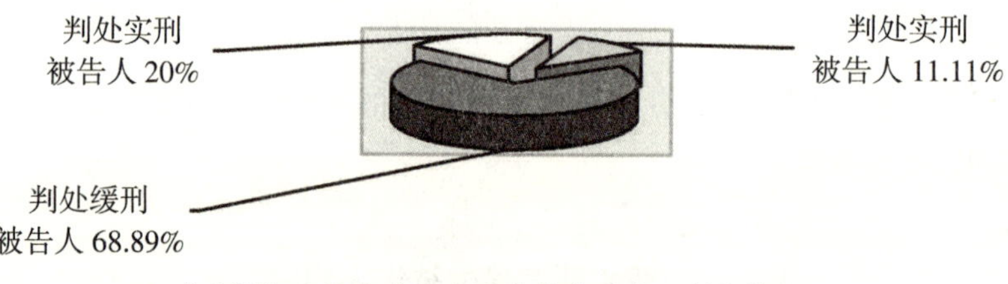

“天保”工程中渎职犯罪案件中被告人判决情况

“天保”工程中渎职犯罪案件中被告人判处免刑、缓刑比例畸高，占全部被告人的80%，是判实刑的4倍。

（四）取保候审等非羁押措施比例高

检察机关在贪污贿赂案件中“重羁押轻取保”，而对渎职犯罪案件大量适用取保候审等非羁押措施。在起诉到法院前，“天保”工程的渎职犯罪案件中被告人几乎全部适用取保候审。

（五）护林员占“天保”工程中渎职犯罪的被告人比例高

表三：“天保”工程中渎职犯罪案件中被告人犯罪前的身份情况

被告人职务	人数（人）	比例（%）
护林员	37	82.22
林业站站长	1	2.22
林业局局长	3	6.67
其他	4	8.89
“天保”工程中的渎职犯罪被告人	45	100

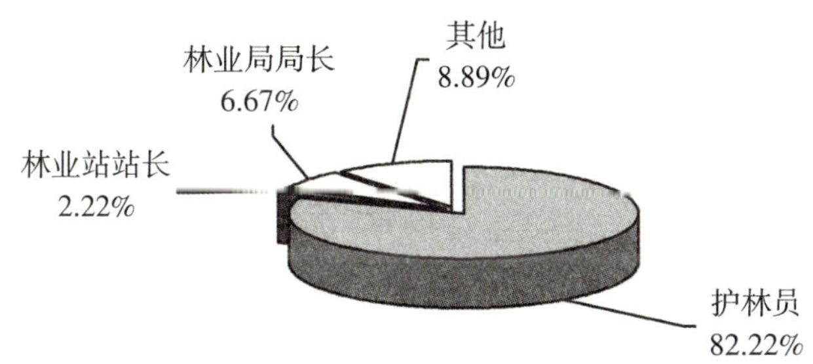

"天保"工程中的渎职犯罪被告人犯罪前的身份情况

三、导致"天保"工程中渎职犯罪轻刑化的原因

(一) 社会原因

1. 渎职犯罪总体上的轻型化

检察机关费尽周折侦查、公诉的渎职被告人最终被判免刑、缓刑的情况比比皆是。2007 年，最高人民检察院披露的一份《检察机关立案查处事故背后渎职犯罪情况报告》中，渎职犯罪轻刑化问题严重，在已经作出的刑事判决中，判处免予刑事处罚和宣告缓刑的比例竟高达 95.6%。[①]

2005 年到 2009 年 6 月，被判决有罪的 17671 名渎职侵权被告人中，判处免刑的 9707 名，宣告缓刑的 5390 名，合计占 85.4%。[②]

2014 年 6 月 12 日上午，最高人民检察院举行新闻发布会，通报检察机关查办破坏生态环境犯罪案件有关情况，并发布检察机关查办生态环境领域犯罪典型案例。郭新春、提辽别克·吾马尔别克玩忽职守案（典型案例之十五）中 7000 余亩公益林被毁让人触目惊心，但二人均被法院以玩忽职守罪判处有期徒刑六个月，缓刑一年。草原和森林一直被认为是地球之肺，如此惊人的犯罪仍被判处缓刑，可见渎职犯罪判处实刑的难度。

2. 党政领导重利轻法

一些表面上是个人所为的渎职行为，实际上背后或系执行上级的指示，或系基于上层领导的要求，甚至会议纪要比法大。[③]因此，一旦案发，就会有各方势

①王新友：《检察机关立案查处事故背后读职犯罪情况报告》，《检察日报》2007 年 5 月 22 日第 5 版。

②宋伟：《聚焦反渎职侵权：为何贪官一年查 40000，庸官只 9000?》，http：//politics.people.com.cn/GB/1026/10676470.html，访问日期：2015 年 2 月 28 日。

③殷国安：《会议纪要岂能比法大》，《中国青年报》2014 年 6 月 10 日第 2 版。

力出面干预，客观上会导致对渎职犯罪的轻处轻判。一是，为了追求个人或部门利益，或为徇私情私利，对涉嫌犯罪的“天保”工程中渎职案件不向司法机关移送，以罚代刑，放纵犯罪，甚至充当“保护伞”。二是，片面追求“政绩工程”“形象工程”，以牺牲资源环境和生态环境为代价。部分领导干部视“天保”林的相关规定为废纸，甚至认为海南多的是天然林，为发展经济而破坏天然林。尽管国家已明令不得建设高尔夫球场[①]，某县仍以发展旅游为由，允许上千亩的海防林被开发商建成高尔夫球场。三是，迫于上级干扰或者碍于“人情脸面”，行政执法部门不敢依法行政，影响和削弱了对“天保”工程的监管职能。

3.“官本位”思想严重

一是，数千年的封建社会造就了“官本位”理念和官员特权传统，长期以来忽视对官员越位、错位、不到位的责任追究，缺乏严格的问责制度。二是，官员之间的同病相怜和“官官相护”。因为“天保”工程渎职犯罪多系过失犯罪，上级领导和相关官员更多给予的是同情和谅解，要求不要“穷追猛打”，给以“出路”。2009年，全国检察机关立案侦查渎职侵权犯罪案件6811件、9053人，与之相对应的是，反贪污贿赂一年查处4万人[②]，反渎职查处人数不足反贪1/4。被查处的“庸官”不及贪官的1/4，并非渎职犯罪数量少，而是查处遭遇的阻力大。“庸官”被从轻处罚，不是因为犯罪危害小，而是外界对司法的不当干预。

4. 社会认知度低

相对于要求严惩贪贿官员的强烈呼声，整个社会舆论要求严惩“天保”工程渎职犯罪嫌疑人、被告人的诉求明显不足。一是，社会公众对“天保”工程的生态价值不了解、不理解。相当多案件被忽视、被容忍、被“谅解”，甚至有些人同情犯罪嫌疑人、被告人。如关某玩忽职守案中，在案发地人大常委会讨论是否许可检察机关对其予以逮捕时，多数的委员以当时项目系当地招商引资的结果，

---

①1997年，中发11号文件明确规定，高尔夫球场建设不得占用耕地和农民集体土地。2004年10月21日，国务院颁布了《国务院关于深化改革严格土地管理的决定》，规定强调“继续停止高档别墅类房地产、高尔夫球场等用地的审批”。2011年4月份，11部委联合下发的《关于开展全国高尔夫球场综合清理整治工作的通知》确立了6月底的调查汇总“大限”，这是整治高尔夫最为严厉的一次。

②李长江：《警惕读职权这种“隐形腐败”》，http：//fanfu.people.com.cn/GB/10700747.html，访问日期：2015年2月20日。

是政府形象工程，认为关某系代人受过，只是替罪羊[①]。二是，在"天保"工程中渎职犯罪的被告人中护林员比例大，公众认为检察机关"不打虎，专灭蝇"，"反贪的查的是村干部，反渎的查的是护林员"。三是，为了保被告人的"饭碗"而判处缓刑、免刑。出于同情心理，即使是滥用职权的行为也一样予以容忍。如麦某刚、麦某波违法发放林木采伐许可证案中，被告人麦某刚在其自行调查时已发现申报要采伐的林木是天然林，故意隐瞒该林木是"天保"林，不向局领导和省厅报告，仍要求申报单位聘请中介机构作出非天然林的评估后，发放林木采伐许可证[②]，导致被滥伐林木 107.07 立方米，系特大案件[③]，仍判处免刑。四是，护林员的工资不高，权力不大，责任不小，认为对护林员来说整天巡查的要求太高。

（二）立法原因

1. 渎职犯罪的法定刑偏低

罪行相适应原则要求刑罚的轻重应当和其社会危害性一致，社会危害性大，刑罚就重，反之则轻。然而渎职犯罪的法定刑与其行为的社会危害性之间并非协调一致。刑法中关于渎职的法律条文与其他犯罪相比，渎职犯罪法定刑在整个刑罚体系中其法定刑属设置偏低，各罪法定刑均在十年以下。即使行为人的渎职行为给国家和社会造成了数百亿的损失或者数百人的伤亡，最高也只能判处有期徒刑 10 年。现行刑法对于"贪利型"犯罪的处罚要重于渎职犯罪。与非职务犯罪相比，如诈骗、盗窃罪等，渎职犯罪处罚更轻。从危害后果讲，"天保"工程中渎职犯罪所造成的社会危害较之其他的渎职犯罪更为严重，因为生态被破坏后很

---

① http：//money.163.com/13/0909/16/98BJ4AQ100252603.html，2015 年 6 月 21 日访问。"2012 年初已调任县人大工作的昌江县林业局原局长关某，因雨润公司毁林兴建高尔夫球场案件，严重渎职，被检察机关提起公诉，被法院判处有期徒刑缓期一年。当地群众议论最多的是，关某老局长是个替罪羊，真正的毁林凶手雨润公司却法外开恩，令人感觉很不公。"

②《中华人民共和国森林法实施条例》第三十一条：防护林和特种用途林进行非抚育或者非更新性质的采伐的不得核发林木采伐许可证。

《海南省森林保护管理条例》第二十三条：禁止采伐尖峰岭、五指山等区域的热带天然林。

天保林是具有环境保护目的的特种用途林，天保林区应为禁伐区。出于采石目的，砍伐天保林区的林木，依法不得核发林木采伐许可证。

③根据《人民检察院直接受理立案侦查的渎职侵权重特大案件标准（试行）》，违法发放林木采伐许可证特大案件的标准为：1. 发放林木采伐许可证允许采伐数量累计超过批准的年采伐限额，导致林木被采伐数量超过三十立方米的；2. 滥发林木采伐许可证，导致林木被滥伐六十立方米以上的……

难在较短的时间内予以恢复，因此更应受到法律上更为严格的惩治。恰恰相反，现行刑法对“涉林”渎职犯罪的刑罚规定过轻，与其造成的社会危害后果极不相当，表现出“当严不严、罚不当罪”。

2. 立案标准高

贪污受贿罪的起刑点是5000元，而相当多的渎职罪造成的危害后果远高于5000元，因渎职犯罪的立案标准偏高而不能立案。如，刑法第三百九十七条规定的国家机关工作人员滥用职权或者玩忽职守“致使公共财产、国家和人民利益遭受重大损失”的具体情形为：（1）造成死亡1人以上，或者重伤3人以上，或者轻伤9人以上，或者重伤2人、轻伤3人以上，或者重伤1人、轻伤6人以上的；（2）造成经济损失30万元以上的；（3）造成恶劣社会影响的；（4）其他致使公共财产、国家和人民利益遭受重大损失的情形。

3.“天保”林的价值不应仅以经济损失界定

经济损失是渎职犯罪常见的损失结果，包括直接经济损失和间接经济损失。“天保”林的价值除了林木本身的价值[①]外，更应考虑其生态价值。据相关的资料报道，原始的天然林比人工改造的林地涵养水源的功能更为强大。

2004年印度洋海啸中，泰国拉廊红树林自然保护区在广袤的红树林保护之下，岸边房屋完好无损，居民生活未受到大的影响。而与它相距几十千米、没有红树林保护的地区，村庄、民宅被海啸夷为平地，70%的居民遇难。海南岛四面环海，是多台风的岛屿，村民把海防林称为生命林。热带天然林资源是海南岛生态屏障的最重要组成部分。海南省天然林是全国唯一的面积最大的热带天然林资源，是保障海南岛生态安全的主力军，是国际旅游岛建设、生态省建设的基石。海南岛天然林同时也是重要农作物的野生近缘物种的基因库，为大型动物的栖息和生存提供了必不可少的空间。海南岛热带林为区域环境的改善提供了重要的生态系统服务。天然林所具备的良好的群落结构和丰富的生物多样性也可以有效地防止生物入侵。[②]

①林函策字［1999］190号文件：盗伐、滥伐林木造成的直接经济损失包括盗伐、滥伐林木价值和重新恢复被盗伐、滥伐林木整地、种苗、造林、管护等有关费用。

②江海生、陈辈东、周亚东、王春东、方林、罗益奎等编著《海南岛热带天然林主要功能群保护与恢复的生态学基础》，科学出版社，2010，第23—24页。

（三）司法原因

1. 检察机关原因

一是，打击不力，难以服众。部分党政领导干部敢于冒犯罪的风险对"天保"工程下手，要么是为了自己的利益，要么是为了所谓的上面的安排，不得不出手。"反贪的查的是村干部，反渎的查的是护林员"，对"有天线的"检察机关不敢查，不能查。目前没有查出"天保"工程中渎职犯罪背后的"老虎"，难以服众。二是，内部重配合，轻制约。"天保"工程中渎职犯罪所涉及的罪名虽不多，但领域较广，不仅涉及民事、刑事、行政等多领域的规范，还涉及植物学的专门性的知识，专业化程度要求较高。此类的案件的侦破普遍面临着"线索发现难、立案难、查处难、阻力大"的难题。案件从提请初查、立案、侦查终结到提起公诉都由检察机关独家进行，上级侦监部门、本院公诉部门对证据认定和法律适用上难以从严把关，导致案件质量不高。在无奈的情况下，只要法院作出有罪判决，即使宣告缓、免刑也认为达到目的了。三是，深挖犯罪能力不足。生态环境遭到破坏的背后，往往隐藏着巨大的利益链条，成为滋生职务犯罪的温床。尽管一直喊着科技强检，但科技强检只是一纸空文，依靠科技的力量来侦破渎职犯罪案件目前仍为零。四是，对审判机关监督力度不够。在某案系特大案件，仍判处免刑的情况下，依然难支持抗诉。

2. 审判机关原因

一是，部分法官对生态文明认识不够，未能从党和国家的工作大局出发认识"天保"工程中渎职犯罪的社会危害性，导致对犯罪分子从轻处理。"天保"工程中渎职犯罪的被告人中护林员比例大，部分法官便认为检察机关"不打虎，专灭蝇"，心理上偏袒被告人。二是，法院的自由裁量权大，法官自由裁量权缺乏监督和约束。"天保"工程中渎职犯罪的罪名都涉及法官自由裁量权问题。只要有正当的理由，没有突破法定的量刑幅度，无论是判处量刑幅度内的最高刑还是最低刑，法官的量刑行为就不能说有错。对被告人自首或立功法定从轻、减轻情节认定比较宽。法官有"自由操作的空间"，在各方面或明或暗的压力下，自然导致轻刑化。

四、“天保”工程中渎职犯罪轻刑化的破解路径

（一）用严格的法律制度保护生态环境，把权力关进制度的笼子

用严格的法律制度保护生态环境[①]，本质上就是用法律保障人们享用生态产品的权利，就是保障人的生存权和发展权。[②]保护生态环境，必须依靠法律。要把权力关进制度的笼子，任何人、任何单位非因法定事由、法定程序不得征用、占用“天保”工程中的林木、林地。重点是管住地方政府的手，否则，就只是“许州官放火，不许百姓点灯”。以重点项目为名，政府能将手伸向在沙漠化严重的海边生长的生态林、海防林，百姓自然能将手伸向与己无关的“天保林”。[③]要强化生产者环境保护的法律责任，大幅度提高违法成本。要按照谁污染、谁付费，谁破坏、谁受罚的原则，加大对生产者违法行为的处罚力度，大幅度提高违法成本。同时，要改变一罚了之的做法，对保护生态环境不尽责的行为要依法打击，对构成犯罪的，要坚决追究刑事责任。

（二）追责“为官不为”，降低“天保”工程渎职犯罪率

国家工作人员应该具有责任意识，不能只管理，对管理的结果如何却不承担任何责任。“天保”工程主要靠广大林政人员，他们肩负着工程的规划设计、森林及野生动植物资源管护、林木采伐许可证发放等行政执法权力，“天保”工程人员更应该要有责任意识。

“为官不为”表现在不想为、不会为、不敢为，说白了就是只吃饭不干活。“为官不为”犹如瘟疫，不断感染并侵蚀干部精神上的“防线”，得了这个病的干部实在很多，“天保”工程的工作人员中“为官不为”更是不在少数。“天保”

---

①党的十八大提出了推进生态文明建设的内涵和目标任务，十八届三中全会明确了生态文明体制改革的主要任务。十八届四中全会通过的《中共中央关于全面推进依法治国若干重大问题的决定》（以下简称《决定》），进一步要求加快建立生态文明法律制度。

②人民出版社编著《〈中共中央关于全面推进依法治国若干重大问题的决定〉辅导读本》，人民出版社，2014，第115页。

③http：//money.163.com/13/0909/16/98BJ4AQ100252603.html，2015年6月21日访问。“棋子湾原是海南岛唯一保留着比较完好的原始天然雨林景观。2009年镇政府领导出面说服村民把3000亩土地出租给雨润公司建度假区，租期为40年，谁知现在变成建高尔夫球场，不仅毁坏了大量的生态林和海防林，还占用了大片耕地。”利用“体育休闲公园”的理由以租代征更改土地用途，大大减少征地价款，如此“变脸”的做法，监管之手在哪？要真正纠正类似昌江县高尔夫球场违法乱建问题，不仅要对违规建设的开发商进行处罚，也要对政府官员实行问责，深究彻查高尔夫球场会“变脸”的幕后推手。

工程的部分工作人员安于现状、不思进取，怕得罪人、畏首畏尾，对群众敷衍了事等，造成更深的危害。"天保"工程的部分工作人员在履行职责上不想为、不作为，但却把精力用在了拍马屁、拉关系、走门路等上，一门心思图"升官发财"。在"打虎灭蝇"的同时，严惩"为官不为"。

（三）完善法律规定

尽快出台有关渎职犯罪量刑方面的司法解释，提高法定刑，降低立案查处起点。否则费了人力、物力去查案办案，结果却追究不了相关人员的责任，将有损法律的尊严。

（四）加大对涉林案件的惩处力度

在当今的国情世情下，一些部门过分集中了大量资源和权力，在资源和权力所带来的巨大利益诱惑下，一个个官员个体不断毁灭，不仅如此，甚至可以说一些部门已经一起沉沦。林木采伐许可证是监管部门把守林业资源的最后一道关口，不核查、不调研就发证，给森林资源带来莫大的危害。林业局局长能有着无尽大的权力，能将本是国家财产的"天保"林，说成人工林。林业管理人员监管意识缺失，上千亩的海防林被"项目开发"。只有加大对涉林案件的惩处力度，才能警戒他人，减少犯罪。

（五）提高侦查水平，加大审判监督力度

首先，检察机关要及时总结经验、教训，努力克服侦查工作中存在的缺陷和不足，加大渎职侵权犯罪的查处力度，增加办案的科技含量。要通过专题培训、经验交流等多种形式提高侦查人员业务能力、侦讯技术，要加强检察机关在侦查过程中的证据收集、固定能力，通过公诉引导侦查提高案件事实把握的能力，提高侦查水平，查处"天保"工程中渎职犯罪背后的权钱交易。其次，检察机关要充分发挥法律监督职能，加大刑事审判监督力度，通过量刑建议、抗诉等手段有效对职务犯罪的定罪全过程实施监督。对带有苗头性、倾向性的问题及时调研，提出对策。对明显畸轻的判决要敢于抗诉，对滥用缓刑、免刑的行为要敢于监督。再次，检察机关要勇于、善于发现案件线索，查处"天保"工程中轻刑化背后的权钱交易，对敢于以身试法的法官、插手案件的领导干部等敢于亮剑，严惩不贷。

（六）慎重对渎职犯罪适用缓刑、免刑

职务犯罪案件的刑罚适用直接关系反腐败工作的实际效果。检察机关认为确有必要适用缓刑、免刑的，应经检察委员会讨论决定提出量刑建议。法院认为确有必要适用缓刑或者免刑的，应经审判委员会讨论决定。这样有助于从程序与实体两方面规范职务犯罪中缓刑、免刑。

（七）追究“天保”工程中渎职犯罪的领导的责任

早在1987年6月30日，中央文件就强调：保护发展森林资源，制止乱砍滥伐，应当作为各级领导，特别是县级领导的主要任务。在任期内对乱砍滥伐森林资源制止不力的，必须追究县委、县政府领导人责任。然而森林资源遭到的破坏如此严重，却没有任何一个县级领导受到过处罚。相反，有些森林资源破坏最严重的地方，其领导还得到了重用。中央要求老虎、苍蝇一齐打，然而如果被打的一直只是苍蝇、“替死鬼”“冤死鬼”，效果肯定会打折扣。一个县要将上千亩海防林开发，招商引资建高尔夫球场，林业局局长能有何作为，能如何有力地坚决抵制？怎么尽到保护生态环境的义务？对玩忽职守的林业局局长肯定要打，其背后的老虎要打，“有天线的”更要打，才更能让人口服心服。

司法机关受制于地方党委政府，它们不敢违抗地方领导的意愿而执意严格依法追究渎职犯罪，缺乏足够的独立性使得它们无可奈何。国际旅游岛获批之后，海南的生态环境在加速被破坏，表面上是源于开发商，实际上是源于地方政府，政府盯的是眼前的利益。不少市县政府急功近利，对海防林地转变为建设用地的审批并不严格，只是请来有关专家做规划和可研报告，环境评价也是“走走过程”。

五、结束语

习近平总书记在视察海南时特别强调，保护生态环境就是保护生产力，改善生态环境就是发展生产力。建设好、保护好森林资源和生态环境是全社会共同的义务，也是造福子孙后代的历史责任。要正确处理好发展与保护环境的关系，不能不计环境成本讲发展，要努力做到科学发展、绿色发展、低碳发展。

渎职犯罪轻刑化、免刑化现象是社会关注的热点问题，如何寻找发展绿色经济与保护环境相结合的平衡点，从严从重依法打击“天保”工程渎职犯罪，是广大司法人员特别是高层要思考的问题。“天保”工程中渎职犯罪案件绝大部分适用缓刑、免刑，这种量刑上的失衡，显然违背了法律的精神实质，严重脱离了法律面前人人平等、罪行相适应等刑法基本原则。普通群众看到的“天保”工程中渎职犯罪的被告人依然像往常一样自由的生活，并没有因犯罪而受到任何实质性的制裁，易产生“官官相护”的联想，动摇其对司法机关的信赖和司法公正的预期，导致执法公信力的缺失。同时，司法机关对“天保”工程中渎职犯罪打击不力，没有起到刑罚应有的惩戒作用，对其他“天保”工程人员形成了犯罪容易逃避惩罚或从轻处罚的错误观念，极易助长他们的仿效心理和侥幸心理。违法成本低廉客观上促使一些人铤而走险，纵容了渎职犯罪行为的发生。

海南检察机关办理公益诉讼案件实证研究

张远南*

【摘要】通过实证分析海南检察机关提起公益诉讼的线索处理、诉前程序和诉讼情况三个重要阶段办理公益诉讼案件的基本概况，针对办理公益诉讼案件存在的困难和问题，着重从理念引领、整体推进、重点突破、专项加强入手，多维挖掘案件线索来源，注重诉前协商、诉前和解与调解、诉前检察建议，合理衔接诉讼程序，准确界定社会公共利益及区分公益诉讼与私益诉讼，把握证明责任分配规则，厘清行政机关职能，重视调查取证，完善相关损害赔偿金、修复费用等款项的管理，调整和优化诉讼案件结构，形成各级院相互协作的一体化办案机制。

【关键词】公益诉讼诉　前检察建议　诉前程序　诉讼程序

本课题结合海南社会经济发展状况，立足于海南检察实际，借鉴试点地区的好的经验与做法，在线索来源、线索移送、立案程序、调查核实、举证责任和诉前程序、起诉程序等方面，利用实证研究的方法，进行深入分析总结，为海南检察机关办理公益诉讼案件提供可行性机制和制度。其意义在于：一方面，分析办理公益诉讼案件中存在的不足和问题，总结成功经验，摸索规律，完善办案机制，指导以后的公益诉讼案件。另一方面，通过实证分析健全相应机制和制度，充分发挥检察机关在调查取证、整合各方资源和抑制滥诉等方面的优势，进一步推动海南检察机关公益诉讼制度的发展。

* 海南省人民检察院第二分院副检察长。

一、海南检察机关办理公益诉讼案件的基本概况

（一）办理公益诉讼案件情况分析

根据各试点规范和最高人民法院的相关司法解释，对检察机关提起民事公益诉讼试点的外部观察可以划分为线索处理、诉前程序和诉讼程序三个重要阶段。本课题组采用实证研究的方法，具体方法包括：本课题组成员都办理公益诉讼案件、到办理公益诉讼案件的辖区召开座谈会、访谈案件具体承办人、观看试庭审视频、参加或举办公益诉讼研讨会和推进会、采集并分析开展公益诉讼以来的样本和数据等，以确保数据的全面性、准确性及权威性。通过调研和案件静态统计数据，分析检察机关提起公益诉讼的线索处理、诉前程序和诉讼情况三个重要阶段的基本情况。

对于民事公益诉讼重点分析在履行职责中破坏生态环境和资源保护、食品药品安全领域侵害众多消费者合法权益等损害社会公共利益的行为。对于行政公益诉讼重点分析在履行职责中生态环境和资源保护、食品药品安全、国有财产保护、国有土地使用权出让等领域负有监督管理职责的行政机关违法行使职权或者不作为，致使国家利益或者社会公共利益受到侵害的情形。

1. 线索处理阶段分析

根据破坏生态环境和资源保护、食品药品安全等领域民事公益诉讼案件线索数，进一步分析各领域是否平衡，以及各自所占总案数的比例，着重从线索来源、线索发生领域、线索案件类型等方面分析案件线索情况。通过调研和分析案件线索静态统计数据，可以发现线索处理阶段有摸排线索是开展公益诉讼的基础与起点、各地发现和摸排线索数量不均衡、案件线索来源比较单一化、刑事附带民事案件线索较多、案件类型相对集中在环境领域、行政公益诉讼线索明显多于民事公益诉讼线索、案件线索数呈现逐步增长的趋势等特点。

2. 诉前程序阶段分析

通过分析案件线索静态统计数据及图表，发现缺少诉前程序案件的成案率高。经过诉前程序后，案件进入起诉程序的较少。根据调研情况以及相关资料分析，从民事和行政公益诉讼实践运行的整体情况看，检察机关履行公益诉讼诉前，程序基本实现预定目的，主要体现在公益诉讼起诉主体积极性的调动和诉前督促行政机关履职方面。

3. 诉讼程序阶段分析

经过诉前程序后，公益诉讼案件一般将进入正式的诉讼程序。根据统计数据

分析，案件类型多集中于生态环境和资源保护领域，国有资产保护、国有土地使用权出让、食品药品安全等领域相对较少。行政公益诉讼、刑事附带民事公益诉讼案件起诉较多，民事公益诉讼案件起诉较少。从诉讼结果看，法院基本上都判决支持了检察机关的诉讼请求，多以行政机关纠正违法行为、民事公益诉讼调解等原因撤诉结案，法院调解结案也占一定比例。诉讼程序阶段着重从提起公益诉讼的范围、诉讼主体资格、诉讼请求及变更、专家辅助人、检察机关的举证责任、庭审质证及答辩、一审审理时间、审理结果等方面分析。

二、海南检察机关办理公益诉讼案件的特点及效果评析

（一）办理公益诉讼案件的特点

通过调研分析，发现办理公益诉讼案件呈现一些机制上的属性。在整体方面，强调检察系统内外的沟通合作；在线索方面，建立了民事检察部门与自侦部门的移送平台，对外加强与人民法院、行政机关以及社会公益组织的沟通联系；在诉前程序方面，加强与行政公益诉讼的行政机关沟通、协调、协作，与民事公益诉讼当事人的沟通、和解；在审理阶段，表现为立案时间短、当庭宣判率高、检察机关胜诉率高和基本为一审生效等特性。

就公益诉讼本身来说，存在如下主要特点：

（1）起诉主体的特定性。起诉主体有如下几类：①法律规定的机关——《中华人民共和国海洋环境保护法》第 89 条规定的行使海洋环境监督管理职责的部门（国家海洋局已经并入生态环境部）。②符合法定条件的社会组织——《中华人民共和国环境保护法》第 58 条、《最高人民法院关于审理环境民事公益诉讼案件适用法律若干问题的解释》第 2 条至第 5 条规定的组织。③检察机关——《中华人民共和国民事诉讼法》第 55 条、《中华人民共和国行政诉讼法》第 25 条的授权。

（2）受案范围的开放性。诉讼种类为民事、行政、刑事附带民事公益诉讼、行政附带民事公益诉讼。行为样态为生态环境和资源保护、食品药品安全、国有财产保护、国有土地使用权出让等领域。其中，环境要素指《中华人民共和国环境保护法》第 2 条所称的影响人类生存和发展的各种天然的和经过人工改造的自然因素的总体，包括大气、水、海洋、土地、矿藏、森林、草原、湿地、野生生物、自然遗迹、人文遗迹、自然保护区、风景名胜区、城市和乡村等。致害阶段是指已经损害环境公共利益或者具有损害环境公共利益重大风险。

（3）注重发挥司法审判职权作用。依法进行诉讼请求的释明，依职权调查、

收集证据和委托鉴定，对于损害公共利益的自认不予确认，限制反诉，调解协议的公开审查，移送执行等。

(4) 注重生态环境的修复、国家资源保护等实际成效。例如生态环境公益诉讼，双轨制修复责任（行为修复、修复费用)。采取多样化修复方式：原地修复、异地修复、替代性修复，依据相关因素酌定修复费用，赔偿生态环境服务功能损失。

(5) 注重司法与行政的衔接。例如受理阶段告知行政监管部门，就修复费用和方案听取行政监管部门意见，行政监管部门依法履职使原告诉请全部实现的撤诉裁定，针对社会组织违法行为和发现的问题发出司法建议，行政执法证据的调取，等等。

(6) 注重公众参与和信息公开。例如受理阶段的公告，其他适格主体参加诉讼，支持起诉、调解协议的公告，调解书的公开，执行阶段的公众参与等。

(7) 注重诉前解决，节约司法资源。

（二）办理公益诉讼案件的效果

1. 内外多方联动，形成办理公益诉讼案件合力

检察机关在办案过程中，通过强化沟通协调，与党政机关、人大、人民法院等部门建立有效的协作机制，降低了办案阻力，形成良好的办理公益诉讼案件的局面。例如中共海南省委办公厅海南省人民政府办公厅出台《关于检察机关依法开展公益诉讼工作的通知》、联合海南省高级人民法院等9个部门出台《关于推进海南环境资源公益诉讼的实施意见（试行)》、联合海南省高级人民法院等17个部门出台《海南环境资源执法司法联动机制实施意见（试行)》等文件。

2. 诉前检察建议的实际效果

诉前检察建议的主要问题是制发不规范、不合理，司法化不足、质量不高，包括对违法事实调查不全面，导致检察建议认定的事实与客观情况存在偏差；对行政机关的违法事实、证据和法律依据阐述不充分，说理性不足；建议内容过于原则和笼统，针对性不强，可操作性不强；没有把牢违法性的基础标准和督促依法履职的核心请求定位，没有充分考虑与诉讼请求的衔接，建议内容标语话、空洞化，司法化、专业化严重不足；单纯依据行政相对人数量，针对同一时期、同类违法行为向一个行政机关发出多份检察建议，导致监督质量不高、效果不佳。

3. 公益诉讼案件质量以及公益保护的刚性效果

落实重点案件层报审批和报备制度，注重调查取证、庭审效果以及发布指导

性案例规范办案等问题，重视行政机关履职整改不到位，纠正违法、虚假、不实以及整改成效未能有效巩固，反弹回潮问题。具体包括对诉前检察建议逾期不回复、不落实，没有履职整改措施；虽然按期回复，但落实措施达不到检察建议要求，未能全面依法履行职责；已经制定针对性整改落实措施，但没有实质性执行，检察机关对以上情形未依法及时提起诉讼，导致受损公益并未得到有效恢复；行政机关虽履职整改，公益受侵害状态得到遏制，但案件办结后又反弹回潮；因客观原因难以按期完成整改，并已制作具体可行的落实方案，但障碍因素消除后，未能及时执行；公益诉讼起诉案件获得法院支持，但生效裁判未能执行完毕，导致受损公益并未得到有效恢复。

三、海南检察机关办理公益诉讼案件存在的问题及对策分析

（一）存在的问题

对海南检察机关办理公益诉讼案件存在的困难和问题进行分析，着重从完善程序、调查取证、内外联动等方面入手，探索形成海南检察机关办理公益诉讼案件的有效机制。

数据分析及实证研究显示，海南自办理公益诉讼案件以来，所出现的问题集中体现在：办理公益诉讼案件的具体操作性规范及指引公益诉讼工作的法律规范不完善；各地办理公益诉讼案件存在不均衡及不平衡的情况；各机关存在配备以及具备相关专业知识结构的人才不足，办理公益诉讼案件的检察力量不适应形势发展需要的情况；存在制约公益诉讼案件来源因素，致使案源不足；具备提起公益诉讼资格的社会公益组织不多；公益诉讼案件多集中在生态环境资源领域，相对单一，另外，有重大社会影响的案件较少；存在诉前程序亟须完善，损害赔偿款及修复费用的管理、诉讼中的第三人规定尚不明确等问题。

（二）对策分析

1. 理念引领，整体推进

（1）检察机关提起公益诉讼秉持的理念：立足海南实际，牢固树立双赢多赢共赢理念，“改革创新、勇创一流，宽严相济、公正高效，忠诚担当、廉洁奉公”三大理念。特别是为了实现海南绿色崛起，环境公益诉讼的理念更应受到重视。在生态主义的价值观指导下，环境公益诉讼应当始终坚持环境利益优先于经济利益的价值理念，立法机关在设计相关制度时应当优先考虑保护环境利益的需要，人民法院在环境案件的裁判中要体现出保护、恢复生态环境的司法目的，不

能以恢复生态环境有违经济效率为由采取“一赔了之”的简单裁判方式。[①]在生态主义指导下构建检察机关提起环境公益诉讼制度，树立环境利益优先理念则是最为根本性的理念。检察机关牢固树立尊重自然、顺应自然、保护自然的生态理念，把保障生态建设放在突出位置，积极履行法律监督职能，尤其要建立健全检察机关提起环境公益诉讼制度，切实推进生态文明建设。

（2）内外联动，整体推进。强化内部协作，充分利用检察一体化办案机制和跨区域指定异地管辖制度，形成内部合力，缓解地方干扰。借助外部联合，将公益诉讼工作作为“一把手”工程来抓，主动争取地方党委、政府、人大的理解与支持，取得其认同感，深化府院良性互动，把检察机关提起公益诉讼常态化，促进本地区党政支持检察机关依法开展公益诉讼工作，减少办案阻力，为检察机关提起公益诉讼创造良好的办案环境。

（3）质量与数量兼顾，实体与程序并重。深刻总结试点工作的经验教训，坚持数量与质量并重的办案理念，既要注重保持办案规模，又要尊重司法的基本规律稳妥推进，行稳致远。继续坚持诉前程序和提起诉讼并重的理念，充分利用诉前程序及时解决问题、节约司法资源的优势，激活行政机关自我纠错积极性。要深刻认识到提起诉讼才是最具震慑力、最有刚性的监督手段，当通过诉前程序无法保护公益时，要敢于直接提起公益诉讼。

2. 重点突破，专项加强

坚持以点带面，以专带强，重点办好重点领域的公益诉讼案件、有重大社会影响的重点公益诉讼案件。通过专项活动强化、保障和带动公益诉讼案件的办理和取得实效。突出办理有影响案件。以敢于碰硬的精神，参与历史遗留问题治理，着力办理一批老百姓关注、具有重大社会影响的热点案件。以公益诉讼检察促进非法盗采海砂、近海养殖尾水排放、定置网非法捕捞水产品等涉及海南生态环境保护及生产生活安全领域问题的根本解决。以专项行动、类案推广为抓手提升办案规模。在持续推进“增绿护蓝.公益诉讼”“万泉河水清又清”“保障千家万户舌尖上的安全”“守护国土资源、建设美好家园”等专项活动的基础上，深入开展“守护海洋”检察公益诉讼专项监督活动，并针对违章建筑非法占地、

①丁国锋、马超：《环境侵权案一赔了之倾向要不得》，《法制日报》2013 年 11 月 13 日第 5 版。

个人信息保护、安全生产领域、互联网侵害公益、预算执行不到位等问题，探索开展“小专项活动”。积极通过“类案拓展法”扩大办案规模。

3. 多维挖掘，形成案件线索来源常态化机制

⑴ 内外纵横协作，形成案件线索筛选移送机制。除检察机关内部协作移送案件线索外，还要认真落实高检院与生态环境部等九部委联合会签的《关于在检察公益诉讼中加强协作配合打好污染防治攻坚战的意见》。与海洋与渔业监察总队（支队）、食药监管局等有关行政主管部门会签文件，开展联合行动；探索与住建部门联合整治违章建筑非法占地、容积率超标问题；探索与纪检监察委会签文件，拓宽国有资产保护等方面公益诉讼案件线索；与应急管理部门共同推进安全生产领域公益诉讼制度落地；与网信部门建立互联网检察公益诉讼协作机制；与审计部门加强在预算执行和其他财政收支审计查出问题督促整改工作方面的配合协作；与海关建立进出口商品质量安全领域公益诉讼线索移送、联合调查机制。

⑵ 借力便捷平台，扩大案件线索来源，形成案件线索发现、查办机制。利用好“检察官以案释法工作室”“派驻检察官工作室”、检察微信公众号等载体，提升民行工作的公众知晓度和影响力，扩大公益诉讼案件来源。结合巡回检察、“法制宣传周”等活动深入村居、社区、企业，以典型案例图片、文字说明、问答漫画等形式以案释法，让群众掌握公益诉讼案件受案范围、立案标准和办案程序，引导群众通过司法救济途径维护合法权益，主动提供案件线索。通过这些平台，加强公益诉讼案件线索发现和案件查办协作。大力推广通过与12345市民热线平台衔接拓展线索发现渠道的经验做法。进一步发挥乡镇检察室、海洋检察室的公益诉讼线索发现作用。深入推广大数据、无人机等与公益诉讼检察的进一步融合。积极探索行政执法与公益诉讼检察相衔接的信息平台机制建设。

⑶ 关注新闻媒体，形成热点案件线索研判机制。生态环保、食药领域中，每一个事件的发生常常引起民众的广泛关注，涉及面广，影响大。密切关注新闻媒体曝光的环境污染、破坏生态资源、危害食品药品安全等事件，及时掌握本地民生热点问题，及时从媒体报道中进行分析研究，排查公益诉讼案件线索。

4. 注重诉前协商，合理衔接程序

⑴ 诉前协商：

检察机关牵头，与相关行政单位、涉案相对人、其他利害相关人等一同探讨解决案件问题，广泛征求意见，商定整改方案，为公益保护工作提供有效的司法保障。诉前圆桌会议制度本质上是公益诉讼诉前调解工作所探索建立的一种制

度。该制度旨在召集相关行政机关、企业或个人在发出诉前检察建议或是提起公益诉讼前更高效地就解决问题、保护国家利益、社会公共利益进行协商与调解。诉前圆桌会议制度是多部门坐下来协调解决问题，通过意见开放的沟通充分发挥行政机关保护公益的主动性，高效解决问题，督促、助力行政机关更好履职的有益做法。

(2) 诉前程序：

一是支持起诉程序。作为法律监督机关，检察机关可通过检察建议、支持起诉、督促起诉、刑事附带民事诉讼、直接起诉等多种方式参与公益的保护，而直接起诉很多时候并非必要也非最佳选择。《中华人民共和国民事诉讼法》第15条规定："机关、社会团体、企业事业单位对损害国家、集体或者个人民事权益的行为，可以支持受损害的单位或者个人向人民法院起诉。"笔者认为，从该规定可以看出，支持起诉的主体是多元的，并非法律授予检察机关的一种监督方式，因此，支持起诉权是一种社会性权力，但这并不影响其监督民事诉讼和保障诉权的作用。可以在当事人有起诉意愿但行使诉权又遭遇障碍的情形，并且以当事人申请支持为前提条件下适用支持起诉。支持起诉保护的是当事人的诉权，而非胜诉权。应以有效保障公民、组织行使诉权为原则，探索适用一些简单易行的程序，适当给予一定的法律技术上的支持，包括道义、物质、法律以及其他支持。确有必要的话，可以出庭参加诉讼，提出一些支持起诉的庭审意见。

二是督促前置程序。为体现诉讼经济和有限介入原则，检察机关参与公益诉讼应区分两种情况建立前置程序，即民事公益诉讼和行政公益诉讼。一种以督促起诉为前提，即对有明确起诉主体但怠于行使诉权的，检察机关应先履行法律监督职责，督促其起诉。另一种以督促履行职责为前提，即虽无明确起诉主体，但有明确行政主管机关的，应当首先通知该行政主管机关履行行政监管职责。只有损害公益的行为不属于行政机关主管范围或者主管行政机关不明，而且也没有其他适格主体的，检察机关才可以直接提起诉讼。总之，笔者认为，在程序设计上，检察机关不宜直接起诉的情况下，可以先支持起诉，在支持起诉不产生实际作用时，可以启动督促程序，在合理期限内相关主体仍不履行职责或怠于起诉，检察机关可以公益代表的身份提起公益诉讼。因此，支持起诉、督促起诉、公益诉讼相互衔接，有序推进，形成分层次、三位一体的统一协调机制，构筑起公益保护的防线体系。

三是诉前和解与调解程序。为防止公益诉讼的滥诉，美国在环境公民诉讼的发展过程中，诉前给予环境行政机关一定的期限来作出相应的回复或措施，若期限届满还没有相应的答复，法院将受理该诉讼。我国现行法没有相关规定，司法实践中，笔者认为，为节约诉讼资源，实现诉讼经济，可以探索设置诉前和解或调解程序，公益诉讼双方当事人（社会组织、行政机关、污染企业、检察机关等）进行诉前协商，就公益的保护问题达成和解或者作出调解。如果检察机关不是起诉主体，也可基于公益检察监督职能参与诉前协商之中，以便使和解或调解真正实现保护公益的目的。

四是诉前检察建议。对于行政公益诉讼，应提升诉前检察建议刚性和规范性。检察建议的发出与落实都离不开与行政机关的沟通与协调，通过沟通与协调，更能有针对性地准确发出检察建议，并且能够使检察建议得到有效落实。当遇到既成的违法事实损害的社会公共利益与该既成的违法事实涉及的其他合法利益之间保护冲突的时候，这时需要客观、公正、合理地进行利益衡量，依法采取有效措施保护和平衡二者的利益。规范检察建议的办理程序、诉讼请求相对应的形式和内容、跟进监督以及成效评估、诉讼衔接等各个环节。推广诉前圆桌会议、听证等方式，重点创新推动公开送达、公开宣告、检察建议公开宣读等程序的建立，增强司法仪式感，促进诉前程序司法化。建立跟进监督约谈制度，细化重点领域行政机关尽责履职标准与整改落实标准。

5. 整合诉讼资源，依法提起诉讼

（1）加强办理公益诉讼案件机制建设，保障公益诉讼检察有序开展。

一是强化一体化办案机制建设，完善三级院办案工作格局。加强检察机关内部各部门的有效协作配合，发挥好法警在调查取证中的保障作用。强化上级院对重大疑难复杂案件的指挥协调与督办督导，探索完善省院提办、领办、参办、交办和挂牌督办制度。建立省院公益诉讼检察工作分片指导制度。建立分市院重点办理向法院提起诉讼案件，基层院重点办理诉前程序案件，同时提供起诉案件线索及参与办理起诉案件，省院全面指导、指挥、协调的三级院办案工作格局。

二是调整和优化诉讼案件结构，探索提起阻滞类民事公益诉讼。着力加大行政公益诉讼起诉案件的办理力度，提升数量规模和在全部起诉案件中的占比；对于无正当理由没有按期整改的，要以积极、负责的态度提起诉讼，并把提起诉讼做成生动法治课堂。注重与刑事检察部门的沟通协调与衔接，准确把握刑事附带民事公益诉讼的起诉标准、时机和诉讼请求的科学性与可操作性。针对严重侵害公共利益并经行政机关责令停止后仍然继续实施侵害的违法行为，及时对违法行为主体提起民事公益诉讼，请求法院判令停止侵害、恢复原状，形成生效司法判决。违法行为人一旦拒不执行生效判决确定的停止侵害等判项，及时督促公安机关以拒不执行法院裁判罪进行立案侦查，以此确保公共利益得到及时维护，避免侵害后果不断扩大。

⑵ 合理界定社会公共利益，准确区分公益诉讼与私益诉讼。

首先，把握侵害公益行为的认定。侵害公益行为是一种侵权行为，但有关损害公益的侵权行为不一定都是侵害公益行为。认定侵害公益行为是提起民事公益诉讼的前提，判断一种侵权行为是否是侵害公益行为的关键在于损害对象公益即社会公共利益的认定。具体来说，先认定损害对象是否是社会公共利益，再看该侵害公益行为是否符合侵权行为的构成要件，就可以判断该侵权行为是否是侵害公益行为。

社会公共利益的界定成为认定侵害公益行为的核心概念。因社会公共利益涉及价值判断，很难对其含义有准确的定义，但若不能合理把握社会公共利益又会造成社会公共利益的滥用或保护不足。笔者认为，正确认识社会公共利益应注意以下几个方面：一是用语要规范。社会公共利益的称呼，有“公共利益”“社会利益”“社会公共利益”“国家整体利益”等。对于公益诉讼中公共利益，统一使用“社会公共利益”这个称谓比较合适，因为该称谓包含的内容比较全面，既能体现本质属性，还能很好地与民事诉讼法中关于民事公益诉讼的规定相衔接。二是注意类型化。从立法来看，我国相关法律有大量公共利益条款的规定，但却缺乏应有的具体界定。实际上，对社会公共利益的界定更多的是考虑其工具性功能，是为了更好地保护公共利益。社会公共利益是无法穷尽的，但可以根据公共利益的本质属性通过立法对其进行一定程度的类型化，也可以结合具体案件由立法机关和司法机关按照法定规则进一步类型化。三是区别相关利益。国家利益与社会公共利益不同之处在于：其一，主体不同。国家利益的主体是国家，直接表现主体是政府，社会公共利益的主体是社会公民和由公民组成的社会团体。其二，内容不同。根据马克思的国家学说，国家利益是统治阶级的利益，包括国际政治范畴中的国家利益和国内政治范畴中的政府利益或政府代表的全国性利益。笔者认为，社会公共利益与国家利益既有不同，但也有范围交叉，不可将二者截然分开。有些国家利益在一定程度上也是社会公共利益，如国家财产在某种意义上也是社会公共利益。因此，检察机关提起刑事附带民事诉讼的适用对象是国家财产遭受损失的情形，可以考虑用刑事附带民事公益诉讼方式来保护国家财产。

四是把握含义要点。笔者认为，社会公共利益具有主体不特定性、价值判断性、共同性三个本质要点。主体不特定性体现利益主体是开放性多数。价值判断性表明社会公共利益随着社会发展而变化，取向通常是现实的社会价值观，很难穷尽。共同性既表现为利益不可分割的整体性，又涉及不特定主体生存与发展的基本性及重大性利益。因此，可以说，社会公共利益是不特定主体享有的符合现行价值判断的共同利益。

其次，切实区分公益诉讼与私益诉讼。与公益诉讼相对，存在着私益诉讼，二者区分的关键在于对社会公共利益概念的把握。公益诉讼以纯粹意义上的公益为保护对象，而私益诉讼则以污染、破坏环境等侵害社会公共利益行为损害受害人的人格权、财产权作为理论依据，因而，公益诉讼与私益诉讼之间并不存在交叉，公益诉讼实施权的行使并不对私益诉讼实施权人造成不利影响。对同一违法行为而分别提起的公益和私益诉讼，实际上是同一行为所引起的多个结果。在司法实践中如何合理地处理二者之间的关系，确实是一个值得思考的问题。笔者认为，就目前来看，我国公益诉讼一般不涉及私益诉讼。实践中可以由检察机关等符合条件的主体提起公益诉讼。从立法及司法现状来看，针对一个涉及环境污染、生态破坏等侵害社会公共利益的行为同时侵犯公益与私益的情形，更多地趋向分别由各自符合原告条件的主体提起各自的诉讼。但鉴于诉讼资源、诉讼能力等因素的影响，不仅要考虑公益诉讼与私益诉讼之间的差异，也要考虑两者之间的紧密联系。其中，最为关键的是二者能否合并审理。实际上，二者因具有一因多果的共通性，是存在共同的诉讼基础的。并且不同主体之间优势互补，有利于查清诉讼事实，这对司法效益、效率及公正都具有现实意义，因此，二者合并审理、分别判决也未尝不可。这可具体表现为：兼具二者诉讼原告条件者，可同时提起两种诉讼；符合公益诉讼条件的原告与符合私益诉讼条件的原告可以作为共同原告起诉，也可分别加入对方已进行的诉讼之中。可见，这是一种双赢的处理。另外，在探讨公益诉讼制度设置中，可以考虑公益诉讼对私益诉讼的支持功能。参照示范性诉讼原理，“法律规定的机关和有关组织”提起的公益诉讼在某种意义上可以理解为众多私益案件的“示范性判决”，将其胜诉判决的既判力主观范围向私益案件当事人扩张，以此协调公益诉讼与私益诉讼的关系。[①]

①肖建国、黄忠顺：《环境公益诉讼基本问题研究》，《法律适用》2014 年第 4 期。

(3) 区分行政公益诉讼与民事公益诉讼举证责任，把握证明责任分配规则。

公益诉讼案件的管辖问题，基本上应与我国民事行政诉讼法的规定保持一致。由于行政公益诉讼涉及利益重大、地方干扰多、影响广泛，可以由上级检察机关对下级行政机关作出的行政违法行为提起公诉。[①]检察机关提起公益诉讼一般应当按照诉讼法规定的举证责任进行举证。在行政公益诉讼中，参照行政诉讼的举证规则，行政机关须对行政行为的合法性与否承担举证责任，但检察机关也要积极承担推进说明行政机关怠于履职或者不依法履职的责任。对于民事公益诉讼案件，按照侵权纠纷案件的证明责任分配规则，对民事公益诉讼证明责任进行公正的一般分配和特殊分配。着重谈一下民事公益诉讼证明责任分配规则。侵害公益行为作为侵权行为，民事公益诉讼证明责任的分配适用侵权纠纷案件证明责任的分配原则。关于侵权纠纷案件证明责任的承担也同样适用证明责任分配的一般原则。即主张侵权损害赔偿请求权的当事人应当对其请求权产生的法律要件事实承担证明责任。也就要对民法关于损害赔偿的要件事实即加害人行为违法、加害行为与结果之间存在因果关系、加害人有过错、存在损害事实加以证明。相反，加害人如果就妨碍权利产生的事实主张予以抗辩时，加害人就应当对该事实的存在加以证明。

侵权纠纷案件的证明责任分配，应当区分一般侵权纠纷案件和特殊侵权纠纷案件，再根据不同侵权行为的归责原则，判断是实行过错责任原则，还是过错推定原则、无过错责任原则，来具体分析不同的证明责任分配。其一般规则为：一般侵权纠纷案件实行过错责任原则，由原告对违法行为、损害事实、因果关系和过错四个构成要件承担举证责任；特殊侵权纠纷案件实行无过错责任原则的，由原告对违法行为、损害事实、因果关系三个构成要件承担举证责任；被告对原告有过错（如故意）的免责事由，承担举证责任。此外，法律上规定的不承担责任或减轻责任的免责事由，由被告承担举证责任。其特殊规则为：特殊侵权纠纷案件由法律规定是适用无过错责任原则还是过错推定责任原则，并且特殊规则中的举证责任倒置也是由法律明确规定。适用无过错责任原则的特殊侵权纠纷案件，其构成要件的证明责任倒置由法律具体规定。适用过错推定原则的特殊侵权纠纷案件，违法行为、损害事实、因果关系三个构成要件由原告承担举证责任；

---

①巩富文、杨辉：《我国检察机关提起公益诉讼制度研究》，《人民检察》2015 年第 5 期。

过错要件即无过错，实行举证责任倒置，由被告承担举证责任。另外，一般侵权纠纷案件的也有举证责任倒置，如方法发明专利侵权诉讼中，实行举证证明责任的倒置，由制造同样产品的侵权人对其产品制造方法不同于专利方法承担举证责任。

(4) 完善相关损害赔偿金、修复费用等款项的管理。

基于公益诉讼赔偿金或修复费用的性质，人民法院不能判令被告向检察机关支付赔偿金或修复费用。对于损害赔偿金的处理问题，基于公益诉讼设立的初衷，法院不宜把损害赔偿金判给作为程序性原告的检察机关，目前各地实践中有赔偿给当地实际受害人、上交国库、进入专项基金等三种方式。公益诉讼作为一种特殊的诉讼，损害赔偿金作为专项基金用于公益的保护较为合适。这需要立法进一步完善，并考虑建立统一的公益诉讼赔偿制度，把赔偿金划入由国家设立和监管的环境保护公益基金，专项用于生态修复和环境保护工作。

(5) 厘清行政机关职能，准确把握行政机关履职情况。

厘清行政机关的职能，全面保护社会公共利益。全面保护社会公共利益，对同一违法事实造成多种社会公共利益的损害后果，都应当受到保护，不能遗漏需要保护的社会公共利益，这样才能全面把握行政机关履行职能情况。对于存在多个行政机关未依法履行职责情形，应当查明各自的职责、权限和法律依据。不同行政机关存在职能交叉时，要明确各自的分工和职责。还要查明各行政机关不依法履职的事实、社会公共利益受到损害的事实以及二者之间的因果关系，这些都是厘清职能所必需的事实。只有这些职能和事实都查清了，才能精准发出诉前检察建议。

(6) 重视调查取证，确实破解举证难题。

加强与法院的沟通协调。推动检法对公益诉讼的管辖、程序、证据、举证、鉴定、证明标准以及赔偿款账户、执行等问题达成更多共识。推动解决公益诉讼鉴定难题。召开公益诉讼鉴定问题座谈会，建立协作合作机制。探索建立“先鉴定后缴费”制度。推动构建生态环境损害赔偿专项基金。与人民法院沟通，对符合条件的案件直接以专家意见作为确定损害赔偿数额的依据。建立公益诉讼检察工作专家咨询制度。建立公益诉讼专家库，建立重大复杂疑难案件专家咨询论证制度。积极推进与生态环境、自然资源、食品药品等行政机关互派业务骨干挂职。

理论文章

认罪认罚从宽制度中检察机关的作用研究

李伟军　文　伟　李颍林*

内容摘要：认罪认罚从宽制度是我国法律应对有限司法资源和不断攀升的犯罪率之间的矛盾，努力实现效率和公平最大化所作出的积极尝试。域外的被告人认罪程序对我国有一定的借鉴性，我国的认罪认罚从宽制度不能与美国式辩诉交易制度相混淆。检察机关在认罪认罚从宽的案件中要重点审查犯罪嫌疑人、被告人认罪认罚的自愿性、真实性，认罚的可能性和认罪认罚协议的合法性。更能通过证据开示，激励犯罪嫌疑人、被告人主动认罪认罚，使其获得宽大处理的司法后果。

关键词：认罪认罚　激励　自愿性　真实性

近年来，我国严重危害社会治安的犯罪案件呈下降趋势，轻微刑事案件的数量仍在高位徘徊，某些犯罪案件侦办难度很大，需要耗费大量的司法资源。党的十八届四中全会提出推进以审判为中心的诉讼制度改革与完善刑事诉讼中认罪认罚从宽制度，二者相辅相成，共同推进。2016 年 9 月 4 日，全国人民代表大会常务委员会授权最高人民法院、最高人民检察院在刑事速裁程序试点地区试行认罪认罚从宽制度。2016 年 11 月 11 日，“两高三部”颁布《关于在部分地区开展刑事案件认罪认罚从宽制度试点工作的办法》，正式启动试点工作。

认罪认罚从宽制度是我国法律应对有限司法资源和不断攀升的犯罪率之间的

* 李伟军，海南省人民检察院第二分院党组书记、检察长；文伟，海南省人民检察院第二分院党组成员、副检察长；李颍林，海南省人民检察院第二分院公诉二处检察官。

矛盾，努力实现效率和公平最大化所作出的积极尝试，将会对我国刑事诉讼制度产生很大影响。推进认罪认罚从宽制度试点，能够通过调动犯罪嫌疑人、被告人主动认罪认罚的积极性，使其获得宽大处理的司法判决后果，既体现对犯罪嫌疑人、被告人权益的充分尊重，也有利于探索形成非对抗的诉讼格局，实现司法资源的优化配置。

自从认罪认罚从宽制度纳入司法改革的议程，许多人便联想到了美国的辩诉交易制度，甚至将其解读为“中国式的辩诉交易制度”。长期以来，法学界、司法界也不乏引入美国辩诉交易制度的建议。我国的认罪认罚从宽制度不能与美国式辩诉交易制度相混淆，辩诉交易制度存在罪名、罪数和量刑的交易，而我国认罪认罚从宽制度并不允许对罪名、罪数进行协商交易。认罪认罚从宽制度的实质，更应理解为“坦白从宽”的制度化追求。“坦白从宽、抗拒从严”是我国司法领域长期奉行的一项刑事政策。因种种原因，“坦白从宽、抗拒从严”却常常被调侃成“坦白从宽，牢底坐穿；抗拒从严，回家过年”。犯罪嫌疑人、被告人的“坦白”意愿严重衰减，“抗拒”博弈的动力反而大大增加。

一、域外被告人认罪程序中检察机关的作用

（一）美国的辩诉交易程序

美国辩诉交易产生于19世纪，是指被告人通过有罪答辩，换取控诉方的适当宽恕。检察官、法官、辩护律师分别在辩诉交易中发挥着不同的作用。目前美国国内对辩诉交易有主存论、主废论和折中论三种观点。

美国作为一个高度强调契约精神的国家，辩诉交易是契约精神在司法领域的必然体现，与加快诉讼结案效率、减小诉讼利益风险的法律实用主义相比，查明案件真相并非最高目标，从而奠定了辩诉交易制度的观念和实践基础。辩诉交易能让控辩双方从中获利，为辩诉交易的发展提供了重要动力。美国实行典型的当事人主义诉讼制度，检察官作为政府或社会公益的代表追诉犯罪，在诉讼中的地位是处于控诉方的当事人，拥有自由裁量权，有足够的动力防止无效辩护。检察官可以通过比较审判与认罪协议中的定罪可能性与预期刑期来促使被告人认罪。检察官所作出的起诉、不起诉决定尽管具有终结诉讼的效力，但其性质不是作为司法机关对案件实体问题作出的司法性裁判，而只是一种当事人的处分。检察官还可以对被告人接受或者拒绝认罪协议的情况进行录音录像，以便法官进行审查，并且防止被告人事后主张从不知晓认罪协议或者不理解认罪协议的内容。

（二）意大利的庭前认罪协商程序

意大利是第一个系统引进辩诉交易程序的欧洲大陆法系国家，辩诉交易制度基本运作方式和美国是相同的，刑事诉讼法规定的名称是依当事人要求适应刑罚的程序。检察官和辩护律师不得就被告人犯罪的性质进行交易，最高减刑幅度为法定刑的三分之一而且最终判刑不得超过两年有期徒刑。严重犯罪禁止进行辩诉交易。意大利辩诉交易程序的经验和教训对我国刑事简易审判程序改革启示颇多。

（三）法国的庭前认罪程序

法国借鉴意大利庭前认罪协商程序，参考美国辩诉交易制度，创设庭前认罪程序，以减轻法院负担，节省司法资源。与美国辩诉交易程序和意大利的庭前认罪协商程序相比，法国庭前认罪程序中检察官的作用得到加强，即被告人承认有罪的前提下，检察官作出一个如何惩罚的建议并经过法官的批准后即生效执行。这种制度把提升办案效率的价值追求融入“发现案件真实”以及“诉审分立”的传统刑事诉讼制度架构之中，实现刑事司法公正与效率的双重兼顾，从而避免因制度在实际运作中的各有侧重而造成公正与效率价值的偏离和冲突。法国法律不承认辩诉交易制度，而且理论界也持否定的态度。检察官提出量刑建议后，直接通知犯罪嫌疑人是否接受，犯罪嫌疑人必须有辩护律师在场协助，而法官的职责则是在法庭上确认或者拒绝已经达成的量刑协议。对于检察机关提出的量刑协议，法官基本上审核同意，极少有不予审核通过的情形。法官对检察机关司法处置建议的高度认同也起到了激励检察机关和被告人积极选择该程序处理案件的效用。

（四）英国式的辩诉交易

英国检察机关对辩诉交易是消极的，协商最初主要是被告人通过辩护律师与法官进行协商，检察官只不过是应要求在场而已。

（五）德国的诉讼协商

德国的诉讼协商是辩诉交易实践性改革的范例，是德国司法实践中出现的一种司法界默认的新诉讼程序。对于某些案件由辩护人、检察官和法官就认定犯罪、量刑轻重达成协议，并且在所有的诉讼阶段，在侦查阶段、开庭审理阶段，甚至法律救济程序中，都可以达成这样的协议。达成的协议不仅对检察院和法院的决定和裁判产生影响，而且在某种意义上还操纵着这些决定和裁判。检察机关在作出处罚令之前，检察官与辩护人事先就是否适用处罚令程序以及处罚的具体内容进行沟通已很普遍。

二、正确把握认罪认罚从宽制度的内涵

（一）适用认罪认罚从宽制度的基础是事实清楚、证据确实充分

“认罪认罚从宽”制度则必须在案件事实清楚、证据确实充分的条件下进行，不允许司法机关借认罪认罚之名，让犯罪嫌疑人、被告人承受事实不清、证据不足情形下的罪与罚，依此减轻或降低检察机关的证明责任。控辩双方就犯罪嫌疑人积极认罪而获得的可能优惠达成协议，在此过程中禁止交易罪名、罪数。

（二）认罪认罚的内涵是自愿、真实

要保证犯罪嫌疑人或被告人认罪的自愿性和真实性。被告人认罪应当是对主要犯罪事实和罪名的承认，如果只承认其具有犯罪事实（进行了公诉机关指控的行为），但是并不承认公诉机关指控的罪名（不认为自己的行为构成犯罪），被告人不能构成认罪。如果被告人承认自己具有犯罪事实但是认为自己的罪名应为较轻罪名，如公诉机关指控其犯故意杀人罪，但其认为自己的行为是故意伤害致人死亡，亦不构成认罪。只有对指控的犯罪事实和罪名均无异议才能认为是认罪。另外，被告人对影响主要犯罪事实认定的证据有异议的，不能构成被告人认罪，对不影响主要犯罪事实认定的证据有异议的，不影响对其认罪的认定。

（三）认罪认罚从宽制度的核心是“从宽”

认罪认罚案件必须确保宽严有据、罚当其罪。“从宽”是指依法从宽，而不是突破法律规定的法外从宽，是指可以从宽，并不是一律从宽。试点认罪认罚从宽制度应找准“宽”与“严”的平衡点，过分强调“从严”固然不符合改革初衷，一味强调“从宽”也会偏离公平正义的轨道。“宽”体现在制度上，“严”体现在程序和内容上。被告人与司法机关在案件处理结果上进行协商，一旦达成协议，对司法机关而言，可以提高诉讼效率，对被告人而言，在量刑上可以实现从宽的效果，这就要求犯罪嫌疑人既认罪又认罚后，才可以得到从宽处罚。从宽幅度还应考虑认罪认罚的阶段性。办理刑事案件分为侦查、起诉、审判等环节，犯罪嫌疑人、被告人在不同阶段认罪认罚的价值有着重大区别，认罪认罚越早，越有利于加快办案进度、节约司法资源。根据认罪认罚不同的时间点，设定不同的从宽幅度，以鼓励尽早认罪认罚，获取更多的从轻处罚收益。明确设定从宽幅度，将有效消解“同案不同判”的社会争议。试点认罪认罚从宽制度并非无边的从宽，而是限定在刑法规定的量刑范围内从宽，因而并不致产生严重突破法律的危险。而通过量刑指南设定统一、具体的从宽幅度，将进一步防止试点地区出现“同案不同判”现象。此前的司法实践中，由于缺乏统一规范，各地处理带有认

罪认罚性质的案件时，量刑宽宥的幅度存在不少差异。即使是非试点地区，也可以依据法律规定酌情考虑认罪认罚从宽，避免与试点地区的同类案件判决产生过分差异。

一些犯罪嫌疑人、被告人很可能避重就轻，仅仅就部分轻微罪行认罪认罚，却刻意隐瞒其他更为严重的罪行，以骗取从宽处罚，甚至“屡罚屡认”“屡宽屡犯”，从而使认罪认罚从宽制度陷入“放纵罪犯”的陷阱。对于认罪认罚从宽判决的案件，应该建立登记和追踪机制，既能震慑避重就轻的“认罪认罚”，也能强化办案人员的责任意识。设定特别的处罚机制，一旦发现漏罪，不仅要收回此前被骗取的从宽奖励，还应从严从重处罚。

（四）限定认罪认罚从宽处理的范围

对犯罪性质恶劣、犯罪手段残忍、社会危害严重的犯罪分子，其坦白认罪不足以从轻处罚的，也必须依法严惩，不宜从宽，否则将冲击社会心理，甚至起到鼓励犯罪的负效应。对于一些罪行极其严重、影响极其恶劣的犯罪，比如危害国家安全犯罪、恐怖活动犯罪、黑社会性质组织犯罪、严重的暴力犯罪、重大毒品犯罪等，不应纳入从宽处罚的范围。

犯罪嫌疑人或被告人是限制行为能力人，如无法认识和控制自己行为的精神病人，不能适用；未成年人的法定代理人和辩护人认为，未成年人的认罪有问题，不同意的，不能适用。

（五）强化监督制约

试点认罪认罚从宽制度，是否会沦为“花钱买刑”“交钱放人”？会不会纵容“诱骗认罪”“强迫认罪”？会不会诱发“权权交易”“权钱交易”？认罪认罚从宽制度一旦出现偏差，极易引发制度异化、权力滥用、程序失控等负面效应，不仅坐实“花钱买刑”的社会错觉，纵容“诱迫认罪”的功利冲动，亦会结出司法腐败的现实恶果，进而对法治公平和社会正义造成致命伤害。要防止这些危险，就必须以严格的监督程序、强力的追责机制加以约束。认罪认罚从宽制度试点工作涵盖了多个诉讼环节，应细化司法部门的工作流程，在适用范围、办案程序、侦查、审查逮捕、审查起诉、审判以及法律帮助等方面制定详细的制度性规定，强调各部门的互相配合与相互制约，发挥检察机关的法律监督职能，细化证据的证明标准、规范诉讼程序、加强监督制约，以及加大对滥用职权、徇私枉法行为的惩处力度等方面作出具体的规定，对于权钱交易等行为给予严厉打击。

（六）坚持效率与公正的最大化

目前，司法机关案件压力非常大，很多法官、检察官经常加班加点，压力过大容易出现质量问题，因此要节约诉讼资源。法官、检察官真正下功夫审理重大和疑难案件，从根本上提高办案质量。

在保证司法公正的前提下，对于犯罪嫌疑人、被告人自愿认罪的案件，在办理程序上适当从简，在实体处理上适当从宽，使原来的坦白从宽更具有操作性和规范化。办理认罪认罚案件，应当遵循刑法、刑事诉讼法的基本原则，坚持证据裁判原则，坚持“无罪推定”和“疑罪从无”，贯彻宽严相济刑事政策。以事实为根据，以法律为准绳，充分考虑犯罪的社会危害性和犯罪嫌疑人、被告人的人身危险性，结合认罪认罚的具体情况，确定是否从宽以及从宽幅度，做到该宽则宽，当严则严，宽严相济，确保办案法律效果和社会效果，确保无罪的人不受刑事追究，有罪的人受到公正惩罚，确保司法公正。

三、检察机关在认罪认罚案件中的作用

（一）敦促职务犯罪嫌疑人认罪认罚

职务犯罪有较高的隐蔽性，尤其是贿赂犯罪案件中，犯罪参与人主要是行受贿人，其他知情人员甚少，且缺乏物证、书证等客观证据印证，对行受贿人的定罪处罚十分艰难。侦查审讯时，其一般具有坚固的心理防线，对犯罪事实矢口否认，死扛到底，给突破案件造成很大的难度。敦促职务犯罪犯罪嫌疑人认罪认罚能衡平司法公正和司法效率。侦查人员在吃透案情的情况下，对接触讯问的方法、谋略等方面进行安排、分析和判断，做好全案的周密计划和整体布局。总结讯问技能，努力做到有针对性地制定讯问提纲、营造给嫌疑人造成心理压力的讯问氛围、选择有利时机出示证据、分化瓦解攻守同盟。正确并适时运用有关宽严相济的司法精神，运用法律政策进行政策攻心、及时把握嫌疑人心里弱点打好心理战、利用强制措施的特殊功效开展“情感攻心”等。力争以合法合理的方式、方法，快速有效地突破案件，敦促犯罪嫌疑人认罪认罚。

（二）强化证据意识，加强对案件的实体和程序审查

审查认罪认罚案件时，不能简单地引用法律、司法解释规定的法定条件；认罪认罚事实认定必须要有相应的证据予以佐证，必要时必须深入实地详细调查；所有采信的证据必须真实、合法，有证明能力，对假材料要坚决依法排除。

1. 审查被告人认罪认罚的自愿性

审查起诉是认罪认罚从宽制度的核心环节。认罪认罚从宽在审查起诉阶段得

以具体化，结合被告人在侦查阶段、审查起诉阶段的综合表现，并听取其辩护律师的意见。检察官认为犯罪嫌疑人认罪、认罚，要提出一个量刑建议；如果犯罪嫌疑人同意检察机关的量刑建议，检察官就出具一个认罪认罚的正式文书。“如果犯罪是肯定的，对他只能适用法律所规定的刑罚，而没有必要折磨他，因为，他交代与否已经无所谓了。如果犯罪是不肯定的，就不应折磨一个无辜者，因为，在法律看来，他的罪行并没有得到证实。”①量刑建议书和认罪认罚书提交给法院后，人民法院一般情况要接受采纳，当然也可以不采纳。如果法院认为被告人不是自愿认罪，有强制、强迫，或者认为被告人的行为不构成犯罪，都不能适用认罪认罚从宽程序。

认罪，即被告人自愿供述其所犯罪行、自愿接受法庭审判，而不是出于被胁迫或者欺诈等因素，对这些非自愿因素作列举规定，以利于实践的操作。认罚，即犯罪嫌疑人、被告人在认罪的基础上自愿接受所认之罪在实体法上带来的刑罚后果，以及对诉讼程序简化的认可，即放弃其在普通程序中所具有的部分法定诉讼权利，同意通过适用克减部分如法庭调查与辩论等诉讼环节的诉讼权利来对自己定罪量刑。很多当事人不懂法律，面对一些压力、引诱时，如何保证认罪的自愿性？或者侦查机关可能采用一些违法的取证手段，当事人不能辨别时，如何保证认罪的自愿性？侦查机关、检察机关和审判机关的办案人员都要告知犯罪嫌疑人这样的权利，特别是要告知行使这种权利的法律后果。

2. 审查认罪认罚的真实性

重点审查犯罪嫌疑人是否真的实施了犯罪行为。如果说完全无罪，仅是为了从宽而去认罪认罚的话，这是有悖检察官职业准则的。为了审查案件真实，检察官要花很多时间去研究案件，因为在现实当中，可能一开始犯罪嫌疑人不会告诉检察官实话，也不会告诉律师实话。犯罪嫌疑人、被告人不知道后果，对法律认识的错误经常会发生。我国很多当事人，特别是文化水平偏低的当事人，根本不了解法律，不了解认罪会有何等严重的后果。

3. 审查认罚的可能性

被告人本人愿意认罚，也愿意赔偿被害人，但其家人能否愿意配合其进行赔偿，如果不能得到家人的配合，认罚也是空想。如笔者办理的符某传故意伤害上

①切萨雷. 贝卡利亚著：《论犯罪与刑罚》，黄风译，中国法制出版社，2005，第37页。

诉案中，被告人认罪认罚，也愿意赔偿被害人，但其家人以家中无钱为由拒绝对被害人赔偿，无法得到被害人的谅解。

4. 审查认罪认罚协议的合法性

重点审查认罪认罚协议是否违反相关法律规定，保障认罪认罚协议内容的真实性、合法性，做到司法公平公正。对于侦查机关移送审查起诉的符合认罪认罚从宽条件的案件，检察机关应当核实侦查阶段犯罪嫌疑人认罪认罚的自愿性及过程的合法性，再按照不起诉、附条件不起诉或起诉的法律规定处理。保障犯罪嫌疑人、被告人的法律帮助权，确保犯罪嫌疑人、被告人了解认罪认罚的性质和法律后果，自愿认罪认罚。将犯罪嫌疑人、被告人认罪认罚作为其是否具有社会危害性的重要考虑因素，对于没有社会危险性的犯罪嫌疑人、被告人，决定取保候审、监视居住。听取被害人及其代理人意见，并将犯罪嫌疑人、被告人是否与被害人达成和解协议或者赔偿被害人损失，取得被害人谅解，作为量刑的重要考虑因素。对于应当起诉且满足认罪认罚从宽条件的案件，告知被告人指控罪名，与其案件事实、认罪认罚情节有关的量刑规定以及可能的量刑结果，并与被告人及其辩护人或值班律师进行量刑协商，提出量刑和审理程序建议。对于侦查阶段未处理的退赃退赔、刑事和解等事宜，在量刑协商阶段一并处理。被告人自愿认罪，对指控的犯罪事实和罪名没有异议，并同意检察机关的量刑建议和审理程序建议的，应当签署具结书。起诉时，检察机关在起诉书中写明被告人认罪认罚情况，提出量刑建议，并同时移送被告人的认罪认罚具结书。对于被告人同意适用简易程序或速裁程序的案件，检察机关起诉时还应就审理程序向法院提出建议。对于达成量刑协议并签署具结书的被告人，还应赋予其认罪认罚表示撤回权。

5. 通过证据开示，激励被告人认罪认罚

检察机关主持控辩双方就全案证据开示（包括对犯罪嫌疑人有利、小利、有罪、无罪的全部材料），确保检察环节犯罪嫌疑人认罪认罚的真实性、自愿性和明智性。用量刑激励促使被告人认罪悔罪，使被告人对量刑能够有合理预期并能够得到一定的量刑优惠，得到被告人的积极回应。

笔者曾办的一个案件，被告人邢某悔因涉嫌盗窃其舅舅家的牛而被移送审查起诉，但其归案后一直拒不供述其盗窃的事实，公诉人退而求其次，以掩饰、隐瞒犯罪所得罪提起公诉，一审法院以邢某悔不构成掩饰、隐瞒犯罪所得罪宣告无罪。公诉机关抗诉后，笔者在仔细审查全案证据后，认为在案证据足以认定被告人邢某悔犯盗窃罪，向其进行了案件证据的分析论证。在了解其家中情况后，激励其应该如实供述自己犯罪，为自己的孩子做一个能悔改自新的榜样，认罪能获得从宽处理。在笔者的激励下，被告人第一次开口如实供述了其为了筹措妻子分娩住院费用而偷盗其舅舅家的牛，在出卖的过程被人赃俱获的事实，并在二审法庭上也如实供述了其盗窃的事实。二审法院发回重审后，遗憾的是，一审法院以盗窃累犯情节同时适用加重和从重处罚，判处其有期徒刑 4 年。笔者得知被告人并没有提出上诉，认罪服判，感到该案同时适用盗窃累犯加重和从重处罚，明显适用法律错误，导致量刑畸重，建议本院按审判监督程序提出抗诉。笔者询问其为何不提出上诉时，其认为司法机关既然能判肯定不会错误，肯定要认罪，上诉没有任何意义。本院抗诉后，被告人被改判有期徒刑 2 年。如果不对本案抗诉，二审法院不对被告人改判，被告人认罪就难有被从宽处理的结果，认罪从宽只是一句空话。

（三）“认罪认罚从宽”法定化，增强犯罪嫌疑人、被告人的可预期性

对于坦白认罪的，可以从轻或者减轻处罚，对其中犯罪情节较轻的，应当从轻或者减轻处罚。被告人认罪认罚的，特别在诉讼早期即认罪认罚，供述自愿、真实、合法且作为主要定案证据的，可以考虑比照本案应当判处的刑罚给予四分之一到三分之一的减刑，在最大程度上鼓励被告人积极认罪认罚。

（四）保障被害人的合法权益

如何合理保障刑事受害人的有效参与和合法权益，是试点认罪认罚从宽制度的一大焦点。根据改革方案，公安机关、检察院、法院办理认罪认罚案件时，在各个环节都应当听取被害人及其代理人的意见，并将被告人是否与被害人达成和解协议、是否取得受害人谅解以及对被害人损失的赔偿程度等，作为量刑的重要考虑因素，以保障被害人尽早获得损害赔偿和心理安抚，有效减轻诉累。可以说，被害人的态度，对认罪认罚从宽案件的处理具有极其重大的影响。被害人的物质、精神损失要得到被告人的补偿，特别是现阶段欠缺对被害人有效保护，在追究犯罪过程中受到二次伤害。一方面，一些犯罪嫌疑人、被告人尽管如实供述了罪行，也愿意积极赔偿，被害人在追究责任过程中往往又有非理性和情感因素，坚持不予谅解，只求严惩不要赔偿。如果以被害人同意为必要性，就可能难以进行协商。如此情形下，是否能够按认罪认罚案件从宽处理？另一方面，在此前的速裁程序试点实践中，也出现了由于被害人“过度参与”，而使诉辩协商程序蜕变成纯粹“讨价还价”的不正常现象。笔者认为，被害人的意见并不具有最终的制约性和限制性，而只能供司法机关量刑裁决时参考。被害人对被告人不予

谅解，双方未能达到和解，或者被告人认罪认罚但无力赔偿或足额赔偿，只能在考虑量刑从宽时有所区别，而不应阻止认罪认罚案件启动相应程序。事实上，国外类似的认罪案件，一般也是将被害人是否谅解作为影响被告人量刑的因素，而非启动程序的前提。

（五）保障律师的参与权

保障律师全程参与认罪认罚案件的在场权，认罪认罚制度无形当中增加了对律师参与案件的需要，确保认罪认罚协商不致异化成“诱迫认罪”。认罪认罚程序当中必须要有律师辩护，律师辩护最主要的目的就是保障认罪的真实性和自愿性，由律师帮助嫌疑人、被告人了解自己行为的性质到底是什么，到底认罪还是不认罪。一开始犯罪嫌疑人或被告人可能不会作出理性的判断，通过律师的解释说明，能够更清楚利益得失。在某些正当防卫、紧急避险等之类的案件里，当事人由于不懂法律很可能轻易认罪，而忽略了免责或者减轻责任的理由。律师跟被告人讲清楚，认罪认罚是你自己的决定，而不是你的亲人告诉你这么做，更不是律师告诉你这么做。认罪不等于降低案件的标准，在证据充分的情况下，有罪、无罪不是靠被告人认不认，是靠证据来证明的。那么犯罪嫌疑人、被告人在这种情况下有时候不得不认罪，这反而可以更好地提升诉讼效率。辩护律师与检察机关充分沟通，在检察机关提出量刑建议的过程中发挥影响作用，犯罪嫌疑人或被告人得到从宽的实惠。

四、适用认罪认罚从宽应注意的问题

“认罪认罚从宽”制度是我国长期执行的宽严相济刑事政策的体现，是该项政策的制度化新发展。尽管不同国家的刑事司法及其运行有其普遍共性，但并不意味着我国推行该项制度改革就是辩诉交易制度的翻版。

（一）严格禁止检察官疑罪协商

“认罪认罚”并不意味着降低证明标准。办理认罪认罚案件，仍须奉行法定证明标准，而非掉进口供中心主义的泥潭。仅有“有罪供述”而无其他证据，或“有罪供述”与其他证据相矛盾，仍需坚守疑罪从无的法治原则，确保无罪的人不受追究。程序简化并不意味着克减合法权利。尽管法院裁判一般应采纳检察院指控的罪名和量刑建议，但法庭审理并不能走走过场，尤其是要充分核查认罪认罚的自愿性和真实性，阻止“诱迫认罪”等现象蒙混过关。

（二）严格禁止在侦查初期适用该制度

认罪认罚制度的适用应当有严格的诉讼节点限制，只能在侦查阶段的后期、审查起诉阶段和审判阶段发挥特定优势，而不能适用于侦查初期。认罪认罚的前提是事实清楚、证据确实充分，侦查阶段的主要任务是取证而不是认罪协商，侦查机关只有全面侦查取证，才能够达此目的。由于侦查机关公权力的天然优势、侦查活动的秘密性等，一旦侦查机关在办案过程中承担此项职能，可能会出于减轻办案压力或者其他目的，而采取威胁、利诱等方式迫使犯罪嫌疑人选择认罪认罚，进而成为造成冤假错案的诱因。

（三）特殊情形下的不起诉或撤案

犯罪嫌疑人自愿如实供述涉嫌犯罪的事实，有重大立功或者案件涉及国家重大利益，需要撤销案件的，办理案件的公安机关应当层报公安部，由公安部提请最高人民检察院批准。

犯罪嫌疑人自愿如实供述涉嫌犯罪的事实，有重大立功或者案件涉及国家重大利益的，经最高人民检察院批准，人民检察院可以作出不起诉决定，也可以对涉嫌数罪中的一项或者多项提起公诉。

五、结语

检察机关不仅在审查起诉符合认罪认罚从宽条件的案件中审查犯罪嫌疑人、被告人认罪认罚的自愿性，更通过证据开示，激励犯罪嫌疑人、被告人主动认罪认罚，使其获得宽大处理的司法后果。这既体现了对犯罪嫌疑人、被告人权益的充分尊重，也有利于探索形成非对抗的诉讼格局，实现司法资源的优化配置，减少社会矛盾。

检察机关推动全面从严治党向纵深发展的思考

李伟军*

内容摘要：习近平总书记指出："全面推进依法治国，必须努力形成国家法律法规和党内法规制度相辅相成、相互促进、相互保障的格局。"十八届四中全会强调，加强党内法规制度建设，完善党内法规制定体制机制，形成配套完备的党内法规制度体系，运用党内法规把党要管党、从严治党落到实处，促进党员、干部带头遵守国家法律法规。省第七次党代会提出，推动全面从严治党向纵深发展，营造风清气正的政治生态建设美好新海南，关键在党。这就要求推动全面从严治党向纵深发展，既要遵循党内法规，又要严格遵守宪法和法律。检察机关作为国家法律监督机关，应当忠实履职，运用法治思维推动全面从严治党向纵深发展。

关键词：全面从严治党法治思维　纵深发展

省第七次党代会提出，推动全面从严治党向纵深发展，营造风清气正的政治生态建设美好新海南，关键在党。抓好党建是最大政绩。各级党组织要认真履行全面从严治党的主体责任和监督责任，更好承担起建设美好新海南的历史重任。检察机关作为国家法律监督机关，在落实全面从严治党、强化党内监督方面肩负着重要使命，要从保持党的先进性和纯洁性、促进党和国家各项工作法治化的高度，牢记职责使命、坚守责任担当，突出监督重点，加大监督力度，促进党员、干部依法行使权力、自觉廉政勤政，推动全面从严治党向纵深发展。

* 李伟军：海南省人民检察院第二分院党组书记、检察长。

一、全面从严治党的概念及其深刻内涵

（一）全面从严治党的概念

研究问题的前提是必须明晰所研究的问题“是什么”，即概念。概念是区分不同事物和问题的重要依据，对全面从严治党同样适用。理清全面从严治党的概念，是由宏观到微观、由内涵到外延、由现象到本质把握其理论内涵的关键所在。

目前理论界、学术界对全面从严治党的权威、精准定义，还没有形成通说。学术界主流观点将全面从严治党的概念界定为：把党要管党、从严治党的原则要求深入贯彻到党的建设纵向与横向体系的所有方面、领域、层面和环节，所形成的治党管党之总体战略与规划。①具体来说，“全面从严治党”的主体和对象具有广泛的覆盖性，不仅包括每一名党员干部和普通党员，而且包括各级党组织；在治党方式和途径上，“全面从严治党”具有复杂性、艰巨性和长期性；在治党思维上，体现出法治思维、战略思维、系统思维和底线思维的统一；在体例上，形成了以严的标准、严的措施、严的制度来治党管党的综合体系。

（二）全面从严治党的深刻内涵

1.“全面从严治党”之“全面”强调的是党的建设总体布局的各个方面

不同学者对于“全面从严治党”中“全面”一词的含义从不同角度进行了阐述和剖析，可谓见仁见智，但大家普遍认为，“全面”是对党的思想建设、组织建设、作风建设、反腐倡廉建设和制度建设五位一体的总覆盖。②从战略布局的角度来看，“全面从严治党”是新形势下执政党建设的总体战略部署，是实现“四个全面”战略布局的关键所在；从政党文化的角度来看，全面从严治党理论深层体现中国共产党的政党文化，“全面”体现了传承发展的政党文化。

2.“全面从严治党”之“从严”强调的是党的建设制度的严密性和科学性

“从严”的依靠什么？就是习近平总书记强调的，“最根本的是严格遵循执政党建设规律进行制度建设，不断增强党内生活和党的建设制度的严密性和科学性，既要有实体性制度，又要有程序性制度，既要明确规定应该怎么办，又要明确规定违反规定怎么处理，减少制度执行的自由裁量空间，推进党的建设的科学化、制度化、规范化”。③也就是说，这里的“严”，不仅是手段和措施的严，更

①张书林：《论全面从严治党的理论架构》，《理论探讨》，2016年第3期。

②张荣臣：《关于全面从严治党内涵及对策的思考》《人民论坛》，2015年第07期（下）。

③习近平总书记在党的群众路线教育实践活动总结大会上的讲话。

主要是强调制度规范的严。

3.“全面从严治党”之“治党”在于把党锻造成中国特色社会主义事业的坚强领导核心

办好中国的事情关键在党，“中国要出问题，还是出在共产党内部”。[①]要防范中国出问题、党内出问题，最根本性的举措就是，必须切实把我们党建设好、治理好、管控好。如何“治党”，那就是，凡是影响党的创造力、凝聚力、战斗力的问题都要及时解决，凡是损害党的先进性和纯洁性的病症都要认真医治，凡是滋生在党的健康肌肤上的毒瘤都要坚决祛除，通过持之以恒的努力，使党始终成为中国特色社会主义事业的坚强领导核心。

二、推进全面从严治党纵深发展的多维价值

（一）推动全面从严治党纵深发展有利于加快党的自我净化

党的十八大报告明确提出，党要着力“增强自我净化、自我完善、自我革新、自我提高能力”。“自我净化”就是依靠党自身的力量、自己的努力去剔除肌体上的杂质、变质部分，进而保持党的先进性、纯洁性，保持党自身的清正廉洁。

用发展的观点看，一个党过去先进、过去纯洁、过去清正，不等于现在和将来都永远是先进、纯洁、清正的。因此，要保持党的先进性、纯洁性，必须推进全面从严治党向纵深发展，全面从严治党越是精准，越是做到全覆盖，就越能够清除阻碍党自我净化的因素，从而打造出高压反腐新气势，形成从“不敢腐”到“不能腐”再到“不想腐”的规制链条；制造出关住、管住权力的制度笼子，让人民监督权力，让权力在阳光下运行；营造出风清气正的党内和社会环境，形成推崇正能量、正规则的党内政治生态，以及一套组合拳培育起党内生活新常态；最终实现党的自我净化，提高自我净化能力，将腐败变质分子、害群之马、不合格党员清除出去。

（二）推进全面从严治党纵深发展支撑党继续建功立业

习近平总书记在党的群众路线教育实践活动总结大会上的讲话中指出：“各级各部门党委（党组）必须树立正确政绩观，坚持从巩固党的执政地位的大局看问题，把抓好党建作为最大的政绩。如果我们党弱了、散了、垮了，其他政绩又有什么意义呢?”习近平总书记的这段话告诉我们，要在治国理政、执政兴国的过程中建功立业，前提是必须把治党管党的问题抓紧抓好。

①邓小平：《邓小平文选：第三卷》，人民出版社，1993，第380页。

作为执政党，我们党获得人民群众的持续拥护支持、谋求长期执政的重要条件之一，就是建树过硬领导与执政业绩，从而彰显我们党执政的有效性，因为“彰显了执政有效性，才能不断巩固扩大执政合法性”。

我们党能否继续建树领导和执政业绩，关键是看党自身是否“能”、是否能够担此重任。如果党能够担此重任，那就是“治大国如烹小鲜”；如果党不能担此重任，那就是治大国“蜀道之难，难于上青天”。

党要担负起治国理政、执政兴国的重任，就必须推进全面从严治党向纵深发展，以“打铁的必须首先是铁打的”的信念为支撑切实把党自身建设好。

（三）推进全面从严治党纵深发展关系党的民心所向

“水能载舟，亦能覆舟。”人民群众是历史的创造者，民心向背最终决定政权、政党、政治的命运。因此，民心是党的生存发展之本，是党的生命力所系；赢得了民心，也就赢得了现在和未来。

那么，如何去赢取民心？从落实中央八项规定精神到纠正“四风”，从党的群众路线教育实践活动到“两学一做”学习教育，党风政风为之一新，党心民心为之一振。但在看到党的建设取得显著成绩的同时，还应清醒看到，以权谋私、权力滥用、权力不作为以及权钱交易、权权交易、权色交易等行径，均构成对公平正义原则的背离与破坏。而重建公平正义以聚合民心，客观上就要求掌握公共权力的执政党做到全面从严治党、从严治吏。推进全面从严治党向纵深发展，能够集中治理公共权力的非公共运行问题，在权力行使层面满足人民群众对公平正义的渴求，使得党凝聚争取民心变得水到渠成。

三、推进全面从严治党向纵深发展的思考

（一）推进全面从严治党向纵深发展的前提：理顺党纪与国法的关系

习近平总书记在党的十八届四中全会上指出：“全面推进依法治国，必须形成国家法律法规和党内法规制度相辅相成、相互促进、相互保障的格局。”在十八届中央纪委四次全会上，王岐山同志也就党纪与国法的关系作了“党的先锋队性质和先进性要求决定了，党规党纪严于国家法律。国法是所有公民的行为底线，党纪是对党组织和党员立的规矩”的论述。这充分表明了以习近平同志为核心的党中央以从严治党推进依法治国、以依法治国保障从严治党的辩证思维和战略思维，为我们正确认识和把握党纪与国家法律的关系，切实提高反腐败斗争的法治化水平，提供了重要思想武器。

1. 党纪与国法既有联系又有区别

所谓党纪，就是一个政党规定的各级组织和全体党员必须遵守的规章、制

度、准则、规范；所谓国法，就是指国家按照统治阶级的利益制定或认可，并以国家强制力保证其实施的行为规范的总和。[①]党纪与国法都是贯彻实施宪法的基本规范，是依法治国的基本依据，治国依赖国家层面的法律，治党依赖政党层面的法规制度。[②]治党的法规制度与国家的宪法法律既有联系，又有区别。

两者的联系：（1）治党的法规制度是党的意志集中体现，治国的宪法法律是国家意志的集中体现，两者统一于法治的共同框架体系。（2）法律是对全体公民的要求，党内法规制度是对全体党员的要求，党必须遵守宪法法律，依宪执政、依法执政。全面推进依法治国，必须努力形成国家法律法规和党内法规制度相辅相成、相互促进、相互保障的格局。

两者的区别：（1）治党的法规制度规范的是党组织的工作、活动和党员行为，治国的宪法法律规范的是国家机关以及公民、法人和其他组织行为。（2）治党的法规制度调整的是党内生活、党内关系以及党的领导和执政行为，治国的宪法法律调整的是社会关系和社会秩序。（3）党纪主要是适用资格型处分，比如开除党籍、撤销党内职务等；而国法主要是适用自由型、财产型、权利型处罚，比如有期徒刑、无期徒刑、死刑、罚金、没收财产、剥夺政治权利等。

因此，依法治国与依规治党既不能相混淆又不可割裂开来，党的领导与社会主义法治相一致的结论，蕴含着依法治国与依规治党不可分离的内在逻辑。

2. 党纪严于国法，党纪保障国法实施

党纪严于国法并非意味着党规党纪与国家的法律相同或者在国家的法律之上，而是指党规党纪对党组织和党员的要求比法律要求要高。党纪严于国法是党的先进性决定的。《中国共产党章程》明确规定："中国共产党是中国工人阶级的先锋队，同时是中国人民和中华民族的先锋队。"既然党章规定了我们党是两个先锋队组织，理所当然地要用更严的标准和纪律来约束各级党组织和广大党员干部，才能真正体现和永葆先进性。

对于党员而言，这一身份决定了其不能等同于普通群众，不仅要遵守国法，还要遵守党纪。国家法律所规定的一些可由公民自由选择的任意性规范，在党的纪律中，却被定为命令性、禁止性的义务规范。如中央八项规定要求党员领导干

①牛余庆：《全面推进依法治国必须正确处理党纪与国法的关系》，《共产党员》2015 年 07 月（上）。

②邱学强：《科学准确把握党纪与国法的关系》，《中国纪检监察》2014 年第 21 期。

部不得大操大办婚丧嫁娶，从法律角度来说，大操大办并不违法，但对党员干部来说，仅仅做到不违法还不够，还要严格遵从党的规定，受到党纪的约束。这正是党纪与国法的区别所在。党纪与国法的深层次关系，不仅止于前者严于后者，而是二者之间的互动。正如邓小平同志所说，“没有党规党法，国法就很难保障”。[①]党纪不仅用来规范党自身的内部行为，更是为了保障国法得到切实有效的执行。

3. 国法高于党纪，国法强化党纪效能

党纪严于国法，并不是说党纪可以凌驾于国法之上。相反，党章明确规定，党必须在宪法和法律的范围内活动。因此，执政党纪律的制定与实施，必须遵守宪法与法律的规定。国法是最后的底线，与党纪相比，惩罚会更重。因此，党纪严于国法，是相对于“事前”而言的，对腐败分子“事后”惩治，在适用党纪之后，还要适用国家法律，决不能借口党纪严于国法，避重就轻，使其逃脱法律的制裁。从这个意义上说，国法是对党纪惩治功能的有力强化。

4. 厘清党纪与国法界限，努力实行两者有效衔接

要厘清党纪与国法的调整边界。党纪的规范领域主要界定在党内关系和党内生活之中，超出这些领域的党外事务及社会关系，则通过国法进行规范。只有明确界定党规党纪与国家法律的权力边界，让党纪和国法各行其道、各司其职，才能为二者衔接创造条件。[②]笔者认为，要实行两者有效衔接和相关协调，就要做到党内法规的制定和国家立法布局、国家未来立法规划同步，对需要党规党纪和国家法律进行双重调整的重大问题共同调查论证，提高党规党纪制定的科学性、系统性。同时，做好党内规范性文件清理工作，进一步将党规党纪备案和清理工作制度化、规范化，及时修改、废除与宪法、法律规定不相符合的党规党纪，避免党内法规与国家法律相冲突。

（二）推进全面从严治党向纵深发展的保障：各级党委要运用法治思维支持和保证检察机关依法行使监督职权

1. 法治思维是全面从严治党向纵深发展的必然要求

思维方式体现的是方法论。妥善解决问题，依靠正确的方法，提高党的建设

①邓小平：《邓小平文选：第二卷》，人民出版社，1994，第147页。

②马一德：《用法治思维规范全面从严治党》，《求是》2016年第22期。

科学化水平，离不开方法科学化。能不能正确判断形势，能不能有效化解矛盾，能不能顺利推进工作，关键看有没有科学的思想方法。2012 年 12 月，习近平总书记指出："各级领导干部要提高运用法治思维和法治方式深化改革、推动发展、缓解矛盾、维护稳定能力，努力形成办事依法、遇事找法、解决问题用法、化解矛盾靠法的良好法治环境，在法治轨道上推动各项工作。"党的十八届四中全会通过的决定中三次提到法治思维，指出必须"提高党员干部法治思维和依法办事能力"。2014 年 10 月，习近平总书记在中央全面深化改革领导小组第六次会议上发表重要讲话，强调在全面深化改革、全面推进依法治国的过程中，各地区各部门的领导干部必须切实提高运用法治思维和法治方式推进改革的能力和水平。2015 年 2 月，习近平总书记发表讲话指出："谋划工作要运用法治思维，处理问题要用法治方式，说话做事要先考虑一下是不是合法。"这些论述表明，法治思维被提到重要位置，是否具备运用法治思维的能力成为提高党的建设科学化水平的重要衡量标准，必须运用法治思维推进全面从严治党向纵深发展。

2. 全省各级党委要运用法治思维和法治方式支持和保证检察机关依法行使监督职权

（1）全省各级党委要切实增强依法执政意识。党依法执政是依法治国的关键。党领导人民制定宪法法律，党领导人民执行宪法法律，党自身也必须在宪法法律范围内活动。《关于新形势下党内政治生活的若干准则》（以下简称《准则》）明确指出，党的各级组织和领导干部必须自觉按法定权限、规则、程序办事，决不能以言代法、以权压法、徇私枉法，决不能违规干预司法。省第七次党代会提出，法治是社会稳定繁荣的基石。必须坚持党的领导、人民当家作主和依法治国的有机统一，加强法治政府建设，规范行政决策和执法行为，强化执法监督。所以全省各级党委要切实增强依法执政意识，坚持以法治的理念、法治的体制、法治的程序、法治的方式开展工作。

（2）全省各级党委要加强对检察工作的领导。党的十八届四中全会明确要求，党委要定期听取政法机关工作汇报，做促进司法公正、维护法律权威的表率。全省各级党委要把检察工作放到工作大局中来谋划和推进，定期听取检察机关工作汇报，认真研究检察工作中的重大问题、重大事项、重要部署，确保检察工作始终沿着正确方向前进。

（3）全省各级党委要支持检察机关依法独立公正行使职权。党的十八届四中全会突出强调，各级党政机关和领导干部要支持检察院依法独立公正行使职权。

全省各级党委要坚决贯彻中央的重要部署，旗帜鲜明支持检察机关开展法律监督，支持检察机关依法办案，坚决排除地方和部门保护主义的干扰，为检察机关依法履职创造良好环境。

(4) 全省各级党委要加强对检察队伍的思想、政治、组织领导。检察机关加强对国家机关及公职人员的监督，必须有一支高素质的队伍。全省各级党委要坚持党管干部原则，加强对检察队伍建设的统筹规划，统筹解决检察队伍建设重大问题，推进检察队伍正规化、专业化、职业化建设；要抓住检察机关领导班子建设这个关键，健全体现检察职业特点的干部选拔任用、考核评价机制，突出政治标准，把好政治关、法律素养关，把善于运用法治思维和法治方式推动工作的人选拔到领导岗位上来；要真情关心和爱护检察人员，建立健全职业保障制度，不断增强检察队伍创造力、凝聚力、战斗力。

(5) 全省各级党委要加强对司法改革的统筹领导。党的十八大和十八届三中、四中、五中全会对司法改革作出重大部署，我省检察机关作为司法改革第一批试点单位，员额制、司法办案责任制等一批具有全局意义的重大司法改革陆续展开，改革进入深水区、攻坚期，加快落实已部署的各项改革任务仍需攻坚克难，完善新的司法管理体制和司法权运行机制任务艰巨。全省各级党委要加强对司法改革的组织领导，重点做好统一思想、把握方向、协调政策、强化督导等工作，以求真务实、真抓实干的作风，有重点、有步骤、有秩序地推进改革，确保党中央部署的重大司法改革举措在海南落地生根。

(三) 推进全面从严治党向纵深发展的关键：检察机关必须坚持在党的绝对领导下依法独立行使职权

党的领导是检察机关对国家机关及公职人员依法进行监督最根本的保证。党中央对检察机关如何在党的领导下开展监督工作有系统的制度设计，特别是党的十八届六中全会审议通过的《准则》和《中国共产党党内监督条例》（以下简称《条例》），又有许多新的重要部署和要求。检察机关必须旗帜鲜明坚持党的领导，牢固树立政治意识、大局意识、核心意识、看齐意识，正确处理坚持党的领导和依法独立公正行使职权的关系。

1. 正确处理党对检察工作领导的几个关系

党对检察工作的领导，贯穿于检察机关工作的各方面全过程，要正确处理党的领导各个层次的关系。检察机关既有司法属性，又有行政属性，还有监督属性，多种权力属性，决定了必须自觉坚持上级检察院对下级检察院的领导，自觉坚持地方党委的领导，充分发挥检察机关党组的领导核心作用。坚持上级检察院对下级检察院的领导是最基本的工作要求，坚持地方党委的领导是检察机关履职尽责的重要保障，发挥党组的领导核心作用是实现党的领导的重要组织形式和制度保证。

司法实践中，检察机关只有处理好党的领导各个层次的关系，才能从思想上、制度上和行动上把党对检察工作的领导落到实处。就我省检察机关来说，要在省委的坚强统一领导下，既自觉坚持上级检察院和地方党委领导，立足职能，服务大局，又注重发挥党组领导核心作用，大胆工作，依法履职。同时，还要充分发挥机关党组织和党员作用，完成党的任务，体现党的领导和执行力。

2. 检察机关要紧紧依靠党委的坚强领导开展监督工作

(1) 全省各级检察机关必须不折不扣执行党委决策部署。检察机关作为重要的国家政权机关，必须把服务大局、保障大局作为检察工作的政治责任和重要使命，紧紧围绕省第七次党代会的重大部署，牢固树立和落实新发展理念，忠实履行察职能，维护海南社会大局稳定、促进社会公平正义、保障人民安居乐业，为建设经济繁荣、社会文明、生态宜居、人民幸福的美好新海南提供稳定的社会环境和良好的法治环境。

(2) 全省各级检察机关要严格执行重大问题请示报告制度。《准则》明确规定：全党必须严格执行重大问题请示报告制度。检察机关各级党组织要坚持党的集中统一领导，研究涉及全局的重大事项或作出重大决定要及时向上级请示报告，执行上级重要决定的情况要专题报告。遇有突发性重大问题和工作中重大问题要及时向上一级检察机关和同级党委请示报告。

(3) 全省各级检察机关发现违纪问题应当及时向有关党组织报告。《条例》明确规定："有关国家机关发现党的领导干部违反党规党纪、需要党组织处理的，应当及时向有关党组织报告。"这一规定，拓宽了党内监督的渠道，是把纪律挺在前面的制度性安排，有利于实现党纪与国法的无缝衔接。全省各级检察机关要健全与纪检监察机关、公安机关协作配合、相互移送案件线索等制度，在办案中既加强协作、互相配合，又严格依法、确保规范。要认真落实党中央关于纪法分开、纪严于法、纪在法前的要求，在审查案件线索、初查、立案、起诉等各个环节，既审查是否构成职务犯罪，又注意发现是否违反党规政纪，并及时向有关党组织报告、提出处理建议，促进健全公职人员监督体系。尤其是要按照《条例》要求，对依法受到刑事责任追究，或者虽不构成犯罪但涉嫌违纪的，应当移送纪委依纪处理，真正实现纪法衔接。

(4) 全省各级检察机关依法立案查处党的领导干部应当向同级党委、纪委通报。《条例》明确规定，“执法和司法机关依法立案查处党的领导干部案件，应当由该机关向同级党委、纪委通报”。对国家机关及公职人员进行监督，尤其是立案查处党的领导干部案件，政治性、政策性、敏感性都很强，必须自觉接受党的领导。全省各级检察机关依法立案查处党的领导干部案件时，要严格执行职务犯罪要案请示报告制度，在立案侦查、侦查终结、移送审查起诉、提起公诉等各个重要阶段，都及时向同级党委请示报告，向同级纪委通报。

(5) 全省各级检察机关发现领导干部违规干预司法应当全面如实记录并及时向党组织报告。《条例》规定：“发现利用职务便利违规干预干部选拔任用、工程建设、执纪执法、司法活动等问题，应当及时向上级党组织报告。”全省各级检察机关要坚持依法独立公正行使职权，对领导干部干预司法活动、插手具体案件处理的情况，应当根据全省检察机关办案规定全面、如实记录，做到全程留痕，有据可查。

(6) 全省各级检察机关要忠实履职严格依法对国家机关及公职人员行使权力进行监督。对国家机关及公职人员依法进行监督，是宪法法律赋予检察机关的重要职责。全省各级检察机关要从保持党的先进性和纯洁性、促进党和国家各项工作法治化的高度，牢记职责使命、坚守责任担当，突出监督重点，加大监督力度，并对典型案例进行剖析，发挥警示作用，促进党员、干部依法行使权力，自觉廉政勤政。

参考文献：

[1] 刘赐贵. 在中国共产党海南省第七次代表大会上的报告 [N]. 海南日报, 2017-05-02.

[2] 徐玉生，王方方. 纪法协同：从严治党背景下管党治党的机制创新 [J]. 贵州社会科学，2016，(4).

[3] 蒯正明. 习近平关于全面从严治党思想研究 [J]. 中国特色社会主义研究，

①曹建明：《各级党委应当支持和保证同级司法机关对国家机关及公职人员依法进行监督》（学习贯彻党的十八届六中全会精神），《人民日报》2016年11月23日第6版。

2015（2）：19–25.

［4］周楠. 构建全面从严治党新常态［J］. 学习论坛，2015（8）：10–11.

［5］刘汉峰. 全面从严治党的思考［J］. 中国特色社会主义研究，2015（1）：102–107.

［6］刘宁宁、王海燕. 论“全面从严治党”思想的理论与实践［J］. 马克思主义研究，2015，（7）.

［7］周淑真，袁野. 论国家法律与党纪党规关系之协调［J］. 中共中央党校学报，2015，（3）.

［8］习近平. 习近平谈治国理政［M］. 北京：外文出版社，2015：142.

［9］习近平. 在省部级主要领导干部学习贯彻十八届四中全会精神 全面推进依法治国专题研讨班开班式上发表重要讲话强调 领导干部要做尊法学法守法用法的模范 带动全党全国共同全面推进依法治国［N］. 人民日报，2015–02–03.

［10］中共中央文献编辑委员会. 中国共产党第十八届中央委员会第四次全体会议文件汇编［G］. 北京：人民出版社，2014：71.

［11］中共中央宣传部. 习近平总书记系列重要讲话读本［G］. 北京：人民出版社，2014：177.

［12］中共中央关于全面深化改革若干重大问题的决定［M］. 北京：人民出版社，2013：36.

司法责任制改革背景下核阅制度的构建

李伟军*

内容提要：在司法责任制改革中，随着检察官权力下放，检察官办案主体日益凸显，“三级审批”制度日渐式微，业务部门负责人审核、监督办案权力逐渐弱化，对检察官办理的部分案件的监督有虚化的倾向。为确保案件质量、防控风险以及便于掌握检察官办案情况，亟须构建与原有的“三级审批”有本质区别的提醒、风险防控机制制度。本文以分市院侦监、公诉部门为视角，着力阐述构建核阅制度的必要性、核阅制度的实施条件、核阅制度的程序设计、核阅制度的价值等。

关键词：司法责任制　核阅制度程序设计

一、核阅制度的生成逻辑

司法责任制改革前，根据长期执行的正式制度，我国检察权的内部运行，实行“检察人员承办，办案部门负责人审核，检察长或者检察委员会决定”的制度，即所谓“三级审批制”。[①]这种办案方式有利于保证检察权行使的集中性和统一性，长期以来，在我国司法制度还不太完善，检察人员法律业务水平还不太高等限制性历史条件下，在司法实践中发挥了积极作用。但随着中国特色社会主义法治体系逐步完善，检察机关职业化、专业化不断提升，采用“三级审批制”这种行政性办案方式的弊端凸显。主要表现有：（1）执法办案中片面强调检察一体、忽略检察官独立性的矛盾呈现，理论上体现为不能有效处理检察一体与检察官独立性的辩证统一关系，实践中反映在权责不一致，承办与审核决定相分离，

*海南省人民检察院第二分院院组书记、检察长。

①龙宗智：《检察官办案责任制相关问题研究》，《中国法学》2015年第1期，第87页。

导致“审而不定，定而不审”。(2) 案多人少矛盾突出。近年来，随着经济社会快速发展，人民群众的综合素质不断提高、财富不断增加、各种矛盾不断凸显、各种诉求不断增长，检察机关办案数量、难度逐年上升，与此对应，一线办案检察官数量增长缓慢或停滞不前。特别是检察人员分类之后，一线办案检察官数量甚至还有所减少。(3) 案件责任难以追究。在“三级审批制”语境下，案件责任追究规定不细不具体，刚性规定少，有些规定过于模糊，具体操作性不强等。

为保障司法主体直接审查案件，确定事实和法律适用，确认办案的亲历性、判断性要求，实现检察官的相对独立性，本轮司法改革着力推行司法责任制，构建公正高效的检察权运行机制和公平合理的司法责任认定、追究机制，做到谁办案谁负责、谁决定谁负责。随着司法责任制的推行，除了自侦案件，审判监督、执行监督等诉讼监督案件，以及少数不批捕、不起诉等诉讼类案件仍需三级审批外，检察机关的多数案件都由检察官独立承办负责。

司法责任制的实施，保证了检察官办案主体地位，一定程度上做到了权与责的统一，提高了检察官的责任感和职业荣誉感。但每一项改革都会伴生一些新问题。实施司法责任制后，在案件质量方面，鉴于入额检察官办案水平存在差异，特别是由检察官助理直接入额检察官的，开始独立办案有一个逐渐提高、逐步适应的过程，需要业务部门负责人或资深检察官扶上马送一程。在业务管理方面，检察官独立办案，许多案件不需要向业务部门负责人汇报，导致业务部门负责人对本部门整体办案情况不掌握，既不利于防控风险，也不利于安排部署工作、开展有针对性的调研等。

为解决这些新情况新问题，需要构建与原有的“三级审批”有本质区别的提醒、风险防控机制制度，核阅制度应运而生。目前，核阅制度尚未形成公认的统一概念。笔者理解，核阅制度应当定义为：在实施司法责任制改革中，为确保案件质量、防控风险和便于掌握检察官办案情况，在保证检察官独立办案的前提下，由核阅人对检察官依权限决定的案件从实体和程序两个方面进行预审，并可以提出意见、建议的一项制度。

二、核阅制度实施的前提性准备

实行核阅制度，必须先解决谁核阅案件，核阅谁的案件，依托什么平台核阅案件，谁监督核阅工作等问题。

(一) 核阅主体的设定

谁负责核阅案件？笔者认为，由业务部门负责人履行核阅职责较为适宜，理由有三：（1）高检院2015年制定的《关于完善人民检察院司法责任制的若干意见》第19条规定，业务部门负责人除作为检察官承办案件外，还应当负责本部门司法行政管理工作。这条规定为业务部门负责人负责核阅工作提供了理论基础。（2）“三级审批”制度下，业务部门负责人负责审批，案件长期的审批工作，确立了业务部门负责人的权威，由其负责核阅，检察官认可、信服。（3）业务部门负责人作为检察机关的中层管理领导，一般具有较强的业务素养，丰富的办案经验，能够胜任核阅工作。

（二）核阅对象的确定

核阅谁的案件，改革前，这个问题并不存在，因为检察官、助理检察官承办的案件，均经过业务部门负责人审批，审批的过程，不但具有核阅的属性，而且具有监督把关的性质。而改革后，只有入额检察官才有权限独立办案，检察官助理只能协助检察官办案。并且根据司法责任制改革要求，检察官和检察官助理要组成相对固定的检察官办案组，并以该办案组为主体，承办具体的案件。在这种办案模式下，核阅的对象，也只能是检察官办案组内具体承办案件的检察官。

（三）核阅平台的搭建

根据规范化、信息化、现代化的要求，目前检察机关从案件受理、登记、分流、办理、流转、审批、生成法律文书、用印等各个环节均在统一业务应用系统运行。核阅案件依托统一业务应用系统，无疑更为方便快捷。

但统一业务应用系统由高检院开发，下级检察机关对每个程序、软件都没有权限更改或删减。鉴于目前统一业务应用系统内还没有核阅程序，折中的办法是改造原来业务部门负责人审批程序，由检察官将承办案件的处理决定或意见通过发送审批功能报请业务部门负责人核阅。

当然，目前还有部分没有纳入统一业务应用系统管理的业务和文书。如果需要核阅的，检察官可以书面形式报请核阅。

（四）核阅监督主体的明确

目前，检察机关均成立了案件管理部门专门监督案件办理工作，实践中，统一业务应用系统的监管主要也是案件管理部门。笔者认为，按照便利原则，应当确定案件管理部门为案件核阅监督主体。至于如何监督，笔者认为，案件管理部门可以依托统一业务应用系统文书用印审核功能和流程监控功能，对核阅制度落实情况进行监督。发现应当报请核阅而不报请的，可以向业务部门负责人反映。

三、核阅制度的程序设计

（一）核阅案件的范围

检察人员实行分类管理后，业务部门负责人除了和其他入额检察官一样要办理具体的案件，还要承担部门行政管理和核阅案件工作，在这种情况下，要想对部门检察官承办的所有案件都进行核阅，时间和精力都不允许。解决方案有两种：（1）业务部门负责人从本部门指定一名资深检察官协助核阅案件，分担压力。（2）业务部门负责人只对重点案件进行核阅，减少核阅案件量。第一种方案的优点是可以事无巨细，对所有案件风险均进行把控，可有效提升整体办案质量。但缺点也很明显，一个是有的部门只有 1—2 名检察官，没有办法指定。在分市院实行大部制条件还不成熟，仍需按照原内设机构运行的情况下，指定资深检察官协助核阅案件的方案实践上行不通。另一个是有的部门检察官数量很多，但除了业务部门负责人外，其他检察官资历、办案能力差不多，不好指定，就是能勉强指定，实践中协助核阅的效果也不好。第二种方案的优点是便于部门负责人节约时间，集中精力抓重点案件，打造精品案件。缺点是不能对部门所有案件进行风险把控，有可能遗漏司法瑕疵等问题。

综合上述两种方案，笔者更倾向于第二种。原因是有些业务部门检察官不足，存在硬伤，没有办法解决，只能在一些符合条件的业务部门实行第一种方案，对所有或主要业务部门不具普遍适用性。而第二种方案的缺点，可以通过案件管理部门、监察部门的监督等方法弥补。

（二）核阅案件的提起主体

确定核阅案件的范围是重点核阅后，如何认定是重点案件以及由谁提起，见仁见智，需要进一步研究。笔者认为，业务部门负责人和承办检察官均可提起核阅案件。业务部门负责人认为重大疑难复杂的，可以要求承办检察官提起核阅；承办检察官认为难以把控的，也可主动提请业务部门负责人核阅。

为保证检察官办案主体地位，防止业务部门负责人借核阅之名干预检察官独立办案。笔者认为，在检察官办案权限范围内，应对重大疑难复杂案件做一个分类：（1）零口供、翻供、非法证据排除、新类型、定罪定性争议较大、改变定性等案件。（2）评查案件、复议案件、复核案件、请示案件、交办下级办理案件、撤销案件、发检察建议、发再审检察建议等案件。（3）社会关注度高的案件，有重大涉检上访风险的案件。除此之外，业务部门负责人不得以案件重大疑难复杂为由，要求承办检察官提起核阅。

（三）核阅案件的主要内容

业务部门负责人核阅案件，不可能对整个案卷和所有法律文书均进行核阅，否则，不但业务部门负责人没有时间和精力，案件办理期限也不允许。为实现精简、高效，确保案件质量，笔者认为业务部门负责人对检察官司法办案中形成的以下处理决定或意见履行核阅职责即可：（1）（批准）逮捕决定书；（2）起诉书；（3）公诉意见书；（4）量刑建议书；（5）案件审查报告。当然，核阅上述处理决定或意见后，业务部门负责人对案件仍然难以把控的，可以根据核阅的实际需要查阅案件材料，听取承办检察官的汇报。

（四）核阅案件的期限限定

对分市院来说，案件类型较多。以公诉部门为例，除了一审公诉案件，还有二审抗诉案件、二审上诉案件、备案审查案件、同步审查案件、请示类案件等，对核阅这些案件每一种都设定一个期限，是一件困难的事。笔者认为，对这些案件的核阅预留合理的期限即可，至于多长时间为合理，需要业务部门负责人和承办检察官在实践中探索和把握。

（五）核阅工作中各角色的定位

核阅工作中涉及分管检察长、业务部门负责人以及检察官，他们的角色如何定位，需要加以明确。一是明确业务部门负责人的角色。核阅工作中，业务部门负责人的作用举足轻重，处于核心地位。但是业务部门负责人核阅案件时，应当牢记防控案件风险看门人的角色，发现案件定性不准确、程序有违法等情况，不能改变承办检察官的决定，只能提出意见建议。另外，业务部门负责人还应当汇总司法核阅过程中发现的办案质量问题和司法瑕疵，定期总结分析，以提高办案质量。对于核阅中出现业务部门负责人把控不准的情况，笔者认为，应当引入会议监督把关机制，即部门会议、检察官联席会议和检察委员会予以解决。鉴于其属于另一个方面的问题，本文不便展开论述。二是明确检察官的角色。核阅工作中，检察官办理的案件虽然接受业务部门负责人的核阅，但是对案件的处理决定或意见，仍然由检察官决定，业务部门负责人提出的意见、建议，检察官可以接受，也可以不接受。三是明确分管检察长的角色。本轮改革的一个重点是让管理层的资深检察官回到一线办案。业务部门负责人作为检察机关内设机构的中层领导，改革前对办案没有做硬性要求。改革后，业务部门负责人都要到一线办案，他们办理的案件，由谁来核阅，是一个问题。笔者认为，核阅业务部门负责人办理案件的合适人选应当是分管检察长。可行理由：（1）分管检察长有权限审批业务部门负责人承办的案件，可以在现有统一业务应用系统内进行核阅，不存在技术上的难题。（2）检察机关一体化的领导方式，决定了分管检察长可以核阅业务部门负责人承办的案件。（3）便于分管检察长掌握司法办案中的情况，及时发现问题。

（六）核阅案件的流程

一是启动核阅。业务部门负责人和检察官均可以提起。具体办法是，业务部门负责人通过召开部门例会，了解本部门检察官办案情况，认为重大疑难复杂的，可以要求承办检察官提起核阅；承办检察官在办案中，认为难以定性或把控不了的，也可主动提请业务部门负责人核阅。二是核阅意见。对检察官承办的案件，业务部门负责人对处理决定或意见没有异议的，在统一业务应用系统或相关文书中签“已阅”；业务部门负责人对承办检察官的处理决定或意见没有异议，但发现有司法瑕疵的，应当口头通知检察官改正。业务部门负责人认为检察官对案件事实认定、证据采信或法律适用有错误，可以向检察官提出建议，检察官接受建议的，可以根据业务部门负责人的建议，改变自己的处理决定或意见并重新报送核阅，并承担相应的司法责任。检察官不接受建议的，业务部门负责人可以决定是否召开部门会议或报请分管检察长召开检察官联席会议讨论；也可以向检察长报告，但不得改变检察官的处理决定或意见。三是归卷处理。为确保核阅工作的规范性，业务部门负责人核阅案件提出的意见、建议应当以书面形式作出，归入案件卷宗。四是责任承担。对于检察官在职权范围内作出决定的事项，由检察官承担案件的司法责任，业务部门负责人不因核阅而承担案件的司法责任。

四、司法责任制视野下核阅制度的价值

（一）推动司法责任制改革配套制度的创新发展

每一项大的制度改革，必须有若干配套制度予以支持，以解决改革中衍生出的各种难题。司法责任制改革是顶层设计，是一个大课题，是本轮司法改革的一个大方向，改革中涉及推行检察官办案责任制、健全司法办案组织形式、健全检察管理与监督机制、省以下检察院人财物统一管理等一系列课题，能否取得成功，关键还要相关配套制度的建立完善来支撑。核阅制度只是司法责任制改革下，为解决“三级审批制”解构、取消后衍生的监控缺位而探索出的一项配套制度，这个制度的本身，放到司法责任制系统改革中只能算是一个“毛细血管”。但这个“毛细血管”的构建，解决了改革中局部的“梗塞”问题，推动了司法责任制改革配套制度的创新发展。

（二）实践检验司法责任制改革进路的科学可行

司法责任制改革由中央进行顶层设计，具体如何落实，放权到检察机关内部自行探索，是否可行需要实践来检验。核阅制度是在检察实践中探索构建的，体现了顶层设计与自觉改革交互作用的运行规律，展现了检察制度内生发展的实践场景与生成结构。核阅制度如果能有效解决司法责任制改革中出现的个性问题，必将为深化其他制度生成和正当性分析提供丰富的实践样本，也可以从另一个侧面和视角证明司法责任制改革决策的正确性和可行性。

（三）充分发挥业务部门负责人“传帮带”作用

司法责任制改革的一大亮点是权力下放，具体到检察机关就是把业务部门负责人的相当一部分的审批权下放，由检察官自行决定，这样就产生了一个问题，作为资深检察官的业务部门负责人不再了解掌握本部门检察官办理的大多数案件，其丰富的办案经验缺少了通过实践传授给年轻检察官们的途径。不可否认，入额检察官办案能力参差不齐，有的能力较弱，特别是年轻检察官，在独立办案中，还需要业务部门负责人发挥办案经验，帮扶一程。核阅制度的实施，为业务部门负责人对办案能力较弱的年轻检察官提供一个“传帮带”的契机。业务部门负责人通过核阅案件，对年轻检察官办理的案件进行“体检”，防控风险，对个别年轻检察官办案中出现的一些倾向性问题，提出指导性意见，不断提高年轻检察官的整体办案质量和水平。

核阅制度初探

张远南*

内容提要： 核阅是指在检察官办案责任制实施过程中实行的，由业务部门负责人和分管检察长对检察官所办案件的法律文书进行审阅，以核实案件的实体和程序，并提出参考性的意见和建议，以确保案件质量、防控风险和有利于部门负责人掌握本部门检察官的办案情况所实行的一项制度。

关键词： 核阅制度　研究

核阅制度是海南省检察机关在实行司法办案责任制改革中所采取的一项旨在保证办案质量、防止发生错案的举措。海南省检察机关实施的司法办案责任制改革从 2015 年至今已经有两年多了，应当说改革健康、平稳、顺利地进行。当然，在改革中也发现了一些苗头性问题，一是不少检察官感到压力大，责任大，有畏难情绪；二是部门负责人对检察官办案不了解，不掌握情况，对案件管理、检察调研、统计等方面有影响；三是由于检察官的能力大小、水平不一样，检察长担心出现错案等。为了解决上述问题，海南省检察机关于 2016 年初开始试行由业务部门负责人对本部门的检察官所作出的法律文书进行核阅的试行规定。由于是一项新的规定，又没有相应的解释，不少的检察官对什么是核阅，核阅是什么性质，有什么效力等都比较模糊，本文就此做个解读，与大家商榷。

一、核阅制度的概念

核阅制度是从台湾检察体制中引进的。而台湾检察机关对核阅的解释是这样的：法律文书核阅是检察一体制的重要一环，依据检察一体制，上级检察首长就下级检察官处理之检察事务，不但有指挥监督权，也有职务承继权及职务移转

* 海南省人民检察院第二分院党组成员、副检察长。

权，下级检察官则有相应的服从义务及报告义务。台湾地区“法务部”制订的《地方法院及其分院检察署处务规程》（下称《规程》）对台湾地区检察机关内部落实检察一体制作了三项具体的要求和规定。一是《规程》第25条规定，检察官或主任检察官执行职务，应就重要事项随时以言词或书面向主任检察官或检察长提出报告，并听取指示。检察长或其授权之主任检察官得命令检察官报告处理事务之经过或调阅卷宗，检察官不得拒绝。二是《规程》第26条规定，检察官或主任检察官对检察长之指示有意见时，得陈述之；但检察长不采纳者，仍应服从其命令。主任检察官与检察官有不同意见时，应报请检察长核定之。三是《规程》第27条规定，检察官执行职务撰拟之文件，应送请主任检察官核转检察长核定。主任检察官撰拟之文件，径送检察长核定。第三项内容即为法律文书核阅、签发制度，即检察官撰拟的法律文书，应当报送主任检察官核转检察长核定后，方能对外公示及公布。

由此可见，检察长核阅、签发法律文书，是台湾地区检察一体制的重要要求和体现。在台湾地区司法实务中，检察官因执行职务而撰拟的重要法律文书，如是否起诉、是否上诉或控告，都需要经过主任检察官核转检察长核定后，方能对外公示及公布。当然，特殊情况下，如夜间或假日，内勤检察官向法院提出羁押申请书或搜索票（搜查证）申请书则无须事先送阅。另一方面，检察长、主任检察官对检察官法律文书的审阅，并不仅仅是就文字或形式做审查，而是要就实体问题，如是否有应调查的事实证据漏未调查、事实认定是否适当、法律见解有无违误等事项做全面审查。程序上，主任检察官直接作为案件承办人时，其撰拟的法律文书，应报送检察长核定；一般检察官作为案件承办人时，其撰拟的法律文书则应先报送主任检察官核阅，对于检察官送核的法律文书，主任检察官可以作出修正或填具意见，主任检察官不同意承办检察官的意见时，则要进一步报送检察长核定，送检察长核定的文书，检察长可以径为修正，或指示原则命重行撰拟后再送核。唯有经过检察长核定的法律，才能用印（盖上检察机关的公章），方能对外公示及公布。此即为台湾地区检察系统内部的文书签发制度，多年沿用，已成惯例[①]。

从上面的介绍可以看出，台湾检察制度中核阅的含义有以下几点：一是核阅

①万毅：《台湾地区检察机关的法律文书签发制度》，《检察日报》2015年12月1日第3版。

的法律依据是检察一体制；二是核阅的内容为检察官对外的法律文书；三是核阅人为主任检察官和检察长；四是核阅是对检察官办案的实体和程序的核阅。

目前，海南检察机关对核阅的概念还没有统一，有如下几种表述：

(1) 海南省人民检察院试行文件的表述。今年四月，海南省人民检察院在全国率先实行了核阅制度，并制定了试行规定《海南省检察机关业务部门负责人核阅办法（试行）》。该办法规定了核阅的主体、内容、方式和程序，但是该办法却没有对核阅的概念进行定义。①

(2) 琼海检察院试行文件的表述。琼海市人民检察院根据海南省检察院的核阅办法制定了本院的《实施细则（试行）》。该细则对核阅的概念是这样表述的：司法办案核阅制度是指在实施司法责任制改革中，为确保案件质量，提高办案效率，依托统一业务应用系统，由业务部门负责人或分管检察长对检察官办理的案件进行实体和程序把关。②

(3) 海南省人民检察院第二分院的文件表述。海南省检察院第二分院根据省检察院的核阅办法，制定了本院的《暂行办法（试行）》，该试行对核阅的定义是：核阅制度是指在实施司法责任制改革中，为确保案件质量，防控风险和有利于部门负责人掌握本部门检察官的办案情况所实行的一项制度。③

上述两个院对核阅的概念表述如何呢？应当说两个院对一个新的概念进行定义，这种探索就是值得肯定的。当然，笔者认为琼海检察院的表述还不准确，存在两个问题，一是质量和效率是两个相对的词，核阅制度是在检察官办案过程中增加了一个环节，说是确保了案件质量还是符合逻辑的，但要说还提高了办案效率却是有些牵强附会了。二是将核阅定义为“对检察官办理的案件进行实体和程序的把关”有些问题。原因是“把关”的含义相当于审批，不符合司法办案责任制的初衷。海南省检察院第二分院对核阅概念的表述是正确的，就是不太全面，只表述了实行核阅制度的目的，而刻意回避了核阅的性质。当然，两个院对核阅概念的表述都还欠缺了核阅的主体、对象等。

笔者认为，核阅的概念要根据台湾地区检察机关的做法，结合海南省检察机关正在实施的司法责任制改革的初衷，包括改革的目的，意义、内容和相关的制

①参见《海南省检察院〈海南省检察机关业务部门负责人核阅办法（试行）〉》。

②参见《琼海市人民检察院〈业务部门负责人核阅办法实施细则（试行）〉》。

③参见《海南省检察院第二分院〈业务部门负责人案件核阅办法（试行）〉》。

度等来进行科学的定义。笔者对核阅概念定义的思路是，核阅有监督的性质，但却不是监督；有把关的因素，却不能叫把关。

据此，笔者不揣冒昧对核阅的概念提出如下定义：

核阅是指在检察官办案责任制实施过程中实行的，由业务部门负责人和分管检察长对检察官所办案件的法律文书进行审阅，以核实案件的实体和程序，并提出参考性的意见和建议，以确保案件质量、防控风险和有利于部门负责人掌握本部门检察官的办案情况所实行的一项制度。

二、核阅的效力

核阅是业务部门负责人对本部门的检察官所办理的案件的法律文书进审阅，并提出参考意见和建议的一项制度。那么，很多人要问，这种核阅有什么效力呢？笔者认为，核阅的效力可分为对内和对外的效力。

⑴ 核阅对内的效力。也分为两种，一种是核阅的程序效力，一种是核阅的实体效力。

对内的程序效力是严格的，就是承办检察官必须将规定的案件的法律文书，提交给业务部门负责人核阅，不提交的应当受到相关的纪律处罚，如果因此而产生错案的，则要承担更为严厉司法责任。这是检察一体化的一种体现。

核阅对内的实体效力：根据上述对概念的定义，业务部门负责人在审阅检察官所办法律文书后可以提出参考性的意见和建议，也就是说，承办案件的检察官对业务部门负责人核阅法律文书后所提的意见和建议，只作为自己办案的参考，既然是参考，检察官则是可以接受，也可以不接受，对案件处理的决定权仍然属于承办检察官，而不是业务部门负责人。当然，业务部门负责人也有一些救济的手段，就是当承办检察官不接受核阅的参考意见和建议时，如果认为存在原则问题，一则可以提请召开检察官联席会议，对案件进行讨论；二则检察官联席会议仍不能解决分歧问题时，业务部门负责人可以提请检察长决定。

由于业务部门负责人对检察官所办案件进行核阅所提出的意见和建议，只是一种参考意见，并不能左右检察官办案，承办检察官可以接受，也可以不接受，决定权仍然在承办检察官，因此，业务部门负责人对核阅中所提的参考性意见和建议，并不承担责任。对于承办检察官在职权范围内作出的决定事项，由承办检察官自行承担案件对错的司法责任。

⑵ 核阅对外的效力。由于核阅制度是检察机关内部实行的一项制度，对外是没有效力的。也就是说，承办检察官将应当核阅的案件而没有提交核阅，并决

定对外发布，或是提交法院，这种行为对外是有效力的，检察院不能以承办检察官所办案件的法律文书没有提交核阅而宣布检察官的行为无效。

2004 年台湾地区发生了一起轰动全岛的检察官未经核阅和检察长核定径行起诉事件，该事件直接挑战和冲击了台湾地区检察系统长期以来实行的法律文书核阅签发制度。

花莲地检署检察官李子春侦办台湾地区政策贿选案，发现该案可能牵涉当时台湾地区的领导人陈水扁，根据台湾地区“法律”，“总统”任内享有司法豁免权，只能作为证人被传唤作证。按规定，传票应由承办检察官填好并盖私印后，呈送主任检察官核转检察长核定，然后加盖地检署公印，才能将传票寄出。但由于陈水扁身份的特殊性，李子春担心检察长一旦看到传票上“陈水扁”三个字，就会将传票挡下来。所以，他采取了一个“非常规”的方式即自己手写传票，再到邮局用挂号信寄出，以避开检察长核定程序。结果，陈水扁被迫以证人身份到花莲地检署出（侦查）庭作证，成为当时的一大新闻。

该案调查完毕后，李子春决定对该案提出公诉。在正式起诉前，他将起诉书呈送检察长核阅，检察长指示应当补充起诉书（关于政策支票是否构成贿选罪部分）的理论基础后将起诉书退回。依据台湾地区检察系统内部的文书签发制度，此时李子春应当遵照检察长指令，补充起诉书的理论基础部分后再次送核。但李子春认为检察长畏惧权贵、不敢起诉，上述指令只是在拖延时间，遂置之不理而私自以邮寄起诉书的方式径向法院提起公诉，并向媒体公开了起诉书内容。此举再度震动全岛。

当然，我们的法律规定和台湾地区的不同，我们采用的是检察长负责制，检察长是有权撤回检察官的起诉的。

三、核阅的范围、方式

业务部门负责人对承办检察官所办案件的法律文书进核阅，不是口头的，也不是书面的，而是依托检察机关统一业务应用系统，在网上进行操作。核阅的范围目前来看原则上分为两种情形，一种情形是业务部门负责人认为案件重大疑难复杂的；第二种情形是检察官主动提请核阅的。业务部门负责人对承办检察官所办案件的五种法律文书履行核阅：（1）（批准）逮捕决定书；（2）起诉书；（3）公诉意见书；（4）量刑建议书；（5）案件审查报告。[①]

---

①参见《海南省人民检察院第二分院〈业务部门负责人案件核阅办法（试行）〉》。

具体方法是：一是承办检察官将所办案件按规定应当提交核阅的法律文书提交给业务部门负责人核阅。二是业务部门负责人在收到承办检察官提交的法律文书后进行审阅，如果认为承办检察官提交的法律文书在实体、程序等方面没有问题时，便在核阅一栏中签上“已阅”，然后退回给承办检察官。三是业务部门负责人在核阅过程中发现了案件中存在实体或程序上的问题，会影响到案件的公正处理时，则在核阅一栏中提出自己的意见和建议，供承办检察官参考。承办检察官如果认为业务部门负责人的核阅意见或建议正确而接受的，则核阅程序完毕，如果承办检察官不接受业务部门负责人的核阅意见或建议的，理由充分的，业务部门负责人不再坚持自己的意见或建议的，则核阅程序完毕。如果业务部门负责人认为承办检察官的理由不成立的，则可以将案件提交部门会议讨论，也可以提请召开检察官联席会议进行讨论。部门会议、检察官联席会议讨论的意见，只是供承办检察官参考，决定权仍然在承办检察官。如果部门会议、检察官联席会议产生重大分歧时，也可以申请将案件提交检察委员会讨论决定。四是业务部门负责人在核阅案件过程中发现了办案中或法律文书中存在一些瑕疵，只要不影响到案件的公正处理，业务部门负责人可以口头或书面向承办检察官提出。

对于案件数量多，核阅工作量大的部门，该业务部门负责人可以指定其他检察官分担部分核阅工作。

对于本身担任检察官的业务部门负责人本人在承办案件时，其案件的核阅，由分管检察长承担。

四、核阅的内容

业务部门负责人和分管检察长对检察官所承办的案件的五种法律文书进行核阅，不能理解为只是对法律文书本身进行核阅，而是通过对法律文书的核阅，进而对整个案件的实体、程序以及诉讼监督等方面进行全面的审阅、核实。

(1) 实体方面：犯罪事实是否清楚；犯罪的主体是否适格，包括犯罪嫌疑人是否是未成年人，智力发育是否正常，有无精神病的可能；犯罪的动机是否明确，犯罪的主观方面是故意还是过失；客观方面，证据是否充分确实，是否排除了合理的怀疑；犯罪的客体是否受到损坏；犯罪嫌疑人与犯罪事实之间，犯罪事实与证据之间是否有因果关系；定性是否准确。

(2) 程序方面：包括公安机关在立案、侦查过程中程序是否合法；审查起诉过程中是否依照法定的程序；侦查、审查起诉阶段在搜集证据过程中是否依程序进行；有无用非法手段搜集证据，有无非法证据需要排除；有没有告知犯罪嫌疑人、被告人应当享有的诉讼权利；律师的依法履行职责是否得到保障等。

(3) 诉讼监督方面：包括公安机关的立案、侦查活动是否合法；是否有刑讯逼供行为；限制人身权利的强制措施是否合法；是否进行了羁押必要性审查；有无漏罪，有无应当追诉的犯罪等。

五、核阅的性质、目的、意义

核阅制度实行后，很多的检察官都在探索核阅的性质，莫衷一是。笔者认为首先要回答几个问题：

(1) 核阅是监督吗？不少人认为核阅就是一种监督，是业务部门负责人对本部门的检察官所承办的案件的一种监督。如上所述，笔者认为核阅有监督的因素，但不能定性为监督。因为监督是需要承担监督正确与否的责任的，而核阅则是不承担案件的司法责任的，案件的司法责任仍然由有决定权的承办检察官来承担。

(2) 核阅是把关吗？也有不少人认为核阅是业务部门负责人对本部门的检察官所承办的案件质量的一种把关。笔者认为，核阅有把关的因素，却不能定性为把关。因为把关也是要负责任的，而且，业务部门负责人并没有案件的决定权，也就不是实质意义的把关了。

据此，笔者认为核阅具有以下特性：

一是具有过滤性质。在取消过去的业务部门负责人审批制度以后，检察官有了独立的决定权。如此，由于检察官团队的人员素质还不均衡，过去的审批制模式在检察官头脑中根深蒂固，案件的质量难以保证，于是，才产生了核阅制度。核阅制度和审批最大的不同是，核阅人是不承担核阅对错责任的，也就是说，核阅的意见和建议哪怕是错的，核阅人也不承担案件的司法责任。因此，笔者认为核阅只是起了一个过滤的作用，是业务部门负责人将承办检察官所办的案件再重新过滤一遍，把不符合法律的东西给过滤掉，使案件的质量更有保障。

二是提醒特性。司法办案责任制改革后，改变了过去检察官办案所实行的三级审批制，而改由检察官决定制，这个改革是朝着符合司法规律的方向的改革；是符合检察官办案规律的改革；是我国法治进步的象征。我们说，一项改革需要循序渐进，一步到位固然省事，但有可能欲速则不达。检察官对办案有决定权，这是法治的进步，但在实施初期却可能存在一些问题，诸如检察官的个人能力跟不上，无法适应这种办案形式。检察官的个人素质跟不上，包括品格、修养、文化等，这样就需要在检察官办案过程中有一个提醒机制，对检察官所办案件过程中存在的各种实体和程序员问题进行提醒，警示承办检察官的行为，掌握检察官的动态。所谓警钟常鸣，以保证检察官办案的公正廉明和检察院办案的整体水平。

三是参考特性。参考性是核阅制度的最显著的特征。业务部门负责人对检察官所承办的案件进行核阅，对认为有问题的实体或程序，提出自己的参考性的意见和建议，以供承办检察官做决定时参考。这也是同过去的审批制最大的区别。

核阅制度是海南省检察机关在司法办案责任制改革中所实行的一项全新的制度。核阅的目的和意义就是确保案件质量，防范风险和有利于业务部门负责人和案件管理等部门掌握检察官的整体办案情况。过去采取审批制阶段，业务部门负责人对本部门的检察官所办案件的情况了如指掌，对于一些规律性的东西，一些苗头性的、突出的问题和普遍性的问题都能很好地分析总结。司法办案责任制改革以后，取消了业务部门负责人的审批权，由承办检察官自行决定，虽然是符合了司法规律，但是对一些苗头性、普遍性的问题的分析总结归纳等却成了新的难题。而核阅制度很好地解决了这个难题。

六、核阅制度与司法办案责任制的关系

有不少的检察官对核阅制度还有些模糊的认识，他们认为核阅制度是否又回到了过去的审批制度；是否侵害的检察官的决定权等。笔者认为这是对核阅制度的误读和曲解。核阅制度与过去的审批制是，截然不同的。一是性质不同，过去的业务部门负责人是审批案件，是有决定权的，现在的业务部门负责人的核阅是参考性的、提醒性的、过滤性的；二是语境不同，过去检察官办案是向业务部门报批的，是三级审批制的语境下，现在是司法办案责任制的语境下，是检察官具有办案决定权的语境，语境不同，检察官的思维方式也要有所改变；三是效力不同，核阅的意见和建议只是供检察官参考，并不是命令；四是责任不同，过去业务部门负责人审批案件，是要承担案件的对错责任的，现在的核阅，业务部门负责人是不承担案件对错的司法责任的，责任仍然由承办检察官来负责。

因此，核阅制度对司法责任制改革是一种完善关系，是对改革制度的一种完善、补充，以防止司法责任制改革中出现的漏洞；核阅制度也是对司法责任制改革的一种保证关系，在改革过程中确保案件质量，确保执法的公正公平；核阅制度同时还是一项立足现在、剑指长远的制度，就现在而言，是对正在进行的司法责任制改革的一种完善、补充和保证，就长远来看，或许经过司法责任制改革过程中的洗礼和实践的检验，核阅制度会作为中国检察制度中的一项固有制度而永远地保留下来。

检察机关如何进一步加强和改进生态检察

罗凡兴　李颍林*

内容摘要：环境就是民生，蓝天也是幸福。检察机关充分发挥检察职能，把检察工作融入生态文明建设中，学习贯彻好海南省第七次党代会精神，进一步加强和改进生态检察工作，保护好青山绿水，加快建设经济繁荣、社会文明、生态宜居、人民幸福的美好新海南。

关键词：生态检察　加强　改进

青山绿水是海南发展最宝贵的自然财富、社会财富、经济财富，应当充分发挥其经济社会效益，实现经济发展和生态建设的双赢。“生态立省、环境优先”的理念就像是一个航标，指引海南加强环境管理基础，发挥生态优势。在海南省第七次党代会报告中，对生态文明建设和生态环境保护建设有着集中而全面的论述，“坚定不移实施生态立省战略”“持续开展生态环境整治、优化生态环境质量”……学习贯彻好海南省第七次党代会精神，必须牢牢把握其内涵和要求。在加强生态环境保护、推进生态文明建设的大背景下，检察机关应充分发挥检察职能，把检察工作融入生态文明建设中，保护好我省的青山绿水，谱写美丽中国海南篇章，加快建设经济繁荣、社会文明、生态宜居、人民幸福的美好新海南。

一、进一步加强和改进生态检察是生态文明的新要求

在省第七次党代会明确的奋斗目标中，生态宜居与经济繁荣、社会文明、人民幸福相互依存、相辅相成。生态文明建设对生态检察工作提出新的更高要求，检察机关必须精确把握，精准发力。

* 罗凡兴，海南省人民检察院第二分院党组成员、副检察长；李颍林，海南省人民检察院第二分院公诉二处检察官。

（一）面临形势依然严峻

从近年来驻海南省检察机关办理的案件来看，不但有滥伐林木、非法开矿、偷排偷放等刑事犯罪，也有公职人员的滥用职权、玩忽职守、徇私舞弊等造成生态受到损害的案件。

（二）社会各界高度期待

当前，随着推进生态文明，建设美丽中国的不断展开，大力推进生态文明建设，让老百姓喝上干净水、呼吸新鲜空气、吃上放心食物、生活在宜居环境中，满足城乡广大人民群众生态产品需求，是全面建成小康社会的应有之义。海南的青山绿水、碧海蓝天是一笔既买不来也借不到的宝贵财富。社会各界和人民群众要求检察机关加强法律监督、保护生态环境呼声越来越高，生态检察工作也越来越受到社会更多的关注和重视，要从源头上把好生态关，让山更绿、水更清、天更蓝、空气更清新。

（三）全面推进改革带来新的机遇和挑战

十八届四中全会提出“探索建立检察机关提起公益诉讼制度”和“检察机关在履行职责中发现行政机关违法行使职权或者不行使职权的行为，应该督促其纠正”。对环保行政执法行为进行法律监督，生态检察迎来了一个较好契机，给检察机关也带来新的挑战。海南省第七次党代会报告把“持续开展生态环境整治、优化生态环境质量”列为今后五年的主要任务之一，具体包括强化生态环境建设与污染治理、实施最严格的生态环境保护制度、构建人与自然和谐相伴的生态文化等内容，这样的部署安排对海南坚定不移实施生态立省战略、加快建设美好新海南意义重大。加强生态文明建设是国际旅游岛建设的重要内容，也是加快建设美好新海南的内在要求。

二、如何做好进一步加强和改进生态检察

（一）以司法办案增强打击涉及生态环境犯罪的震慑力

1. 依法严厉打击危害生态环境、资源的违法犯罪

加强生态文明建设，必须强化生态环境建设与污染治理。生态环境建设与污染治理是生态文明建设最核心的内容，也是做好生态文明建设的前提与基础。检察机关要积极履行批捕、起诉职能，对滥伐盗伐林木、非法开采矿藏、非法排放污染物等破坏环境犯罪案件，盗窃、毁坏环保设施犯罪案件以及妨碍环境执法人员依法执行公务犯罪案件，依法及时予以打击。通过提出量刑建议，建议法院在判处被告人刑罚的同时，责令被告人对生态环境进行修复。对于重大、有影响的

案件，检察机关要及时介入，引导侦查。同时，准确把握罪与非罪、重罪与轻罪的界限，在案件移送标准、证据收集审查、犯罪数额认定、法律适用、管辖设置等方面达成共识，统一执法尺度和证据标准，形成打击合力，提高执法效果。积极完善行政执法与刑事司法相衔接机制，形成打击危害生态环境资源犯罪的合力。

2. 突出重点，严查破坏生态背后的渎职犯罪

近年来，危害生态环境的情况仍然相当严重，海南省检察机关查办案件涉及土地资源、森林资源、矿产资源、城建规划、水电资源、道路交通等多个领域。从查办案件的情况看，土地、矿产、林业、水源等领域能源资源和生态环境的违法犯罪案件之所以屡禁不止，与一些国家机关工作人员玩忽职守、滥用职权甚至徇私舞弊、官商勾结、钱权交易具有直接的关系。检察机关应当深入问题较突出、群众反映强烈的系统和领域排查线索，从管理较混乱、问题较集中的环节寻找线索，从生态环境遭到破坏的现象背后挖掘线索。检察机关应严肃查办危害能源资源和生态环境渎职犯罪，重点查办危害土地资源、矿产资源、森林资源、水电资源等能源资源和危害生态环境的渎职犯罪案件，国家机关工作人员帮助破坏能源资源和生态环境犯罪分子逃避处罚的犯罪案件以及人民群众反映强烈、媒体关注和损失后果严重、社会影响恶劣的危害能源资源和生态环境的渎职犯罪案件。

3. 探索推进检察机关主导的环境公益诉讼

检察机关主导环境公益诉讼，有利于防止环境行政部门及工作人员基于经济利益衡量、私利、偏见、地方保护主义或屈从某种压力而环境行政不作为或作为不当。由于环境损害具有长期性、隐蔽性、不易逆转性，损害结果一旦发生可对环境造成极大损害。公益诉讼的受案范围：检察机关对于被督促起诉单位无正当理由在规定期限届满后未向人民法院提起诉讼的，不提起公益诉讼可能会导致环境公益遭受进一步损害的，检察机关可代表公众利益起诉。对涉及侵害环境公益的民事案件，符合督促起诉条件的，应当督促环保部门或依法负有环境监管职责的部门起诉，或督促其履行职责。对涉及侵害环境公益的民事案件，可以探索向人民法院提起环境民事公益诉讼；对环保部门作为原告提起环境民事公益诉讼的，检察机关应当支持起诉。

4. 发挥生态检察预防职能

环境污染和破坏一旦发生往往损失巨大，有些生态功能极难恢复，甚至不可逆转，治理成本高昂。检察机关要坚持“预防为主、综合治理”方针，发挥预防犯罪的先期屏障作用，促使生态保护和建设的重点真正从事后治理向事前保护转

变，强化从源头防治污染，从源头上扭转生态恶化趋势。检察机关要高度重视环境污染侵权案件中暴露出来的可能引发职务犯罪的隐患，积极开展预防调查。研究提出有效防范环保领域职务犯罪的对策措施，协助有关部门消除诱发职务犯罪的隐患，遏制和减少职务犯罪。对环保部门的执法不作为或执法行为严重违法的，要提出有针对性的检察建议，并督促环保部门及时办理或纠正。

（二）深入开展对破坏生态环境资源犯罪案件的诉讼监督，加强行政执法监督，加大生态环境保护领域的监管力度

依法运用立案监督、检察建议、查办职务犯罪等手段，督促环境行政执法机关及时移送涉嫌犯罪案件，加强对涉及环境污染的犯罪案件、妨碍环境执法人员依法执行公务的犯罪案件的立案监督；同时，充分发挥追捕、追诉职能，切实解决有案不立、有罪不究、以罚代刑等问题。加强对审判活动和刑事、民事、行政判决裁定的监督，依法对人民法院确有错误的涉及环境领域侵权案件的刑事、民事、行政判决裁定提出抗诉。依法支持人民法院在环保领域的执行工作，规范执行行为，促进判决裁定的有效执行。

1. 加强对破坏生态环境刑事犯罪的立案监督

重点监督破坏生态环境的非法占用农用地，非法采矿、非法采砂，盗伐、滥伐林木等犯罪行为和引发群体性事件以及新闻媒体曝光的环保类案件。依法监督纠正农业、水利、林业、国土、环保等行政执法机关以罚代刑、有案不立、有罪不究等问题，对涉嫌犯罪的环保类案件线索，及时监督移送，防止打击不力。

检察机关要高度重视新闻媒体的相关报道和网络舆情，积极拓展案源渠道，确保及时有效发现案件线索。走访食药监局、国土资源局、林业局、环保局等行政执法机关和公安机关，逐案检查案件台账、法律文书、案卷材料等可以反映案件办理情况的各种资料，对发案、报案、立案、侦查、处理结果等各个环节进行严格的审查。在检查中，坚持做到严把事实关、证据关、适用法律关，同时，注意把握刑事政策，把严格执行法律与执行政策有机统一起来，对案件和执法行为作出客观、正确的评价。对于监督移送和监督立案的案件逐案登记、跟踪到底，及时了解掌握案件的侦查、起诉和判决情况。对重大案件，及时派员介入侦查、引导取证、跟踪催办，防止立而不侦、久侦不结。

2. 加强对破坏生态环境刑事犯罪的审判监督

在对破坏生态环境刑事案件审查起诉、提起公诉中，严格审查把关，及时向人民法院提出量刑建议，确保打击力度和效果。对审查起诉中发现的漏罪、漏

犯，及时监督纠正。对法院量刑畸轻畸重的，依法提出抗诉。对破坏生态环境犯罪领域的新罪名案件，加强与人民法院联系沟通，统一执法尺度，确保办案效果。

3. 加强对生态环境违法行为的民事行政诉讼监督

积极开展民事行政诉讼监督，加强对破坏环境、损害国家利益或社会公共利益案件的督促起诉、支持起诉工作，积极探索公益诉讼，完善资源环境开发利用方面民事行政申诉案件的提请抗诉、再审建议和检调对接机制，促使司法机关为生态文明建设提供有力的法治保障。在执法办案中发现农业、水利、林业、国土、环保等部门存在的不作为或违法行为，及时提出完善制度、强化管理、改进工作的检察建议，努力为生态环境建设营造良好执法环境。

4. 健全刑事司法与行政执法相衔接工作机制

进一步健全完善行政执法与刑事司法衔接平台，加强与农业、水利、林业、土地、环保、森林公安等行政执法机关的联系沟通，对可能涉嫌犯罪的重大、疑难、复杂环境违法案件，及时派员介入，引导、固定、完善证据。建立完善环境保护联席会议机制，会同行政执法机关、公安机关和人民法院等部门建立健全联席会议和联络员制度，定期召开会议，共同研究破坏生态环境违法犯罪的规律、特点，建立、完善对该类违法犯罪的发现途径和打击、预防机制。依托行政执法和刑事司法“两法”衔接信息共享平台，采取网上审查和实地查阅案卷的方式，对生态环境资源监管部门办理的行政处罚案件逐一摸排检查，敦促和引导行政执法部门深入梳理分析环境资源领域存在的倾向性、普遍性问题，与公安机关开展联合专项检查或集中整治活动，并督促其完善行政执法流程、规范执法行为。

（三）加强机制建设，提升保护生态环境的执行力

1. 建立专门生态检察机构，实现生态检察司法专业化

生态检察中环境污染的专业性和技术性强，如对污染物的性质、污染范围、污染程度、污染造成经济损失的具体金额的认定，环境污染因果关系的认定，环境品质设定，环境影响评估，环境改善的认定等都需要有环境保护相关专业知识的司法人员来判定，检察机关在事实认定和证据收集等方面需要一定的专业技术支撑。党的十八届四中全会强调，“推进法治专门队伍正规化、专业化、职业化建设”。设立专门性生态检察机构可以整合人才资源，发挥人才的比较优势，提高办案质量和效率。整合控申、侦监、公诉、反贪、反渎、民行、预防部门司法资源，探索建立破坏生态环境犯罪案件优先办理、快速办理等工作机制，对重大环境污染类案件建立“绿色通道”，形成批准逮捕、审查起诉、检察调查、支持

起诉、犯罪预防一体化的工作模式。对影响社会稳定、危害群众切身利益的案件实行领导挂牌督办，加快办案进度，提升办案效率，切实保护人民群众环保权益。

2. 加大生态检察宣传力度

“法律作为一种行为指南，如果不为人知而且也无法为人所知，那么就会成为一纸空话。”必须加大生态检察宣传的力度，提高群众的环保意识、环保责任和环保法制观念。加强对破坏环境资源犯罪的警示教育和预防宣传力度，引导公众、企业共建生态文明。积极运用报刊、电视、广播等传统媒体和互联网、手机报、微博、微信、案件信息公开网等新平台，及时向社会公布服务生态环境建设工作开展情况，提高工作影响力和认可度，营造良好工作氛围。

3. 牢固树立对生态环境污染行为零容忍的执法理念

环境污染没有幸免者，每个人都是环境的“细胞”，对于他人污染环境行为的容忍，就是对自己的残忍；放任环境污染，则是对子孙后代的犯罪。要牢固树立生态红线的观念。在生态环境保护问题上，就是要不能越雷池一步，否则就应该受到惩罚。检察机关在发挥检察职能保护生态环境方面，必须牢固树立对环境污染行为零容忍的“生态底线思维”，始终保持环境执法的高压态势，重拳出击，铁腕执法，铁面问责，严厉打击环境违法行为。

4. 注重对恢复性司法应用效果的监督

恢复性补偿工作尤其是判决生效后补偿工作是否到位，需要检察机关密切跟踪，确保恢复质效。一是通过检察建议等形式督促相关行政执法部门加强环境资源保护。二是积极开展“以案释法”工作。可以通过联合法院到案发地进行集中开庭、争取媒体广泛宣传等方式，结合办案，以点带面，加强对受损环境资源司法补偿修复工作的宣传，培养重点人群的环保意识，使其认识到破坏环境资源犯罪不仅要负刑事责任，还要承担修复、补偿责任，最大限度实现法律效果和社会效果的有机统一。

5. 加强部门协作配合，努力形成打击生态环境领域犯罪合力

检察机关要主动加强与公安、环保、国土等生态环境保护领域单位的沟通和联系，逐步建立健全规范联席会议、案件移送、情况通报、信息共享、案件会商和协作办案等环境行政执法与司法联动工作机制，建立完善“两法衔接”信息共享平台建设，依托平台加强对环境执法部门的法律监督，防止和杜绝以罚代刑、有案不移、移案不立、重罪轻判等问题的发生。与法院以及相关行政执法部门会

商研究，规范办理环境污染违法犯罪案件程序和司法解释条款的理解适用，保障办案质量，提高办案效率，在现行法律法规的框架内，最大限度地解决工作实践中存在的问题，依法有效打击环境污染违法犯罪行为。

与环保部门建立重大项目环境影响及社会稳定风险评估预警联动机制，主动介入重大环境保护工程建设项目，减少潜在的危害环境事件发生；强化对可能造成环境污染项目的行政许可、行政审批的法律监督，纠正涉及生态环境的行政不作为、滥作为和乱作为。在依法追究惩治破坏生态环境犯罪活动时，结合司法办案，积极参与重点地区和重点环节专项整治，加强危害生态环境犯罪调查和类案分析，及时向党委、政府和相关部门提出加强和改进生态环境保护的检察建议。

6. 培养专门人才

加大对生态检察相关专业人才的培养力度，注重招录环境保护法学专业人才，积极开展专题培训，强化与有关部门、高校、科研院所、鉴定机构的协作，努力培养一批精通环境案件办理的专家型、复合型人才，探索建立生态检察专家咨询制度，为生态检察工作提供决策参考和专业技术支持，提升查办生态环境案件的能力和水平。根据工作需要，聘请专家、技术人员组成专家委员会，帮助解决检察院和法院在办理案件中遇到的专业性。

三、结语

环境就是民生，蓝天也是幸福，海南的青山绿水、碧海蓝天是一笔既买不来也借不到的宝贵财富。检察机关要进一步加强和改进生态检察工作，切实加强生态环境司法保护，建立破坏环境资源犯罪立案监督常态化机制，从严惩治严重污染水源、大气、土壤等犯罪，坚决查处环境监管中的不作为、乱作为问题；要加大生态检察模式总结推广力度，既坚持依法打击，又推进环境治理、生态修复，促进解决损害群众利益的突出环境问题，把海南建设成为全国生态文明示范区，从源头上把好生态关，让山更绿、水更清、天更蓝、空气更清新。

检察机关惩防扶贫领域职务犯罪服务海南脱贫攻坚战的路径选择

罗凡兴*

摘要： 党的十八大以来，我国扶贫开发工作进入攻坚阶段，中央和地方扶贫资金投入更多、项目更多，随之而来的是扶贫领域职务犯罪也呈现高发态势。为保障扶贫政策和资金真正惠及贫困群众，检察机关需要进一步加大对扶贫领域职务犯罪的查处和预防力度。本文结合我省第七次党代会打赢脱贫攻坚战重要战略部署，通过梳理涉案罪名、案发具体领域、环节以及涉案群体等特征，剖析扶贫领域职务犯罪的深层次原因，并提出解决对策。

主题词： 扶贫领域　职务犯罪　解决对策

发生在扶贫领域的职务犯罪危害巨大、社会容忍度低、人民群众反映强烈，严重削弱党的执政基础，影响我国国际形象。习近平总书记明确要求，"集中整治和查处扶贫领域的职务犯罪，对挤占挪用、层层截留、虚报冒领、挥霍浪费扶贫资金的要从严惩处"。当前，海南已进入全面建成小康社会的决胜阶段，脱贫攻坚已经到了啃硬骨头、攻坚拔寨的冲刺期，检察机关必须充分履行法律监督职能，综合运用打击、预防、教育、保护等措施，有效惩治和预防扶贫领域职务犯罪，为实现省第七次党代会打赢脱贫攻坚战重要战略部署提供有力的司法保障。

一、扶贫领域职务犯罪主要特征

从我省司法实践看，扶贫领域职务犯罪主要有以下五个方面的鲜明特点。

* 海南省人民检察院第二分院党组成员、副检察长。

（一）涉案罪名较为集中

从扶贫领域职务犯罪涉及的罪名来看，行为人涉嫌的罪名主要集中在贪污、受贿和挪用公款等三个罪名。如在涉农工程项目建设中虚报支出套取工程款，或在工程招标过程中非法收受投标方的贿赂，或者侵吞惠农扶贫资金，等等。同时还有的行为涉及构成玩忽职守罪、滥用职权罪、徇私舞弊罪。从司法实践来看，贪污受贿和渎职犯罪往往相伴而生，互为因果，在贪污涉农资金犯罪背后，往往又存在着监管人员的渎职失职犯罪行为。

（二）案发涉及诸多领域

随着扶贫资金、项目逐年增多，贪腐行为也随之“水涨船高”，呈现“多点开花”趋势。从案发情况看，该类案件涉及土地征迁补偿领域、乡村道路建设领域、生态环境保护领域、农机补贴领域、家电下乡补贴领域、农村低保领域、劳动技术培训领域、新型农村合作医疗补助领域、文化站和卫生院建设领域等。但是主要集中在退耕还林、新农村建设、惠农专项补贴等三个领域。从案发地区看，在经济条件较好的城乡接合部，基层组织人员职务犯罪多集中在土地征迁补偿、基础设施建设等领域；而在条件较差的贫困落后地区则多发生在支农惠农工程资金、惠农补贴等领域。

（三）案发多个关键环节

从案发环节看，扶贫领域职务犯罪多数发生在扶贫资金的发放和使用环节，扶贫项目的开展和运行环节。扶贫资金管理使用链条较长、环节较多，末端环节尤为突出。一些腐败分子甚至专注扶贫政策动向、专盯扶贫资金流向、专找监督管理漏洞，资金流向哪里，“黑手”就伸向哪里。因初始环节监督管理比较严格，发案率较低，但下拨使用过程中监管力度层层递减，到县乡村等资金分配、使用的末端环节，管理粗放、监督宽松，资金被贪占挪用情况时有发生。比如惠农财政补贴发放、救灾救助资金发放等，均不同程度上存在该类问题。扶贫项目涉及项目申报、审核审批、项目实施、检查验收等环节，每个环节都有可能成为不法分子眼中的“唐僧肉”。比如农村乡村道路建设项目申报环节、农村低保审核审批环节、劳动技术培训项目实施环节、危房改造检查验收环节，等等，都存在被一些腐败分子渗透染指现象。

（四）涉案群体位低权实

从案发情况看，扶贫领域职务犯罪涉案人员职级不高，实权岗位首当其冲，主要是乡镇干部和村“两委”成员及受委托从事公务人员。他们虽然职级不高，但处在扶贫政策资金落实“必经之路”的“最后一公里”，手中或多或少掌握一定管钱、管物、管事的实权，为贪腐提供了便利条件。

（五）作案手段隐蔽狡诈

一些腐败分子绞尽脑汁、手段花样百变，采取“雁过拔毛”方式，对惠民补助资金“暗拔”“偷拔”“拐着弯拔”，使党和政府的惠民政策在落实中变了形、走了样。从司法实践看，犯罪嫌疑人多利用职务便利，采取虚列工程、虚编名册、虚构人员、虚开发票等手段套取，或者利用职务便利直接截留各类扶贫资金。比如在贫困户识别环节，有些村干部弄虚作假，虚构贫困户多名家庭成员，待审核通过后，通过伪造签名的方式，骗取困难户补助款。

二、扶贫领域职务犯罪发案深层次原因剖析

从近年来我省查办的扶贫领域职务犯罪案件以及检察机关深入基层调研情况来看，主要表现在两个大的方面。

（一）乡村良性治理机制的缺失是导致扶贫领域职务犯罪的社会根源

(1) 制度设计存在缺陷，提供了可乘之机。一方面，扶贫资金由多个部门分配、监管，项目众多、管理分散，缺乏有效的信息共享机制，一些部门只知道本部门、本系统负责的资金数量，对其他部门负责的部分并不了解，容易形成监督盲区。另一方面，乡村级扶贫资金的申报、审批、拨付、监管大都由同一部门负责，监督主体同时又是实施主体，加之现有监管机制精准性、全程化程度不高，许多监督措施流于形式、实效不大，给腐败分子以可乘之机。

(2) 村民自治机制运转不畅，打开了方便之门。村委会民主决策制度落实不到位。由于信息不公开不全面、不具体，村民无从真正监督村民委员会，村民委员会也就没有了认真落实民主决策机制和公开透明工作原则的动力，村民委员会对权力的制约作用无从发挥。部分村民委员会更是出现了其成员勾结作案侵害惠农扶贫资金安全的案件。另一方面，村务监督作用没有发挥，一些村委会不同程度存在监督人员不敢监督、不善监督等问题。

(3) 上级监管机制不完善，留下了贪腐空间。一些上级主管部门在扶贫资金和项目监管上，普遍存在重事前审批，轻事后监管；重资金投入，轻效果检验；重形式监督，轻实地检查的问题，监督检查不严格、不细致、不深入，尤其是“一对一”“点对点”“面对面”的实地督查不够，给不法分子欺上瞒下、贪污腐败留下了生存空间。

(4) 惠农扶贫政策宣传机制不健全，失去了基层监督。基层群众受工作、生活范围影响，主要通过电视、报纸、手机网络等大众媒体了解国家扶贫政策，渠道有限、途径单一，特别是对地方相关配套实施办法的规模、对象、标准、发放程序等内容了解不及时、不全面、不准确，加之部分基层单位“一把手”权力集中、任性妄为，政务公开不及时不到位，无法形成广泛有效的群众监督，给不法分子贪占挪用、暗箱操作提供了便利。

（二）农村两委班子建设弱化是导致扶贫领域职务犯罪的重要因素

(1) 少部分农村受“村霸”和宗族恶势力影响未能按法定条件选举两委成员，基础不牢。一些素质不高甚至有前科人员进入村两委班子。这些人当选后，不是想着如何更好地为村民服务，而是抱着“有权不用，过期作废”的心理，想方设法为个人敛财，条件一旦具备就会实施职务犯罪，条件不具备创造条件也要实施职务犯罪。

(2) 少部分两委成员法治意识淡漠，胆大妄为。有的农村干部不注重学习政治理论和法律法规，法治观念淡薄，根本没有意识到自己的行为是一种违法犯罪。有的农村干部由于长期在一个岗位上任职，熟悉业务的同时对存在的漏洞了如指掌，而且形成了相对固定和信任的人际圈子，为实施职务犯罪提供了便利，加上胆大妄为的性格，因此无视职务犯罪的后果。

(3) 少部分两委成员面对利益诱惑，放弃原则。有的农村干部不同程度地被他人以拜年、过节费等“温水煮青蛙”的方式围猎，从谨慎接受小恩小惠开始，逐渐坦然接受糖衣炮弹，从而放松了警惕，放纵了行为，最终放弃了原则。

(4) 少部分两委成员面对扶贫领域职务犯罪“轻型化”现象，心存侥幸。扶贫领域政策性强，涉及群体广，且犯罪分子通过化整为零、抹平账务、隐匿销毁单据、分阶段、分步骤、分环节实施等方式逃避侦查，导致案件发现难、取证难、查处难，同时，扶贫领域职务犯罪特别是渎职犯罪被判缓刑、免刑比例较高，犯罪成本较低，震慑作用不够，使得一些不法分子心存侥幸、铤而走险。

三、惩防扶贫领域职务犯罪对策建议

惩办和预防扶贫领域职务犯罪，应当做到惩防一体，惩办是手段，重点在预防。为有效惩防我省扶贫领域职务犯罪，笔者认为，必须构建打防并举的扶贫领域职务犯罪惩防一体化机制。

（一）加强制度机制建设，推进乡村治理体系和治理能力现代化建设

(1) 完善扶贫项目资金管理使用机制。一是进一步精准识别扶贫对象，充分利用好信息化管理，进一步强化检察机关与扶贫部门互联互通扶贫信息系统建

设，实现资源共享和动态管理，不断完善好扶贫开发统计报表制度，全面核实贫困户受灾和因灾返贫、致贫情况，使因灾返贫群众能与之前录入的建档立卡贫困户同等享受精准扶贫相关政策。二是进一步规范扶贫项目管理工作，重点规范扶贫项目的立项规划、调整，规范整合项目实施工作程序，规范项目的管理验收。三是建立健全项目资金监管组织领导机制、信息共享机制、协调配合机制、警示教育机制、线索移送机制、督查问责机制等，明确和落实扶贫项目资金监管主体和监管责任，明确各职能部门承担项目资金的日常监管责任。

(2) 完善扶贫项目资金公开透明机制。在当前扶贫、财政等单位已建立各自系统的项目资金电子监管系统的基础上，整合资源，建立一套全省性的民生项目资金电子监管网络信息系统，由各职能部门与检察机关同步共享，应用信息化模式管理，通过电子网络实现民生项目从立项到竣工验收的全程监控、全程留痕、动态跟踪、在线预警和防控。同时，结合大数据平台建设，推动将民生信息全面详细挂网公开，实现贫困人口数量、区域分布、扶贫项目清单和扶贫资金安排等扶贫开发基础数据的有效共享，以公开倒逼项目资金监管。

(3) 完善重点民生扶贫项目资金监管政策风险监管机制。检察机关要与行业腐败案件相对多发的民生扶贫领域行政主管部门对接，结合查办的行业领域的腐败案件，开展民生扶贫项目资金监管政策风险联合行动。通过对相关监管政策进行再评估，针对突出问题进行调整和防控，突出精细化管理和精准化监督，最大限度减少体制障碍和制度漏洞，确保民生扶贫政策精准落地。同时，在充分发挥精准扶贫工作成效第三方评估的监督作用的基础上，加大第三方监督的力度。

(4) 完善检察机关党建与农村党建联建共建机制。检察机关要主动融入国家脱贫攻坚战大局，建立完善与定点扶贫村党建联建机制，帮助村级党组织夯实基础。一是加强对两委成员的教育培训和正向激励，发挥好基层党组织的引领作用和党员的先锋作用。二是监督村民自治机制运行全过程，解决两委成员决策不民主，各自为政的问题，全面推进村级民主决策，把重大村务的决定权交给村民，凡是上级给予扶贫项目、扶贫资金，必须经过党员会议、村民会议讨论通过，才能形成最终决定。三是帮助健全农村村务监督机制，明确村务监督委员会的工作定位，摆正与村党组织的关系，自觉在党的领导下开展监督，规范村务监督委员会工作职责，确保村务工作公开透明、合法合规，维护村集体利益和广大村民利益。

(二) 发挥检察监督职能，打防并举推进扶贫领域职务犯罪惩防一体化建设

(1) 严肃查办重点扶贫领域的职务犯罪，保障扶贫政策和资金落实到位。结

合中央部署的“五个一批工程”和我省省委、省政府制定的“十项精准脱贫措施”，始终把扶贫资金和扶贫项目作为重点，确保各项扶贫政策、扶贫资金、扶贫项目真正惠及贫困地区和贫困群众。一是严肃查办搬迁资金发放、安置区建设、搬迁群众就业等环节的犯罪。二是严肃查办侵占支农惠农财政补贴资金、救灾救助资金、生活保障资金等职务犯罪。三是严肃查办退耕还林、重大林业生态、受污染耕地水源修复等工程中的职务犯罪。四是严肃查办特色产业脱贫、劳务输出脱贫、资产收益扶贫、“互联网+”扶贫、关爱服务体系中的职务犯罪。五是严肃查办农田水利、农村饮水安全工程、农村电网改造升级工程、农村危房改造工程中的职务犯罪。六是严肃查办医疗保险和医疗救助、新型农村合作医疗、农村最低生活保障等领域的职务犯罪。七是严肃查办发生在革命老区、民族地区、连片特困地区脱贫攻坚过程中的职务犯罪。八是严肃查办基层干部和农村“两委”人员利用财经制度不健全、资金监管不到位、扶贫信息不对称等漏洞，通过巧立名目、截留克扣、虚报冒领等方式贪污、挪用、截留扶贫资金的职务犯罪。

(2) 依法惩治“村霸”和宗族恶势力犯罪，防止黑恶势力与扶贫领域的职务犯罪合流。目前农村基础组织“村霸”和宗族恶势力问题比较严重，一些农村“村霸”和宗族恶势力通过贿选、威胁、拉票等方式当选两委成员控制村委会，进而控制本地区的有限公共资源，并垄断政府给予的各项优惠待遇，包括扶贫款项的发放。这一现象不遏制，农村就难以安定，而国家的扶贫政策和计划不仅难以落实到位，而且会使有限的扶贫资源落入“村霸”和宗族恶势力手中。所以，打击扶贫领域的职务犯罪要与惩治“村霸”和宗族恶势力犯罪工作联系起来。当然，后者主要由公安机关负责，检察机关应当积极与公安机关合作，将打击扶贫领域职务犯罪与反农村宗派势力工作结合起来。这样可以更为有效地解决问题。

(3) 多措并举推进警示教育，不断深化法治宣传。一是依托办案，用身边事警示教育扶贫干部。检察机关要充分运用近年来查办的扶贫领域职务犯罪典型案例，用好警示教育基地，采取展览、宣讲团、短信、电视、广播等多种形式广泛开展法制宣传，深入各涉农职能部门、乡镇和村组开展警示教育。同时结合办案，定期对涉及扶贫开发工作的单位和人员定期开展法治教育和警示教育，用身边事教育身边人，为扶贫干部划出红线，提高扶贫干部廉洁用权、依法履职的自觉性。二是依托乡镇检察室，把扶贫中的法律政策精准宣传到扶贫对象。注重发挥乡镇检察室建在基层、贴近群众的优势，深入开展调研，对扶贫资金项目摸底排查，准确掌握贫困地区乡镇政府和村级组织逐级公开公示扶贫政策及资金项目信息。在调研的基础上，制定有针对性的法律宣传方案，积极开展法律宣传，让群众了解相应的法律，尤其在其权利受到侵害时，如何向检察机关等及时反映。

（4）加强对扶贫领域职务犯罪规律的总结分析，提出预防建议，促进建章立制。检察机关要加大对扶贫项目和扶贫资金“最后一公里”的法律监督，分析扶贫领域犯罪发案特点和规律，加强预防对策研究，及时提出预防建议，特别是围绕扶贫开发的重点领域、重点环节、重点岗位以及重要规章制度，认真查找职务犯罪风险点，及时向党委政府提出完善的内控机制、加强风险防控的建议措施，促进扶贫工作管理制度和监督体系不断完善。为确保检察建议的质量，实现检察建议的价值，笔者建议，一是克服机械执法观念，树立“以打促防”意识。检察机关在查办贪腐犯罪和渎职犯罪案件过程中，要确立“以打促防”的超前意识，协调好加大事后惩治力度与增强事前预防工作力度之间的关系，努力克服“就案办案”的直线思维。二是加强检察建议书的统一管理，切实强化质量监督。实践中，由于缺乏统一管理，不仅影响了检察建议的严肃性，而且难以对检察建议书的质量进行监控。三是强化跟踪督促机制，加强检察建议落实的跟踪监督。检察建议不能止于发出后有“回复”，必须对被建议单位是否整改进行跟踪监督。尤其是在全面从严治党和强化领导干部主体责任与监督责任的新形势下，检察机关更应充分发挥监督作用，督促和推动相关单位切实整改，切实发挥检察建议“以打促防”的功效。

司法责任制下检察官责任追究的完善

——以三起强奸抗诉案为例分析

文　伟　李颍林　陈相敏*

内容摘要： 完善司法责任制是党的十八届三中、四中全会部署的重要任务，也是健全审判权、检察权运行机制的核心内容，在司法改革中居于基础性地位，让检察官既成为司法办案主体，也成为司法责任主体。要正确认识错案和完善司法责任概念的界定，完善对检察官司法责任追究。

关键词： 司法责任制　检察官责任追究　完善

一段时间以来部分冤错案的纠正，一些媒体和网民把被判决无罪的被告人简单等同于蒙受不白之冤的无辜者，不论是因认识的不同导致的处理结果的无罪，还是司法人员徇私舞弊、滥用职权和枉法裁判的无罪，一概要求追究承办人责任。任何责任都应当是有限的，不问青红皂白一概拿承办人是问，必然导致不敢执法，不愿办案。完善司法责任制是党的十八届三中、四中全会部署的重要任务，也是健全检察权运行机制的核心内容，在司法改革中居于基础性地位，让检察官既成为司法办案主体，也成为司法责任主体。2015 年 9 月 28 日，最高人民检察院出台了《关于完善人民检察院司法责任制的若干意见》（以下简称《意见》），规定“司法责任”包括故意违反法律法规责任、重大过失责任和监督管理责任。

实践中对个别不影响定罪的情节不清楚，就不敢下决心，甚至滥用疑罪从无和宁纵勿枉，导致对犯罪打击不力。强奸案件中被告人大多辩解系自愿发生性关

* 文伟系海南省人民检察院第二分院党组成员、副检察长，李颍林系二分院公诉二处检察官，陈相敏系二分院未检处检察官。

系，部分检察官在面对被告人的这种辩解时，往往不善于结合客观证据综合审查、判断，甚至对部分重要的客观事实视而不见，简单采信被告人的供述，提出存疑不诉或从轻处理的意见，造成严重后果的。此类行为，应认定为重大过失责任还是一般过失责任，还是“司法瑕疵”？应否对承办的检察官进行责任追究？检委会改变承办检察官的意见的，如何界定检察官的“司法责任”？如何认识“司法责任”中的“错案”和“司法瑕疵”？“司法责任制”存在哪些问题？应当如何对检察官责任追究进行完善？本文将从司法责任制的现状开始，结合三个强奸抗诉案例，对这些问题进行分析、探讨，提出完善检察官责任追究的建议。

一、司法责任制的现状

（一）总的做法

有权必有责，权责应一致。海南省检察机关按照“谁办案、谁决定、谁负责”的原则来区分和确定主任检察官的责任，努力把办案责任制落到实处。一是合理确定责任。对属于主任检察官独立决定处理的事项，由主任检察官对其作出的决定承担责任。共同办理的案件，由负责的主任检察官承担主要责任，协助的检察官承担次要责任。属于检察长、检察委员会审批或决定的事项，由主任检察官提出处理意见，报检察长或检察委员会决定，并对事实和证据承担责任。检察长或检察委员会改变主任检察官作出的决定或提出的处理意见的，对改变的部分承担责任。二是严格责任追究。在责任认定和追究中，万宁、白沙、三亚城郊等试点院都制定了详细的责任追究办法，并注意区分故意徇私枉法、重大过失酿成错案与一般的工作失误导致的瑕疵案件，既充分保护检察官办案的积极性，又确保问责制度公平公正，切实可行。省院结合试点情况，起草了《海南省检察机关检察官办案质量责任追究办法（试行）》（以下简称《实施意见》）。

（二）实际的现状

1. 激励措施有待跟进

高检院的《意见》和海南省院的《实施意见》规定的只是责，并没有配套的利益对办案人员进行激励。改革后检察官相应的待遇还处于“空转”状态，入额的检察官除了增加了办案的压力外，一些激励的措施没有落实。根据海南省院的司法改革的文件，5年过渡期内不入额的人员的各项待遇与改革前保持不变，没有入额的人员不再有办案压力。人有千虑，必有一失，总会有失误的时候，案件办的越多，承担的责任越多，却没有任何多得的利益来激励，加上案件质量终身负责制的压力，入额检察官的办案热情有所降低。

2. 检察官办案能力迫切进一步增强

检察管理与监督机制的建设都有一个逐步完善的过程，业绩考核尚有不完善的地方。检察一体化的情况下，全院一盘棋，自侦案件全院都要出力。检察机关办案压力主要体现在侦监和公诉部门，检察官办案责任制的办案压力也就主要体现在侦监和公诉部门。由于检察官除了对自己所办的案件负责外，还要对助理所承担的案件负责，检察官的办案压力增大，办案能力迫切需要进一步增强。

二、检察官司法责任追究存在的问题

（一）“司法责任”概念不清

1. 错案概念不明

对什么是错案，怎么样界定错案，历来缺乏权威和统一的界定，导致即使是在法学专家、律师和司法机关内部也众说纷纭，各有不同的认识。高检院的《意见》第33条提到了“错案”，但没有对错案的情形进行界定。笔者认为，从实体上来理解，错案应当包括所有定性处理错误的案件，既包括对无辜的人进行定罪处理的案件、对依法不应当承担刑事责任的人追究刑事责任的案件，也包括应当追究刑事责任的人因司法人员的故意或重大过失而无法追究刑事责任的案件。对于什么是错案，笔者认为应分清以下问题：

一是无罪案件不等同于错案。

案例一：（中国刑事审判指导案例396号中起诉书认定的事实[①]）2004年11月1日13时许，被告人陈某在某酒店××号房间，趁被害人某某（下简称被害人）处于孤立无援、酒后性保护能力较弱之机，不顾被害人的哀求，采用剥扯其衣物的暴力手段强行与被害人发生性关系，并造成被害人身体多处轻微伤。一审法院以被告人陈某犯强奸罪，判处有期徒刑三年。被告人上诉，二审法院以原判认定陈某采用暴力手段对被害人实施强奸的事实不清，证据不足，发回重审。原审法

①《刑事司法指南》第36期刊登案例《强奸罪司法认定中的两个疑难问题研究——以两起无罪案件的成功抗诉为切入点》写道：被告人陈某与被害人邱某同为银行职员，但分属不同部门。2004年11月1日中午，陈某与被害人邱某在本系统举办的宴请活动结束后，随其余同事一道进入某酒店1809房间。被害人邱某打电话让其男友接送，并告知男友酒店房间号码。陈某闻听被害人男友有事不能即刻前来之后，乘其余同事离去之机，产生与被害人发生性关系的念头，并不顾被害人的哀求与挣扎，强行剥扯其衣服，与其发生性关系。当日13时36分许，被害人男友与服务员进入1809房间，陈某逃离作案现场。被害人男友征得被害人同意后报警，将陈某抓获。

院经重新审理后，作出了与原判决相同的事实认定，再次判决被告人陈某犯强奸罪，判处有期徒刑三年。被告人上诉，二审法院判决上诉人陈某无罪。某市人民检察院提请抗诉，某省检察院支持抗诉后，某省高院终审作出了有罪判决。

案例一中，我们不能因为二审法院改判被告人陈某为无罪，就认为此案是错案。法院判决上的无罪，与事实上的无罪既有联系，也有区别。法院判决无罪的案件，除了已经有足够的证据证明被告人被冤枉的冤案外，还有被告人依法不应当追究刑事责任的案件和大量事实不清、证据不足的案件。如果把这类案件认定为错案，那么错在哪里，真凶是谁，我们同样无法回答，如果能够回答，就不是事实不清、证据不足的问题。这样的案件，无论认定有罪还是无罪，都面临证据不足的问题。对事实是否清楚、证据是否充分的判定，本来就是一个主观性非常强的问题，实践中也很难有客观统一的标准，不同的人得出不同的结论很正常，属于认识的个体差异，即使在公安机关、检察机关和审判机关内部，认识也难以一致，不对案件做客观理性的分析研究，把凡是被法院判决无罪的案件，一律叫做错案或者“冤假错案”，因为认识不一致追究检察官的司法责任，显然有失公允。

二是上级机关改变下级机关决定的也不宜认定为错案。只要事实证据没有问题，即使案件被上级机关改变定性，也不能算作错案。很多时候，上级与下级的决定，往往只是恰当与否的问题，并不是对与错的问题。

案例二①：2012 年 5 月 2 日凌晨 2 时许，被告人谢某山在某医院住院部 723 病房，趁 71 床女患者余某某颈椎受伤行动不便，不顾余某某反抗，强行与余某某发生性关系，并在被害人余某某体内射精。某区人民检察院提起公诉后，一审法院以强奸罪（未遂）判处被告人谢某山有期徒刑四年。某区人民检察院提出抗诉，某市中级人民法院作出终审判决，以强奸罪判处被告人谢某山有期徒刑八年。

本案争议的焦点在于证据充分性的把握。一审判决认为，物证鉴定报告只证实被害人内裤上精斑为被告人所留，但被害人阴道内和被告人生殖器上均未留有对方的 DNA，被告人是否奸淫得逞只有被害人陈述，没有其他证据印证，故指控强奸既遂证据不足。

支持抗诉的某市检察院在审查证据时，发现公安机关收集物证时没有制作提

---

①此案系高检院精品刑事抗诉案件，案件名称见《关于全国检察机关“优秀刑事抗诉案件”评选活动获奖情况的通报》，高检诉〔2016〕12 号。

取笔录，而是事后用情况说明代替。经仔细审查并要求公安机关补充完善证据，发现被害人案发前后穿过两条内裤，案发时所穿内裤由被告人事后进行了清洗，案发后由护工帮她更换了一条内裤，后在医院检查时由法医进行提取，物证鉴定报告所用检材即该条内裤。由于一审采信的“情况说明”对此表述不详，办案人员误以为被害人只有一条内裤。按常理清洗过的内裤很难提取到DNA，而且被告人辩称只对被害人实施猥亵，并在同时间进行自慰，被害人内裤上DNA可能是手上沾染所致。在此情况下，一审法官采取折中的做法，认定强奸未遂。但该认定存在明显的逻辑矛盾，如果认为既遂的证据不足，那么认定未遂则更无任何证据，因为被害人称强奸既遂，被告人辩解只实施猥亵，何来强奸未遂?

该市院完善证据以后，被害人陈述与物证检验结论形成了完整的证据锁链：被告人所留精斑系被害人于案发后更换的内裤上提取，其所留部位为内裤裆部，符合从被害人阴道流出的常识。该条内裤被告人没有接触，也不符合被告人辩解手上沾染所致。由此得出的结论是，被告人强奸既遂证据确实充分，并且排除了被告人辩解的合理性。某市中级人民法院采纳了支抗意见，改判谢某山强奸既遂，刑期也从有期徒刑四年改为八年。

三是后一个司法环节做出否定处理的案件也不宜认定为错案。这种情况很多时候往往只是对证据充分与否的看法和观点不同而已。谁能证明后一司法环节比前一司法环节更高明，甚至更公正。

四是罪与非罪存在争议的案件也不宜认定为错案。这样的案件往往是因为法律规定的不明确和歧义所引起，争议双方很难界定谁对谁错，没有任何人可以证明一方错误而另一方正确，如果可以证明，就不会引发争议。如案例一中的陈某强奸案，该案一波三折，其根本分歧在于对强奸罪本质特征的判定方法不同。对陈某强奸罪名是否成立，检、法之间，甚至各自内部均有不同意见。有罪意见认为，在案证据能够证实陈某违背妇女意志，强行与其发生性关系，故成立强奸罪；无罪观点认为，在案证据可以排除被害人因醉酒导致不知反抗或不能反抗的情形，也能排除陈某采用暴力或胁迫手段使被害人不敢反抗之情形，故不能认定陈某违背妇女意志，不构成强奸罪。

五是因法律和司法解释变化导致被告人无罪、撤回起诉的案件也不宜认定为错案。因为承办人不可能预测将来的法律规定与过去的法律规定之间会有冲突。

2.“重大过失”难认定

何为重大过失，缺少明确的定义和规范，难以界定，重大体现在哪些方面，难以操作。

3.“重要犯罪嫌疑人或重大罪行”缺乏明确的范围

高检院的《意见》第35条规定中“重要犯罪嫌疑人或重大罪行”缺乏明确的范围，不便于操作。

4. 监督管理责任难分清

根据高检院的《意见》中的“司法责任”包括故意违反法律法规责任、重大过失责任和监督管理责任。监督管理责任中管理者和被管理者的责任缺少明确的划分依据，难以分清。

（二）“司法瑕疵”与“错案”相对应，层次不清

高检院的《意见》第34条、35条规定的检察人员“故意”或“重大过失”的司法责任，“司法瑕疵”与“错案”相对应。根据高检院的《意见》，“司法瑕疵”是不承担司法责任的，层次不清。

案例三：被告人宠某在2015年2月和5月分别两次强行对刚满15岁的被害人梁某进行奸淫，并致被害人怀孕25周后引产。一审法院以强奸罪判处被告人宠某有期徒刑四年两个月。被告人不服上诉，公诉机关以判决量刑畸轻提出抗诉。

被告人到案后，辩解发生性关系被害人同意和其玩，事后给了被害人几十元的现金。经2次退查后，承办检察官认为此案仅有被害人的指控，宠某强奸被害人的证据不足，拟对被告人作存疑不诉处理，经检委会讨论后对被告人宠某以强奸罪起诉。

案例三中，起诉书仅指控了被告人强奸被害人两次的事实，而对被害人梁某母亲的叔父陆某的妻子系被告人的堂姐、被害人在陆某家中帮工、被害人刚满15岁、致被害人怀孕和25周后引产的事实均未表述。这些起诉书未表述的重要事实，是承办检察官未向检委会汇报，还是汇报后检委会未记录，不得而知。如果承办检察官在检委会中明确汇报了这些事实，检委会没有采纳，起诉书未予表述，就不属于“检察官故意隐瞒或者因有重大过失而致遗漏重要证据、重要情节，或者提供其他虚假情况导致该决定错误[①]”。

起诉书仅指控被告人的两次强奸行为，一审判决被告人有期徒刑四年两个

①见中共中央办公厅、国务院办公厅2016年7月21日印发并执行的《保护司法人员依法履行法定职责规定》第十二条。

月，量刑畸轻体现在何处？而说明因被害人系未成年人，强奸致被害人怀孕和25周后引产，一审判决有期徒刑四年两个月，这才显示出量刑畸轻。遗漏这些客观事实应认定为“检察人员在事实认定、证据采信、法律适用……等方面不符合法律和有关规定，……属司法瑕疵”，还是“检察人员在司法办案工作中有重大过失，怠于履行或不正确履行职责……认定事实、适用法律出现重大错误”，监督管理责任有没有尽到责任，要不要承担监督管理责任，都值得我们探讨和深思。

实践中，一审判决认定事实错误，最根本的原因在于证据的判断采信，而一审采信证据的基础，在于公诉环节对证据的审查和完善。案例二中，正是因为公诉环节没有查清两条内裤的存在，才导致了一审法官对于被告人辩解的犹疑。二审改判的结果，再一次提醒公诉人审查证据一定要认真仔细。此案能否认定为重大过失，很值得我们深思。本案的成功抗诉，对基层公诉人员审查运用证据起到明显的示范作用。

从更深层次分析，公诉环节对证据的疏漏，还是在于诉讼观念的偏差。修订后刑事诉讼法实施以来，无论是学理界还是实务界，对于人权保护的宣传，对于无罪推定的贯彻，都已达到很高的程度，特别是对几起典型错案的公布，在一些基层办案人员（尤其是年轻办案人员）心中产生了一定的压力，以至于对无罪或者罪轻的证据过于谨慎，甚至认为无罪定有罪要承担错案责任，而有罪定无罪或者重罪定轻罪则无关大碍，在证据审查判断中过于强调有利于被告人的原则，忽视有罪证据的补充完善。案例二中，一审公诉人原本认为本案应定性为强制猥亵罪，由于被害人及其家属反映强烈，认为以不改变侦查机关的定性为宜；案例三，一审公诉人拟存疑不诉，检委会决定起诉和抗诉，可见这一观念在实践中的影响。案例二中，二审改判的结果，再一次证明了刑事司法的精髓在于查明案件事实，即不冤枉无辜，也不放纵罪犯，永远追求客观公正，维护社会公平；也再一次给年轻的办案人员在诉讼观念上警示：办案不能只图省事，更应追求公平。

三、完善司法责任制下检察官责任追究的思路

（一）完善“司法责任”概念的界定

笔者认为，检察官司法责任是指检察人员在执法办案中故意或过失违反法律和有关规定，或者徇私舞弊、遗漏重大犯罪事实，导致案件事实证据、适用法律、诉讼程序等方面造成严重后果或者恶劣影响而应当承担的相应法律、纪律责任。其主要包括两个方面的内容：一是检察人员主观上故意或过失违反法律和有关规定，客观上造成案件严重后果或恶劣影响。即高检院的《意见》第34条规

定的内容。案件造成严重后果或是恶劣影响是给予检察人员司法责任的前提条件之一，若未造成严重后果或是恶劣影响，而能够通过补正或合理解释进行弥补的，检察人员不必承担司法责任。二是有徇私舞弊行为，造成案件严重后果或恶劣影响。即高检院的《意见》第35条规定的内容。违反法律和有关规定、徇私舞弊造成认定事实、适用法律出现重大错误、遗漏重大犯罪事实等是客观存在的，容易认定，而办案过程中的“重大过失”难以认定，《意见》第35条规定中“重要犯罪嫌疑人或重大罪行”缺乏明确的范围，应以实施细则的方式予以解释，以便于实践中操作。

（二）以落实办案责任为关键，严格责任追究。

建立健全司法办案组织及运行机制，健全检察委员会运行机制。积极征集意见，结合实际推进业务部门负责人对检察官司法办案的核阅制度落实，避免“穿新鞋，走老路”。建立分管副检察长、业务部门负责人对重大复杂敏感案件的监督把关制度。

1. 明确主任检察官岗位职责

海南省院起草了《海南检察机关主任检察官、检察官助理和书记员岗位职责规范》，明确了主任检察官直接承担的工作任务和检察官助理、书记员的岗位职责，防止主任检察官把应该承担的司法办案工作推卸给检察辅助人员，用制度保障检察官司法办案的亲历性。通过合理放权于主任检察官，明确主任检察官的岗位职责，使其成为有职有权的主体，实现了办案与定案的有机统一。

2. 加强监督

在赋予主任检察官权力的同时，也注重加强对其司法办案的监督制约，确保权力依法正确行使。一是充分发挥副检察长的监督制约作用。实行办案责任制后，需要分管副检察长审批的案件大幅减少。各试点院在不影响主任检察官对案件独立决定权的前提下，分管副检察长通过抽查案件、听取案件汇报、运用统一业务应用系统开展网上巡查等方式加强对主任检察官司法办案的监督。二是充分发挥案件管理部门的监督作用。以主任检察官及其所在办案组为监督对象，加强对其司法办案的监督。在试点中，白沙县院检察长直接分管案件管理工作，强化对办案关键节点的监督制约，案管部门对办案中存在的程序性问题及时预警，并督促整改。屯昌县院在案件管理局专门设立了案件质量监督岗，指定一名经验丰富的检察人员，利用统一业务应用系统专门负责对主任检察官的办案质量进行实时监督，为主任检察官办案把关。三是充分发挥主任检察官联席会议作用。海南省院制定了《海南省检察机关主任检察官联席会议制度（试行)》。联席会议成了许多初任主任检察官做出决定的重要依靠，为其办案提供了有益参考。四是充分发挥案件质量评查的作用。比如，三亚城郊院制定了《案件质量评查工作实施办法》，对主任检察官办理的案件定期进行质量评查。从评查情况看，所办刑事案件的事实认定、定性等方面，得到了公安机关的认可，已判决的案件，诉判基本一致，没有出现案件质量问题。

3. 明确免责范围

一是案件当事人或者第三人的责任的。犯罪嫌疑人和被告人故意虚假供述导致定性处理错误的。如果犯罪嫌疑人出于包庇他人的故意顶替他人承担罪责，若干年后又供出他人才是真凶，或者某些案件由于当事人不如实供述，导致案件事实不清、证据不足，难以定性处理，若干年后因其他原因又查明真相的，等等，承办人及相关人员应当免责。

二是办案人员尽到了相关义务的。承办人尽到了相应义务，案件的定性处理符合法律规定和三个效果统一的要求，即使相关人员上访，甚至网络炒作的，承办人也应当免责。如案例二，一审公诉人员对证据尽到了足够的义务，就不应追究责任。

三是存在认识差异的。司法机关和相关人员对罪与非罪、罪轻与罪重认识存在较大分歧的案件，不同的人会有不同的看法和评价，得出不同的结论。这一类案件，属于认识分歧案件，不论做何种处理，都不能追究相关人员的责任。

由于问责的不理性，导致在实践中滥用无罪推定和疑罪从无。承办人和相关负责人遇到案件首先想到的不是社会责任和案件到底能不能认定，是否可以排除合理怀疑，而是案件是否有瑕疵，法院有没有可能判决无罪，自己会不会受追究，然后再做取舍。这就导致实践中一些事实清楚，据以定罪的证据充分并查证属实，可以排除合理怀疑的案件，仅仅因为比如作案工具未找到等细枝末节问题就不敢下决心定案，从而放纵犯罪，以另一种方式损害司法公正。

（三）司法责任制下检察官责任追究要坚守法治底线

1. 公平正义

司法责任制下检察官责任追究要有明确的价值取向。完善人民检察院司法责任制的基本原则是：坚持遵循司法规律，符合检察职业特点；坚持突出检察官办案主体地位与加强监督制约相结合；坚持权责明晰，权责相当；坚持主观过错与客观行为相一致，责任与处罚相适应。

2. 法治精神

一是责任要法定。任何责任，包括法律责任和其他责任，都必须以预先设定的规定为前提。什么情况下应该承担责任，何人承担责任，承担什么样的责任，应该由相关的制度予以规范，然后再严格按照该制度的规定进行对照追责，而不能事发之后迫于网络民意进行随意追责。

二是检察官责任追究应只追究检察官的故意或过失违反法律及徇私舞弊的行为，如果行为人没有故意和过失违反法律及徇私舞弊的行为，即便客观上发生了某种损害后果，也不能追究行为人的责任。中共中央办公厅、国务院办公厅2016年7月21日印发并执行的《保护司法人员依法履行法定职责规定》第十一条规定：法官、检察官非因故意违反法律、法规或者有重大过失导致错案并造成严重后果的，不承担错案责任。此规定为检察官依法办案提供了足够的支持。

三是检察人员承担的责任要与违法和过错的程度和造成的后果大体相当，做到过错与责任相适应。客观理性地分析承办人员在案件办理过程中应承担的责任，不感情用事、意气用事，更不被网络和虚假民意所左右。既要避免罚不当责，也要避免严苛责罚，打击办案人员积极性。

3. 应考虑历史的局限性

案发时和办案时的历史背景和客观实际一定要考虑，当时的历史背景和客观情况下，办案人员是否尽到了应尽的注意义务，案件的办理是否已经符合当时的法律和常规要求。不能用若干年后的要求和标准去裁剪和评判若干年前的案件。司法责任制下检察官责任追究是一件十分严肃审慎的事情，涉及对人的评价和处理，甚至是刑事追究，必须慎之又慎，不能抛开历史环境随意启动追究程序。

只要检察人员基于正当目的、没有主观故意和过失、尽到了当时条件下正常办案人员应尽的注意义务，即使出现了某些危害后果和处理决定被上级否决或出现错案，也不应当受到责任追究。

四、结语

把司法权力关进制度的笼子里，让人民群众都能看到司法权力的边界，将程序正义贯穿司法制度的每一方面。检察官的司法责任追究更需要制度化、规范化、程序化，并严格落实，才能真正让公平正义之光普照世界。

检察机关如何在打赢脱贫攻坚战中发挥职能作用

文 伟*

内容摘要：脱贫攻坚事关全面建成小康社会大局，打赢脱贫攻坚战，检察机关义不容辞。检察机关精准定位，自觉服务国家扶贫开发工作大局；精准监督，确保扶贫资金在阳光下运行；精准办案，护航精准扶贫；精准预防，精准推进，打好攻坚“组合拳”。

关键词：脱贫攻坚　检察机关　精准　监督

消除贫困，逐步实现共同富裕，这是中国共产党矢志不渝的奋斗目标。不忘初心、驰而不息——消除贫困，实现共同富裕，这是社会主义的本质要求，是中国共产党人的使命担当。脱贫攻坚事关全面建成小康社会大局，事关人民群众福祉，是一项重大政治任务。打赢脱贫攻坚战需要凝聚全社会力量广泛参与，坚决打赢脱贫攻坚战，检察机关义不容辞。近年来，检察机关全面落实中央扶贫开发工作会议和习近平总书记等中央领导同志关于扶贫开发工作的重要指示精神，认真落实中共中央、国务院关于打赢脱贫攻坚战的决定，充分认识检察机关服务和保障扶贫开发工作的重大意义，加强与扶贫部门协作配合，严肃查办、积极预防扶贫领域职务犯罪，努力做到在“精准扶贫”中加强“精准监督”，保障扶贫政策和资金落实到位，为打赢脱贫攻坚战提供强有力的司法保障。

检察机关精准定位，切实把扶贫攻坚作为重大政治任务和民生工程，自觉服务国家扶贫开发工作大局。扎扎实实推进精准扶贫精准脱贫，打赢脱贫攻坚这场

* 文伟，海南省人民检察院第二分院党组成员、副检察长。

战役。新形势下如何立足检察职能，保证脱贫扶贫政策落地，为服务保障打赢脱贫攻坚战提供有力的司法保障既是我们面临的一项新课题，也是一门必修课。

一、精准定位，脱贫攻坚亲力亲为

向贫困发起总攻，一定要解决扶持谁、谁来扶、怎么扶的问题。作为检察机关，又该如何回答好中国扶贫这关键三问？从精准扶贫到精准脱贫，重在提高脱贫攻坚成效，关键是找准路子、构建好的体制机制，在精准施策上出实招、在精准推进上下实功、在精准落地上见实效。确保把真正的贫困人口弄清楚，把贫困人口、贫困程度、致贫原因等搞清楚，以便做到因户施策、因人施策。解决好“谁来扶”的问题，加快形成中央统筹、省（自治区、直辖市）负总责、市（地）县抓落实的扶贫开发工作机制，做到分工明确、责任清晰、任务到人、考核到位。

做好围绕中心、服务大局的文章，检察工作不是孤立存在的。自觉把服务打赢脱贫攻坚战作为检察工作的重中之重来谋划，准确把握检察机关服务打赢脱贫攻坚战的切入点和着力点，加强对贫困地区、贫困人口司法需求的分析研判，强化司法应对，践行创新、协调、绿色、开放、共享发展理念，关键是要找准路子、构建好的体制机制，在精准施策上出实招、在精准推进上下实功、在精准落地上见实效促进贫困地区发展。统筹实施项目扶贫、产业扶贫、文化扶贫和智力扶贫。

二、精准办案，护航精准扶贫

（一）做好扶贫领域职务犯罪风险分析及趋势预测

1. 总体上扶贫领域职务犯罪易发的风险将在一定时期内持续存在

“十三五”时期，各种生产要素集聚民生扶贫领域，而职务犯罪的逐利性决定了哪里有利益往哪里去。由于民生扶贫领域补贴资金具有无偿性，量大面广点散，由财政部、发改委等十余个部门分头负责，导致有的惠农扶贫政策政出多门，项目资金分配管理缺乏统一标准。惠农扶贫政策有数十项，种类达上百种，监管要求、项目质量、验收标准各异，难以做到统筹协调，导致民生扶贫廉政控制任务十分艰巨。随着我国扶贫开发进入攻坚阶段，中央和地方政府扶贫资金投入不断增加，但一些贪腐“黑手”却伸向了贫困户的“救命钱”“活命钱”。2016 年，全国检察机关共立案侦查扶贫开发领域职务犯罪案件 1892 人，与 2015 年同比上升 102.8%。①

---

①詹奕嘉、黄浩铭、陈菲：《扶贫“最后一公里”为何成为“贪腐重灾区”?》，http：//www.spp.gov.cn/zdgz/201705/t20170528_191748.shtml，访问日期：2017 年 5 月 29 日。

2. 扶贫领域职务犯罪与大量诈骗等刑事犯罪交织

补贴资金量大、投入分散，而相关配套制度的健全完善相对滞后，一些监管人员在收受贿赂后，不认真履行监管职责，造成补贴资金严重流失。这些诈骗补贴资金的刑事犯罪和管理人员贪贿渎职犯罪相互交织，影响社会稳定，危害特别巨大。处理不当容易引发群体性事件，这些犯罪现象极容易与社会问题相互发酵，成为激化社会矛盾的导火索，亟待引起重视。如白沙县农业局局长王某受贿和玩忽职守，廖某某诈骗大棚补贴 123.33 万元。

3. 扶贫项目审批权限下放基层的过程中职务犯罪风险增大

当前，扶贫领域正全面推动简政放权，在扶贫管理权限下放调整的过程中，与之配套的制度建设需要逐步完善。在实践中，扶贫资金划拨大多没有纳入公共财政预算，实行层层下拨，高度封闭运行，公众缺乏信息无从监督，而上级扶贫部门对下级扶贫部门主要进行业务指导，无法进行有效监督。基层部门的管理经验难以短期积累，同时扶贫工作时间紧、任务重的情况下，重实施轻监管的现象较为突出，给职务犯罪带来可乘之机。当前，亟待同步完善扶贫资金权限下放后的配套监管制度。

（二）查办扶贫环节职务犯罪，斩断伸向扶贫资金的贪腐“黑手”

保障扶贫资金走通“最后一公里”，已成为检察机关的自觉行动。紧盯重点领域，紧盯发生在扶贫资金管理和使用、扶贫对象识别和扶持、扶贫项目审批和实施等重点环节，紧盯贪污贿赂、挪用公款和渎职职务犯罪，进一步强化法律监督，对扶贫领域职务犯罪“零容忍”，确保扶贫资金安全到位、使用到位、作用发挥到位。检察机关依法妥善查办贫困地区金融扶贫、产业发展等涉经济领域案件，监督好扶贫资金惠及贫困群众的“最后一公里”，促进国家扶贫政策真正惠及贫困地区和群众，为打赢脱贫攻坚战营造良好法治环境。

检察机关查办的这些案件，在扶贫领域有一定代表性。2016 年 1 月至 2017 年 4 月，广东检察机关共立案查处扶贫职务犯罪案件 118 人，绝大部分是村两委干部和工作人员，而且窝案串案、群贪群腐现象较为突出。这些基层干部被群众讽刺为念歪扶贫“好经”的“歪嘴和尚”。[①]“一些涉案人员虽然级别不高，涉案

①詹奕嘉、黄浩铭、陈菲：《扶贫“最后一公里”为何成为“贪腐重灾区”?》，http://www.spp.gov.cn/zdgz/201705/t20170528_191748.shtml，访问日期：2017 年 5 月 29 日。

金额不大，但夺取的是贫困群众的‘活命钱’，坑民害民的行为危害性大，影响了党委政府的公信力。”

改进司法办案方式。在查办涉及扶贫项目的犯罪案件时，认真分析可能对项目正常实施带来的影响，准确把握办案时机，最大限度地维护项目秩序和投资者合法权益。对涉及重大扶贫项目、活动的主要负责人、管理者，以及关键岗位、有特殊贡献和特殊专长的人员，慎重适用相关措施，严格规范侦查行为，尽量减少负面影响。

做好“侦查员”，严肃查办贪污侵占、私分冒领农业产业化经营财政专项扶贫资金、特色产业发展扶贫基金等职务犯罪，回应农民群众的反腐新期待，牢筑不敢腐的威慑防线。对扶贫领域职务犯罪，坚持态度不变、力度不减、尺度不松，保持高压态势，对挤占挪用、层层截留、虚报冒领、挥霍浪费扶贫资金的职务犯罪精准打击、从严惩处，形成震慑，促进扶贫资金的阳光化管理和公正合理使用。集中查办发生在扶贫资金管理使用、扶贫对象识别和扶持、扶贫规划编制和落实、扶贫项目审批和实施等重点环节的贪污受贿、渎职犯罪案件，坚决防止扶贫资金被贪占、挪用、挥霍、浪费，坚决防止因不作为、乱作为导致扶贫资金“拐弯”空转“不落地”情况的发生。将惠农扶贫领域职务犯罪作为打击整治的重点，突出查办发生在农业发展建设、支农惠农和扶贫资金、专项补贴的项目申报、审核审批、发放管理、检查验收、项目实施等环节的职务犯罪案件，重点查办贪污挪用重点扶贫专项资金的案件，查办利用扶贫资金分配权、扶贫项目审批权和扶贫工程招标权等权力贪污受贿案件。通过办案严厉打击惠农扶贫领域等涉农职务犯罪，有力震慑腐败、确保扶贫工作风清气正，通过对一大批扶贫领域职务犯罪的查处和曝光，起到强烈的震慑作用。

（三）从严打击危害农村社会和谐稳定的违法犯罪

检察机关坚持以司法办案为中心，围绕精准扶贫和全面建成小康社会工作大局，依法打击各类严重刑事犯罪，全力维护贫困地区社会公共安全，保障人民群众安居乐业，为贫困地区的发展营造平安、和谐、稳定的社会环境。强化扶贫开发工作中生态环境和资源司法保护，依法惩治破坏环境资源和生态保护的刑事犯罪，严厉打击污染环境、盗伐滥伐林木、非法采矿等犯罪活动，加强对生态环境保护领域相关案件的诉讼监督，努力构建生态司法屏障。坚决打击制售假种子、假化肥、假农药、破坏农村生产资料的犯罪，维护贫困地区正常经济秩序。依法惩处重大劳动安全事故、以限制人身自由方法强迫职工劳动、拒不支付劳动报酬等危及劳动者生命健康安全、人身自由、财产利益的犯罪，健全农民工维权工作机制，积极引导和促进贫困人口充分就业。

依法打击危害农村社会和谐稳定的违法犯罪行为，对农村乡霸、村霸等黑恶势力犯罪，“法轮功”等邪教组织犯罪和农村偷、盗、抢、骗等案件坚持快捕快诉，及时有力地惩治犯罪，维护农村地区稳定，增强贫困群众安全感。

深入贫困地区开展“巡回检察”工作，公布举报方式，方便群众依法信访，畅通贫困地区社情民意表达渠道，突出抓好脱贫攻坚工作中涉法涉诉信访案件办理，及时妥善解决贫困群众反映的问题；坚持宽严相济，充分运用不批捕、不起诉等措施对轻微犯罪人员特别是由于贫困引发的轻微犯罪人员依法从宽处理，妥善化解社会矛盾，减少社会对抗和“负能量”。推进刑事被害人救助工作，帮助解决受害贫困群众的家庭生活困难。

三、坚持源头治理，用“精准预防”保障“精准扶贫”，创新预防工作方式，遏制扶贫攻坚犯罪滋生

跃迁之时，当有智勇之策；攻坚之际，最需磅礴之力。做好精准预防职务犯罪工作是一项“治本”“防病”的事业。预防工作早做一步、深入一点，就能防止更多的人堕入深渊。在保障脱贫过程中，精准预防也是生产力。对于预防惠民扶贫领域职务犯罪工作来说，只有精准预防，才能有效预防。

（一）做好“联络员”，构建全覆盖的预防网络

为促进精准扶贫精准脱贫方略真正惠及贫困地区、贫困人口，全国检察机关正着力强化对扶贫资金和项目的监督管理，建立健全财政专项扶贫资金预防监督机制，保障扶贫政策和资金安全落实到位。坚持“精准扶贫到哪里，精准预防就跟进到哪里”的工作思路，创新开展检察建议、工程预防和“一村一名”预防志愿者等精准预防工作，打造预防品牌。

1. 精准监督，做脱贫攻坚的“加法”，确保扶贫资金在阳光下运行，构筑扶贫资金监管的“制度铁笼”

精准扶贫，必须确保各项资金真正惠及群众。国家对农民生产生活实行一系列财政补贴，被农民群众称为“民心钱”“暖心钱”。然而，这些钱往往被一些基层干部利用手中权力“雁过拔毛”。扶贫信息不对称和不公开，容易滋生暗箱操作空间。全面梳理和公开扶贫项目、扶贫资金来源和去向，加强对扶贫政策资金“最后一公里”的法律监督，让老百姓踏实，让党委政府放心，让社会各界信任，是检察机关义不容辞的责任。加强扶贫资金阳光化管理，加强审计监管，促

进惠农扶贫资金足额落实到位，惠农资金发放到哪里，检察监督就要跟进到哪里。坚持问题导向，发现涉农扶贫资金由于管理不规范、信息公开不到位、监督机制不健全，导致被侵吞、挪用、冒领等问题的，提出堵漏建制，预防检察建议，推动完善惠农扶贫管理制度机制。找准检察工作服务经济社会发展的切入点和着力点，扶贫资金安全到人，积极构建以县（区）为中心，贫困镇、村及重点项目为辐射点，以群众参与为基础的纵向到底、横向互联的网格化预防体系。按照“领导包片、中层包镇、干警联村”的方案，依托派驻乡镇检察室作为检察工作联络站，迅速构建预防网络。2016 年 8 月开始，广东省清远市多了一批“扶贫开发廉政监督员”，作为廉洁扶贫的“前线守护者”。

2. 整合建立扶贫资金电子监控统一的大数据平台

为进一步筑牢扶贫“数据铁笼”，以有限资源防控上千亿资金安全，建议在当前省扶贫、水利等单位已建立各自系统的项目资金电子监管系统的基础上，整合资源，建立一套全省性的电子监管网络信息系统，由各职能部门与纪检监察、检察机关同步共享，应用 ERP 信息化等模式管理，实施“预防大数据+民生阳光公示”，积极推动民生资金信息向各乡镇、各村社、农户“三公开”。通过电子网络实现项目从立项到竣工验收的全程监控、全程留痕、动态跟踪、在线预警和防控。同时，结合大数据平台建设，推动将信息全面详细挂网公开，以公开倒逼项目资金监管。

针对诱发职务犯罪的扶贫信息不公开问题，多地检察机关正与扶贫部门紧密协作，推动扶贫资金阳光化、规范化运行。在广西恭城县，检察机关整合全县各惠农扶贫部门数据，搭建惠农扶贫大数据信息平台以及“互联网+扶贫+预防”的工作模式，将全县所有惠农扶贫资金发放情况整合到信息平台，方便群众随时随地通过互联网查阅和监督，打通了扶贫资金监督的“最后一公里”。信息化的应用对检察机关整治预防扶贫领域职务犯罪也发挥着越来越重要的作用。在广东，省检察院正协调省扶贫办将“扶贫云”信息管理系统向检察机关开放端口。这意味着检察机关和扶贫部门可实现贫困人口数量、区域分布、扶贫项目清单和扶贫资金安排等基础数据有效共享，使检察机关实时掌握扶贫开发基本情况。

（二）创新宣传教育形式，深入推进司法扶贫

脱贫既要经济脱贫，还要思想脱贫、文化脱贫，也要法治脱贫。既要在经济上扶植，还在法律上扶植。群众法治意识的提升，对于遏制违法现象、引领合法致富、形成良好风气至关重要。基层脱贫攻坚，群众最缺乏的就是对国家法律、

政策的了解和掌握。作为国家法律监督机关，检察院积极创新宣传教育形式，注重思想引导，运用集中宣讲、“两微一端”新媒体平台、报刊杂志、检务宣传手册等方式，要把专题警示宣传教育活动融入“两学一做”学习教育之中，融入脱贫攻坚工作之中，通过集中开展警示宣传教育，以案释法，讲好法制故事、讲好检察故事，营造风清气正的扶贫开发环境；要全面开展送法下乡，深入推进“送法五进”活动，走农户、访民情、送法律，尤其是宣传城镇房屋拆迁、农村土地征用、劳动社保、退耕还林、危房改造等方面国家政策，提高群众对国家脱贫攻坚政策的知晓率，引导群众按政策办事，用政策维权，使困难群众感受到国家政策的恩惠，让扶贫政策深入人心。促进建立健全村规民约、治保组织、调解小组等章程和组织，深化基层法治建设。要进一步加强法律扶植工作，促进文明习惯的养成和法治观念的树立，营造社会新风尚。充分发挥乡镇检察室服务群众的“排头兵”作用，大力加强信息化建设，提供优质、高效、便捷的司法服务，努力满足贫困地区人民群众的司法需求。

全面加强刑事诉讼监督，依法监督纠正司法机关违法插手经济纠纷。全面加强民事行政诉讼监督，重点监督纠正实施扶贫攻坚行动计划中的行政不作为、乱作为，督促行政执法机关依法履职。

(三) 坚持惩防并举，筑牢思想防线

坚持惩防并举，把预防摆到与查办职务犯罪同等重要的位置来抓，在打通预防“最后一公里”上出实招，在增强预防针对性上下功夫，确保惠农扶贫资金不受非法蚕食，从源头上预防和减少职务犯罪发生，努力在惠农扶贫领域形成不敢腐的惩戒机制、不能腐的防范机制、不易腐的保障机制，遏制和减少“扶贫投入加上去，干部贪腐倒下来”的情况发生，确保国家惠农扶贫政策的有效落实。

结合查办扶贫领域职务犯罪的典型案件，坚持以案释法、以案说法，加强对扶贫领域国家工作人员的法制教育和廉政教育，提高廉洁用权、依法履职的自觉性；创新预防方式，将预防工作前置，围绕扶贫领域职务犯罪和诱发职务犯罪的苗头性、倾向性问题，开展前瞻性调查研究，注重总结分析犯罪规律，加强源头预防，提出预防措施，逐步建立预警监测机制，加强事前防范；要与扶贫部门建立联络机制，督促扶贫部门建章立制，扎紧制度笼子，形成不敢腐的惩戒机制、不能腐的防范机制、不易腐的保障机制、不想腐的心理机制，确保国家惠农扶贫政策在贯彻落实环节不打折扣

近年来，扶贫资金在审批、拨付、管理与使用中存在诸多问题，已成为新的

职务犯罪的高发区、易发区，严重危害了国家惠农政策的实施。为此，要围绕扶贫项目资金申报、审核审批、发放管理、检查验收等流程，积极开展预防调查和分析，提高农村财务管理人员的自觉性和主动性。

四、精准推进，打好攻坚“组合拳”，积极推进农村社会综合治理

进一步加大平安农村建设力度，加强对危害人身财产安全的易发多发犯罪打击，保护人民群众的生命财产安全。检察机关应当为扶贫脱贫攻坚战积极营造良好的法治环境，在保障群众安居乐业、维护特殊困难群体人身财产权益等方面，充分发挥职能作用。基层腐败治理决定反腐败是否赢得民心，是否最终取得胜利。按照中央和高检院部署，检察机关要主动加强与纪检监察、组织人事、公安、民政等部门的协作配合，充分发挥“惩治、教育、预防、监督、服务”等多元检察职能，依法打击危害农村和谐稳定的刑事犯罪，突出查办收受贿赂、徇私舞弊，为“村霸”和宗族恶势力充当保护伞的职务犯罪，坚决铲除严重影响百姓安居乐业的“村霸”和宗族恶势力“毒瘤”，积极维护农村和谐稳定。

开辟绿色通道，畅通困难群众诉求表达途径。充分利用好乡镇检察室“检察服务中心”，最大限度畅通困难群众诉求渠道。高度关注扶贫救助资金发放和异地搬迁扶贫、连片开发扶贫等环节产生的社会矛盾，突出抓好相关涉法涉诉信访办理工作，完善检察长接访制度，引导群众合理表达诉求，切实保障群众权益，避免因执法方式不当而出现影响发展稳定的问题。加大对涉及生活困难和弱势群体当事人的民事行政案件的法律监督力度，全力维护困难群众合法权益。

做好“调解员”，妥善化解矛盾，做维护社会稳定的“减法”，维护贫困地区和谐稳定。立足检察职能，在加大对破坏扶贫地区各类刑事犯罪的打击力度的同时，构建多元化矛盾纠纷化解机制，积极参与社会治安防控建设，有力推动贫困区域的平安法治建设。正确对待人民群众的诉求，让人民群众的合理要求得到解决，实现检察机关真正成为维护社会稳定的“减法”。

五、结语

“民心是最大的政治，正义是最强的力量。”各级检察机关正鼓起“不破楼兰终不还”的劲头，勇于担当，充分履行法律监督职能，综合运用扶持、打击、预防、监督、教育、保护等措施，为打赢脱贫攻坚战、全面建成小康社会提供有力司法保障。

农村基层三元治理模式之建构与法律监督研究

刘国良　杨洪泽　王　巍*

摘　要：对国家公权力绝对性主导的乡村基层社会一元治理模式与国家会权力缺位下的村民自治与村民选举的二元治理模式的理性反思，以期发现我国农村基层社会的基本问题一农村社会的离散与断裂现象的存在。农村社会的这种离散与断裂现象的存在同法律监督这种制度设定的缺位有直接关联性，或县乡两级政权同农村基层社会发生断裂与离散这种事实的直接因由是法律监督的缺位所造成的。从法律监督的有效投入，到三元治理模式的建构从制度层面上讲是一种具体完善过程，是一种社会治理的创新。

关键词：法律监督　三元治理模式　社会矛盾

在我国现实基层社会矛盾的化解问题涉及农村基层社会公共资源的提供与服务、涉及农村农民基本生存与发展、涉及农村农民的基本权利的维护与保障、涉及农村农民矛盾纠纷解决的诉求渠道。而这些问题一旦在某个环节出现阻塞，必然酿成或激化社会矛盾，最终导致群体性事件的发生。基于此，本文以农村基层三元治理模式的建构与法律监督的有效性投入为主题，以我国现实农村基层社会为研究背景，首先探究我国现实乡村社会所存在的普遍性、结构性与区位性的社会矛盾的产生原因与表现形式；其次对现行农村治理模式的创新性研究，即把法律监督的有效投入作为一种中元元素融入乡村治理模式当中，建构一种以财政转移支付+法律监督的有效投入+村民自治与村民选举为模式的三元治理模式，以期解决我国现行县乡两级政权与农村基层所产生的离散问题。

* 刘国良，任职于海南大学法学院；杨洪泽，任职于海南政法职业学院；王巍，海南省人民检察院第二分院检察委员会专职委员。

一、乡村基层社会治理模式的变迁

相对于其他社会而言，中国社会是一个政府主导型社会，在这样一个社会当中，政府是以政策作为影响发展的变量；其对社会结构及社会治理模式（尤其是农村基层社会的治理模式）的解构和建构的影响力是十分有限的，其因由在于政策不太容易从根本上改变治理模式的解与建，社会治理模式的解与建只与稳定的制度有直接的关联性。只有当稳定的制度出现缺位的情况下，应急办法措施才将替代稳定的制度去影响社会治理模式的解与建，所以从法律制度稳定性的角度可以探知出社会治理模式的变迁轨迹。

1. 我国乡村社会矛盾的根源之一——农村资源委托—代理关系的悖逆与法律监督缺位

自新中国成立以来，我国农村先后经历了土地改革、农村合作社、人民公社（政社合一、三级所有、队为基础）、以家庭联产土地承包责任制为基础的乡村政权、村民自治与民主选举等五次治理模式的变迁。在这五次变迁当中，相对稳定的社会制度一直以来并没有完全建构成功。由此在这样一种不稳定的社会制度当中，必然导致制度在某个环节、某个时段、某个区位上出现缺位。如此诞生了政策填补制度这一中国独有的社会现象。同时也导出特定的变迁脉络—治理主体绝对性的一元治理模式，经过治理主体与客体趋向平衡之争向治理主体与客体一致性转变。在这样一种转变过程中，也诞生了诸如村民的利益表达机制不畅通、乡镇政府与村民缺乏有效互动机制、对立情绪加深、矛盾冲突愈演愈烈等问题，有些甚至演变成大规模的群体性事件，村民自治中的贿选现象日趋严重。在乡村治理实践中，资本和权力间的关系也常常伴随着暴力、黑金政治，部分乡村新富利用手中的金钱左右民主选举过程和村庄公共事务治理及土地流转过程中的权力寻租等具有普遍性。

土地山林资源的集体所有制促成村民与村集体组织或村民委员会形成了委托—代理关系。但是事实上农民拥有土地森林矿产等资源承包经营权后就很难享有集体土地、森林等所有权，村两委不是代表“村农民集体”行使土地所有权职能，而是贯彻执行乡镇意图。集体经济组织对于土地、森林等资源的所有权由于不具有完全的排他性，或者说是排他性的占有权受到更高级别的乡镇权力的侵蚀。土地、森林等资源分配的具体执行常常要通过集体的代理人——乡村干部来实现，土地、森林等资源事实上是乡村干部能够施加重大影响，甚至完全掌握的一种非市场资源。从产权经济学的角度看，中国农村集体土地所有权归属是虚拟的，而这一层虚拟的土地所有权实际是归属于乡镇一级的，委托一代理关系完全脱节，因此就产生了所谓的“委托——代理关系的悖逆”。

市场经济条件下的交往者期望自己所有的资源在市场的交往过程中能够在经济上有所体现，如果经济交往过程中一方所掌握的资源是一种稀缺性资源，那么其交往的经济对价完全取决于与劳动力资源共同在市场中的均衡度。在现阶段农村集体土地、森林等资源集体所有制条件下，土地、森林、矿产等资源相对于农村劳动力而言具有较强的稀缺性。在劳动力资源不能够自由流通的条件下，劳动力所有者自由进入市场的成本较高，其对土地资源的需求弹性相对较小。而相反，处于垄断地位的土地所有者的基层政府与作为土地使用者的农民直接的关系上处于非对等关系，在这种关系中基层政府始终处于垄断地位。正是这种垄断关系的存在直接导致土地所有者对土地、森林等资源进行着一种或多种寻租行为。由于这种寻租行为的存在直接导致农村基层社会治理局面的蝴蝶效应——土地、森林等资源使用者农民与基层政府之间的直接对立与冲突。

2. 我国乡村社会矛盾的根源之二——农村资源流转过程中的法律监督缺位

农村资源流转主要指的是土地、山沟林、鱼塘、矿产的承包经营权的流转，其实质是农村资源使用权的流转，即在农村土地、山林等资源所有权属于集体所有的前提下，农民在市场支配下，根据自己的意愿转让其所承包的土地、山林等资源的使用权，从而实现土地资源的优化配置。然而，基层政府在实际操作的时候，却创造性地发明了很多非法定性的“流转”形式，诸如以“划定项目区，政府以优势产业，吸引农民拿出土地集中发展特色农业，进行产业化经营”的“流转”，根本不涉及土地承包权或者经营权的转让。一些地方甚至提出了“加快使用权流转，发展规模农业”的口号，下硬性指标；有的对土地流转和规模经营，实行“一票否决”。可见，对农村土地、森林等资源实行“流转”而不称为农村土地、森林等资源“交易”并不仅仅是约定俗成的通称问题，“流转”只是在许多合法的法定的财产权利模糊不清的情况下进行的一种模糊性的非对等性的强制性转让的过程。这与纯粹性的市场性交易截然相反，因为市场交易往往意味着各方财产对象的财产权利界定基本清晰，各方在交易中的民事法律地位对等，而农村土地、山林等资源流转的主体是谁、应当是谁以及各主体是否都是平等的民事主体都不明确。交易中能够做到基本的等价有偿，否则就不会形成普遍的稳定的交易活动了；而“流转”则并不意味着一定是自愿有偿的等价交易，事实上许多地区正是通过行政手段强制性低价剥夺农民的土地、山林等资源权利。这一方面是对这种行政手段强制性低价剥夺行为缺乏有效的监督即法律监督的缺位，从而导致农民个人和家庭的土地、山林等资源的承包权缺少法律的充分保护和救济手段，同时这些又为这种剥夺提供了大量的可以实现的机会和政策依据。农村土地、山林等资源的制度改革不仅仅难在利益之争，关键是在法律监督缺位的情况下，在地方既得利益集团的胁迫之下而完成的制度变迁。在法律监督缺位与受害群体缺乏有效救济的处境下，地方既得利益集团（指从农村土地、山林等资源"流转"中受益的集团）采用热农土地、山林等资源"流转"，冷界定土地山林等资源权利，或者是先流转后界定权利就成了维护自身局部短期利益的主要手段。

二、农村三元治理模式的建构

社会治理的首要任务就是要维持社会的基本法律秩序，确保整个社会的基本法律安全。失去了法律安全，其他价值就失去了实现的基础。当然，我们也要注意到法律安全价值实现的手段和方式可能会对其他价值实现产生干扰，因为公共权力垄断着暴力工具。它们的作用不仅在于为社会治理改革提供了价值引导，更重要的是通过基本的制度框架约束着社会治理活动。一方面，社会治理要遵守人民主权原则，另一方面必须按照法律规则开展活动。廉洁、责任、参与、透明、服务、合作是第三个层次的价值，也是当代社会经济发展对社会治理活动提出的新要求。虽然社会治理的核心主体依然是政府，但是企业、个人、公民社会组织等也参与到社会治理活动中，并且在某些方面替代了政府的作用。因此，社会治理改革必须接受新的价值，以容纳新的社会治理主体，并发挥它们的积极作用。和谐是社会治理要追求的终极目标，然而如何实现是社会治理所最关心的问题。对于社会治理来说，公权力如何行使，如何对待公民；公民内部成员如何认识公权力行使者；公共权力系统内部的关系以及人与自然的关系等是必须协调的主要关系。在这些价值中，绝大部分是改革开放以来，特别是后市场化改革时期出现的。它们的产生反映了社会经济发生的深刻变革，说明经济增长和效率的提高只是社会发展的众多目标中的一个。社会的发展还有其他重要的价值目标，而且要使市场经济持续地良性运行，不能只关注经济领域，还要关注政治社会文化等其他领域，因为所有的市场经济都是具体的，是受周围环境影响的。而社会治理改革也不能只拘泥于推动经济增长，还要关注其他更高目标的价值，这样才能从根本上提高公权力的合法性和运行的合理性。要从根本上提高公权力的合法性与运行的合理性，必须借助于法律监督的有效投入作保障。故此，从这个角度讲，法律监督的有效投入系社会治理创新的最为核心问题。

应该说60年的经验充分证明了制度（尤其是宪法制度）的缺失、不健全、不稳定、不被执行与政策的不断的波动有直接的关联性。而政策的不断波动直接导致了社会结构与社会治理模式发生了根本性变化，同时也相伴着社会危险、社会断裂与离散现象的产生（10年“文化大革命”是最好的例证）。为此，法律监督的有效性投入作为社会治理的一种中元性元素的介入即体现一种动态的平衡。从治理的主客体方面来说，任何良好的治理都是主客体一致性的表现（即主体的自治、自律、民主对公共物品的需求与投入相一致），乡村公共治理的主体只能是乡村社会本身。在这个意义上建立起来的乡村组织化体系才是有效的，而以社会资本为基础的自治组织系统的构建正是乡村社会建立组织的可靠选择。农村社会的离散现象的出现完全系由国家公权在乡村两级社会空间的弱化所造成的，而且这种弱化经历20多年的习惯养成，直接导致中国农村社会盲动性与严重缺乏自主性、创造性。随着1978年的改革开放，尤其是村民组织法施行以后，我国公权力突然从农村社会抽离出来，从而导致农村社会的公权力真空，尤其是法律监督的空白。这种公权力的真空与法律监督的空白在拜金主义强烈冲击下，农村的社会离散与混杂现象不断地膨胀。虽然，土地等生产资料承包到个体农户，客观上确实解决了农村村民的自主性与创造性的问题，农村经济也在一定程度上得到了发展，农民生活也比以前有所提高。但是，农村的公共治理空间却出现了问题，这种问题主要表现在治理主体的缺位性与自律性的贫乏性。

三、法律监督有效融入乡村社会治理当中

1. 财政转移支付过程中法律监督的有效融入

要想提高农民收入，首先必须充分保护农民的财产权利。目前我国农民个人的财产权利主要表现为中央通过财政的转移支付为农民提供的补贴资金，这些补贴资金在到达农民口袋之前先后经市、县、乡三级政府的节流与挪用，直接减少农民的财产性收入。法律监督直接从源头上介入财政转移支付的全部流程，就可以从根本上遏制补贴资金的盘剥、节流与挪用行为，增加县、乡两级政府在乡村社会的认同。因为村民认同是乡村社会稳定的文化心理基础。村民对县、乡两级政府的认同主要表现为对政府政策、政府行为、基层干部的态度、情感和议论等心理倾向。在村民认同不足的情况下，虽然一些合法的强制性治理方法勉强能够维持社会秩序的稳定，但这种稳定往往是非常脆弱的。一旦社会不稳定因素积累到不可调和的程度，就有可能引发突发性群体性事件。

2. 农村资源流转过程中法律监督的有效融入

农村资源流转过程中的法律监督的有效融入，主要是防止在“流转”的过程中，农民的土地、山林等资源的承包权利受到不法的侵蚀。由于只有少数农民有充分的谈判机会和大多数农民参与谈判的权利受到限制，现在乡村农地、山林经营权的变迁更多的是体现少部分阶层的利益，往往损害了大多数农民的利益，整体的效率损失远大于“精英”阶层的额外收益。而乡村“精英”阶层往往只会考虑到自身的利益，而且某个“精英”用自己高尚的个人行为为农民整体的利益服务也不会对这些阶层的整体行为有实质影响。考虑到这点，大多数的个体“精英”便会放弃这种起不到作用，甚至会被同僚所诟病的行为，这样在乡村精英阶层操作下的所谓“制度创新”更多体现的是制度退化。要建立有效率的符合大多数农民利益的土地、山林等资源的财产制度，必须要把法律监督融入到现存乡村治理阶层当中，必须要用法律的力量来限制这些乡村精英阶层，必须用法律监督的研究检视农村土地、山林等资源的流转过程，以确保流转的形式与内容的合法，保障流转具备公平、明确、稳定的物权划分和公正公开的交易规则。

3. 农村选举过程中法律监督的有效融入

所有的改革均以政治改革为前提，尤其在我国社会主义法治国家当中，所有的执政理念或社会政策的推行，都必须依据法律而行。作为宪法所设定的法律监督应如何推行，是我国目前司法改革必须解决的问题，即如何高效地将法律监督这一措施融入乡村选举当中。在乡村设立村务监督机构，受检察机关直接领导，其职责为监督选举、村财务监督与调查、提议召开村民会议、提议罢免村民委员会委员。其终极目的是监督检查贿选，以强化公平公正选举风气，使得合法选举的精神渗入全民内心。提倡全民联动检举检查贿选，还民一个合法有效公平的选举过程与结果。检察机关对贿选予以及时、有效的法律监督，能够从根本上切除将来的坑农、害农行为发生，对相关犯罪起到有效的预防功效。

农村民主选举充分体现了主权的人民性。然而农村的村民委员会换届选举，采取海选的办法，由农民群众直接提名候选人，再实行无记名投票，选出自己的治理者，这虽然是农民充分享有政治权利的标志，但是由于种种原因，在提名、推选村委会候选人的过程中，出现了一些诸如以下贿选的怪现象，直接影响到社会的稳定与安全。法律监督的有效融入，能够从根本上解决那些竞选候选人期望利用金钱把竞选人之间的依据个人信用参与公平竞争关系变成互相利用的金钱关系，信奉只要给钱就能使他人听从自己的指挥，就能保证选自己当选。有的候选人开展了不正当的竞争，不遗余力地贿赂选民，把竞选充当成为商业投资，这些前期竞选投资，将会在未来自己任职后从自己所控制的公共群体资源当中获取回报。此种贿选造成农村广大村民受害，却苦不能言。如此在农村基层社会形成两个直接对立的群体——广大农村村民与部分贿选利益者之间的严重对立冲突。实证调研发现，那些通过贿选获取选举胜利的人，往往背后得到了县乡两级政府部分干部的支持。而这些干部支持的直接后果是，这些干部能够从他们所支持的候选人那里获取足够的农村公共资源利益。

应该说，由财政转移支付、法律监督的有效投入、村民自治与村民选举三种元素组成的治理模式，从根本上解决了乡村治理方式的有效性问题，从制度上保障了农村的稳定与安全，强化了政府的凝聚力，同时，也从政策与体制上确实能保障农民减负增收，保证乡村社会的公共资源的公平分配状况的实现，提高农民对公共事务的参与水平及对政府的认同感。

参考文献：

［1］张静. 基层政权乡村制度诸问题［M］. 杭州：浙江人民出版社，2000.

［2］程为敏. 关于村民自治主体性的若干思考［J］. 中国社会科学，2005（3）.

［3］徐勇. 县政、乡派与村治：乡村治理的结构性转化［J］. 江苏社会科学，2002（2）.

［4］程为敏. 关于村民自治主体性的若干思考［J］. 中国社会科学，2005（3）.

［5］吴新叶. 农村基层公共空间中的政府在场——以基层的政治性与社会性为视角，武汉大学学报，2008（2）.

检察机关强化法律监督　服务保障海南自由贸易区（港）建设国家生态文明试验区的思考

——以海南省H院开展生态检察工作为例

王　巍　李少甲*

摘要： 建设国家生态文明试验区是建设海南自由贸易区（港）的重要内容。在海南推进国家生态文明试验区建设的背景下，检察机关充分发挥职能作用，积极服务和保障生态文明建设是应尽的政治责任和法律责任。本文通过对海南省H院近年来办理环资类案件的情况进行分析梳理，对当前办理该类案件存在的问题进行探讨，并就检察机关服务和保障国家生态文明试验区建设提出建议。

关键词： 检察机关　国家生态文明试验区　建议

一、检察机关服务保障生态文明建设的重要意义

2018年4月13日，习近平在庆祝海南建省办经济特区30周年大会上宣布党中央支持海南全岛建设自由贸易区，支持海南逐步探索、稳步推进中国特色自由贸易港建设。中共中央、国务院发布《关于支持海南全面深化改革开放的指导意见》，将海南着力打造为全面深化改革开放试验区、国家生态文明试验区、国际旅游消费中心和国家战略服务保障区。海南建设自由贸易区（港）主要目标之一是建设海南国家生态文明试验区。

习近平总书记和党中央对海南的生态环境特别看重，指出生态环境对海南的永续发展极端重要。海南省人民检察院检察长路志强要求海南检察机关应聚焦打

---

* 王巍，海南省人民检察院第二分院检委会专职委员；李少甲，海南省人民检察院第二分院检察官助理。

好污染防治攻坚战，切实加强生态环境司法保护，认真部署开展“守护海南绿水青山”专项行动，全力服务保障全省生态文明建设和生态环境六大专项整治工作。检察机关积极发挥法律监督的职能，服务保障海南国家生态文明试验区建设，是讲政治、顾大局和谋发展的具体表现和责任担当。

二、H 院办理环境资源犯罪案件的情况分析

海南省委、省政府决定全省在空间上形成基于山形水系框架，以中部山区的霸王岭、五指山、鹦哥岭、黎母山、吊罗山、尖峰岭等主要山体为核心，以松涛、大广坝、牛路岭等重要湖库为空间节点，以自然保护区廊道、主要河流和海岸带为生态廊道，形成“一心多廊、山海相连、河湖相串”的基本生态空间格局。霸王岭、尖峰岭、鹦哥岭等主要山体，松涛、大广坝等重要湖泊均分布在 H 院辖区，其中鹦哥岭国家级自然保护区是海南陆地保护区的中心枢纽，不仅是海南岛两大河流——南渡江、昌化江的发源地，还是中国原始热带雨林保存最完好的自然保护区和中国生物物种宝库；尖峰岭国家森林公园在 2015 年被评为“中国最美十大森林”之一；松涛水库为海南省第一大水库，是北部一市四县的灌溉用水的主要来源。同时，H 院辖区还有约 597 千米的海岸线。

近年来，H 院紧紧围绕省委、省院部署和要求，立足法律监督职能，积极推进生态检察工作，加强机制建设，有效提升破坏环境资源犯罪专项监督活动工作成效。自 2016 年 12 月 16 日省高级法院、省检察院、省公安厅等 5 单位联合颁布《关于环境资源刑事司法保护若干问题的意见（试行）》，明确将环境资源刑事案件上提一级归口审理以后，截至 2018 年 6 月，H 院共受理环资类审查起诉案件 207 件 275 人，分别占审查起诉案件总数和人数的 50.9%和 39.4%。自修改后的民事诉讼法和行政诉讼法实施以来，截至 2018 年 6 月，H 院共办理公益诉讼案件 19 件，发出诉前检察建议 4 件，提起民事公益诉讼 3 件。办理的案件主要呈现“三集中一轻刑一突破”的特点。

（一）涉及罪名集中

H 院办理的此类案件共涉及 10 个罪名，其中涉及滥伐林木罪案件为 105 件 121 人、盗伐林木罪案件为 36 件 59 人、非法占用农用地罪案件 21 件 31 人，涉及三项罪名的案件数和人数之和分别占比 78.3%和 76.7%，涉及的罪名较为传统。

（二）犯罪区域集中

经统计，在 L 县发案 51 件 65 人、D 市发案 44 件 58 人、G 县发案 38 件 48 人、Z 市发案 33 件 43 人，上述四个市县的发案量和人数之和分别占比 80.2%和

77.8%。辖区各市县的发案规律体现较明显的地域特点，涉案罪名与生态资源分布、经济发展情况有较密切的联系。如，辖区内近70%的涉林案件发生在拥有丰富森林资源的乐东、东方、临高三地；洋浦因有玄武岩矿，其境内发生的3起破坏生态环境案件均为非法采矿案；白沙则在鹦哥岭自然保护区内频发破坏野生动物资源案件。

（三）犯罪群体集中

在办理破坏生态环境审查起诉案件的275人中有222人为农民或无业人员，占比为80.7%，比例较高。究其原因，一是农村地区环保工作薄弱。我国现有的环境管理和监控体制是以城市为中心构建的，正式负责环境监管的机构职能延伸一般只能到市县一级。农村地域范围广阔，生态环境监管难度大，成本高，效率低。行政执法监管部门对农村地区关注力度不够，导致生态环境预防和日常监管不到位。二是农民环保意识和法律意识比较淡薄，对生态环境持续恶化造成的严重后果敏感度不高，对国家日益加大打击生态环境领域犯罪的力度认知不够。再加上农村地区生活方式滞后，传统“靠山吃山，靠水吃水”的思想影响，其自身的生产生活方式就造成了生态环境的破坏。三是经济利益的诱惑。农民经济收入方式单一，收入较低，因经济利益的驱使，易实施盗伐、滥伐、非法狩猎等犯罪的行为。

（四）刑罚轻刑比例较高

从统计来看，有73.8%的犯罪嫌疑人适用取保候审强制措施进入刑事诉讼程序。而在其进入审判环节后，处罚也普遍较轻，其中判处缓刑或单处罚金的有119人，占已判决总人数的71.3%。同时被判处罚金的，罚金数额在5000元以下的有123人，占总人数的79.9%。

（五）公益诉讼有突破

H院早谋划、早部署，充分利用“大调研”，认真研究工作路径，及时建立公益诉讼与刑事案件同步审查机制，拓宽公益诉讼线索来源。强化内部协作与线索研判，全面摸排公益诉讼线索，成功起诉了全省首例民事公益诉讼案件。办理的首例行政公益诉讼案件，诉前检察建议已促进非法占有农用地问题解决，顺利办结。

三、当前服务保障生态文明建设存在的问题

（一）外部合力尚未形成

一是“两法衔接”工作规定落实不到位。由于缺乏信息共享、线索移送等联

合执法机制，既限制了环资类案件的侦查取证，又可能为行政执法部门徇私舞弊提供了空间。行政执法机关往往在查处案件上存在“三多、三少”现象，即实际发生多、查处少；行政处理多、移送司法机关追究刑事责任少；查处一般犯罪分子多、严重污染环境的犯罪少、追究幕后操纵者少。二是案件移送缺乏后续反馈机制。如行政执法机关将案件线索移送公安机关后，公安机关往往未能及时将立案、办理情况等向移送单位反馈，行政执法机关也未申请检察机关进行监督，造成公安机关和行政执法机关相互推诿，导致案件久拖未决。

（二）内部协调机制尚未健全

检察机关各内设机构职能设置不同，过于松散型的模式，导致各项职能开展深度不够，主要表现为：一是公益诉讼未形成规模，附带民事诉讼未展开。受限于公益诉讼线索获取难、证据固定难，又加上公益诉讼工作开展不久，尚未形成稳定长效的工作机制，导致办理的案件数量不多，办理案件的效果尚不能完全展现。同时，以刑事附带民事进行生态环境索赔的诉讼同步开展的案件也比较少。二是参与方式较为单一。查办环资类案件是核心，但做好专项工作不仅要查办，也要对行政执法行为和司法行为依法开展法律监督。如对环境行政部门开展监督，督促依法履职；对已涉嫌犯罪的危害环境行为，督促依法移送，防止以罚代刑；对公安机关开展立案监督，防止有案不受，有案不立；对法院审理环资案件的程序、适用法律、执行情况依法开展监督，统一生态环境领域犯罪案件量刑标准，维护司法稳定性和权威性。三是职能延伸不到位。在一定程度仍存在“重打击、轻预防”的思想，打击是检察机关参与综合治理的手段而非目的，通过犯罪预防避免类似案件发生才是上策。况且检察机关履行审查批准逮捕、审查起诉等职能对环资类案件的打击往往在环境污染发生之后。环境污染和破坏一旦发生往往损失巨大，生态修复较慢，治理成本较高，生态环境的保护的特殊性要求检察机关不仅仅发挥打击的职能，还需要创新发挥参与生态综合治理的职能。

（三）生态修复开展不到位

从统计来看，H 院办理的环资类审查起诉案件主要以滥伐林木罪案件和非法占用农用地罪为主，此类案件多为当事人为生产或生活而为，犯罪情节相对轻微。检察机关在审查案件后，可以通过要求犯罪嫌疑人依法停止侵害、修复环境等模式降低资源破坏和环境污染损害程度。H 院办结的 60%的案件均未启动生态环境损害修复赔偿工作。究其原因，一方面是检察人员开展恢复性司法工作的主动性不高；另一方面是恢复性司法工作的配套制度不完善。如对犯罪嫌疑人修复环境的情况应如何鉴定、由谁鉴定，各地做法不一；还有的县市未根据规定设立破坏生态资源修复资金收款账户，导致犯罪嫌疑人不知向谁交纳该资金。

（四）办案质量有待提高

一是对罪与非罪及证据的把握不够准确。侦查机关存有机械办案和简单办案的观念，对不该立案的案件进行立案。同时在侦查中收集证据不规范、不全面，证据审查运用不严谨，导致案件事实难以认定。近一年来，H院作出不起诉决定和公安撤回起诉的案件共10件11人，占审结数的5.6%。如H院办理的一起供电所员工滥伐林木案。由于台风临近，供电所员工接到上级命令，要求在抗风防汛中清理妨碍高压线路安全的林木。由于事态紧急，供电所员工在未取得采伐许可的情况下就对高压线路附近的林木进行了砍伐。当地森林公安局将此作为刑事案件进行了立案侦查，H院经检委会决定对供电所员工作出绝对不起诉。侦查机关仅从供电所员工未取得采伐许可证的情节考虑，而忽略了其行为本质是为了公共利益而依照电力法规定采取的避险措施，片面认为构成了犯罪。二是案件认定不准确。侦查机关审查不严，移送的案件存在遗漏犯罪事实、遗漏犯罪情节、遗漏犯罪嫌疑人和遗漏罪名的问题比较突出。一年来，H院共对环资类案件纠正遗漏同案犯3人、纠正遗漏起诉罪行15人，分别占两类纠正情形总数的100%和31.9%。其中追诉的漏罪多为关联性犯罪，如多起非法狩猎案，遗漏认定非法制造枪支、非法持有枪支等罪名；多起非法猎捕珍贵、濒危野生动物案，遗漏认定非法运输、出售珍贵、濒危野生动物等罪名。

（五）生态专业人才短缺

目前，无论是行政执法部门还是公安、检察、审判等司法机关，均缺乏专业性的执法或司法队伍。专业人才的短缺导致查办案件的领域仍限于传统领域，而对诸如大气污染、水污染、土壤污染等群众反映强烈、问题突出的领域案件的查办仍举步维艰。最高人民检察院张军检察长在云南省检察院调研时说道，不同于法院、公安，公诉部门大都没有进行专业划分，检察机关的侦查监督中，什么样的案件一个人都能办，是千篇一律“一张脸”对着人家好几个“专业脸”。由于人才培养、办案理念的不同，检察机关的队伍建设在“专才”与“通才”上左右摇摆，检察人员内部缺乏专业化的分工。而生态环境和资源保护领域涉及的问题往往非常专业，环境污染与生态问题往往表现出多源头、长潜伏、跨地域的特征，检察机关开展相关法律工作，无论是打击环境犯罪还是监督环境执法，都需要检察人员有过硬的职业素养和较高的专业能力。特别是环境行政检察与公益诉讼工作，对相关检察人员的要求更高。检察人员既要敢于碰硬、善于监督，又要保持相应的理性、克制和谦抑，准确把握检察监督的界限，不违背立法精神，不能不为，更不能滥为。在实践中检察人员由于不直接从事生态环境保护工作，往往缺乏环境方面专业知识和技能。且公益诉讼是个新事物，理论研究基础薄弱，办案实践经验缺乏，检察人员开展生态检察能力不足问题凸显。

四、海南检察机关参与生态文明试验区建设的建议

（一）以习近平新时代中国特色社会主义思想，推动生态检察工作创新发展

深入贯彻习近平新时代中国特色社会主义思想，深刻理解习近平生态文明思想的丰富内涵，切实增强保障打好污染防治攻坚战、促进生态文明建设的使命感和责任感。一是处理好人与自然的关系，坚持人与自然和谐共生。二是处理好保护与发展的关系，坚持践行绿水青山就是金山银山的理念，全面推动绿色发展。三是坚持良好生态环境是最普惠的民生福祉，把解决突出生态环境问题作为民生优先领域。四是树立生态环境安全就是国家安全的重要组成部分，有效防范生态环境风险。五是提高生态环境治理水平，用最严格的制度、最严密的法治保护生态环境，加强制度创新，推动构建共有、共治、共享的全球生态文明体系。

生态检察工作要创新发展，理念转变至关重要。检察机关法律监督的实质是启动法定的纠错程序，提醒、促进被监督者重新审视并自我纠错。要践行双赢、多赢、共赢的监督理念，坚持在办案中监督，在监督中办案，坚持政治效果、社会效果、法律效果相统一。牢固树立“最多地发现问题、最多地发出检察建议、最多地促进问题解决，尽可能少提出诉讼”的理念，深入开展“增绿护蓝·公益诉讼”专项行动。

近日，最高人民检察院出台了《关于充分发挥检察职能作用助力打好污染防治攻坚战的通知》。海南检察机关要严格贯彻落实，紧紧围绕全省生态文明建设和生态环境六大专项整治，持续聚焦大气、水、土壤污染防治等领域的重点、难点问题，不断加大公益诉讼办案力度。重点关注执法检查中发现的结构性污染问题突出、监督管理制度落实不到位、防治措施执行不够有力、执行监督和司法保障有待加强、法律责任不落实等主要问题，加大对环保等行政执法部门的督促履行职责的工作力度，加强与相关部门的沟通协调，不断增强环境治理保护合力，与执法司法机关形成良性、互动、积极的工作关系。

（二）建立健全工作机制，推动生态检察工作规范发展

（1）健全行政执法与刑事司法衔接的衔接机制。一是加强与环境行政监管部

门的沟通。以国家整合组建生态环境保护综合执法队伍为契机，进一步加强对生态保护部门的执法监督，搭建行政执法与刑事司法衔接平台，积极推进与相关行政机关建立、完善信息交流、案件通报、联席会议等机制，防止有案不移、有案不立、以罚代刑的发生。同时与有关部门建立行政调查案件的通报机制，及时了解和掌握相关部门调查处理情况。在结合行政调查和检察调查基础上，对严重破坏生态环境资源的案件，及时介入行政调查，相互配合，相互监督，形成工作合力。二是加强与人民法院和公安机关的沟通，研究制定环资类案件证据标准和统一量刑标准，提高办案质量和效率。加强对生态环境案件刑事侦查活动监督，引导侦查取证，有效解决收集固定证据不及时、不合法，侦查质量不高等问题。定期或者不定期召开联席会议，研讨分析刑事案件办理新特点新情况、公益诉讼案件办理的难点。

(2) 构建环资类案件一体化办案模式。以探索捕诉合一为契机，建立“捕、诉、监、防”的环资类案件一体化办案模式，成立环资案件专办组，将侦监、公诉部门的相关骨干共同纳入办案专业化队伍，形成一个统一的办案组织，全面负责环境犯罪案件的监督、批捕、起诉、预防等检察职责。必要时，可采用“捕、诉、监、防”+“公益诉讼”的办案模式，将公益诉讼职能纳入一体化办案，既有利于解决公益诉讼线索来源少的难题，又有利于加强与行政执法机关的沟通协调，避免不同检察人在办理环资刑事案件和公益诉讼案件分别与行政执法机关联系的问题，有效解决公益诉讼大量取证、调查的难题。探索建立破坏环境资源犯罪检察信息公开制度，定期发布环境保护检察工作白皮书，公布环境保护检察工作的动态情况，尽可能地让社会公众知晓检察机关在环境保护检察监督方面的工作开展状况，强化检务公开要求，突出检察机关主动加强环境保护监督的大局理念。

(3) 建立公益诉讼与刑事案件同步介入、同步调查办案机制。在刑事案件提前介入的同时，负责公益诉讼的检察人员同步介入，第一时间了解犯罪行为对于社会公共利益的损害情况，将介入的时间由案件受理提前至提前介入阶段。对有可能存在损害社会公共利益和国家利益的刑事案件，在受理后，负责公益诉讼的检察人员与负责刑事案件的检察人员同步进行调查，切实解决公益诉讼线索来源少、取证难的问题。对于环境污染犯罪，在严厉打击刑事犯罪的同时，充分发挥一体化办案优势，针对加害方对环境权益的侵害行为、犯罪情节和损害后果等，探索刑事附带民事公益诉讼。

(4) 健全检察机关参与环境综合整治机制。一是探索恢复性司法的综合治理模式。坚决贯彻“宽严相济、公正高效”的办案理念，逐步建立“专业化法律监督+恢复性司法实践+社会化综合治理”的生态修复检察模式，教育引导犯罪行为人自愿履行生态修复义务，并根据被告人修复生态情况提出量刑处理意见，实现惩罚犯罪与保护生态有机结合。二是提供重大项目法律服务。结合生态文明试验区建设的重点工程、重点项目、重大招商活动，加强建立与地方党委、政府的联系，推动检察服务全覆盖、投资企业权利义务告知全覆盖，提升生态检察保障精准度，进一步规范营商行为，优化营商环境。三是依托普法宣传开展社会预防。坚持以案释法，定期开展法制宣传和现场警示教育，进一步扩大办案效果，引导公众积极同破坏环境资源的违法犯罪行为作斗争，提高社会公众环境保护参与意识，从源头上减少犯罪的发生。

(5) 建立健全生态环境问责机制。除加强环保督查问责、纪检监察机关问责外，检察机关应以办案为中心，针对办案过程中发现的涉及生态环保领域行政机关违法行使职权或者不履行职权的情形，可对相关负有责任的行政人员，向有关部门提出问责建议。问责检察建议要把问题指的精准，建议于法有据，具有可行性和可操作性。同时紧盯效果，监督落实情况，提高检察建议的刚性。

(三) 加强专业队伍建设，推动生态检察工作科学发展

抓好专业队伍建设，为推动生态检察工作强基固本。按照习近平总书记注重培养专业能力和专业精神的要求，突出生态检察队伍、生态检察人员专业化建设。

(1) 强化生态检察业务人才培训。依托高校建立教学科研实践基地，充分利用检校合作资源、加强理论调研、成果转化及人才交流。定期开展案例研讨和课题研究，并邀请专家教授、业务标兵，为干警传授业务技能、研讨理论热点、交流办案心得，切实培养检察人员破坏环境犯罪检察理论和实务调研能力。

(2) 建立与生态环保行政执法机关的专业化互补机制。破坏环境犯罪最为突出的难点和重点是相关行政法规知识的缺乏，很多行政专业领域的问题涉及刑事的定罪、量刑，就需要与行政执法机关进行专业化互补，除了定期与行政执法机关相应的部门，如政策法规处等进行沟通、学习外，从专业化角度出发，可以探索聘请行政咨询专家，以解决破坏环境犯罪行政专业性、技术性问题和法律问题之间的衔接。

(3) 健全专业化人才培养的配套机制。实行一体化办案模式后，既要保持环资类案件专办组人员的相对稳定，又要兼顾定期轮岗交流，实现多岗位锻炼，促

进成为一专多能复合型人才。同时建立专业化办案的科学业绩考核评价体系，将考核的基础从简单的案件数、人数上转移到专业化办案的法律监督能力、办案质量和效果、工作态度、法律素养、成长速度等上来，激发专办组成员的工作积极性，全面推进生态环保综合司法队伍建设，打造一支规范化、标准化、专业化的生态环保检察铁军。

加强和改进生态检察
保障生态宜居美好新海南建设

陈　雄*

党的十八大把生态文明建设纳入中国特色社会主义事业“五位一体”总布局，提出了建设美丽中国的目标。日前中共海南省委第七次党代会积极贯彻中央部署，立足海南实际，吹响了建设经济繁荣、社会文明、生态宜居、人民幸福的美好新海南的号角。良好的生态环境，离不开法治的保障。检察机关作为全面依法治国的重要力量，在保护生态环境方面承担着义不容辞的重大责任。笔者通过对今年以来 H 院办理的破坏生态环境资源犯罪案件进行分析，剖析了案件发生的原因，结合办案实际，探讨了检察机关参与维护海南良好生态的方式和途径。

一、当前生态环境资源犯罪案件的主要特点

2016 年 12 月份，海南省高级人民法院、海南省人民检察院等五单位《关于环境资源刑事司法保护若干问题的意见（试行）》（下称《意见》）下发后，H 院积极适应环境资源案件归口审理的改革要求，采取有力措施，不断强化对破坏环境资源犯罪案件的审查力度。截至 2017 年 5 月上旬，共办理公安机关移送审查起诉案件 69 件 87 人。此类案件主要呈现以下特点。

（一）案件类型集中

从所受理移送审查起诉案件类型来看，有 49 件案件属于盗伐、滥伐林木案件，占全部案件的 71%；其中滥伐林木案件 36 件，占全部案件的 52%。另外，非法占用农用地案件 9 件，占比 13%；非法收购、运输、出售濒危野生动物案 7 件，占比 10%；其他案件 4 件，占比 5.8%。

* 海南省人民检察院第二分院研究室主任、检察官。

（二）涉案人数较多

由于实施破坏生态环境资源行为的客观需要，单个人不容易完成破坏行为，因此这类犯罪大都是多人参与，共同实施。譬如盗伐、滥伐林木罪，一个案件中往往有组织者、实施者、雇工、运输者，有的还有收购者，但由于大多案件中的其他涉案人的主观犯意不好认定，往往只能追究组织者和主要实施者的刑事责任。

（三）涉案人员文化程度普遍不高

譬如，在盗伐、滥伐林木案中的涉案人员，绝大多数文化程度都在初中以下，有的甚至是文盲。他们大多对有关的法律规定都不甚了解，只凭自己的主观意志行事。通常来说，文化程度的高低一般与一个人的法律意识相关联，因此这些人走上犯罪道路，有一定的必然性。

（四）案件一般不大但危害严重

近几年，随着各级政府和广大群众对环境保护的重视，各类严重破坏生态环境案件发案率明显降低，但一般案件的发案数量仍居高不下。这些案件看起来虽然不大，但造成的危害可不容忽视。一方面，他们的行为破坏了当地良好的生态环境，造成的危害结果往往不可逆转，甚至无法修复；另一方面，他们的行为在当地群众中也造成很坏的示范作用，如果打击不力，容易引发他人效仿；同时涉案人员的锒铛入狱，也必然影响其正常家庭生活，影响社会的和谐稳定。

（五）恢复性司法保护生态工作不到位

2016年9月，海南省高级人民法院、海南省人民检察院等八单位联合下发《关于在办理破坏生态环境刑事案件中推行生态修复赔偿机制的若干意见（试行）》，明确生态修复赔偿机制适用于各类破坏环境资源保护的各类案件及毁坏生态公益林的犯罪案件。但从H院目前办理的69件案件来看，其中仅有几个案件进行了生态修复，占比5%左右，排除自然恢复的可能，还是远不能满足生态修复的现实需要。

二、破坏生态环境资源犯罪案件多发的原因

（一）利益驱动是根本

市场经济鼓励人们依法通过合法正当手段发家致富。但现实生活中，仍有一部分人企图钻法律的空子，走财富积累的捷径，这注定是行不通的。此类案件的涉案人，看中的就是生态资源中的利益，为了占为己有，不惜以身试法，铤而走险。譬如，高发的盗伐、滥伐林木犯罪，涉案人就是为了非法占有他人林木资源或者不愿缴纳林木采伐许可证的费用，最终触犯刑律。

（二）法制意识淡化是内因

目前，我国对环境资源保护的法律日渐完备，但由于相关普法工作不到位，广大群众不甚了解一些法律的具体内容。譬如办理的多起非法收购、运输、出售濒危野生动物案，我们大多数人对哪些动物属于濒危物种都不很清楚，更不要说文化程度不高的村民了。有的企业以带动村民就业为借口，蔑视法律，非法侵占农用地、毁坏林地等资源环境；还有相当一部分的涉案人虽然知道自己的行为违反，但守法意识淡薄，抱有侥幸心理，认为只要自己不被抓住就可逃脱惩罚，直到案发才追悔莫及。

（三）行政执法存在薄弱环节

一是行政执法主体多，监管职能相互交叉、重叠，从而造成多头执法、分段式管理的工作格局。工作中协作配合不好，甚至相互扯皮推诿，导致一些破坏生态环境的违法犯罪行为没有及时被发现并予以追究。二是破坏生态环境资源行为存在调查、收集、固定证据难，鉴定难等问题。譬如当前违建虾塘的环境污染评估、鉴定就存在空白。三是当前生态环境执法部门执法队伍薄弱、装备落后的问题，也一定程度制约了生态保护工作的顺利开展。四是生态环境行政执法部门的执法刚性不强。国土、林业、水务、海洋渔业部门均反映由于没有行政执法强制权，执法效果较差，执法权威不够。

（四）刑事打击不能形成有效的震慑

行政执法和刑事司法衔接不畅，行政执法机关不能将一些案件线索移送公安机关，导致一些本应追究刑事责任的破坏生态环境犯罪行为，没能进入检察起诉环节，仅仅停留在行政处罚的层面；还有一些案件即便进入检察环节提起公诉后，法院处刑较轻，较轻的处罚与非法占有农用地、毁林开荒带来的巨大经济利益相比，犯罪成本不足以遏制和震慑犯罪。另外，对于在破坏环境资源犯罪背后的国家机关工作人员失职渎职犯罪，也存在量刑偏轻的问题，对此类犯罪无法进行充分的惩治。

（五）行政作为不当也是诱因

在一些由经济建设引发的破坏环资类案件中，行政作为不当是其中极大的诱因。某县批准能大批带动农民脱贫致富的农副产品冷藏加工厂项目建设，因没有处理好林地征用问题，引发该项目开发商涉嫌非法占用农用地罪；某县在公益林地批准建采石场，引发厂方超出批准用地范围砍伐林木，涉嫌滥伐林木罪；某县不按电力建设要求在林木上空架设高压线路，造成供电所员工为防风抗灾砍伐线路下方林木，致该供电所负责人涉嫌滥伐林木罪；还有因行政作为滞后，使一些国防建设项目进度受阻，相关施工方未获批先建，涉嫌破坏环境资源犯罪等，这些案件的发生固然有其他原因，但“多规不合一”、行政滥作为、行政不作为、行政慢作为、行政怠作为等不当作为，应该是其中极大的诱因。

三、推进生态检察工作的方式和途径

最高人民检察院《关于贯彻落实〈中共中央关于全面推进依法治国若干重大问题的决定〉的意见》，明确要求检察机关要认真落实用严格的法律制度保护生态环境的要求，不断加大生态环境保护力度。最高人民检察院《关于全面履行检察职能为推进健康中国建设提供有力司法保障的意见》，明确对打击破坏环境资源和危害生态安全犯罪的重点和要求。海南省人民检察院先后下发了《关于发挥检察职能为推进生态环境六大专项整治和美丽乡村建设提供有力司法保障的意见》和《关于认真贯彻落实省第七次党代会精神服务保障美好新海南建设的意见》，对海南省检察机关如何发挥检察职能，打击破坏环境资源和危害生态安全犯罪，保护青山绿水蓝天，提出具体意见，明确了推进生态检察工作的方式和路径。笔者认为，在具体的生态检察工作中，要围绕以下工作重点推进。

（一）加大打击力度

一是严厉打击破坏环境资源刑事犯罪。对破坏生态污染环境的犯罪行为“零容忍”，利用好环资类案件上提一级审查起诉，上下两级检察院“接力”审查把关的优势，重点打击我省多发的盗伐滥伐林木、非法占用农用地、内河湖泊环境污染、非法采砂等犯罪行为。二是优化破坏环境资源办案机制。当前，要主动与法院、公安机关协调，达成建立对破坏环境资源刑事案件优先办理、快速办理、适时介入、引导取证等工作机制的共识。利用好办案责任制改革便利，实行专门分案，集中优势力量，优先快速办理破坏生态环境刑事案件，增强打击犯罪的实效和震慑力。将来，可考虑设立特别办案程序。三是加大查处生态环境监管领域职务犯罪力度。严肃查处重点生态功能区建设、山水林田湖生态保护和修复工程、环境污染治理以及项目审批、落后产能淘汰、环境评价等环节不作为、乱作为的职务犯罪。依法查办发生在土地使用权出让、矿产资源开发以及重大环境污染事件、重大责任事故背后的贪污贿赂、滥用职权、玩忽职守等职务犯罪。坚决查处环境执法人员等利用职务便利帮助违法行为人或者犯罪嫌疑人逃避处罚、徇私枉法以及贪污受贿等违法犯罪案件。

（二）依法履行检察监督职能

一是建立沟通衔接机制。强化两法衔接，运用大数据，建立检察机关与相关执法部门的案件信息共享平台，将作出行政处罚、移送司法机关的案件基本情况通过平台与检察机关共享并及时更新，畅通检察机关与行政执法机关互联互通路径，保证检察监督的及时、有效。推进与公安法院网络连接，实现诉讼联通和数字共享，保证侦查监督和审判监督信息来源。二是加强涉及生态环境保护案件的法律监督。对生态环境保护行政执法部门不履职或怠于履职的，要充分运用检察建议等方式，督促其依法履行职责，及时有效监管；督促建章立制，堵塞监管漏洞。依法纠正生态环境保护监管执法部门违法行为，监督行政机关移送破坏生态环境资源违法犯罪线索。主动介入环保、国土、林业、公安等部门，对其执法活动开展同步监督，最大限度减少环境损害。强化立案监督，对应当立案而不立案的，要求公安机关说明不立案理由，依法纠正公安机关侦查活动违法。强化审判监督，对确有错误的判决依法支持或提出抗诉，确保法院依法作出公正裁判。积极延审办案职能，通过开展类案分析，深入实地进行调研，努力发现引发此类案件频发的深层次原因，提出切实可行的意见建议，供有关部门决策参考。

（三）探索检察机关主导的环境公益诉讼

中央全面深化改革领导小组通过的《检察机关提起公益诉讼改革试点方案》，明确将生态环境和资源保护领域作为重点。海南省为非试点地区，应积极主动探索公益诉讼，及时跟踪试点地区的经验，紧盯盗伐滥伐林木、非法占用农用地、内河湖泊环境污染、非法采砂等破坏环境和危害生态类事件，综合运用检察建议、督促起诉、支持起诉等多种手段，维护好社会公共利益。要把检察机关主导的公益诉讼，从行政公益诉讼扩展到民事公益诉讼，对涉及侵害环境公益的民事案件，符合督促起诉条件的，应当督促环保部门或依法负有环境监管职责的部门起诉，或督促其履行职责。对涉及侵害环境公益的民事案件，可以探索向人民法院提起环境民事公益诉讼；对环保部门作为原告提起环境民事公益诉讼的，检察机关应当支持起诉。

（四）运用恢复性司法理念促生态环境修复

积极开展将恢复性司法理念引入生态环境保护实践，克服“重打击、轻恢复”的做法。在办案中，要把生态恢复和生态补偿作为入罪的前置条件，量刑的重要情节，积极推进生态修复补偿。探索设立引导、鼓励、动员、责令犯罪嫌疑人及其家属承担生态修复补偿责任，做好生态修复补偿的规范化工作程序，使生态修复补偿的进行和完成状态与入罪量刑能实现对等判断。加强与林业、环保等相关行政执法部门的沟通协调，建立生态修复补偿协作机制，形成工作合力，确保修复补偿落到实处。对犯罪情节轻微且认罪态度好、愿意补种树木修复环境的犯罪嫌疑人或被告人，依法从轻处理或建议从轻处罚，达到“办理一件案件、恢复一片青山，挽救一个家庭”的目的，将犯罪对环境资源的破坏降到最低限度。当然，海南优越的地理气候条件，生态环境自我修复能力强，并不是所有生态环境修复都要人为恢复，可以变换为经济补偿和其他劳动方式，来体现恢复性司法理念，达到打击、教育、恢复、警示同步实现的目的。

（五）加强法制宣传教育

一是强化检察机关司法教育职能。运用常态性的预防宣传教育，组成宣讲团，结合生态保护需要，开展持续性、系统性、规模性宣传活动。二是发挥检察机关办案导向功能。利用微博、微信、门户网站等新媒体，开设检察官说法等栏目，以典型案例释法说理，引导民众知法、明法、守法。三是强化职务犯罪预防工作。组织环保、国土、林业等部门工作人员旁听庭审、开展生态廉政教育专题讲座等，积极预防生态环境建设领域的职务犯罪行为发生。四是开展群众性宣传。以落实中办、国办《关于实行国家机关“谁执法谁普法”普法责任制的意见》为着手点，发动相关部门结合典型案例，以群众喜闻乐见的方式，深入林区、厂矿、乡村等案件多发、高发的基层一线，宣传、滥伐林木、非法采砂等行为所造成的生态破坏和社会危害。通过多渠道开展法治宣传教育，提升干部群众生态环境保护法治意识，牢固树立绿色发展理念，自觉保护生态环境资源。五是设立举报奖励。要建立举报奖励工作机制，公布奖励标准及举报电话等，动员广大群众举报破坏生态环境违法行为，形成群防群治的合力。

（六）延伸职能参与生态环境保护综合治理

一是服务好生态保护大局工作。紧紧围绕全国生态文明示范区建设，积极支持、配合地方党委、人大、政府和相关职能部门组织开展的环境资源专项整治、检查活动。二是促进行政执法力量整合优化。以“多规合一”改革为契机，结合司法办案，积极主动加强与法院、公安、环保等部门的沟通联系，分析生态环境领域的发案特点和规律，查找管理、制度等方面存在的漏洞，提出改进行政执法工作意见，解决行政执法主体多，监管职能相互交叉、重叠，造成多头执法、分段式监管；调查、收集、固定证据难，鉴定难；行政执法队伍弱化和装备落后；行政执法刚性不强等实现存在的问题，推进生态环境领域行政管理的规范化和制度化。三是做好生态环境领域矛盾风险排查研判。切实把促进人与自然和谐相伴贯穿生态检察工作各个环节，发挥控告申诉职能，与区域内党委政府建立矛盾化解协作机制，依法妥善处理因生态环境保护引发的纠纷和群体性事件。

四、生态检察中需处理好的几个问题

（一）处理好发展经济与保护环境的关系

目前发展仍是我党执政兴国的第一要务。一些生态环境损害纠纷的加害人往往是能够给当地创造税收和就业机会、拉动经济增长的企业，会因其经济利益大而掩盖生态环境破坏问题，导致一些破坏环境资源案件查处困难。对于各级党委政府来说，务必要牢固树立“五位一体”的发展理念，统筹处理好生态保护与发展经济的关系，坚决守住生态红线，优化国土空间开发格局，合理控制开发强度，依法治理污染严重的企业，决不能以牺牲环境为代价换取经济的发展。而对于检察机关来说，则要在具体的案件中，对主恶性大，社会影响大，危害后果严重的，坚决予以严惩；对事出有因，社会影响不大，危害后果不严重的，可作不犯罪、免除处罚、减轻处罚、从轻处罚处理。要平衡好发展与保护关系，以民事调整和行政调节的最大可能性为前置，在追究相关责任人刑事责任的同时，推进环境资源修复补偿，确保经济项目依法依规建设。

（二）把握好罪与非罪的界线

在推进生态检察工作中，检察机关既要依法对各类破坏环境资源犯罪案件予以打击，又要严把案件审查关，认真分析案件发生背后的深层次原因，正确区分罪与非罪的界线，防止出现冤假错案，产生不良导向作用。在冯某、陈某某涉嫌滥伐林木案中，为防范台风“莎莉嘉”，时任某镇供电所所长的犯罪嫌疑人陈某某传达局防汛工作部署，要求对妨碍线路的林木进行检查清理。冯某在没有到林业部门办理采伐许可的情况下，指挥作业工人将茉茉线电线杆 082 号至 035 号旁的林木砍倒。经鉴定，被伐林木蓄积量 24.0739 立方米。公安机关认定二人的行为构成滥伐林木罪，移送检察机关审查起诉。检察机关认为二人因防台风而伐木，没有犯罪故意和危害后果，属于紧急避险行为，不构成犯罪，依法对二人作出绝对不起诉。

（三）刑事处罚与教育引导的关系

面对当前破坏生态环境资源案件高发的态势，在依法强化打击功能的同时，也应该看到，案发原因各有不同，要具体案件具体分析，办案中认真贯彻宽严相济的刑事司法政策，对于初犯、偶犯、不是为了个人利益、因家庭生活所需等犯罪情节轻微、危害不大、认罪悔罪的案件，应依法予以不起诉或从轻减轻处罚。协调相关部门，积极开展生态领域的恢复性司法工作，充分发挥司法办案的教育引导作用，最大限度地增加社会和谐因素。譬如方某涉嫌滥伐林木案，其作为村委会书记，为推进在其村实施的小流域治理项目、赶工程进度，在没有办理林木采伐许可证的情况下，就指挥人将红线图内的林木用挖掘机勾倒，造成被毁林木蓄积量 20 多立方米，构成滥伐林木罪。方某为了公共利益，触犯法律，如果受到刑事追究，不仅其本人心理抵触，周围群众也难以接受。该案符合适用生态环境损害修复赔偿机制的条件，宜动员犯罪嫌疑人开展生态环境损害修复赔偿后，对其作相对不起诉。

笔者以上所述，只是生态检察现阶段的基本方式和路径，多有不到之处。随着生态保护的不断推进，生态检察任重道远。诸如生态检察定义、生态检察职能、生态检察程序、生态检察机构和人员、生态检察在服务大局和综合治理中的作用等问题，还需要在检察实践工作中不懈探索。

检察官员额制试点中的问题与完善

李颍林　闫春蕾*

内容摘要： 实行员额制的目的是把优秀的司法人员和有效的司法资源吸引到办案岗位，充实到办案一线，实现司法的专业化、职业化和精英化。在员额制改革初期，配套改革的滞后、办案压力的大增、入额检察官的培训和业务能力提升要求更高、挫伤了一部分人员的办案积极性等试点中出现的问题都需要在改革中不断完善。员额制改革，将使原来的“从一线抽血”的机制转变为“向一线供血”的机制。

关键词： 检察官　员额制　完善

十八届四中全会提出“完善主审法官、合议庭、主任检察官、主办侦查员办案责任制，落实谁办案谁负责”，“实行办案质量终身负责制和错案责任倒查问责制”。2015 年 2 月，最高人民法院公布的《人民法院第四个五年改革纲要(2014-2018)》、最高人民检察院公布的《关于深化检察改革的意见（2013-2017 年工作规划)》分别提出“建立法官员额制度”和“建立检察官员额制度”。法官、检察官员额制是新一轮司法体制改革的核心内容之一。

司法体制改革是一项系统工程，涉及面广，各地情况千差万别。通俗地说，员额制改革是“选好人”，司法责任制改革是“用好人”。实行员额制的目的是把优秀的司法人员和有效的司法资源吸引到办案岗位，充实到办案一线，实现司法的专业化、职业化和精英化。不少人担心员额制改革会导致大量年轻法官、检察官难以进入员额，以致出现严重的法官、检察官“离职潮”。员额制改革实施的

* 李颍林，海南省人民检察院第二分院研究室副主任、检察官；闫春蕾，海南省人民检察院第一分院公诉处检察官，第五届国家优秀公诉人。

现状如何？在推行过程中到底存在哪些问题？是否有必要做适当修正？应当如何进行修正？本文将在对部分检察院员额制试点情况进行考察的基础上，对这些问题进行深入分析，以便为探讨未来如何进一步完善奠定基础。

一、员额制改革的现状与问题

2014 年 3 月，中央政法委确定广东、海南等 6 个省作为首批司法体制改革试点省份，此后，试点范围不断扩大。2016 年 2 月 22 日，中央召开政法工作会议，决定启动第三批省、市的试点。至此，司法改革试点在全国所有省、市全面铺开。从试点的情况来看，不同省、市根据本地实际，制定了不同的试点方案；同时针对普遍关心的重点问题，构建了不同的对策予以应对。

（一）员额制改革的现状

本次法官、检察官员额制改革的一个突出特点是，中央统一确定员额制改革比例的上限：不超过中央政法专项编制的 39%。各地可以根据本地实际确定员额制改革的目标，可以低于这一比例，但不能高于这一比例。

1. 检察官在办案一线

进入员额的检察官必须在一线办案。大部分的试点检察院基本上撤销行政化内设业务机构，实行大部制改革，主任检察官办案组织直接对检察长（分管副检察长）负责的组织模式，减少业务管理的行政层级。实行人员分类管理。将工作人员分为检察官、检察辅助人员、司法行政人员三类。各类人员按照工作性质和岗位特点，实行分类管理。如深圳市的检察改革试点，是以建立检察官、司法警察单独职务序列和单独薪酬体系的人员分类管理改革为基础，以调整内设业务机构配置、组建新的基本办案组织、推行检察官办案责任制为主体，以突出案件管理、完善内外监督体系为保障的整体化、系统化改革。如海南省陵水黎族自治县检察院以检察官为核心，根据不同业务类别的性质和特点，确定在自侦、侦监等一线岗位的检察官每人配备 2 名检察官助理；民行、控申、案管、刑事执行等岗位的检察官每人配备 1 名检察官助理；副检察长、党组成员及综合部门检察官平时不配备检察官助理，在办理案件时，临时指定专人作为检察官助理，让办案力量真正向自侦、公诉、侦监等业务一线倾斜。

建立繁简分流分案标准。研究出台了轮案规则，确立繁简分流标准，由案件管理部门首先对案件进行初审，初步区分案件的重大、疑难、复杂程度，并依据案件的重大、疑难、复杂程度在受案后对案件进行分配。

实行领导带头直接办案。海南省美兰区院尝试了领导干部带头办案的工作机制，强化了对办案一线工作的亲历、指导和监督，努力使院领导直接办案成为工作方式的新常态。领导干部直接办案机制使一批业务能力强的副检察长和部门负责人回归司法办案，有效充实了一线办案力量，缓解了案多人少矛盾，较好地发挥了示范引领作用。

2. 从最初的抵触到适应

由于检察官地位的崇高性和权威性，即使被排除在检察官员额之外的这些人待遇不变，物质利益没有损失，但仅仅是“辅助人员”的名称听起来就足以让检察官助理和行政辅助人员心底抗拒。把思想政治工作贯穿始终是海南检察机关司法体制改革顺利推进的坚实基础。改革触及每一位干警切身利益，统一思想至关重要。改革初期，省院领导分头带队深入各院开展调查研究，逐院召开动员会、座谈会，解读改革政策，听取不同层面人员的意见和建议。由于选任方案公平公正、选任程序公开透明，尽管未入额人员比例高，但大家都能心平气和地接受，确保了人心不散、队伍不乱、工作不断。各级院党组坚决落实省院部署，有针对性地进行教育引导，不冷落每一位同志，特别是对没有选入检察官员额和不具有检察官资格的同志更要热情关怀，最大限度地凝聚改革正能量，上下同心，形成了合力。

3. 人员流失加剧

现阶段法检系统人员流失问题已是法院、检察院必须面对的现实问题，从量上看，检察官没有法官流失严重，大众关注的焦点也基本上在法官的辞职上。不可否认，仍有一定数量的检察官离职。导致检察官离职现象日益严重的原因非常复杂，具体有经济待遇、司法环境、工作压力、个人选择等诸多因素。在检察官员额制改革中，像法院一样，平庸者、不适者不见得会主动离开检察院，而那些有法治理想的年富力强的优秀检察官却成了“离家出走”的主力军。员额制改革的推行对检察院以下两个群体影响最大，最可能使他们产生离职意向。

一是基层检察院中没有担任领导职务的业务骨干。对他们而言，尽管经验丰富，承担着较重的办案任务，但由于没有担任领导职务，员额制改革中极可能无法入额，成为司法辅助人员。

二是检察院入职不久的人员。在员额制改革过程中，只是让原来办案子的改去写不署名的审查报告和起诉书，行政审批的“旧酒”不但被装入“新瓶”，还被变相合法化[①]。由于已有检察官资格的人都有相当比例被“降格”为检察官助理，那么，入职不久的助理检察员以及书记员“升任”检察官的可能性更低。

4. 办案由“单打独斗”到“集团军”

以入额检察官为基础，根据履职需要、案件类型及复杂难易程度，实行独任检察官和检察官办案组的办案组织形式，作为检察机关办案的基本单元，直接对检察长负责。办案由过去的“单打独斗”到“集团军”作战。

（二）存在问题

1. 入额检察官的业务能力提升要求更高

以审判为中心的诉讼制度改革，对审查起诉和出庭支持公诉提出了更高、更严的要求。司法责任制全面实施后，检察官队伍的整体素质还不能完全适应新的办案模式要求，特别是年轻检察官组织领导办案组高效有序开展工作的能力还有待提升，个别检察官在决定案件时，信心不足、不敢拍板。庭审实质化的关键是让各类案卷笔录、书证、物证等证据在庭审聚光灯下充分曝光，通过诉讼参与人举证、质证和充分发表意见，最后形成公正裁判，庭审过程将更具有对抗性和不可控性。作为一名入额的检察官尤其是承担公诉职责的检察官应站在时代的前沿，把握好时代的脉搏，切实增强出庭履职的能力和水平。

2. 统一业务应用系统有待完善

现有统一业务应用系统是按照旧的办案模式进行开发和设置的，与司法责任制改革后的要求有所不同。目前所有案件只能从案件系统分配至检察官名下，检察官和检察官助理目前只能用检察官的唯一一个账号登录。一是修改文书内容时，无法分辨是谁修改的，造成责任辨识较难；二是检察官助理的工作量得不到体现，一定程度上挫伤了检察官助理的办案积极性；三是一个优秀的检察官需要有足够量的案件的锻炼，没有压力，就没有动力，目前情况下，不利于检察官助理的成长；四是在入额检察官的能力并不绝对高于助理的现实下，一些入额检察官可能会处于不愿有人为其助理的尴尬境地[②]，年轻的入额检察官不一定能指挥动年长的检察官助理。这些问题的存在，既使得检察官的办案压力增大，也会挫伤入额检察官的办案积极性。

3. 配套改革滞后

一是员额制必然意味着待遇提高，司法界也一度开始广泛强调43%的提薪幅

①何帆：《做好法官员额制的“加减法”》，《人民法院报》2014年7月17日第2版。

②马永平：《员额制改革应处理好十大关系》，《法制日报》2015年7月22日第10版。

度[①]，改革后检察官相应的待遇还处于“空转”状态，检察官、检察辅助人员、司法行政人员等各类检察人员工资制度的内容和具体比例尚未明确，一定程度上影响了改革整体效能的发挥。

二是首批检察官选任后，全省检察官队伍大幅“瘦身”，受员额限制，5年过渡期内可补充入额的检察官非常有限。如何实施过渡期政策，做好未入额人员的转岗分流，还需要积极争取各方支持，共同研究解决。

三是检察人员分类管理和司法责任制改革后，检察官助理在法律上的地位和身份尚未明确，一些法院在判决中对检察官助理仍沿用过去代理检察员的称谓。如果继续使用代理检察员的身份，那么检察官助理就可独立办案。检察官助理与代理检察员之间如何衔接，需要从法律上予以明确。另外，中央关于检察官单独职务序列改革试点方案出台后，海南省部分检察官职务序列设置尚需进一步明确。

四是检察人员分类管理改革后，海南省检察机关有检察官796名、检察官助理696名，书记员182名。根据办案工作需要，按照检察官、检察官助理和书记员1:1:1计算，尚缺助理100名、书记员614名。各院普遍反映检察官与检察辅助人员的比例失调，特别是书记员配备较少，缺口较大，检察官仍然摆脱不了烦琐的事务性工作。

五是检察辅助人员特别是检察官助理的任职条件和等级设定没有明确规定，难以为检察辅助人员提供职业预期，给队伍带来不稳定因素。

4. 办案压力大幅上升

员额制改革设定的较低的员额比目标可能造成的最现实，甚至最大问题是办案压力问题。如何在改革中既符合法官、检察官员额的要求，又解决好案多人少的矛盾，是法院、检察院面临的最大挑战。如H省的LS县检察院2014年共受理侦监案件251件、受理公诉案件289件，两类案件总量占全院案件总数的95%，且案件数量呈逐年增加趋势，办案压力较大。员额制改革前由11名检察员和助理检察员共同办理，人均办案量为49件。员额制改革后，侦监、公诉部门进入员额的检察官4名，人均办案量为122件，侦监、公诉入额检察官办案压力增大[①]。具体而言，员额制改革之所以会加剧检察院的办案压力，主要原因有以下方面。

---

①马永平：《员额制改革应处理好十大关系》，《法制日报》2015年7月22日第10版。

其一，案多人少的局面一直存在。案件数量整体体现出由“持续增长”发展为“持续快速增长”的趋势[②]，案件数量增长的幅度远超工作人员的增长幅度。按目前的员额制改革目标，这种办案压力将继续增长。

其二，入额院领导办案数量相对较少。2015 年 9 月 28 日发布的《最高人民检察院关于完善人民检察院司法责任制的若干意见》，检察院检察长承担着对检察官所办的案件进行监督、管理的职责，这决定了院领导必须入额。尽管目前不少地方都喊出了“领导入额一样办案”的口号，但由于院领导承担繁重的行政事务及其在院内所处的特殊地位，决定了其办案数量很难与其他入额的检察官相比。如海南省的 C 县检察院现有在岗编制内人员 57 人，其中入额检察官 21 名、检察官助理 22 名、书记员 2 人、司法行政人员 6 名、法警 5 名、尚未任法律职务的人员 1 名（从其他县检察院入额检察官调动来该院）。现刑事检察局由原公诉、未检、监所合并而成，检察官配置占全院总数 14%，检察助理占全院 9%。公诉组现有检察官 2 名、检察官助理 2 名，未检组现有检察官 1 名、检察官助理 1 名，监所组现有检察官 1 名、检察官助理 1 名。上述 3 组各配备 1 名聘用制辅助人员。自去年 6 月至今年 6 月（统计口径 2015 年 5 月 26 日至 2016 年 6 月 25 日），刑事检察局共受理公诉、未检案件 213 件，其中未检案件 23 件，未检协助办理的一审普通公诉案件共计 44 件。公诉案件由案管中心随机分配至以检察官为主的各办案组，未检 2 轮 1 件分配，监所 4 轮 1 件分配，专委、分管副检察长 5 轮 1 件分配。遇有重大、疑难案件，可报请领导后再次人工调配案件。又如，海南省 LS 县检察院确定两名曾有过侦监工作经历的副检察长每年分别直接办理 15 件审查批捕案件，另两名曾有过公诉工作经历的副检察长和党组成员每年分别直接办理 15 件审查起诉案件。

其三，部分入额检察官办案系简易性的案件。部分检察院的非业务部门也有部分检察官进入员额，于是将他们归口到侦监、公诉部门。因为他们要承担平常的综合业务，要让他们承担疑难、复杂的案件明显不可能，又要体现他们的办案量，只能让这些入额的检察官承办一些备案案件或极为简单的案件。入额检察官在各业务部门的分布不均衡，工作量差异也较大。为均衡各业务部门入额检察官

①2015 年海南省全省检察长座谈会发言材料之三：《创新方法，多措并举，推动入额检察官全部到司法一线办案》。

②马永平：《员额制改革应处理好十大关系》，《法制日报》2015 年 7 月 22 日第 10 版。

的工作量，减轻侦监、公诉等部门入额检察官的办案压力，部分检察院要求非侦查、公诉部门的检察官也要办理一定数量的侦监、公诉案件。如海南省的 LS 县检察院进入员额的侦监、公诉部门检察官承办全年审查批捕、审查起诉案件总量的 50%，余下的 50%案件以由其他部门进入员额的检察官办理的办法，确定其他部门检察官办理侦监、公诉案件的办案数量。为确保所有入员额检察官办案工作有序衔接、平稳发展，保证案件质量，由案管部门根据案件难易程度统一分案，将案情简单、事实清楚的一般案件，以及适用简易程序审理的案件分给综合部门和案管、民行、控申、刑事执行等岗位的检察官办理；涉案人数众多、案件定性难、罪与非罪存在分歧、案情较为复杂的案件则仍由负责侦监、公诉办案工作的检察官办理。

其四，部分检察官助理并不办案。部分检察院将在综合部门没有入额的原检察官作为检察官助理归口到业务部门，但由于他们要承担综合业务，基本上不可能有时间办理任何案件。加上，部分的原检察官从没有办过案，短期内也难有办案能力。

其五，刑法修正案九对贪污贿赂犯罪的修改及新的司法解释的实施，贪污贿赂罪中可能判处无期徒刑的案件量减少，这些本可以由分、市检察院办理的案件全部交到基层院，这更加大了基层院的办案压力。如海南省的 LD 县检察院的公诉检察官的办案系统中总有两位数的亮黄灯的案件，基本上每天都会有新的案件分到案件系统中。某检察官向笔者说起其曾有一天分到 5 个案件的情况。这种长期的高压，对检察官的精神是一个考验。

5. 力量不均衡

一是针对检察权既有司法属性，又有行政属性，还有法律监督属性的特点，实行司法责任制后，各院将员额向司法一线倾斜，特别是对司法属性较强的批捕、起诉等工作给予了高度重视，但对需要主动作为的监督性工作重视不够。

二是本次司法改革的一项重要目标是实现“让审理者裁判、由裁判者负责”，检察长、处长监督、管理案件权力的强化将导致检察官办理的案件中需要检察长审批的比例增高，程序更加复杂，大大增加检察官的办案工作量。

二、完善员额制改革的对策

（一）严格检察官选任条件，打造精英化队伍

通过提高选任条件，逐步缩减检察官员额，为打造精英化检察官队伍奠定基础。初任检察官除符合《检察官法》规定的必备条件外，还要求应是大学本科毕

业生，通过国家统一司法考试取得法律资格，从事5至7年法律工作实践，接受相关技能业务培训，并经过检察官任免委员会选拔，方可被选任为检察官。主任检察官按检察官员额的三分之一左右选任。

（二）推行主任检察官办案责任制

推行主任检察官办案责任制，建立权责明确、运作高效的检察权运行机制。

一是整合机构和人员，增强一线办案力量。积极适应大部制改革要求，实现办案力量在司法一线集结。一是要适当压缩综合部门的检察官员额，彻底消除司法行政部门占用的检察官员额；二是要通过完善检察官业绩评价体系和检察官惩戒制度，配合文书公开上网工作形成的“倒逼”效应，使不适任检察官的退出渠道更加畅通，以优化检察院人员结构，更有利于稳定一线办案检察官，也为检察院未来的科学发展留下了足够空间与新鲜血液。如深圳市检察机关按照“1（1名主任检察官）+N（若干名检察官）+N（若干名检察辅助人员）”的模式建立主任检察官办案组织，推行以主任检察官为核心的办案责任制。主任检察官作为基本办案组织负责人，在检察长授权范围内依法行使检察办案权和案件管理权，直接对检察长（分管副检察长）负责，主任检察官在职责权限内对办案质量终身负责，最大限度减少行政事务对检察官精力的牵绊。

二是持续充实办案力量。在实现全院入额检察官参与一线办案的同时，给予那些虽然在非办案岗位工作，但知识结构、业务能力能够适应办案需要的检察官再次选择的机会，使他们能够适时回任到办案一线；对在综合岗位工作的具有法律资格的检察辅助人员实行AB岗工作模式，创造条件使具有法律资格的年青干警回到办案一线。如海南省M区检察院4名在综合岗位工作的干警兼职办理侦监、公诉案件。

三是探索办案质效评价机制。建立办案数量台账，涵盖反贪、反渎、侦监、公诉、民行、控申、预防等主要业务条线，每月将承办人办案用时、所经环节程序等明细进行通报，对同一岗位检察官办案质效做横向比较。如海南省美兰区检察院出台了《海口市美兰区人民检察院检察官执法办案信息录入司法档案办法（试行）》，将办案人员的办案数量、质量、效率、遵章守纪、廉洁自律及受到督察通报等情况均记入司法档案，实现全员覆盖。

四是实行领导带头直接办案。院领导班子成员和中层干部中大部分人是业务能手、办案高手，原来在院内充当案件把关的角色，坚持“能办案的入额，入额的必须办案”的原则，把院领导和部门负责人进入到在办案一线。如海南省美兰区院尝试了领导干部带头办案的工作机制，检察长、副检察长等入额院领导直接参与一线办案，强化了对办案工作的亲历、指导和监督，努力使院领导直接办案成为工作方式的新常态，较好地发挥了示范引领作用。

（三）预留空间给未来的检察官

长期以来，检察官的晋升多是论资排辈，助理检察员若想成为检察员，往往采取的是“排队取号”的办法。实行员额管理后，检察官的产生将变为遴选制。现有的这些助理检察员，年龄相对较轻、学历层次高，不少人已成为业务骨干，是检察官队伍的新生代。在五年过渡期内将有60%的人逐步遴选入额，这样可以使他们看到希望，安心工作①。建议协调有关部门研究制定检察辅助人员的职务序列和晋升通道，使检察辅助人员看到职业前景和改革希望，稳定检察辅助人员队伍。

（四）推进检察官助理等配套制度改革

一是建议按照司法责任制改革的要求，调整统一业务应用系统或者授权开展司法体制改革试点工作的省份修改统一业务应用系统，开展试点，待全国检察机关司法责任制改革铺开后，再对统一业务应用系统进行系统修改和升级。

二是推进检察官助理等配套制度改革，加强检察官助理队伍建设，建立检察官与检察官助理的合理配比，提升检察官的办案质效，实现检察官员额制的最终改革目标。科学界定检察辅助人员的工作职责。建议从法律和办案工作需要角度，研究代理检察员和检察官助理的衔接问题，代理检察员制度是否继续保留？如果保留的话，能否赋予原来是助理检察员、此次人员分类管理后成为检察官助理的检察人员独立办案权，以进一步缓解检察机关办案人手紧张的局面。

三是明确员额制内检察官的责任。首先，进一步落实主办检察官责任制。检察官对案件的审理必须亲自签发，亲自负责，禁止由助理撰写法律文书。其次，实行检察官终身责任制和错案追究制，建立健全司法机关办案组织，建立办案人员权力清单制度，加强对司法权力的制约监督，形成权责明晰、权责统一、管理有序的司法权力运行机制和监督机制。对错案的发生有过错的检察官，进行责任追究，确保检察官在履职时尽职尽责。

四是建议协调有关部门研究出台检察官助理招录制度、司法雇员招聘办法，

---

①刘栋：《员额制让检察官回归“司法本原”》，《文汇报》2015年7月21日第2版。

通过政府购买服务方式，招录一定数量从事辅助性事务的文员，解决检察辅助人员力量不足的问题。

（五）检察官员额的递补

空出的检察官员额可按照以下程序进行：一是报名，符合检察官任职条件的人员即可报名，在基层检察院助理检察员、检察员方可报名。二是资格审查和公示，经过相关部门资格审查后，按照公布的报名条件进行资格审查，并将符合条件的报名人员予以公示。在公示期内可以提出异议，经对异议审查，确实不符合报名条件的，取消报名资格，审查合格者准予参加选拔。三是考核选拔，可采取考试、考核等形式，在坚持政治标准的前提下，既要坚持法律专业背景、司法工作经历、工作实绩、办案能力标准，也要强调文字调研能力等，对报名人员进行综合评判，择优进行选拔。当前，基层检察院检察官之间的调研能力并不平衡，而且大多数检察官情愿多办几个案件，也不愿写一篇调研文章。实践中办案经验丰富的检察官往往调研能力较强，调研成果较多。考量调研能力，对于员额制下推动检察官走专业化的道路具有决定性作用。各项评判必须有明确指标，计算出的评判成绩必须公示，听取异议并作出答复。四是根据确定的拟任人选，由基层检察院检察长依法提请同级人大常委会任命。五是检察官和行政序列均应留取一定的机动名额，对在服务期限内不符合检察官任职条件或行政人员任职条件的，取消检察官或行政人员任职资格，从其他人员中进行递补。

（六）完善检察官员额的退出机制

确立并坚持“能办案的入额，入额的必须办案”的原则。入额机制固然重要，退出机制同样重要。合理的选拔机制可以选拔出优秀的检察官，合理的退出机制可以即时淘汰不称职的检察官，保持员额制的生命活力。

设立检察官惩戒委员会和惩戒规则，充分发挥其在落实司法责任制、建立检察官退出机制、加强对检察官职业伦理行为监督等方面的独立作用；遴选委员会应从检察官办理案件数量、工作经验、法学理论水平、政治觉悟、道德水平等方面进行考核。对于考核不合格的检察官，应当坚决要求其退出员额。

三、结语

坚持“能办案的入额，入额的必须办案”的原则，员额制改革，将使原来的“从一线抽血”的机制转变为“向一线供血”的机制。

关于建立案件质量监督评查制度的思考

王帮元*

内容摘要：对案件质量进行监督评查，是落实检察官办案责任制的保障和促进措施。对案件质量进行监督评查应该坚持尊重检察工作规律、有效适度、全面和重点相结合、实体和程序兼顾的原则，应该通过案件办理程序跟踪监督、案卷材料审查、重大情况说明、集体讨论和专家论证的方法开展案件质量监督评查，应该建立评查人员确定机制、承办检察官参与机制、评查意见反馈机制、责任追究和免除机制。通过案件质量的监督评查，将有效提高检察官办案水平和检察机关公信力。

关键词：检察官　办案责任制　案件质量　监督　评查

一、开展案件质量监督评查的必要性

（一）促进检察官办案责任制的实现

实行检察官办案责任制，将办案权限下放给了检察官，目的在于改变长期以来形成的行政审批式办案模式弊端，实现谁办案谁负责，谁决定谁负责的责任承担机制。落实检察官责任制，必须确保检察官办案质量能够得到保障，对检察官办案质量进行监督，有助于保障办案质量。追究检察官的办案责任，前提是准确认定检察官的办案责任，通过对检察官所办案件质量的监督和评查才能发现检察官办案的质量问题，因而建立检察案件质量监督评查制度能促进和保障检察官办案责任制的实现。

* 全国检察理论研究人才，海南省人民检察院第二分院民事行政检察处检察员，法学硕士，研究方向为宪法与行政法学，个人邮箱为 himorale@126.com，内网邮箱为 efywangbangyuan@hi.pro。

（二）提高和保证检察案件质量

案件质量是检察工作的生命线，提高案件质量也是检察改革的目的所在。长期以来实行审批式办案模式，其建立时的原因也在于检察官个人能力不足以胜任工作需要，因而将领导审批和集体讨论作为案件决定的必经程序。这种模式下权责不清的弊端渐渐地使其违背了建立之初衷，实行检察官办案责任制就成了改革的方向。但是检察官办案责任制并不能必然的保证案件质量得到提高，加强对案件质量的监督和评查，发现案件质量存在的不足和问题，追究办案检察官责任的同时，也能针对性地提出提高办案质量的措施。建立案件质量监督和评查制度，将有助于案件质量的提高。

（三）检视和完善检察工作效果

检察机关的职责在于监督法律得到统一的贯彻实施，维护社会的公平正义。检察工作的依据是国家的法律，但法律具有天然的保守性和滞后性，在改革日益深入的当今中国，社会生活日新月异，法律难以紧跟时代的步伐。但检察工作作为国家公权力运行的体现，必须遵守国家权力行使于法有据的原则。因而检察工作是否能够适应社会发展需要，能否有效维护社会公平正义，都必须适时回望和检视。对案件质量跟踪监督和及时评查，有助于及时评价检察工作的实际效果，纠正检察工作开展的偏差，调整、改进检察工作，进而完善检察工作效果。

（四）监测和培养检察官业务素能

检察官作为检察权行使的主体，其胜任岗位职责的能力是一系列综合素质能力的集合体。现代人力资源管理理论认为，真正影响个人工作绩效的不是其显性的能力和知识，而是隐藏在“冰山”下的个人特质、社会动机、价值观念、自我形象等内在的素养。正确有效行使检察权，不仅需要检察官有扎实的法律功底，还需要其有忠于检察事业的职业道德素养，更需要检察官积极向上的人格。案件的质量正是检察官整体素能的体现，通过评价案件质量可以发现检察官的知识和能力，更能发现其是否具有忠于职责、坚持正义的内心追求以及一系列深层次的个人特质和品行，这将有助于针对性地培养其胜任检察工作的素能，也能据以筛选排除不合格的人员。

二、开展案件质量监督评查的原则

（一）尊重检察工作规律

中国特色的人民检察制度不同于外国的检察制度，是多种职能的复合体，处于不断发展完善的过程之中。对检察案件的监督评查不能局限于某一成熟的理论和既定的方法，而要根据具体工作情况，探索其自身运行规律，结合办案效果评价才能做出实事求是的评查结论。检察工作的不同业务条线是随着国家和社会需要不断形成和发展的，每一类业务工作都有其特有的规律和要求，尊重、遵循这些规律是案件监督评查的首要原则，是保证监督评查结果正当的基础。

（二）过程监督和结果监督并重

“监督”一词意指“从旁监视督促”，“评查”指“评价和检查”。因而检察案件质量的监督评查，实际上就是对检察案件办理过程的监督和办理结果的评查。对过程的监督才能保证办案质量在过程中得到保障，对结果的监督有助于及时发现问题进行纠正，并作出对于以后的改进措施。过程监督和结果监督是案件质量监督不可分割的两个方面。

（三）程序监督和实体监督相结合

程序公正是实体公正的保障，实体公正是程序公正的目的。我国长期以来重实体轻程序的行政风格也固化在司法工作和检察工作之中，而只注重实体的结果，忽视程序的重要性，为个人独断专行提供了方便，也往往造成了实体决定的偏差，丧失了实体公正。因而对检察案件质量的监督评查，既要注重对办案结果正确性和实际效果的监督，也要注重监督案件办理程序的监督，形成程序监督和实体监督相结合的监督模式。

（四）适度监督和有效监督兼顾

监督的目的在于促进权力的正确有效行使，但监督者不能代替权力行使者本身，监督也不能对权力行使造成不必要的障碍。因而，监督必须在适度和有效之间寻找平衡，监督者对于检察官的确存在违法不当行为时及时进行提醒和纠正，监督的结果也必须能够促进检察工作的进步和案件质量的提升。构建案件质量监督评查具体制度时，必须追求适度监督和有效监督的目的。

（五）重点监督和全面监督互补

权力的行使必须受到制约，否则将难以防止其被滥用。一方面，检察官的办案权力也必须始终处于监督制约之下，所有检察官作出的决定都处在监督范围之内，检察官没有任何不受监督的特权。另一方面，授予检察官办案权力，就是对检察官个人素质和能力的信任，监督检察官所办案件的质量，也是为了促进其素质能力的提高。对检察官所办案件的监督范围就应该有所选择，将重大的案件作为监督重点才符合监督的目的，也避免了监督过于宽泛而缺乏实效。对于其他一般性的案件，可以进行有选择的监督，也可以在需要监督的情况出现时才进行监督。

三、开展案件质量监督评查的方法

（一）流程节点跟踪监督

检察机关建立了全国统一业务应用系统，这一系统对开展案件监督管理提供了极大的方便。各级院的案件管理中心可以利用这一系统对办案期限届满、强制措施届满等进行预警，对办案流程中的关键节点如超过办案期限仍未办结的、涉案款物未及时提出处理意见或者处理程序有误的、法律文书使用不当或错漏明显的、未按照规定开展执法办案风险评估预警等的其他违反办案程序进行监督，及时纠正违反程序的行为，保证案件及时合法办理完成。

（二）案卷材料审查

案卷材料的审查是开展案件质量监督评查的主要方法，案件材料是案件办理过程最完整的记载，通过审查案件材料可以发现案件办理程序和最终决定中的问题。案件办结后，检察官应该及时指派书记员等辅助人员将案件材料整理完毕，按照要求将案卷材料移归档案管理部门。对于需要监督评查的案件，可以由案件监督评查机构调取审查。评查人员通过全面审查案卷材料，对案件主要评查项目进行评查打分，制作评查报告，形成评查结论。

（三）重大质量问题情况说明

对于评查过程中发现可能存在重大质量问题案件，应该要求承办检察官提供情况说明或者分析报告。重大质量问题可能会影响检察机关的公信力，而办案检察官亲历案件整个过程，所以最能说明实际情况。对于以下几类案件或情况：法院判决无罪的案件、撤诉案件、变更强制措施的案件，公安机关、法院提出纠正违法意见的案件，政法委、人大及其有关部门和人大代表、政协委员提出不同意见的案件，以及引发重大舆情的案件等有重大影响的案件，应该由承办检察官说明情况或分析报告。案件质量评查机构对承办检察官的情况说明或分析报告审查分析后，再结合相关因素作出审查意见，进一步提交检察长决定或者检委会讨论决定，以保证对重大质量问题处理得当。

（四）集体讨论表决

对于案件评查过程中发现的质量问题，应该通过集体讨论的方式作出决定，以避免评查人个人的偏见和能力的不足。检察业务门类繁多，而现在有资格作为检委会委员的检察官也往往是某一个业务领域内资格和能力突出者，如果参评了不是其非常擅长业务的案件，其评查的案件难以保证做出非常合理的结论。参评人与被评案件承办人在一个单位，也难免会存在人际情感上的瓜葛和互不认同的心理对峙。而集体讨论有助于克服个人的业务能力上的不足，也能防止存在个人的偏见。评查程序中先由评查人员作出个人评查意见，再进行集体讨论，将个人意见分别汇报，由多人进行分析判断，对讨论过程进行如实记录，最后形成统一一致的评查意见，这样能够确保评查意见的正确性。

（五）专家研究论证

出现质量问题的案件往往是比较复杂疑难的案件，不同的人对于同一事实可能有不同的认识，对于法律适用也会有不同的理解，加之个人考虑不同的因素和不同的价值选择，处理结果往往会有不同。再加之，检察机关内部的监督评查往往引起其外界对其客观公正性的怀疑，不能得到外部的认可。这都涉及非常复杂的问题，评价案件正确的标准需要得到公众的认可。聘请院外的学术专家和检察业务专家，能够保持比较超脱的地位，具有较高的理论水平和丰富的实践经验，引进专家研究论证有望于得到比较公允的结论。

四、开展案件质量监督评查的工作机制

（一）专门机构组建和评查人员确定机制

现在全国各级检察院大都建立了案件监督管理中心或者类似的机构，现在主要履行案件统一集中管理职能。案件监督评查的工作机构应该设立在案件监督管理部门这一机构内部，以便于对案件质量进行日常监督，及时发现、纠正案件办理程序中的问题。但是针对不同的案件应该由不同的人员参与评查，评查人员的确定应该首先由案件监督管理部门的负责人根据监督案件的类型，在全院资深检察官中对该案件领域有专长者的名单进行列举，将该名单提交检察长选择圈定，组成评查小组，并指定具体的评查负责人。这样可以保证评查人胜任案件评查的任务，也使得其具有领导、组织评查工作的权威。

（二）承办检察官配合参与机制

案件质量的评查首先需要对案件事实进行认定，而办案检察官对案件事实最清楚，必要的时候由办案检察官汇报案情有助于评查人员快速理解案情，也能够使评查人员发现承办检察官认定事实和处理决定的不当之处。案外因素也往往承办检察官个人能够感知，由承办检察官适当参与，有助于评查人员了解相关情况。评查人员的意见是否妥当，由承办检察官作出辩解，也便于评查人员充分考虑承办检察官决定的合理因素，作出审慎的决定。评查人员认为需要承办检察官参与的，应该由评查组负责人通知承办部门负责人，让承办检察官在指定的时间和地点向评查人员介绍有关情况。

（三）评查意见反馈机制

评查小组集体讨论作出评价意见后，应该将该评查意见反馈给承办检察官。评查意见应该写明案件基本情况、评查过程、评查发现的问题及原因分析、评查结论等内容，并由全体评查人员签名。承办检察官可以对评查结论发表个人书面意见，也可以对评查程序和具体内容提出不同意见。承办检察官将意见反馈给评查小组后，评查小组对其反馈意见进行合议。如果涉及重大分歧或者需要追究执法过错责任的，应该提交检察长决定或者检委会讨论决定。

（四）案件质量责任追究机制

评查小组经评查，认为案件质量存在严重问题需要追究执法过错，承办检察官认可的；或者经检察长提请检委会讨论决定追究执法过错的，案件管理部门应该制作《案件质量问题整改通知书》，责成承办检察官及其所在部门进行整改。承办检察官及其所在部门将整改情况书面报告评查小组后，认为已经消除不利影响的，可以报请检察长批准结束评查程序。如果已经造成不利影响无法消除的，将对执法过错按规定追究过错责任。评查小组根据评查情况制作评查报告，如实记载评查情况和结果。如果承办检察官涉嫌违法违纪的，评查小组将直接移送纪检监察部门，由纪检监察部门根据规定办理。

（五）责任排除机制

追究检察官的办案责任，也应该坚持主客观相一致的原则，对于虽然出现了质量不良和不利后果的案件，如果检察官主观上并无过错或者过失，或者客观上并非检察官所能阻止的因素造成的，应该免除检察官的个人责任。检察业务门类繁多，各个业务类别有其独自的运行规律，设定责任时也应该区别对待。检察机关与其他机关之间的关系也会影响案件的最终结果，不应将由体制性问题产生的后果由检察官个人承担。承办检察官认为个人应该免责的，可以提请检察长召开专家论证会讨论决定。

五、与案件质量监督评查相关的制度建设

（一）办案质量预警制度

检察官作为个人，其精力、视野难免有限，往往忙于办理案件而对宏观形势、社会发展、国家政策以及检察工作整体状况了解不足，而这些外部因素都可能会对检察业务工作有一定的影响，随着这些外部环境的变化，具体检察业务工作效果可能已经不如预期。因而案件管理部门应该通过网上办案系统和业务统计等方法对执法办案情况进行动态监控，对于主要案件指标出现同比明显上升和下降情况的，或者明显低于全国平均水平指标的，应该及时发出办案质量预警提

示，同时向领导汇报，分析其原因提出改进对策，相关部门和检察官做好相应的改进、防范工作，确保案件质量能够维持平稳向好的发展态势。

（二）案件质量监督评查结果分析通报制度

案件质量评查既是对过去所办案件进行回顾和总结的机会，也是对未来办案工作进行思考和部署的依据。案件质量监督评查结束后，对评查结果应该进行分析和通报，让全院干警对案件质量状况有一个清醒的认识，正确面对问题，提出对策，以便于不断提高案件质量。制作《案件质量监督评查通报》应该遵循严格的程序，确保内容客观、真实，问题分析到位，改进措施切实可行。《案件质量监督评查通报》应该定期发布，并向上级院和领导机关报送，形成规范严格的制度。

（三）重点监督案件类型动态调整制度

案件质量监督评查需要坚持全面和重点相结合的原则，全面指的是所有案件都需要监督、都有接受评查的可能，而重点是指实际必须评查的重要案件。目前需要重点评查的主要是职务犯罪案件、严重刑事犯罪以及其他有重大影响和不利后果的案件。但随着检察工作的发展，一些新的工作领域不断出现，比如民生检察、金融检察、生态检察等领域的开辟和发展会逐渐改变检察工作态势，重点监督案件的类型也就应该不断调整。重点监督案件应该主要指对当事人权利影响巨大的、对检察机关公信力构成影响的、有关机关认为案件违法的、社会关注度高的案件。重点监督案件类型必须紧紧围绕维护社会公平正义的需要进行适时调整，而调整的程序必须是严格的，必须经上级检察机关核准。

（四）检察官执法档案和办案水平评价制度

检察官享有职业资格保障，但是对检察官的素质要求也必须严格。案件质量监督评查的结果应该予以长期保留，建立检察官的执法档案，便于考察检察官履职能力发展情况。通过分析检察官所办案件质量，可以考察检察官业务能力和水平，发现检察官的发展潜力和不足，因而应该结合案件质量监督评查制度建立检察官办案水平评价制度，对检察官个人的法律素养、职业道德、个人品德修养进行考察，以合理设置检察官培训课程，不断提高完善检察官的职业素能。

结语：检察改革正在全国范围内深入开展，检察官办案责任制是检察改革的一项重要内容，实现了权责一致，符合检察权的运行规律和内在要求。案件质量的监督和评查将有助于提升检察官办案质量，能有效保障和促进检察官办案责任制的落实。检察改革举措环环相扣，互相促进互相依赖，案件质量监督评查制度的建立和完善，将有助于提高案件质量，提高检察机关的公信力，也必将促进检察改革深入推进！

关于建立检察机关提起公益诉讼制度的思考

王帮元*

党的十八届四中全会决定中提出，要探索建立检察机关提起公益诉讼的法律制度。我们认为这一决定高瞻远瞩，具有重要的时代意义。海南作为经济特区，应该先行先试，发挥特区的示范引领作用。

一、公益诉讼开展情况

随着社会的发展和经济的繁荣，损害公益的现象也呈现越来越多的趋势，建立公益诉讼制度符合现实需要。2014 年 12 月 26 日最高人民法院、民政部、环境保护部联合发布了《关于贯彻实施环境民事公益诉讼制度的通知》，最高人民法院《关于审理环境民事公益诉讼案件适用法律若干问题的解释》也已于 2014 年 12 月 8 日由最高人民法院审判委员会第 1631 次会议通过，自 2015 年 1 月 7 日起施行。对于民事公益，以诉讼的方式进行维护，我们认为理论和实践都没有什么困惑。

至于行政公益诉讼，即因行政行为违法侵犯公共利益，由检察机关提起行政公益诉讼，同样具有紧迫的现实需要和充分的法理依据。但行政公益诉讼涉及国家权力的合理配置和各国家机关之间关系的调整，可能需要采取较为慎重的态度，制度上也需要更精心的设置。

二、建立行政公益诉讼制度的现实需要

行政机关掌控着主要社会财富，从事着社会管理和公共服务，行政权力涉及社会生活的方方面面，影响着公民生活的每个阶段。我国一直实行行政主导式的权力结构，行政权力缺乏应有的监督和制约，行政权力滥用是国家权力腐败的最

* 全国检察理论研究人才，海南省人民检察院第二分院民事行政检察处检察员，法学硕士，研究方向为宪法与行政法学，电子邮箱为 himorale@126.com。

主要根源。在改革开放日益深入的情况下，行政权力行使不当，侵害公共利益的情况越来越多的发生，以公益诉讼的方式纠正行为违法行为、维护公共利益正是大势所趋。

首先，我国实行公有制为基础的所有制经济制度，大量的国有资产存在所有者和使用者不一致的情况，实际经营使用者的经营使用行为是否符合所有者的意志和利益却不得而知。虽然我国也建立了国有资产管理部门和相关的监管制度，但是监管部门和国有资产的经营使用者一定程度上存在着从属关系，内部监督的属性使得监管难以到位。检察机关作为国家利益的代表，从外部监督国有资产的安全和运营，更能够发现国有资产经营管理中存在的问题，并向法院提起诉讼追究经营管理者不法行为之责，更能够有助于经营管理不法行为的查实，并准确确定经营管理者的违法责任。

其次，我国正在进行市场经济体制的建设和完善阶段，市场经济体制首先需要保障市场主体地位的平等、市场运行规则的统一。在各地政府追求发展速度等指标的情况下，以政府的行为破坏市场统一竞争规则和竞争环境的情形时常出现，实际上是对国家整体利益的违反，也不可避免地损害了不确定的市场主体的共同利益。在这种情况下如何维护这种共同利益是需要研究的。上级政府以至于中央政府的干预和调整虽然是合法合理的，但是上级政府主要关注的是各地经济发展的情况，对于存在这种有违市场经济体制要求的现象进行干预必定也是迟缓的和滞后的，也难以去确定具体的违法性质和责任。而检察机关从维护公共利益的视角进行监督，虽然存在一定政策和技术上的难度，但在整个法律效果上会有明显的优势，在建设法治国家的目标上是可行的。

再次，随着经济的发展，破坏资源环境的情况比较多见，而行政主管部门疏于管理或者滥用审批权力是这一现象的根源所在。针对这种情况，一般社会成员没有合法的资格提起诉讼，实际上个人也难以去顾及此类问题，检察机关作为公众利益的代表提起公益诉讼，有助于及时纠正和制止这类违法现象，维护社会的公共利益。

最后，行政规范性文件性质上居于立法行为和行政行为之间，立法行为注重的是民意，行政行为侧重于执行。现在的法律监督体系里将之纳入立法行为的监督范围，而实际上大量的行政规范性文件属于行政行为。行政机关制定的规范性文件本质上属于对法律的执行。行政法规以下的行政规范性文件应该接受合法性审查。行政规范性文件一旦违法，损害的是不特定范围内人的利益，而现行的监督体系不完善。《行政诉讼法》修改后对规章以下的规范性文件可以附带审查，而规章才是最重要的规范性文件。由检察机关对可能损害不特定公众利益的规范性文件提起诉讼，才能有效地在法律上分清是非，促进规范制定者的法律责任得以认定，并及时对规范性文件进行修正完善。

三、建立行政公益诉讼制度的法理基础

首先，由检察机关提起公益诉讼符合我国政权体制。我国实行人民代表大会下的一府两院的政权体制，一府两院分别行使着国家的行政权、审判权和检察权，形成互相配合互相制约的权力关系。行政机关作出损害公共利益的行为时，首先检察机关作为国家的法律监督机关，有责任调查核实相关的违法情形，可以建议行政机关行政机关纠正。对于行政机关不予纠正的，检察机关提请公益诉讼，将这一违法情形提交法院审查，在法院的主导下行政机关和检察机关就是否存在违法进行辩论，由法院根据法律作出裁决。这样既能充分查清违法情形，也不至于检察机关滥用监督权损害行政效率。

其次，由检察机关提起行政公益诉讼符合检察机关的法律定位。检察机关向来是国家利益和公共利益的代表，世界各国皆然。公诉职能是检察机关的首要职能，公诉本身就是为了维护公共利益而提起诉讼，刑事公诉、行政公诉和民事公诉应该是公诉职能的具体形态。行政公益诉讼和民事公益诉讼制度的建立，使得检察机关的职能更完善，能够充分行使起法律监督职责。

再次，通过诉讼方式维护公共利益符合建设法治国家的趋势。行政行为损害公共利益的情况一般比较复杂，既有积极作为的方式，也有消极不作为的方式；既有单纯的违法现象，也有出于部分人利益的目的而实际损害大多数人公共利益的情形。行政机关从事着公共服务和管理工作，其居于管理者的地位，需要具有相应的权威，行政行为也需要一定的稳定性。因而对于行政行为损害公共利益的情形，应该采用比较慎重的监督方式。而检察机关作为专业的法律监督机关，对于确实存在损害公共利益的行政行为通过诉讼的方式进行监督，对于监督程序的慎重以及监督结果的准确都是有保障的，能够确保做到依法监督，符合建设法治国家的趋势和要求。

最后，由检察机关提起行政公益诉讼符合我国的政治生态。我国是中国特色的社会主义国家，且长期处于初级阶段，这是我国的特殊国情决定的，也是全国人民革命和建设实践选择的结果。但国内外总有一些别有用心的人，动辄以西方价值观念对我国的政治制度进行诋毁，歪曲我国的民主法治建设的进步和成就。

建立行政公益诉讼涉及国家权力的整合和各国家机关关系的调整，必须保持审慎的态度，确保这一改革进程的稳妥性。在试行阶段限制其他组织和公民个人提起行政公益诉讼，有助于防止公民法治观念的不成熟和其他社会组织被境内外势力所操控而造成滥诉的不良后果。检察机关作为国家的法律监督机关，同时也是党的政法机关，由检察机关提起公益诉讼能够坚持正确的政治方向，维护国家的政治稳定，符合我国的政治生态。

四、行政公益诉讼制度和立法设想

行政公益诉讼制度的建立将是我国法治进步的一个重要体现，其价值一方面在于维护公共利益，另一方面也在于促进依法行政。但是由于涉及国家权力的配置和国家机关关系的调整，需要审慎、稳妥、有步骤地推进，在海南经济特区先行先试更有助于减小改革风险。

第一，原告资格的确定。出于维护公共利益的热心，很多人主张普通公民和社会组织都有权提起公益诉讼，以防止国家机关怠于履行职责。这种担心是有道理的，但是这也是一种不理性的表现。国家机关没有积极维护公共利益，其原因在于法律对这项授权的不明确和相关法律制度的不健全，一旦确立检察机关提起公益诉讼的权力，其相应需要承担不履行职责的责任，怠于维护公共利益的现象就会大为减少。而普通社会主体对违法损害公共利益的情形难以把握，同时个人身份也难以去履行这项职责。由检察机关提起行政公益诉讼，社会主体可就存在损害公益的情形向检察机关举报，应该是行政公益诉讼原告资格确定的思路。

第二，设置行政处理前置程序。行政机关是公共资源的分配者、公共秩序管理者和公共服务的提供者，对于这些行政权力的行使，行政机关拥有无法取代的专业知识和技术优势。如果行政行为被认为违法并侵害了公共利益，从维护行政行为的公定力和社会秩序的稳定性出发，应该由行政机关先行处理，这样可以把对公共利益造成的损害降到最低。检察机关自行发现或者接受社会主体举报发现行政行为侵害公共利益，应该首先向该行政机关或者其上级机关建议改正，行政机关拒绝改正，或者虽然改正但没有改变侵害公共利益的实质的，检察机关才作为公众利益的代表向法院提起诉讼。

第三，关于行政公益诉讼举证责任承担问题。行政公益诉讼原则上属于行政诉讼的范畴之内，应该适用基本相同的举证责任分配原则。但是由于检察机关作为公诉机关，也应该承担一定的举证责任。对于行政行为的合法性问题，原则上应该由行政机关承担举证责任。检察机关有权就行政行为违法以及损害或可能损害公共利益的情况进行调查取证，也应该对行政行为违法和侵害公共利益的情况负补充举证责任。如果行政机关基本举出行政行为合法的证据，而检察机关不能成功反驳并举出相反证据，检察机关就要承担败诉的风险以及相应的不利评价。

第四，关于行政公益诉讼裁判类型和执行问题。行政公益诉讼制度的功能在于维护公共利益，而途径在于纠正违法行政行为。由于行政公益诉讼的受案范围之广，实质上是对行政权力进行监督和限制的一种制度设计。如何实现这一制度的价值，关键就在于行政公益诉讼裁判的形式以及其执行问题。对于损害公共利益的行政行为，首先应该及时制止违法行为，停止对公共利益的侵害；其次要求行政机关纠正违法行政行为，对公共利益进行补救，或者修改错误的规范性文件，或者重新作出合法的行政行为；最后对于错误行政行为的作出人员应追究相应的法律责任，以便于和十八届四中全会决定中关于违法责任追究等相关制度配合起来。

第五，关于立法体例和形式。对于行政公益诉讼的审判程序一般可以参照《行政诉讼法》的规定进行，所必须明确的主要是上述原告资格、行政处理前置程序、举证责任以及裁判形式等问题。结合在试行阶段的情况，也可以将受案范围初步进行限制为国有资产安全、环境和生态保护、食品药品卫生安全、反垄断破坏公平竞争市场环境以及政府规范性文件合法性等领域。行政公益诉讼制度属重要司法制度，应该通过省人大制定单行条例，用特区立法的形式予以规定，以避免与国家法律存在的冲突，并在全省公布实施。

论检察机关内设业务机构的重构

王帮元 *

内容摘要：检察机关内设业务机构是检察权行使的组织载体，是检察工作机制形成的基础，是检察院对检察官进行专业分工的方式。按照职能性质、工作方式、业务现状等因素进行重构，形成公诉部门、公益诉讼部门、诉讼监督部门、行政监督部门和执行监督部门，既突出核心职能，聚焦主责主业；又全面统筹开展工作，谋取检察工作创新发展。

关键词：检察机关　检察职能　业务机构　重构

检察机关内设业务机构是检察权行使的组织载体，业务机构设置对检察职能的全面有效行使有着重要的意义。现行检察业务机构是在改革过程中根据现实需要不断增设形成的，机构重叠、效率低下等问题日益突出。特别是目前两反转隶基本完成，检察机关提起公益诉讼制度逐渐建立，这两大职能变化更对检察业务机构重构提出了迫切的要求。

一、检察机关内设业务机构设置现状

（一）检察机关业务机构演变历史

检察机关恢复重建以来，内设业务机构设置一直处于发展变化之中，总体上是根据形势发展需要不断增设新的业务部门，以适应社会发展和国家法治建设对检察机关的需求。影响较大的是国家的反腐败工作部署，自 1989 年广东省人民检察院建立第一个反贪局，至 2018 年 2 月份全国检察机关职务犯罪侦防部门基本转隶至新成立的国家反腐败机构国家监察委员会，职务犯罪侦查预防部门作为

* 海南省人民检察院第二分院四级高级检察官，全国检察理论研究人才，全国首批检察调研骨干人才。

检察机关内设业务机构发展中经历了从无到有，不断发展壮大，最终转出的过程。职务犯罪侦防部门转隶后，检察机关的职能定位逐渐清晰，真正成为国家司法机关的一部分，工作理念、工作思路，以至于工作机构都有必要调整。

职务犯罪侦防部门转出后，检察机关内设机构尚没有进行必要调整。以湖北省院为例，内设业务机构基本和高检院保持对应，下设侦查监督处、公诉处、未检办、刑审监处、民事处、行政处、监所处、控申处、研究室、案管办等十个业务部门，其中前八个是直接承办具体案件的业务部门，研究室具有综合业务性质，案管办则是内部业务管理部门。武汉市院的内设业务机构完全和省检察院对应设置，也是十个业务部门。而在海南省，海口市院设置有：公诉一处、公诉二处、侦查监督处、监所检察处、民事行政检察处、控告申诉检察处、未检办、研究室、案件管理处等九个业务机构。各地的检察业务机构设置大同小异，基本都是根据上下对应原则设置相关的业务机构。

（二）司法改革以来内设机构设置情况

本轮司法改革以来，各地检察机关也根据中央司改办关于实行大部制、扁平化管理的要求，开始对分市院和基层院的内设机构进行整合，业务机构的数量有所减少。如湖北省大冶市院的内设业务机构为侦查监督部、公诉未检部、民事和行政诉讼检察部、综合检察部（含控申、刑执检察、研究室）；海南省三亚市院将业务机构整合为侦查监督局、公诉局、民事行政监督局、刑事执行监督局、检察业务管理局（含控申、研究室）；海南省基层院将业务机构整合为公诉局、侦查监督局、诉讼监督局（含控申、民行、监所）、检察业务管理局。

（三）检察业务机构设置情况分析

1. 标准不统一

国家法律对检察机关内设机构设置仅作了原则性规定①，没有统一要求。实践中各级检察机关一般都对应上级设置，没有明确的标准。随着检察工作任务的变化，又不断增设新的业务部门。改革中，各地都尽量合并业务机构，因为没有统一的标准，出现了各种不同的设置现状。

2. 履职不充分

检察机关的法律地位一直处于争议之中，有人质疑我国的检察机关是法律监

---

①《中华人民共和国人民检察院组织法》第二十条：最高人民检察院根据需要，设立若干检察厅和其他业务机构。地方各级人民检察院可以分别设立相应的检察处、科和其他业务机构。

督机关①，争议的存在影响了检察机关的准确定位和整体部署。实践中，检察机关根据政治和社会需要，并按照上下对应的原则，不断增设相关业务部门，最后形成部门过多、力量分散的局面，甚至造成主业不精、影响力下降的结果。新增提起公益诉讼的职能后，没有专门部门负责，职能履行的也不够充分。

3. 结构不合理

改革中各地检察机关都努力减少内设机构数量，但缺少科学的标准，出现了一定不合理现象。比如三亚市院将控告申诉部门纳入案件管理部门，其中刑事申诉部门监督生效刑事裁判，并入案件管理部门明显忽视了业务管理和具体业务办理的差别。湖北大冶设置综合检察部，将控申、刑事执行监督和研究室合并，原先这三个部门在职能性质和工作方式上都大相径庭。这种不合理的设置方法，在实践中会造成检察职能履行中的困难。

4. 亟须整合重构

业务机构是具体检察职能行使的载体，检察职能在两反转隶和提起公益诉讼后有了较大的变化。且一直以来内设机构都处于不断增设状态，存在业务中心不突出、职能行使不充分的现象。各地对内设机构改革进行着探索，但缺少完善的顶层设计和统一规划，改革效果尚未凸显。对业务机构进行整合重构，是当前检察机关一项紧迫的改革任务。

二、重构检察机关内设业务机构的重要意义和原则方法

（一）重构检察机关内设业务机构的重要意义

1. 检察业务机构是具体检察职能的载体

检察机关恢复重建以来，机构建制日益发展，检察人员队伍不断壮大。行使检察职能，维护法律权威，保障国家法治建设，是检察机关存在的基础和理由。检察业务机构是检察机关的主体部分，也是行使具体检察职能的组织载体。建立完善的检察业务机构，才能使各项具体检察职能得到充分行使。

2. 检察业务机构是检察工作机制的基础

检察机关的宪法定位是国家法律监督机关，各项检察工作均具有法律监督属性，但检察职能是多元的，每项检察职能的行使方式不同，工作程序、规则也有所不同。为了实现工作程序、规则的有机联系和有效运转，需要建立一定的工作

①郝银钟：《检察权质疑》，《中国人民大学学报》1999 年第 3 期。

机制。根据履行检察职能需要设置相应的业务机构，可以根据职能行使的需要构建相应的工作机制，推动业务工作的顺利开展。

3. 检察业务机构是检察官履行职责的依托

检察职能是多元的，检察工作专业化要求检察官主要从事某一领域的工作，熟练掌握专业知识，取得较全面的经验，从而确保在该领域工作的准确和高效。合理设置业务机构，可以有效划分检察官的所属工作领域，实现专业化建设目标。实行检察官办案责任制以后，检察官成了真正的办案主体，大部制改革的目的也在于弱化行政管理职能在检察办案中的作用，业务机构的设置需要避免行政化管理倾向，而是给检察官提供履行职责的专业平台和组织依托。

（二）重构检察机关内设业务机构的原则

1. 全面行使职权和突出核心职能原则

国家宪法赋予检察机关国家法律监督职权，检察职能是国家法律监督权的具体化，是随着国家政治经济法治发展不断发展变化的权力形态。全面行使职权是设置检察业务机构的首要原则。但经验表明，履行检察职能需要统筹兼顾，突出核心职能。核心职能有法律的明确授权，有法律的强制效力，职务犯罪侦查权剥离后，公诉权、审查逮捕权、抗诉权是检察权力集合体中位阶较高的权力，并具有较强的辐射功能，便于推动相关领域工作的开展。履行好核心职能才能彰显检察机关的地位和作用，对于核心职能要设置专门机构，根据业务量配齐、配强检察人员。

2. 按照职能性质和工作方式整合原则

司法工作是将法律适用于具体案件，处理争议纠纷的过程。检察人员面临纠纷的形态多样，主要是公权力使用中的争议和纠纷，每种纠纷的发生有其内在的机理和具体情形，其对应的解决思路和方法需要工作人员具有专业的知识技能。检察职能是检察人员行使检察职权解决纠纷所发挥的作用功能，大体可分为诉讼职能和监督职能，但按照工作方式又可分为具体的职能。要按照职能性质和工作方式整合现有业务机构，将各种不同的职能交由不同的部门行使，便于对同一领域内案件的规律性把握，也利于形成不同部门检察官独特的气质形象、思维习惯、行为方式，促进检察工作的专门化和检察队伍的专业化。

3. 保障权力公正行使兼顾效率原则

权力制约是保障权力公正行使的制度安排，工作分工的精细化也是保障权力准确行使的有效机制。内设业务机构的设置需要遵守权力制约原则和分工原则，不能片面追求数量的减少而违背立法的目的将不同权力赋予同一个部门，典型的是审查批捕和公诉合并的问题。同时，业务机构的设置也要兼顾办案效率，过度的细分容易造成力量的分散和程序的烦琐，比如公诉和刑事审判监督，虽属不同职能，但是二者有天然的联系，分离行使难以奏效。再如对生效刑事、民事、行政判决的监督，分开行使则容易造成人员力量的过度分散。设置业务机构在遵守法律规定基础上，将性质相同、工作方式相近的业务整合起来，在公正和效率之间寻找平衡点。

4. 统筹考虑现状和发展需要原则

宪法规定，检察机关是国家的法律监督机关，法律特别是三大诉讼法在修改中都不断增加检察监督的内容[①]，可见加强检察监督是国家法律体系不断完善的要求。关于检察机关和检察官的具体职责法律在列举的基础上加上了兜底条款[②]，这种列举兼概括的立法语言表明检察职权是会根据宪法精神不断发展的。设置业务机构需要考虑各类业务的现实状况，如案件数量、工作任务等具体因素，也要关注法治发展对检察机关提出的新要求、人民群众对检察机关的新期待，设置业务机构要预留检察工作创新发展的空间，迎接检察事业发展的新机遇。

5. 原则性和灵活性相结合原则

业务机构应该按照职能性质和行使方式进行设置，这是基本原则。但检察工作在不同层级和不同地域之间的差距是巨大的。最高检和省级检察院在政策制定、业务指导方面职责较重，分市院和基层院则侧重于办理具体案件，所以业务机构在层级上可以有区别，以满足业务工作的需要。这种区别既可以是业务机构数量上的不同，也可以是业务机构内部层级的差异。比如在全国检察机关统一设置的业务部门内部，高检和省检根据需要再分设下属部门，而分市院和基层院可以直接由检察官办案组组成。在地域之间，可以根据案件数量、执法任务不同，在内设机构上有所区别。

---

①比如：《中华人民共和国民事诉讼法》，2012 年修改中增加了很多检察监督的条文，如检察机关对审判程序中审判人员违法行为的监督；不到五年后，2017 年再次修改，又增加了检察机关提起公益诉讼的新内容。

②《中华人民共和国检察官法》（2017 修正）第六条规定，检察官的职责：（一）依法进行法律监督工作；（二）代表国家进行公诉；（三）对法律规定由人民检察院直接受理的犯罪案件进行侦查；（四）法律规定的其他职责。

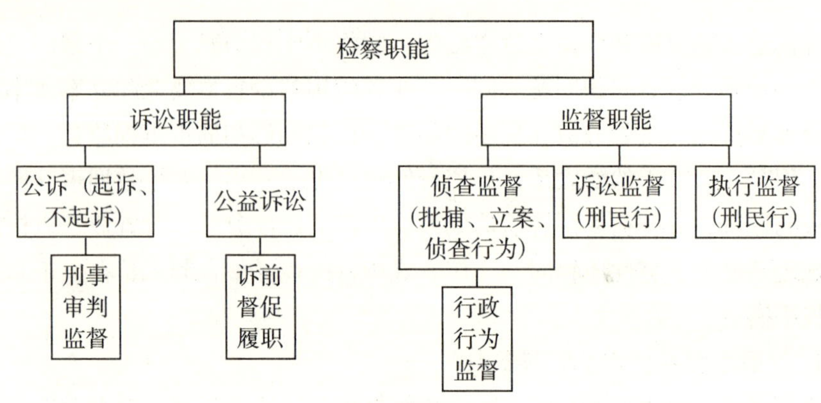

图1：检察职能示意图

三、重构检察机关内设业务机构的设想

（一）设置公诉部门，履行好检察机关核心职能

1. 公诉是我国检察机关的核心职能

我国的检察机关作为国家的法律监督机关，职责在于维护法律的统一、尊严和权威，维护国家和社会公共利益，维护社会公平正义，而对于国家法制最严重的破坏就是刑事犯罪行为，包括一般刑事犯罪和职务犯罪。刑事诉讼中检察机关、公安机关、人民法院和司法行政机关分工负责、各司其职，共同完成对犯罪行为的惩治，其中检察机关主要职责是提起公诉。检察主体在刑事诉讼中的具体化，主要通过公诉权的权能及行使来实现，尤其在审判中心新语境下，公诉权是代表检察权参与这场改革的核心权力。①公诉是各国检察机关的主要职能，也是我国检察机关的基本职能。"两反"转隶以前，检察机关职能过于复杂，存在职务犯罪侦查和公诉两个业务中心，有的检察机关不能很好兼顾。特别是近年来纠正的数起冤错案，暴露了部分刑事案件质量存在严重问题。"两反"转隶后，公诉作为检察机关的核心职能务须加强。只有履行好基本的核心职能，才能彰显检察机关的重要地位和作用。

2. 我国检察机关的公诉职能具有法律监督属性

我国检察机关是中国特色社会主义制度的有机组成部分，不仅仅是公诉机关，而且公诉部门也不仅仅承担公诉职责。我国检察机关的公诉部门具体承办对

①严义挺：《公诉权碎片化：问题、整合与路径——基于审判中心语境下的分析》，《政法学刊》2016年第3期。

侦查机关移送案件作出起诉或不起诉决定，出庭支持公诉并对刑事审判活动进行监督。检察机关在刑事诉讼程序中，通过对侦查机关移送起诉案件的审查，对侦查行为进行监督，认为证据不足的还可以退回补充侦查，对重大复杂案件可以提前介入指导侦查活动。在审查起诉的同时，公诉人可以提出量刑建议，对庭审中发现的违法行为可以要求休庭，或在庭后向法庭提出纠正建议。对于一审刑事裁判存在定性错误、量刑失当的，还可以提出抗诉。可见，我国检察机关的公诉职能不仅仅是主动提起公诉，而且有为了保障公民权利而对侦查权、审判权依法行使的监督职能，具有很强的法律监督属性，统一属于检察监督职能一部分。

3. 检察机关的公诉部门可以兼理刑事审判监督职责

公诉职能和刑事审判监督职能虽分别属于诉讼和监督两个不同性质职能，但实际上二者不可分离。有观点认为，检察院作为公诉机关向人民法院提起公诉，作为身兼两重职责的检察院同时又肩负着监督法院是否正确适用法律①，会影响法院的独立审判。实际上，公诉部门承担审判监督职责，也并非必然破坏诉讼结构平衡，损害法院的独立审判权。控审辩三方参与的刑事诉讼结构有国家法律的明确规定，辩护人地位日益提高，公诉人员不可能因为具有审判监督权而打破既定的诉讼格局，实际上由检察院单向行使法律监督权转变为控辩双方共同行使法律监督权②。即便公诉人员可以对刑事审判进行监督，也以确定存在的事实为依据，不可能有任何随意性。另设刑事审判监督部门，在法庭上公诉人之外另派遣检察人员监督法庭审判，实践上不具有可操作性。对于审判程序和审判行为的监督，必须依托于对诉讼活动的参与，不可能游离于审判程序之外而独立开展。审判程序和审判行为都是具体的、稍纵即逝的现象，公诉人员通过参与刑事诉讼程序，才能发现刑事审判活动的违法之处，否则单独的刑事审判监督部门必将形同虚设。公诉部门兼理审判监督是审判监督职能的合理配置。

（二）设置公益诉讼部门，履行好检察机关新增职能

1. 公益诉讼的工作内容决定其不宜由其他部门兼理

检察机关提起公益诉讼是对国家和社会公共利益的维护，与公诉工作在本质上一致的，是检察机关诉讼职能的一种新形态。但检察机关提起公益诉讼工作主

①苏红：《论“以审判为中心”诉讼制度的构建》，《法制博览》2016 年第 4 期。

②张保生：《确保依法独立公正行使审判权需处理好十个关系》，《人民论坛》2014 年 31 期。

要内容为调查取证、提起诉讼和出庭公诉，与传统的公诉工作有较大的差别。公诉工作的重心在于对侦查完毕的案件进行审查，发现证据是否充分、定罪是否准确、有无漏罪，作出起诉与否的决定等专业性较强的刑事案件办理工作。而公益诉讼工作的重点在于查明、认定侵害公益事实的存在，并取得相应的证据，至于后续提起诉讼和出庭支持公诉相对于公诉工作来说技术难度和专业性要弱很多。公益诉讼工作与现在的承办部门民事行政检察工作也迥乎不同。民事行政检察工作主要是对生效裁判的监督，重心在于对法院认定事实和适用法律的审查，这是专业性很强的工作，往往涉及较复杂的事实认定和法律适用问题。而公益诉讼工作相对来说适用法律比较简单，事实也比较清楚，重点在于收集有效的证据以证明侵害公益的责任。试点以来，公益诉讼工作一直由民事行政检察部门负责，其实不利于培养工作人员的专业能力。公益诉讼工作的特殊性使其与现行其他检察业务工作差距较大，不宜由其他部门兼职办理。

2. 公益诉讼的工作机理决定其不宜由不同部门分理

检察机关提起公益诉讼分为民事公益诉讼和行政公益诉讼两种情况。检察机关提起公益诉讼作为检察工作一部分，也具有很强的法律监督属性，主要体现在行政公益诉讼诉前程序中督促行政机关依法履职和民事公益诉讼中督促适格的机关和组织提起民事公益诉讼。行政机关不依法履职造成公共利益损害的，由检察机关提起行政公益诉讼，由法院判决行政机关依法履职或者确认行政机关违法。对于行政机关充分履行了职责，用尽了行政手段后，公共利益受到损害无法补救的，检察机关可以督促适格的机关和组织提起民事公益诉讼，追究侵害公共利益行为人的民事责任。没有适格的机关和组织提起民事公益诉讼情况下，检察机关依法提起民事公益诉讼，维护国家和社会公共利益。民事公益诉讼和行政公益诉讼有着紧密的联系，由一个部门统一承担这项工作，便于综合把握工作开展的力度和效果，促进对公共利益的维护。如果认为民事公益诉讼和行政公益诉讼属不同类型的诉讼，由不同部门办理，显然不符合公益诉讼工作的机理，势必会产生事倍功半的后果。

3. 公益诉讼的工作环境决定其应由单独部门专理

检察机关提起公益诉讼制度对公共利益有了更可靠的一道法律保障，但并没有改变维护国家和社会公共利益的基本格局和管理体制，国家行政机关仍然是公共利益法定的促进者和维护者，各类社会主体也都有维护公共利益的义务。公益诉讼具有较强的政策性和技术性，工作开展之初需要寻求各级党委、政府和社会各界的支持。如何有效开展好这项工作，为检察机关拓展业务空间，扩大影响力，需要检察机关领导和具体工作人员具有良好的大局意识，充分实现国家政策精神，在法律制度尚不健全的情况下，推动这项工作产生积极的效应。公益诉讼工作作为检察机关一项新的职能，尚没有形成完善的工作机制和制度。公益诉讼全面开展以来，地域间工作发展不平衡，亟需加大工作力度，探寻工作规律，积累工作经验，实现该项工作的规范化。成立单独的公益诉讼部门，对于公益诉讼工作顺利开展非常必要。

（三）设置诉讼监督部门，维护司法公正

1. 加强诉讼监督是检察工作专业化的历史选择

我国实行二元的司法机关体制，检察机关承担一定的司法职能。监督法院审判、促进司法公正，是检察机关一项重要职责。由检察机关对审判机关监督，能够克服历史上形成的重行政轻司法传统，也能够通过外部监督促进法院内部监督，提高主动纠正错误判决的积极性。“两反”转隶后，检察机关的司法属性大为增强，检察机关应该利用这一机遇加强专业化建设，提升检察工作专业化水平。生效裁判是法官在诉讼各方充分较量的基础上，适用法律对纷争进行处理的结果，是专业化司法工作的成果。对生效裁判的监督要求监督人员具有深厚的法学理论功底、娴熟的法律适用能力、敏锐的事实洞察能力、优秀的纠纷化解能力和卓越的综合平衡智慧，可以说是检察机关专业化要求最高的工作。成立专门的诉讼监督部门，能够培养和提高检察工作专业化水平，促进司法公正。

2. 生效裁判监督可以由同一部门办理

检察机关对生效裁判监督，目前主要由刑事申诉部门和民事行政检察部门负责。刑事申诉部门的工作是对生效刑事裁判的审查监督，兼理国家赔偿和司法救助工作。民事行政检察部门的工作，根据法律规定包括对生效民事行政裁判监督、审判行为监督和执行行为监督。现实中，民事行政检察部门还对行政机关违法行为进行监督。这种对照法院系统业务领域划分工作部门的做法，一定程度上可以促进工作专业化，但是从检察工作规律上权衡却未必是最好的方法。检察工作总体上都具有法律监督属性，但是具体职能是多元的，如何实现好各种职能，需要对检察工作进行科学分解，在资源配置上进行合理组织。生效裁判监督总体上要求是一致的，是对法院认定事实客观性和适用法律准确性的审查判断，以及对处理结果和案件效果的精准研判；工作方式和思维习惯也极为相同，由同一部门专门办理，去除其他职能，可望提高生效裁判监督的专业化水平，提高监督实效，有效纠正错误生效判决。

3. 生效裁判监督案件的复杂性决定了应该走专业化道路

生效裁判监督工作理论上有两个向度，一是对错误判决的纠正，一是对正确判决的维护，两者都需要给予相同的重视。生效裁判监督人员必须具有良好的职业素养，既要用于纠正错误，又要积极维护司法既判力。做好正确裁判申请监督人的息诉罢访工作，维护生效裁判的既判力，是对司法权威的维护，增强了人民群众对中国特色司法制度的信心，是检察机关法律监督工作的一项任务。但在实践中，对生效裁判监督案件审查的结果并非非此即彼的选择，而是在两个向度之间的模糊地带。因为诉讼是非常程序化的过程，再加之当事人举证能力上的差异，案件事实并不能一定与客观事实相一致；对法律的理解和适用也受个人理解能力、价值观念等内在因素左右，很难有绝对明确的标准，即便是同案不同判的严重现象也并非一定能做此是彼非的判断。所以在处理生效裁判监督案件中，需要检察官能熟练把握案情中的各种可能性，综合考量法律效果、社会效果和政治效果。这种复杂的处理过程需要检察官经年累月的训练和苦心孤诣的钻研，方能对这类案件作出恰当的处理决定。

一次不公正的判决，其恶果甚至超过十次犯罪，因为犯罪虽是无视法律，好比污染了水源；而不公正的判决则毁坏法律，好比污染了水源。要让人民群众在每一个司法案件感受到公平正义，检察机关也要加强对审判活动的监督，特别是对生效裁判的监督，勇于纠正错误的裁判。成立专门的诉讼监督部门，以抗诉为主要监督方式，可以充分发挥检察机关对法院生效裁判的监督职能。

（四）设置行政监督部门，促进依法行政

1. 侦查监督部门延伸监督范围，对相关行政行为进行监督

侦查监督部门行使批准逮捕、侦查活动监督和刑事案件立案监督等职责，其中批准逮捕权有宪法的明文规定，具有较强的司法特征，主要是对公安机关拟采取的人身强制措施进行审查并作出决定。批准逮捕、侦查活动监督以及立案监督的对象主要是公安机关等侦查机关，它们虽然在性质上是刑事案件承办机关，但总体上隶属于行政机关，只是内部不同分工。在具体业务工作中，刑事警察部门与治安等行政执法部门也存在紧密的联系，具体承办案件中也并没有明显的界限，某一类的刑事案件往往交由治安等部门办理。党的十八届四中全会作出了关于健全行政执法和刑事司法衔接机制的决定，2014 年以来检察机关开展了破坏环境资源和危害食品药品安全领域专项立案监督活动，重点监督行政机关以罚代

刑、不移送刑事案件的现象[①]。刑事司法和行政执法两法衔接机制的建立，更便于侦查监督部门掌握行政执法的情况。侦查监督工作适当扩展就可以涵盖相关的行政执法机关，对相关行政执法行为进行监督，是监督工作的自然延伸。

2. 侦查监督业务与行政行为监督的改革任务具有互洽性

党的十八届四中全会确立了关于加强行政强制措施和行政违法行为司法监督的改革任务。刑事强制措施和行政强制措施虽然在法律依据和严厉程度上有区别，但都是对公民人身权利、财产权利的强制性限制和暂时剥夺，检察机关的监督主要是审查采取强制措施的合法性和必要性，具有相同的审查方式、审查内容。将检察机关对刑事强制措施监督经验应用于行政强制措施是方便易行的改革路径。立案监督主要是发现行政机关以罚代刑，纠正不依法立案的问题。而行政违法行为的存在是立案监督的前提条件，行政违法行为监督与立案监督具有程序上的衔接性和功能上的互补性。将侦查监督部门职责扩充为行政监督部门，正可以落实十八届四中全会关于加强行政强制措施和行政违法行为监督的改革任务，同时也使得原侦查监督职责具有更充分的履行条件，能够取得更有效的监督效果。

3. 设置行政检察部门为检察工作未来发展预留空间

依法行政是建设法治国家的关键，监督行政行为符合检察机关的宪法定位，但目前尚没有明确的法律依据。现实中探索开展对一般行政违法的监督工作主要由民事行政检察部门或者由其分设出去的行政检察部门办理。民事行政检察的主业是对生效裁判的监督，提出抗诉是其有法律效力的监督手段。对一些明显的行政违法行为，民事行政检察部门只是采用检察建议这一柔性手段，在双方协商一致情况下提出监督建议，且建议本身没有对行政机关产生实质影响的情况下行政机关才愿意接受，这种协商式监督的效果可想而知。就违法行政行为监督而言，民事行政检察的工作条件和监督能力上与侦查监督部门相比起来较弱。侦查监督部门的通知立案、纠正违法等监督措施现实中已经法定化，侦查监督部门在行使法定监督权力同时适当扩展监督范围，利用权力溢出效应[②]，将部分行政违法行为纳入其中，能够取得较好的效果。行政违法行为的检察监督，是检察机关业务

①《全国检察机关开展“破坏环境资源和危害食品药品安全犯罪专项立案监督活动”工作方案》，http：//www.gj.pro/sites/p/main/depttong_list.jsp?page=2。

②所谓溢出效应，是指一个组织在进行某项活动时，不仅会产生活动所预期的效果，而且会对组织之外的人或社会产生影响。

发展的新领域，也顺应了建设法治国家的时代要求。将现行的侦查监督部门扩充为行政监督部门，不仅仅是名称的变化，更是职能的扩充，赋予其创新开展行政行为检察监督、推动检察工作发展的新使命。

（五）设置执行监督部门，确保判决得到执行

1. 执行具有较强的行政性，执行监督应该与诉讼监督相分离

执行监督包括民事执行监督、刑事执行监督和行政执行监督，执行程序在三大诉讼法中均作了规定，所以执行监督常常被认为是诉讼监督的一部分，在司法改革中很多地方将执行监督纳入诉讼监督部门。但是，执行活动本身具有很强的行政性，执行权具有典型的主动性、单向性、非对抗性等典型的行政权特点①。对于执行权的归属和配置历来也有诸多争议，主张执行权归司法行政机关的呼声甚高，但在本轮改革中执行权最终还是保留了原状，民事、行政执行继续由法院负责，执行主体包括公安机关（看守所）、法院、司法行政机关（监狱、社区矫正机构）等。刑事、民事、行政执行在本质上都是国家强制力对生效裁判或者其他具有执行效力的法律文书付诸实现的活动，执行活动具有相同的属性特征和工作方式。现在很多地方将执行监督纳入诉讼监督部门，而诉讼监督是对法院审判活动的监督，主要是对生效裁判的监督。对执行活动的监督应该按照监督工作规律进行制度安排，必须和对法院的诉讼监督相分离，将现在民事行政检察工作中的执行监督职责和刑事执行监督部门合并，建立专门的执行监督部门。

2. 执行监督宜采用主动的、全程的监督方式

执行监督部门之所以要独立设置，原因也在于工作方式上的特殊性，使其不可能和其他检察监督职能合并行使。执行是实现生效裁判的活动，是对生效裁判权威的维护，也是对社会公平正义的修复过程。为了确保生效裁判等法律文书的有效执行，检察监督应该采用主动、全程的监督方式，以便于准确把握监督的必要性和可能性。现在各地检察机关都采取了对执行场所派驻检察室的方式开展刑事执行监督，这样便于对执行活动进行全程监督。对于执行场所分散的，也可以采取巡视检察等新方式，定期掌握服刑人员、社区矫正人员的情况，对执行机关管理规则和行为的违法不当情形予以纠正。民事行政执行一般应当事人的申请启

①周叶中、叶正国：《我国宪法检察制度若干关键问题辨析》，《四川师范大学学报（社会科学版）》2015 年第 2 期。

动监督，但涉及国家和社会公共利益的执行活动，检察机关也应该主动开展监督，确保判决得到及时、有效、全面的执行。对于当事人申请的民事行政执行监督案件，检察机关应该及时受理，根据当事人提供的信息开展调查核实，执行活动确实存在违法不当的，要及时予以制止和纠正，维护当事人的合法权益。刑事执行监督和民事行政执行监督方式上虽有所差异，但具体监督方法基本相同，都是进行调查核实，查清执行活动的违法情形，由同一部门行使没有实质的障碍。

3. 采用多种监督手段确保执行监督取得成效

执行机关既有行政机关也有司法机关，但法院内部的执行部门也具有较强的行政特征。执行权具有主动性、单向性、强制性的特征，怠于执行、执行不力、执行不严，或者滥用执行权力等现象都极有可能发生。检察机关应该根据不同违法情形采取相应的监督手段，增强监督手段的刚性和强制力。派驻检察室曾经被称为"小检察院"，意为其在所驻执行单位内可以行使各种检察职权，包括职务犯罪侦查、服刑罪犯再犯罪的起诉、监狱管理行为的监督以及监内民事行政争议的调处等各项职能。多种监督手段的综合利用，有助于实现执行监督成效。职务犯罪侦防部门转隶后，执行监督部门应该和国家监察机构做好工作衔接，及时移交执行机关和人员涉嫌职务犯罪线索，将国家对公职人员的监督落实到执行机关，也增加检察执行监督的效力。对执行活动违法情形的，可以通过发纠正违法通知①、检察建议等手段，督促执行机关及时纠正错误。对于执行人员涉嫌违规违纪的，也可以向其上级主管部门反应，通过组织处理的手段解决执法人员的执法作风问题。执行监督多种手段并用，克服实践中监督手段刚性不足、效力不够等弊端，执行监督工作尚有创新突破的空间。

（六）设置综合业务部门，加强业务管理指导

1. 将案件管理部门拓展为综合业务部门，加强业务监督管理

目前各级检察机关都设置了案件管理部门，负责对办案程序和案件质量的规范化管理。但实践中，案件管理部门主要实现了自动分案、对办案期限进行监督、对法律文书进行规范审查等程序性监督，对办案质量和效果缺少监督和研究。研究室也是检察机关一个常设机构，省级院以下的法律政策研究工作应该充

①《中华人民共和国刑事诉讼法》第二百六十五条：人民检察院对执行机关执行刑罚的活动是否合法实行监督。如果发现有违法的情况，应当通知执行机关纠正。

分结合实践，提高研究成果的实践价值，发挥对办案工作的总结、研究和指导职能。为了提高检察业务整体质效，应该建立统一的业务管理部门，综合行使对办案质量的监督、研究和指导工作。现在研究室和案管部门分设，研究室远离司法实践、办案数据等研究素材，案管部门存在业务监督能力不足问题，合并这两个部门成立综合业务部门顺理成章，可以实现力量的整合和效果的提升。

2. 控告部门职能纳入综合业务部门，作为案件接收窗口

控告部门在分市级检察院以上一般单独设立，在基层检察院一般和刑事申诉部门合并称控申科，一直作为业务机构存在，其职能一方面是受理控告材料，另一方面是做一定的矛盾化解工作。职务犯罪侦防部门转出后，群众向检察机关直接控告的情形将大为减少，主要是接受当事人的申请检察监督案件材料。现在案件材料是经由控告部门转给案管部门，由案管部门录入案件管理系统受案。在大部制改革实践中各地的做法也不相同，有并入诉讼监督部门的，也有并入案件管理部门的。如果将接受案件材料窗口直接设在案管部门，其实是简便可行的。控告部门虽然也有一定的矛盾化解工作，但是对检察业务知识技能要求并不高，而且从处理结果上看还是归口办理部门更具有释法说理的能力。将控告部门职能分解，受理职能划归案管部门行使，矛盾化解职能划归相应业务部门行使，其职能并未受到影响，还可以将占用的员额检察官职数配备到业务部门，提高员额检察官的利用效率。

3. 由专职委员具体负责综合业务部门，提高业务管理水平

检察委员会是我国检察机关的业务领导机构，在实行员额制、司法责任制、大部制等改革措施后，检察委员会的职责也相应有所转变，主要为决定重大业务事项，做好业务指导和监督；以及作为重大案件的决策组织。①为了加强检察委员会工作，最高人民检察院于 2010 年 11 月 16 日制定实施了《人民检察院检察委员会专职委员选任及职责暂行规定》，对专职委员的任职条件、选任程序及职责等作了规范。但时至今日，专职委员的配置仍被视同一项行政职务，具体工作也是协助检察长、副检察长分管某一方面工作，其业务专长发挥得不够充分。成立综合业务部门后，专职委员配置在该部门，使得专职委员履职有所依托，具体

①左卫民，谢小剑：《检察院内部权力结构转型：问题与方向》，《现代法学》2016 年第 6 期。

负责全院业务的监督管理工作，加强业务质量管理和考核，也使得综合业务部门的具有管理、监督、指导具体业务部门的业务水平。专职委员负责检察委员会的日常工作，根据业务工作需要安排检察委员会会议日程，对会议议题进行审查把关，提高检察委员会议事质量和效率。

四、结语

检察业务机构的设置是由特定历史条件和检察工作现实所决定的，需要根据时势变化适时调整。在建设新时代中国特色社会主义法治国家条件下，将检察业务机构按照职能性质和行使方式进行划分，具体设置公诉、公益诉讼、诉讼监督、行政监督和执行监督部门，基本符合检察机关的宪法定位和检察工作任务要求。但这只是基本的结构框架，是检察工作的总体布局，在现实中业务机构可以根据实际情况进行细化、合并和变通，以利于充分发挥检察机关的职能作用推动中国法治建设和国家治理体系的完善。

检察公益诉讼工作机制完善路径分析

王帮元*

内容摘要： 检察机关提起公益诉讼制度目的在于保护国家和社会公共利益，具体方式是作为前置程序的督促行政机关履职、居于主导地位地提起行政公益诉讼和作为补充手段的民事公益诉讼。检察公益诉讼制度凸显了检察机关行政监督职能作用。为顺利开展公益诉讼工作，需要建立起线索收集管理机制、对外协作配合机制、检察一体办案机制和办案质效保障机制。

关键词： 检察机关　公益诉讼理论定位　工作机理工作机制

一、检察机关提起公益诉讼职能的理论定位

（一）检察机关提起公益诉讼制度概述

公益诉讼发端于二十世纪六七十年代的美国并逐步扩展到全世界，其边界逐步从环境保护领域向更大范围扩展。域外法治发达国家的公益诉讼制度业已相当成熟，对公共利益的保护，监督行政机关依法行政大有裨益①。国家利益和社会公共利益事关人民群众的切身利益，但现实中由于权利主体的不特定性，两益受损后没有适格的主体主动维护。党的十八届四中全会作出了探索建立检察机关提起公益诉讼制度的决定，是对我国公益受损现象日益频发，维护公益主体缺位现状所做的英明决策。

我国于 2015 年 7 月开始检察机关提起公益诉讼制度试点，两年试点工作积

* 海南省人民检察院第二分院四级高级检察官，全国检察理论研究人才，全国首批检察调研骨干人才。

①秦前红：《检察机关参与行政公益诉讼理论与实践的若干问题探讨》，《政治与法律》2016 年第 11 期。

累了大量试点样本，取得了丰硕的成果，为正式建立检察机关提起公益诉讼制度奠定了扎实基础①。2017 年 6 月 27 日全国人大常委会修改民事诉讼法和行政诉讼法，将检察机关提起公益诉讼制度法定化。试点期间，工作推进力度大，行政特征明显，工作规范化程度不高。两法修改后，提起公益诉讼成为检察机关一项法定职能，对工作机制开展研究，有助于尽快实现该项工作的规范化和正常化。

（二）检察机关提起公益诉讼职能的性质定位

检察机关的性质是国家法律监督机关，检察机关提起公益诉讼，同样具有法律监督属性。检察机关通过提起诉讼的方式维护公益，其职能形态首先是诉讼职能，与刑事公诉职能同出一源，都是维护国家和社会公共利益。提起公益的诉讼职能是新赋予检察机关的职能。

对于行政机关违法行为或者怠于履行维护公共利益的职责，检察机关在诉讼之前要监督行政机关纠正违法行为、积极履行维护公益职责，所以法律监督职能是固有的、也是实现维护公益目的的必经程序。检察机关提起公益诉讼具有法律监督职能。

检察机关作为公权力机关，应该保持谦抑的立场，以防止公权力滥用对私人权利造成伤害。对于直接追究损害公益人民事责任的，检察机关首先督促或公告告知适格的机关和组织提起民事公益诉讼。检察机关可以支持起诉，也可以对公益诉讼活动进行监督。

（三）检察机关提起公益诉讼的目的定位

检察机关提起公益诉讼的目的具有唯一性，就是维护国家和社会公共利益。国家利益是事关全体人民的利益，社会公共利益是社会上不特定多数人的利益。界定国家利益和社会公共利益的内涵是建立公益诉讼制度的前提。

公共利益的概念一直没能准确定义，但可以和相关概念的比较中进行理解。政府一直是国家利益和社会公共利益的代表，但政府利益不一定是公益。政府一经组成也就形成具有一定自身利益的经济人②，政府行为可能会背离国家和社会公共利益。地方利益可能不是公益，地方政府为了促进本地发展，其制定的政策可能会对国家整体或者多数社会成员利益形成损害，对本地企业的违法生产也可

①闫晶晶：《检察机关提起公益诉讼试点工作取得实效》，http：//www.jcrb.com/procuratorate/highlights/201706/t20170622_1768386.html。

②周梅红：《从法经济学视角解读环境公益诉讼问题》，《智富时代》2016 年 11 期。

能基于当地经济发展、财政收入、就业等考虑而怠于监管。公益是长久的利益，而不是短期的利益。有些经济政策及实施活动可能目前没有损害公益，但长远的结果会损害公益。所以需要一个适格的主体去监督政府、维护公益，检察机关提起公益诉讼就弥补了这个政府职能异化的缺陷。

（四）检察机关提起公益诉讼的职责定位

检察机关是公权力机关，办理公益诉讼案件是履行法律监督职责的职权行为[①]。在办理公益诉讼案件中，检察机关具体职责可以分解为：发现公益受损害的事实，督促行政机关履职，提起诉讼要求行政机关履职，以至于追究违法侵害公益行为人的民事责任。履行这些具体职责才能发挥检察机关维护公益的职能。

法定职责具有双重属性，既是检察机关的职权也是其义务。如果检察机关未能依法处理上述事务，就是不依法履行职责，要承担相应的法律责任。检察机关开始行使这项职权之时，尚没有人强调检察机关不履行职责、对应该提起公益诉讼而不提起时需要承担的责任问题。但是公益诉讼制度制定完善过程中，不能忽视法定职责的双重属性，而且要特别关注检察机关维护公共利益的义务，以促进检察机关积极维护公共利益。

（五）检察机关提起公益诉讼的方法定位

检察机关作为公共利益的代表，通过提起公益诉讼的方式，启动司法权对行政权的监督机制，强制行政机关依法履职，维护国家和社会公共利益。但是检察机关提起公益诉讼制度并不改变我国关于公共利益的管理体制，行政机关仍然是公共利益的促进者和维护者，在相关公益领域也具有专业的知识和执法手段，检察机关发现公益受损或有受损的风险时，首先应该督促相关管理机关履行职责，这样更便于公益得到及时的维护。

对于行政机关拒不履行职责或者履职不充分的，检察机关提起行政公益诉讼，通过法院审判确认其行为违法并判决其继续履行职责。通过司法裁判的强制力对行政机关的执法权进行制约，达到行政权力正确行使。

维护公益是检察机关提起公益诉讼的唯一目的，损害公益案的具体案情复杂，公益的损害修复过程复杂，行政机关在履行职责后，往往也不能满足对公益

---

①桂杰：《“两高”发布关于检察公益诉讼案件适用法律若干问题的解释》，http：//news.sina.com.cn/c/2018-03-02/doc-ifyrztfz6461011.shtml。

的保护职责。由于行政手段具有局限性，对涉及公民财产权利的措施有严格的限制，侵害公益人虽然根据行政机关要求对公益进行修复，但不能充分弥补公益损害时，行政机关没有进一步的措施。检察机关对侵害公益行为人提起民事公益诉讼，由法院判决其承担相应的民事责任。如侵害公益行为人不履行判决，法院可以强制执行，使得公益得到充分的保护。

在检察机关提起公益诉讼制度中，最主要的方法就是提起行政公益诉讼。检察机关具备相关的法律知识和诉讼技能，是建立这一制度的要义所在。督促履行职责作为前置的程序，在于保证维护公益的及时性和稳妥性，后续的民事公益诉讼作为补充，以实现保护公益目的的全面性和完整性，也体现出检察机关、行政机关、审判机关作为国家机关对保护公益价值上的一致性和协同性，充分体现了检察公益诉讼制度的中国特色。督促履行职责、行政公益诉讼、民事公益诉讼三个方法是统一在维护公益目的下，具有不同的价值取向和逻辑排序的检察机关维护公益的方法论。

二、检察机关提起公益诉讼的工作机理解析

（一）损害公益事实的存在——检察公益诉讼的逻辑起点，也是开展行政检察监督的事实依据

改革开放以来，我国经济高速发展的同时，也给环境资源带来了严重的破坏性后果，对我国科学可持续发展造成威胁。改革过程中，忽略了对权力行使的严格监督，造成了大量国有资产的流失。对经济发展规律把握不准确，对市场监管不到位，也导致了大量市场行为对人们生产生活产生了负面的影响，甚至于危害人民生命健康权利。这些危及国计民生的现象引起了社会各界的重视，党和国家领导层最终作出决策，对资源和环境保护、食品药品安全、国有土地使用权出让以及国家财产领域发生损害公益行为，检察机关可以提起公益诉讼，维护公共利益。

对于发生损害公益的事件后，检察机关需要查明违法行为人、公益受到损害的事实，并固定相关证据，以便于开展后续的维护公益活动。检察机关依法对受理的刑事案件行使侦查权，查明公益受损的事实也需要一定的专业技术。公益诉讼案件的调查取证虽与刑事侦查不尽相同，但基本的思路和方法是相近的，目的在于查明公益受损的事实以及保存收集相关的证据。检察机关具有查明相关事实、获取相关证据的能力条件。掌握公益受损相关事实和证据，检察机关就可以继续开展后续工作，是检察公益诉讼工作的逻辑起点。

（二）行政机关存在违法行为或者怠于履行职责——行政检察监督的前提

每个领域的公共利益都有主管的行政机关，行政机关的职责就是促进和维护公共利益。对于发生损害公益的事实后，检察机关作为国家的法律监督机关，首先要查明主管行政机关是否存在违法行为，即该损害公益事实的发生是否因为行政机关违法行为所致。现实中，行政机关常常因为发展经济的需要忽视生态保护和资源合理利用，违规批建不符合科学持续发展要求的生产项目。也存在行政机关对违规生产厂家视而不见，对破坏生态环境行为不予查处，听之任之，最终导致环境恶化，群众生活受到不良影响。

现实中行政机关的职责分配很复杂，存在一定程度不同部门职责交叉重叠现象。确定公益受损领域的行政主管部门，首先要对照法律、法规、规章，了解相关行政机关的法定职责、权限、执法程序等内容，依法确定了基本的权力归属后，再了解当地具体的责任部门。近年来政府责任清单制度不断推进，一般在政府官方网站上可以查询具体执法部门的责任清单、权力清单以及相关部门职责交叉部分的处理方法①。也可以通过向档案部门或编制部门调取相关文件资料，结合询问相关工作人员，确定当地主管机关及其具体职责。

行政机关的法定职责主要有规划审批、监督检查、行政处罚、行政强制等内容。发生损害公益事实后，检察机关要进一步根据法律法规和相关内部执法规范，认定行政机关在哪一环节作出了违法行为，怠于履行什么职责导致公共利益受到损害，违法履行职责与公益受损之间的因果关系。可以通过调取执法部门的执法档案或者相关刑事案件材料等方式，认定行政机关存在违法履行职责的事实，为开展行政检察监督做好准备。

（三）督促行政机关依法履职——行政检察监督职能的履行

行政主管机关是相关领域公共利益的促进者和维护者，具有相关的专业知识和执法手段。所以在维护公共利益的职责上，行政机关还是居于第一位的责任主体地位。对于发生公益受损害的事实后，行政主管机关应该第一时间内采取补救措施。

检察机关是国家的法律监督机关，对于行政机关违法不履行职责的，检察机

①如海南省洋浦经济开发区管理委员会制作的相关部门的职责边界登记表中：关于土地违法案件处理职责划分，规划建设土地局负责对土地违法的事实提出意见，市政管理局负责依法查处土地违法案件。

关有权力督促行政机关纠正违法行为。近年来，检察机关一直在探索开展违法行政行为监督工作，特别是十八届四中全会决议明确了检察机关对违法行为监督的改革任务。所以，在发生损害公益事实后，检察机关根据查明的公益受损事实和行政机关履行职责违法情况，督促行政机关依法履职是依法行使行政检察监督职能。

在检察公益诉讼制度中，将督促行政机关履职作为诉前必经程序还具有保护公益经济性、及时性的要求。诉讼也是严格的程序性的诉辩过程，诉讼结果的形成需要较长的时间。行政机关积极履职可以尽快解决维护公益的相关问题，缩短公益受损持续时间，减少公益受损的影响。诉讼过程中，各方都需要投入较多的精力和时间，检察机关通过督促行政机关履职解决问题，也节约了司法资源，符合诉讼经济原则。

（四）提起行政公益诉讼——行政检察监督权的强化和保障

检察公益诉讼制度的宪政价值在于加强了权力的监督制约，有效弥补了行政权监督制约不够的权力配置缺陷。检察机关提起行政公益诉讼，将行政机关违法行为或不履职行为提交法院审判，形成司法权对行政权的监督制约。检察机关主动坚持宪法定位，肩负推进依法行政的法治使命，但长期以来形成的行政主导式国家治理模式，使得行政检察监督进展缓慢。检察机关督促行政机关履职后，行政机关拒不采纳检察建议，检察机关提起行政公益诉讼，通过生效判决的方式强制行政机关履职，是对检察建议效力的维护，是对行政检察监督权的强化和保障。

检察公益诉讼制度的目的在于维护公共利益，检察机关提起诉讼的优势在于检察官是公共利益的代表①，精通相关法律知识和诉讼技术。检察机关提起行政公益诉讼弥补了公益诉讼主体缺位的缺陷，能够促进行政机关履职，有效维护公共利益。

提起行政公益诉讼是检察公益诉讼制度的核心。公益受损后，检察机关起诉行政主管机关，是维护公益的目的的需要，能够促进依法行政，也是对行政检察监督权行使的强化和保障，具有多重的制度价值。

---

①孙莹：《第二十二届国际检察官联合会年会代表热议习近平主席贺信》，http：//china.cnr.cn/gdgg/20170911/t20170911_523944568.shtml。

（五）提起民事公益诉讼——检察监督对行政执法的补强

对于权力而言，法无授权即禁止。行政机关在管理公共事务、促进公共利益的同时，行政权也面临着和公民权利之间的冲突和平衡，依法行政的原则不能突破。法有保守的倾向，而现实生活却是日新月异。行政主管部门法定的执法手段往往不足以应付层出不穷的损害公益行为。行政机关享有监督检查权、行政强制权以及行政处罚权等，公共利益一旦受损，行政机关可以及时制止，或采取扣押违法产品、设备等执法手段。但公共利益如何得到恢复和补偿，行政执法手段往往会显得束手无策。检察机关直接行使民事公益诉权，会更利于或便于及时制止公益侵害①。检察机关提起民事公益诉讼，追究公益侵权人的民事责任，对行政执法权具有补强作用，能够更充分地维护公共利益，也彰显了我国国家权力互相制约互相配合的设计理念。

权力都有被滥用的危险，检察权也不例外。检察机关民事公益诉权也应该受到一定的限制，以防止权力滥用对诉讼结构的破坏，以及对企业等社会主体利益的侵害。检察机关拟提起民事公益诉讼前，应该督促有原告资格的机关②或者公告有原告资格的社会组织③提起民事公益诉讼。没有相关机关和组织提起民事公益诉讼，公共利益得不到应有维护的情况下，检察机关才可以提起民事公益诉讼。检察机关诉前的督促和公告，也是对相关机关和组织履行维护公益职责的监督。检察机关可以支持相关机关和组织的起诉，充分发挥检察机关作为公共利益维护者的角色作用。

---

①刘本荣：《检察机关民事公益诉讼与行政执法角色冲突与化解》，《南海法学》2017年第6期。

②《海洋环境保护法》第90条第2款规定：“对破坏海洋生态、海洋水产资源、海洋保护区，给国家造成重大损失的，由依照本法规定行使海洋环境监督管理权的部门代表国家对责任者提出损害赔偿要求。”据此，国家海洋环境监督管理行政机关成为海洋环境污染案件提起公益诉讼的法定主体。

③《消费者权益保护法》第37条规定：“消费者协会履行下列公益性职责：……（七）就损害消费者合法权益的行为，支持受损害的消费者提起诉讼或者依照本法提起诉讼；”据此，消费者协会成为法律明确规定的损害消费者合法权益案件的公益诉讼起诉主体。

《环境保护法》第58条规定：“对污染环境、破坏生态，损害社会公共利益的行为，符合下列条件的社会组织可以向人民法院提起诉讼：（一）依法在设区的市级以上人民政府民政部门登记；（二）专门从事环境保护公益活动连续五年以上且无违法记录。”据此，符合法定条件的环保组织也可以成为环境污染案件的公益诉讼起诉主体。

三、检察机关提起公益诉讼的工作机制构建

（一）线索收集管理机制

1. 工作中发现机制

案件线索的发现是检察机关公益诉讼办案的前提。关于案件线索的来源，《民事诉讼法》第 55 条和《行政诉讼法》第 25 条均规定为“人民检察院履行职责中发现”①。根据法律条文的表述，首先检察机关各业务部门在履行职责中发现公益受到损害的线索，都可以作为检察机关办理公益诉讼案件的来源。其次，检察机关各业务部门、各工作人员在履行职责中，都有发现公益受损害线索的义务，对发现的公益诉讼线索不能视而不见，且应该启动公益诉讼办案机制进行办理。因而，应该建立检察工作中发现公益诉讼案件线索的机制，凡是检察工作中发现公益受损的线索都应该收集、报送，怠于发现或不报送造成不良后果的，要承担相应的法律责任。

2. 受理群众举报

公共利益事关社会上不特定多数人的利益，公共利益是否受到侵害，人民群众会在第一时间发现。由于长期以来公共利益保护工作不充分，受到损害的群众个人举报无门，致使一些侵害公益的企业和个人得以继续实施其违法行为。检察机关公益诉讼制度已经建立，要加大公益公诉工作宣传，积极受理群众关于公益受侵害线索的举报。为了提高群众关心公益觉悟，积极提供公益诉讼案件线索，可以建立有偿举报制度。举报线索经查处，制止了侵害公益行为人，促进公益诉讼工作的，可以对举报人进行奖励。通过建立群众举报制度和有偿奖励机制，可以提高检察公益诉讼尽快取得成效。

---

①《中华人民共和国民事诉讼法》第五十五条第二款：“人民检察院在履行职责中发现破坏生态环境和资源保护、食品药品安全领域侵害众多消费者合法权益等损害社会公共利益的行为，在没有前款规定的机关和组织或者前款规定的机关和组织不提起诉讼的情况下，可以向人民法院提起诉讼。前款规定的机关或者组织提起诉讼的，人民检察院可以支持起诉。”

《中华人民共和国行政诉讼法》第二十五条第四款：“人民检察院在履行职责中发现生态环境和资源保护、食品药品安全、国有财产保护、国有土地使用权出让等领域负有监督管理职责的行政机关违法行使职权或者不作为，致使国家利益或者社会公共利益受到侵害的，应当向行政机关提出检察建议，督促其依法履行职责。行政机关不依法履行职责的，人民检察院依法向人民法院提起诉讼。”

3. 接收其他机关移送

其他机关在工作中发现损害公益现象后，向检察机关移送案件线索，有助于检察机关充分行使公益诉讼职能。社会各界特别是人大代表和政协委员接触社会较深，对群众身边发生的侵害公益事件掌握的比较及时，检察机关应该加强与人大代表、政协委员的联系，争取他们对检察工作的支持，及时发现和查处损害公益事件。建立其他机关和代表委员移送线索的接收机制，及时接收他们移送的案件线索，并跟踪调查相关情况，处理结果适时反馈给提供单位和人员，将促进社会各界对检察公益诉讼工作的支持。

4. 线索的集中管理分配

线索的处理是时效性极强的工作，对于收集到的公益诉讼案件线索应该安排人员在第一时间调查核实，根据公益受损情况，及时确定处理思路，尽快采取行动维护公益。线索经初查、评估后分配给检察官承办，就形成了具体的案件，启动检察公益诉讼办案程序。当下损害公益现象多发，人民群众关心度逐渐提高。线索来源畅通后，大量案件线索会涌入检察机关，线索的管理分配极为重要。需要建立有效的线索集中管理分配机制，根据线索的轻重缓急不同情形，及时分流处理，提高办案效率。线索整理、分配需要由专人负责，要根据案情复杂严重程度，确定不同的分流处理机制。

（二）对外协调配合机制

1. 与行政机关协作机制

检察机关公益诉讼制度的目的也在于维护公共利益，而行政主管机关承担该领域公益保护的第一责任，也最熟悉掌握该领域公共利益的现状。检察机关在开展公益诉讼工作中，需要和行政机关建立信息共享、沟通协调、工作协作机制；可以建立联席会议制度，就开展该领域公益保护工作交换意见，形成共识；可以建立信息员制度，定时互相传送工作信息。

行政公益诉讼中，检察机关代表国家利益和社会公共利益，享有原告的诉讼权利义务，行政主管部门作为被告。检察机关和行政机关虽然类似与原告和被告的对立诉讼当事人，但是提起公益诉讼的目的在于查清公益受损的事实以及如何对公益进行维护，以便于确定行政机关的需要履行的职责。所以，行政机关与检察机关在公益诉讼中也并非处于对立状态，而是协助主导机关的审判机关查清事实、适用法律，检察机关和行政机关在诉前可以建立意见交换机制，以便于取得更好的诉讼效果。

2. 与法院沟通合作机制

建立检察公益诉讼制度的目的在于形成监督合力，完善国家利益和社会公共利益的司法保护机制。在维护国家利益和社会公共利益的过程中，人民法院是一个重要的主体。检察机关要做好与人民法院的沟通协调，促进公益诉讼工作取得良好的制度效果。

检察机关不同于一般原告，要维护检察公信力和司法公信力。诉前要和法院做好沟通，对案件事实和定性取得一致意见。坚持以审判为中心的原则，根据判决的标准准备相关证据。确保检察机关承办的公益诉讼案件，诉得出、诉得赢，发挥出检察公益诉讼制度的功能作用。

检察机关同时也是检察公益诉讼的监督机关，检察机关一方面要尊重法院的独立裁判权，服从法院的居中裁判；另一方面也对诉讼活动进行监督，对错误的裁判提出上诉和抗诉。在诉讼监督中，检察机关也要和法院做好沟通，督促法院主动纠正错误，将分歧降低到最低限度，维护和谐的司法工作氛围。

3. 社会主体参与机制

公共利益主体不特定，导致公益受损后没有人主动行使诉权，出现了公共牧场悲剧[①]。良好的社会治理体系应该是社会主体的自治，政府退回到秩序维护和公共服务的位置。公益的维护需要培养社会成员的主体意识，检察公益诉讼制度的运行中应该充分发挥社会主体的积极作用。社会公益组织和专业机构可以为检察机关办理公益诉讼案件提供有力的技术支持。根据法律规定，检察机关对社会组织有提起公益诉讼意愿的，可以通过支持起诉的方式，助力公益组织提起公益诉讼。

（三）检察一体办案机制

1. 全员参与机制

公益诉讼工作内容主要包括调查取证、提起诉讼、出庭公诉和监督审判活动，范围之广涵盖了类似于侦查、公诉和诉讼监督的职责范围。在检察公益诉讼制度建立之初，应该建立起全员参与机制，发挥全体检察人员的专业技能和个人智慧。对于重大复杂、影响范围广、取证难度大的公益诉讼案件，要及时抽调有关部门人员参与案件办理，确保办案质量和效果。检察机关各部门均有履行职责

①孟春阳：《生态利益的法治之维》，《理论月刊》2018 年第 2 期。

中发现公益诉讼线索，并将线索移送集中管理的职责。公益诉讼案件办理情况要及时向各部门通报，各部门人员要高度关注公益诉讼案件，特别是社会影响问题，及时配合公益诉讼办理人员协调各种外部关系。

2. 专门办理机制

检察机关提起公益诉讼是对国家和社会公共利益的维护，与公诉工作在本质上一致的，是检察机关诉讼职能的一种新形态。但检察机关提起公益诉讼工作主要内容为调查取证、提起诉讼和出庭公诉，与传统的公诉工作有较大的差别，与现在的承办部门民事行政检察工作也迥乎不同。公益诉讼工作作为检察机关一项新的职能，尚没有形成完善的工作机制和制度。公益诉讼全面开展以来，地域间工作发展不平衡，亟需加大工作力度，探寻工作规律，积累工作经验，实现该项工作的规范化。为了办案人员尽快掌握公益诉讼工作技能，应该成立单独的公益诉讼部门，由专门人员办理公益诉讼案件，实现检察公益诉讼工作专业化发展目标。

3. 上下协作机制

检察公益诉讼工作政策性、技术性均较强，既需要上级统一部署，也需要根据案情具体指导。检察公益诉讼案件发生在基层、影响在社会，基层检察院最贴近社会群众，最利于及时发现线索、收集证据。上下协作机制是办好检察公益诉讼案件必要条件。应该成立省级以下检察机关一体办案机制，由省级院统一办案规范和政策指导，以市（分）院为枢纽、以基层院为主体成立公益诉讼办案组织。市（分）院可以在辖区内统一调度公益诉讼办案力量，根据办案需要成立专案组。省院在必要时，可以协助做好与相关部门的沟通协调。上下协作机制可以克服检察人员办理公益诉讼工作经验缺乏、办案技能不精等弊端，发挥合力办理一批有影响力的案件，积累办案经验。

4. 上级督办机制

检察机关提起公益诉讼制度主要是通过提起行政公益诉讼，促使行政机关依法履行职责维护公共利益。检察公益诉讼工作局面尚未完全打开①，很大一部分原因在于基层检察机关与行政机关还不习惯于通过诉讼的方式来解决纠纷。沟通

①2018年1月2日，高检院民行厅下发了《关于开展解决公益诉讼立案及诉讼空白专项督查工作的通知》，说明公益诉讼工作在各地开展不平衡，局面尚未完全打开。

协调的方式和配合支持的理念是行政检察监督工作探索中的主要形态，而起诉行政机关势必会使两家单位之间不再和谐，特别是两家单位的负责人往往都不希望事态发展到这一步。因而，应该建立上级检察机关督办机制，一方面督促下级检察机关积极履职，另一方面也给下级检察机关开展公益诉讼工作以依靠和理由。

（四）办案质效保障机制

1. 行政和民事公益诉讼方式转换机制

行政公益诉讼通过凝聚司法合力督促行政机关充分履职，便于行政机关充分利用行政执法手段维护公共利益。民事公益诉讼的功能在于，通过司法判决的方式追究公益侵害人的责任，并可能会通过判决的强制执行来达到对公共利益的修复和补偿。行政执法手段具有及时性、灵活性、裁量性特征，但往往强制力不够；司法手段在公正价值上有优势，但其效率价值较低，两种方法各有长短。建立行政公益诉讼和民事公益诉讼的转换机制，通过与行政机关良好沟通和配合，可以实现两种方法的优势互补。在检察公益诉讼工作开展之初，上级检察机关也可以根据具体案情，发现下级行政机关履职确实存在困难，特别是行政执法手段不足以修复公共利益损害情况下，决定提起民事公益诉讼，助强和补缺行政权力，将更有利于及时维护公共科益，取得较好的办案效果。

2. 重大案件的汇报请示机制

政府利益、地方利益一旦违背了科学发展观的要求，可能会与公共利益发生冲突。重大项目建设和大型企业经营活动如果违规操作，往往也会对社会公共利益造成严重破坏。检察机关坚持依法办案的同时，也应该充分考虑办案的社会效果和政治效果。特别是重大案件影响范围广，当今网络信息发达，处理不慎可能会造成不良后果。应该建立重大案件的汇报请示机制，对于发生重大公共利益受损案件，检察机关应该及时向上级检察机关和当地党委、人大、政府报告，统筹考虑解决问题的思路和办法，在党委的指示、人大的协调和政府的配合下，稳妥有效的维护国家和社会公共利益。

3. 重大舆情的预警处置机制

公共利益是事关广泛的不特定社会成员的利益，发生重大公益受损事件后，极可能引发社会舆情的失控现象。检察机关应该建立重大舆情的预警处置机制，发生重大公共利益受损事件后，要及时掌握事件的影响情况，配合有关部门做好危机处理。根据案件进展情况，适时向社会公布事件的真实情况，避免舆情被持有不良动机的人所错误引导。检察机关要及时派员赶赴发案现场，及时了解案发原因，有效固定证据，及时启动公益诉讼办案机制。

4. 行政负责人责任追究衔接机制

检察公益诉讼制度的直接作用是监督行政主管部门履行职责，并通过民事公益诉讼对行政执法发挥一定的补充作用，来达到维护公共利益的目的。但对于行政机关怠于履职或者违法履职的，检察公益诉讼并没有对违法的行政人员有法律上的或者其他方面的惩戒。为了保障检察公益诉讼制度取得良好的效果，促进行政机关彻底改变忽视公共利益的倾向，需要建立行政负责人责任追究衔接机制。对于行政公益诉讼的败诉行政机关负责人，要根据其失职的事实和情节，由检察机关应该将案件办理情况向党委、人大和国家监察委员会移送，追究相应的行政责任、政治责任和法律责任。

四、结语

检察公益诉讼制度完善了国家和公共利益的保障机制，是中国法治建设中的重要里程碑。检察行政公益诉讼通过凝聚司法合力，督促行政机关履职，完善了我国国家权力的监督制约机制。检察民事公益诉讼通过对行政执法手段的补强，实现了维护国家和公共利益的彻底性。公共利益的外延是广泛的，检察公益诉讼的业务范围会随着该项制度的不断完善而不断地扩大，检察公益诉讼制度的不断发展将促进国家治理体系的完善。

论建设和谐国际旅游岛的法律保障

——关于海南特区立法的几点思考

王帮元 *

建设国际旅游岛是一项系统工程，经济的发展需要稳定的政治环境、良好的治安环境、健全的公共服务和高效的社会管理，产业体系的完善需要高素质人才的支撑，国际旅游岛的建设也将引起人们思想观念和生活方式的转变。国际旅游岛的一个重要指标就是社会的和谐程度，没有社会的和谐也不能建设成高水平的旅游环境，不能形成高质量的海南旅游经济。因而，建设和谐之岛是建设海南国际旅游岛的应有之义，也是建设海南国际旅游岛的一个前提条件。为了推进国际旅游岛建设，有必要完善特区法律体系，为国际旅游岛建设提供可靠的法律保障，把国际旅游岛建设纳入法治化轨道。

一、用好特区立法权，实现法律规范的和谐统一

特区授权立法，是在根据中央法律的原则进行的地方立法，不同于地方的职权立法。现在的地方立法基本上还是以中央法律为依据，没有充分利用特区授权立法的权限，使得法律体系上比较混乱，适用起来困难比较大。用足用好特区授权立法权限，建立起适合海南实际情况的、符合海南发展需要的法律体系，需要重新筹划完整的立法规划，将海南的发展目标融合进去，实现前瞻性立法；吸收专家学者的意见，将社会发展和立法结合起来实现科学的立法；充分尊重海南的实际情况和发展需要，体现海南发展的内在要求，实现民主立法。

可以试想建立一部《海南经济特区基本法》，将海南特区立法所应遵循的中央法律的原则予以明确，对海南的发展目标和方向用立法的方式进行确认，根据

* 全国检察理论研究人才，海南省人民检察院第二分院民事行政检察处检察员，法学硕士，研究方向为宪法与行政法学，电子邮箱：himorale@126.com。

海南发展的需要对应予立法的领域和项目进行列明，对于立法的主体和程序进行规定。在《海南特区基本法》的指导下，制定各项地方法规，一方面通过立法保障国际旅游岛建设目标的实现，另一方面也根据海南经济社会发展比较落后的现状，通过立法解决历史遗留的问题，避免因为法律冲突和不能适用的情况，而致使经济纠纷得不到及时解决，社会矛盾得不到化解而影响社会的和谐稳定。法律规范间的和谐将促进国际旅游岛建设的顺利进行，也必将促进国际旅游岛成为和谐之岛。

二、改革行政体制，打破城乡和地域的发展障碍

海南经济特区有3.5万平方千米土地，800多万人口，其实只相当于一个大城市的规模，资源环境状况比较单一，社会经济发展水平总体不高，这也给海南国际旅游岛的发展建设造就了一个优势，就是“一张白纸上能画出最美的图画”。海南的行政体制上也和全国一样，根据地域和历史划分了各级行政管理机关，政府机关也对照中央进行了细致的部门划分，行政机构的复杂一方面提高了行政成本，另一方面也增加了建设和执行的难度。不同的行政管理机关及其人员具有不同的利益诉求，也有不同的管理理念和管理方法，这都制约着行政效率和经济建设水平。

在建设国际旅游岛这一目标下，海南的发展思路很明确，这时候需要统一的规划和高效的执行，复杂的行政管理体制成了发展的障碍。改革行政管理体制，首先要改变条块结合体制，建设以条为主的行业管理体制，使得政令更加畅通，执行速度更快、效果更佳。要根据建设国际旅游岛的主要产业，诸如旅游、热带农业、高新工业、现代服务业等产业领域为基础建立新的管理体制，进一步消减地方政府发展相关产业权力，将政府对经济发展的不当干预降到最低。将全省的经济建设统一谋划，统一部署，能提高政策的执行效率，能促进国际旅游岛的建设。

可以通过特区立法的方式，对全省的行政管理体制予以改革，重新划分行政管理权限，根据不同的行业领域建立起管理部门，由管理部门具体统筹安排全省内该行业的发展，打破各地之间不同的政策障碍，打破城乡发展的障碍，将全省各地、城乡发展统筹起来，避免发展中再产生分配不公的问题、发展不协调的新问题。“全岛一盘棋”，尽快实现国际旅游岛的建设目标。

三、充分发挥检察机关在政治体制中的作用，以加强派驻乡镇检察室工作为切入点，推进基层民主政治建设

长期以来政治体制改革实行自上而下的政策推进，形成了政策执行力度层层递减的问题，结果是人民群众对中央的改革政策反应微弱，也难以享受到改革带来的实惠。突出的表现就是在基层政权组织中滥用职权，漠视人民群众利益，违反民主原则的做法依旧盛行，民主法制意识仍然淡薄。推进政治体制改革从基层着手，发动广大人民群众的积极性，才能确保改革稳妥性和有效性，真正推动整个国家民主政治的发展。建设国际旅游岛尤其要加强基层民主法治建设。基层民主法治建设对于提高社会管理水平具有重要的作用，能促进和谐、文明的社会风气形成，助力营造一个与国际先进水平相适应的旅游环境。

派驻乡镇检察室是纠正基层民主政治缺陷的有效方式。长期以来农村社会观念更新落后，生产发展缓慢，基层管理人员素质难以得到很大的提高，基层管理中存在浓厚的封建特权思想。检察机关作为专门的法律监督机关，职能上的定位使得检察工作人员保持了较好的廉洁意识；职责内容的程序性，也减少了检察工作滥用权力的概率。因而在历年反腐败工作中检察领域职务犯罪现象最少。在进一步深化中央改革精神，加强基层民主法治建设中，通过延伸检察触角，将法律监督的范围扩展至基层政权组织，将高素质的检察工作人员派驻到基层，提高基层政府工作人员素质是一条可行的方法。

派驻乡镇检察室工作的经验，已经形成了推进基层民主法治建设的方式和方法。围绕着中央的三农政策，派驻乡镇检察室开展涉农案件的查处，维护农民的合法权益是一项紧迫的工作任务，这也促进乡、村两级政府组织正确执行中央的惠农支农政策，提高自身的工作水平。开展检察职能宣传和法律宣传是派驻乡镇检察室的一项基础性工作，提高广大人民群众的法律水平，才能够真正推动政府的法治工作水平。通过深入基层、贴近群众的优势，不断收集人民群众中反映强烈的问题和社会中的潜在矛盾，结合自身职能进行有效的化。向党委反映职能以外不能独自处理的，建议政府解决，是履行法律监督职能的重要方式，也是促进社会管理创新的有效机制。对乡镇选举活动监督，对村两委活动的指导监督，是派驻乡镇检察室参与基层民主政治建设的直接方式。

近年，海南省检察机关积极行使法律监督职能，延伸法律监督触角，设置了30多个派驻乡镇检察室，现在可以以特区立法的方式对检察室工作予以规定，推进基层的民主政治建设。

四、充分利用检察机关的法律资源，开展民事调解的检察监督，促进社会矛盾化解

我国实行民间调解、行政调解和司法调解的多元调解制度，但实际上调解的效果并不明显，很多社会矛盾没能得到有效化解。调解工作的发展势头日渐式微，使得大量纠纷进入诉讼程序，增加了法院审判工作的压力，大量民事纠纷得不到及时解决，甚至产生了大量上访、信访现象，影响了社会的和谐稳定。海南经济特区这种现象也很明显。检察机关处于调解制度之外，在调解中发挥的作用很少。检察机关既是国家法律监督机关，也是党的政法机关，担负着维护社会和谐稳定、积极化解社会矛盾、为人民群众提供法律服务的职责和义务。检察机关对民事调解监督和参与，有望于解决调解工作面临的实际问题，使得民事调解工作逐渐规范化、合法化，实现高效解决民事纠纷的目的。

《人民调解法》将基层人民法院作为基层人民调解组织的业务指导机关，新修订的《民事诉讼法》规定了人民法院对调解协议的确认职责，使得人民法院与民间调解组织的联系更紧密，这一方面有助于提高调解协议的效力，另一方面职能的相似和重合隐藏了利益冲突的可能性，实际上使法院对调解委员会的指导易流于工作上的推诿和扯皮，指导功能会相对弱化。相应地，由作为专门的法律监督机关检察机关对民间调解组织进行指导更具有合理性和必要性。可以通过特区立法的方式，在人民调解委员会中增设人民调解监督员，每个人民调解委员会中保证有一名以上检察人员作为调解监督员。调解监督员职责在于全程参与人民调解会议，对调解活动进行监督和指导，发表法律意见，提出调解建议。

行政调解是行政主体解决纠纷的一种重要手段，具有较强的专业性，这是司法机关解决纠纷不可比拟的优势。同时，行政权力具有强势的管理色彩，在调解中的影响作用也不可忽视。行政主体的专业优势和权力特征如果在调解中运用不当，极有可能对当事人权利形成侵害，导致调解结果的不公，这样又会导致行政调解公信力的下降，形成一个恶性循环。加强对行政调解的监督，既是保障当事人的合法权利，也是对行政调解制度的维护。对行政调解的监督具有较强的权力监督属性，检察机关对行政调解的监督符合我国宪法确定的国家权力互相制约、互相配合的权力监督原则。通过特区立法的方式，将对行政调解的检察监督权予以明确，是可以实现的。这将有利于行政争议的及时依法化解，维护和谐稳定的社会环境。

五、建设居民生活保障制度，营造建设国际旅游岛的稳定社会基础

民为邦本，海南岛居民的切身利益是建设海南国际旅游岛工程中首先应该尊重和保障的。国际旅游岛的战略目标和海南岛发展的现状存在着巨大的反差。在消除这种反差的过程中，海南岛岛民的生活受到的冲击是最大的。与国际发达水平相接轨的过程中，对海南岛资源的利用和开发力度是空前的，这就不可避免地触及了海南岛岛民对资源拥有的权利，海南岛岛民往往沦为高速发展过程中的弱者。特别是物价水平畸高，基本生活压力加大，衣食住行都会出现困难。保证国际旅游岛的建设顺利进行，维持良好的社会基础，就要保障海南岛岛民的基本生活水平。需要对海南岛岛民实行统一的生活保障制度，对衣食住行等基本生活需要予以保障。通过立法明确政府对岛民生活保障的责任，尊重和保障岛民的合法权益，将岛民的切身利益作为建设国际旅游岛的一个任务去落实，这样才能使得国际旅游岛建设拥有可靠且稳定的社会基础。

六、加大教育投入，提高居民教育程度和就业水平，为国际旅游岛发展的提供人力资源

人口既是发展不可推卸的负担，也是发展不可或缺的动力。海南岛居民总体文化水平较低，思想观念相对落后，教育资源比较贫乏，这与建设国际旅游岛这一宏伟目标是不相适应的。加大教育投入，提高居民文化水平和素质，是政府义不容辞的责任。首先要实行海南岛本土儿童义务教育保障制度，确保适龄儿童可以无负担地完成 9 年义务教育，掌握基本的科学和人文知识。其次要大力发展职业教育，根据海南国际旅游岛建设需要建设职业教育课程，保证岛民获得劳动岗位的基本技能，为国际旅游岛各主要产业输送便捷的人力资源。再次，要发展高等教育和科研工作，使得国际旅游岛真正实现在科技上、管理上、服务上都与国际先进水平相接轨，并实现经济特区对全国的引领和示范作用。最后，要实现海南岛教育水平和岛民素质全面提升，就要依赖大力的人才引进政策。要充分提供优秀人才在海南创业、就业的优惠政策，将全国和海外的优秀人才吸引到海南来，投身到国际旅游岛的建设中来。教育和人才立法，是国际旅游岛建设至关重要的法律保障。

建设国际旅游岛上升为国家战略，是海南经济社会发展的良好契机，也是承担先尝先试、引领全国发展的特区义务。建设海南国际旅游岛目标远大、意义深远，但也要立足现实、稳步推进。建设海南国际旅游岛需要稳定的社会环境、可靠的社会基础、良好的政务环境和公正的司法环境，在此基础上构建和谐的社会环境才能保证国际旅游岛建设顺利进行。建设和谐之岛是建设国际旅游岛的前提和保障，通过立法保障和谐之岛的建设，功在当下，更在未来！

论生态检察制度的构建

王帮元*

内容摘要： 生态检察是生态文明建设对检察工作提出的新要求，也是检察工作顺应生态文明建设需要的新发展。生态检察需要对检察工作模式进行创新，以便于充分维护公民的生态环境权利，有效监督生态行政权力的行使。生态检察制度构建的路径在于改进和完善生态行政执法权力监督制度，实现从权力监督向社会监督的价值整合，从内部监督向外部监督的结构调整，从消极监督向积极监督的职能转变，从个案监督向常态监督的范围拓展。应该建立生态环境风险的预警制度、生态环境信息共享制度、生态行政执法监督制度、生态环境公益诉讼制度以及生态环境损害修复制度。

关键词： 生态检察　生态环境权　生态行政权　检察监督

一、生态检察的缘起

（一）生态文明建设的提出

建设生态文明已经被列为我国社会主义建设事业“五位一体”中的一部分，与政治、经济、文化、社会建设相并列，表现了党和国家对经济社会现状的深刻认识和对发展规律的准确把握；生态文明建设关系人民福祉，关乎民族未来，重视生态文明建设，表现党的执政理念的根本转变。生态文明建设与政治、经济、文化、社会文明建设相并列，其实又与各项建设事业相融合，其他各项建设事业中都需要体现出生态文明建设的要求，并为生态文明建设提供条件。生态文明建设命题的确立，为各项建设事业开辟了新的前景。

* 全国检察理论研究人才，海南省人民检察院第二分院民事行政检察处检察员，法学硕士，研究方向为宪法与行政法学，电子邮箱：himorale@126.com。

（二）生态文明建设与“五位一体”建设事业的关系

经济文明的建设与生态文明建设相辅相成。经济建设依赖于对自然资源的开发和利用，经济建设会对生态环境造成影响，形成污染和环境的恶化；而经济建设的成就又为环境治理提供了技术和资金支持。生态文明建设就要求经济建设活动转型升级，有效开发利用自然资源，保护环境同时防治污染，达到既能促进经济持续健康发展，又能维护良好生态环境的目的。

政治民主、文化进步和社会文明都是生态文明建设的必要条件。生态文明建设需要法律制度的保障，生态政策法律制度的出台，依赖于各种政治力量的有效参与，民主的政治环境下才能制定出科学合理的法律制度。进步的文化是生态文明得以实现的重要因素，只有全体国民具有了生态文明意识，并自愿参与生态文明建设活动，生态文明建设才能取得实实在在的进展。生态环境是全体人民的共同利益，生态权利是一项社会性质的权利，维护这项权利需要社会的组织化和法治化运行。生态文明的建设需要社会成员的共同参与和关注，才能对破坏生态行为进行制止，才能对生态行政权力不当和怠于行使进行监督。

（三）生态检察应运而生

生态文明建设是社会主义建设事业的有机组成部分，同时也是一项系统性的工程。生态环境的恶化使得生态文明建设任务更紧迫，需要调动各种力量从各个角度去参与，以便能遏制生态环境恶化的势头。检察机关作为国家的法律监督机关和党的政法机关，在生态文明建设事业中也具有不可推卸的责任。立足于职责本位开展生态检察工作，是检察机关必然的选择。生态检察就是为了适应生态文明建设需要。检察机关立足法律监督职能，监督生态法律制度的实施，促进社会主体遵守生态法律制度，维护良好生态环境所开展的各项检察工作。生态检察的背景是建设生态文明的现实，其任务是促进生态文明建设，其价值在于维护公民生态环境权，其职能主要体现为监督生态行政权。

二、生态检察的基本范畴

（一）生态环境权利——生态检察的逻辑起点

环境权的概念是生态环境恶化，人们生存受到了威胁，人们逐渐认识到生态环境的重要性的情况下形成的。西方发达资本主义国家首先关注生态环境。因为工业生产带来的严重污染，使得人类赖以生存的自然条件受到了损害，国家不得不对经济活动进行干预，维护人类生存的基本权利。将生态环境的治理纳入法治化的轨道，自然就产生了一系列的权利义务关系，而居于核心的就是公民的生态环境权利，这是人类赖以生存在基本权利，具有不可置疑的重要性。在立法和执法中维护公民的这一基本权利自然具有不可置疑的正当性和合法性，因而生态环境法治在各国的发展都很快。

我国将生态文明建设列为我国“五位一体”建设事业的一部分，更为生态法治建设赢得了更坚实的政治基础。生态文明建设对法治建设提出了新的要求，将推进我国法治建设的进程，拓展我国法治建设的思路和理念。生态环境权利首先是一项公民权利[①]，事关每一个人的日常生活以至于健康生命利益，必须有相应的法律制度予以保障，在生态环境权利受到侵犯时能够提出法律诉求，有得到法律救济的解决途径。生态环境权利又是社会不特定多数人，以至于全体公民的共同利益，对于不特定人的共同利益如何维护，也催生法律制度的完善和创新。

生态环境权利兼具个人权利和社会权利的双重属性。检察机关作为法律监督机关，以维护社会公平正义为己任，自然对维护公民的生态环境权利有不可推卸的责任。围绕着生态环境权利的维护和实现，要建立相应的工作制度和机制，生态环境权利是生态检察的逻辑起点，也是生态检察的价值所在。

(二) 生态行政权——生态检察的主要监督对象

生态环境问题引起各国重视的原因是不同的，西方各国由于工业生产的持续快速发展对生态环境造成了很大影响，社会公众对这种现象不满，发生了大规模的环境保护运动，促使政府对生态环境进行关注，开展了污染防治等生态环境法治建设。我国的情况不同，首先是政府在国际环保运动的推动下重视了环境行政管理。1972 年我国派代表团出席联合国人类环境会议[②]，接受了环境保护思想的启蒙和教育，后来又是政府主导的开展针对工业“三废”的防污治污，建立环境保护管理机构，至 1979 年颁布《环境保护法（试行)》，逐渐走自上而下推动环保法治的进程。因而政府在我国生态文明建设中自始居于主导地位。

生态文明建设大体上包括自然资源的开发利用、环境的保护和污染的防治三大部分，而在我国，政府在这些方面都是处于主导地位的。自然资源属国有财产，由政府监管，开发利用由政府规划和审批；企业和个人的环保意识还比较低，环境保护和污染防治也主要是由政府部门履行监管、检查、惩处职能得以实

①张树兴、张铭化、刘静：《我国公民环境权入宪的法律思考》，《昆明理工大学学报(社会科学版)》2009 年第 4 期。

②解振华：《努力把环境保护国际合作全面推向 21 世纪（上)》，《环境保护》1999 年第 10 期。

现的。民间的环保组织还比较弱小，公民对维护自身权益之外的环境污染事件无力问津，对自然资源的开发利用更缺乏相关的知识和能力。因而，生态行政权的行使对生态文明建设的推进具有决定性的作用。生态检察立足于法律监督职能推进生态文明建设，其工作的对象主要就是监督生态行政权的行使。

（三）生态检察权——检察权的创新和发展

在生态领域开展检察工作，如履行对破坏生态环境的刑事犯罪嫌疑人的批捕起诉，对生态行政主管部门和人员的职务犯罪进行侦查等已经是检察业务工作的一部分。但生态检察概念的提出是对检察职能的扩充，不是简单的在生态领域的检察工作，针对生态文明建设需要开展新型的检察工作。

生态文明建设有其自身的规律和特征，生态检察也就应该有其特定的方式。生态检察权在生态文明建设格局中居于监督者地位，通过履行法律监督职能促进生态文明建设，在生态检察法律关系中和生态环境权利、生态行政权互相发生作用，共同推进生态环境法治建设。对生态环境权就体现为检察权的保障作用，而对于生态行政权则主要发挥监督督促作用。因为生态环境治理的技术性和专业性，生态检察注重于督促有专业技术背景的生态行政部门履行职责。污染损害的滞后性，使得生态检察工作更强调预防职能、警示职能。由于生态环境权利的社会属性，在公共生态环境权利受侵害时，检察机关还要代表公众追究违法损害者的责任。生态检察的这些新的职能和传统的刑事犯罪批捕起诉、职务犯罪侦查职能共同形成生态检察权的职能。因而生态检察权是一个新的概念，是对检察权的创新和发展。

（四）三种形态权力（利）的互动——催生生态检察制度的形成

生态检察制度中自然还有诸如立法权、审判权的参与，但立法和审判的职能在生态检察中的表现与其他领域的表现并无明显的差异。而生态环境权利则与一般的公民权利样态有较大的差异，特别是因为其具有的社会权属性，使得检察权在维护和保障生态环境权利时要行使不同的职能，甚至直接作为公共环境权利的代表进行主张，因而需要建立环境公益诉讼制度。生态文明建设的主导力量或者决定性力量是政府的生态行政执法权力，目前生态行政权力行使中存在不作为和滥作为的情况，而生态环境治理的高技术性、专业性特征①，使得检察机关以至

①张彪、张晓文、李密、唐东山、吕俊文、谭文发：《铀尾矿污染特征及综合治理技术研究进展》，《中国矿业》2015 年 04 期。

于其他机关都无法代替生态行政机关的地位。检察机关对于生态文明建设的参与主要就表现为促进生态行政权力的合法有效行使，生态检察制度的核心就是对生态行政权的监督，而且不同于对其他的权力监督样态。生态环境权利的保障关系和生态行政执法权力的监督关系构成了两个主要的生态检察法律关系，生态环境权利、生态行政执法权和生态检察权三者之间的互动，共同催生了生态检察制度。正是这三种权力（利）构成了生态检察的基本范畴。

三、生态检察制度的构建路径

（一）建设以生态行政执法监督为主体的生态检察制度

长期以来，对于生态环境的监管是国家机关的任务，而主要就是由行政机关中有环保职能的部门承担，如各级政府的环保、国土资源、农林水务等部门。虽然生态文明建设需要社会的广泛参与，特别是社会成员生态意识的形成，但长期以来的执政传统已经形成了“有事找政府”的思维惯性[①]，因此这种格局短时间内还不会改变。这既有历史和文化的根源，也有现实和经济的原因。生态环境保护和防治污染是要成本的，而其收获的利益是具有公共性质的，这不能完全寄望于社会组织和个人，这样的付出还得由政府来承担。因而，在这种情况下，我们首要的还是保证政府部门能够充分地履行生态环境保护和管理职责。

政府部门在生态环境执法中存在执法违法和怠于执法现象，而目前主要的还是怠于执法。其原因在于，首先，生态环境的保护往往和地方政府发展经济的任务相冲突，因此生态行政执法机关往往执法不严或怠于执法；其次，生态环境中的违法行为有隐蔽性，而且其违法后果的出现也有滞后性，这为生态行政执法机关怠于执法提供了借口；最后，生态环境问题技术性很强，生态行政执法部门和工作人员往往难以把握执法标准，执法难度较大，往往以地方发展等理由而选择怠于执法。加大对生态行政执法的监督力度就尤为必要。

生态法治体系是一个完整的系统，包括立法、执法、司法、监督和守法的完整过程，每一环节对生态文明建设都至关重要。而最为重要的还是生态行政执法工作，目前生态环境存在问题的主要原因也是生态执法工作没到位，特别是怠于执法问题。因而，生态检察工作很大程度上就是生态执法的监督工作。在把生态

①张彪、张晓文、李密、唐东山、吕俊文、谭文发：《铀尾矿污染特征及综合治理技术研究进展》，《中国矿业》2015年第4期。

②裴佩：《以法治思维深化社会治理》，《四川党的建设（城市版）》2014年第4期。

文明建设提高到“五位一体”建设事业高度的政治要求下，生态检察的主要任务就是监督促进生态行政执法。构建生态检察制度，也就应该遵循完善生态执法监督制度的路径来探索。

（二）从权力监督向社会监督转变，完善生态行政执法监督的体制

目前，对于生态环境行政部门的监督主要是国家机关的任务，除了上级政府主管部门外，国家权力机关即各级人大及其常委会也会进行执法情况检查；党的机关和组织也会对违法情况进行查处；检察机关办理涉嫌犯罪案件等。权力监督效果有时也由于权力主体之间的利益关联和它们所处层级的远近而发生耗散，造成“上级监督下级太远，同级监督同级太软，下级监督上级太难”的困境①。社会普通成员以及一定数量的社会组织，社会媒体和舆论也在发挥一定的监督作用，但总体上处于较弱的地位，监督的效果也比较微小。权力监督的弊端在于不能及时和准确纠正违法现象，往往得不到社会公众的认可，“官官相护”的隐忧难以彻底排解，而人民群众对各种违法现象造成的伤害感受最及时，也最真切。加强社会监督才能使监督更有效。

生态检察权确立了由检察机关开展生态环境行政权力的监督，就是为了转变这种权力监督的格局。检察机关虽然是国家权力机关的一部分，但其职责是维护社会的公平正义，而公平正义的体现之一就是社会公众的满意和认可。为了社会公众的满意和认可，检察机关一方面要尽职尽责地对生态环境领域的违法情况进行监督纠正；另一方面又要广泛收集社会公众的意见，建立生态安全事故举报和受理机制，将社会公众的意见作为开展检察监督的理由和线索，同时根据公众的意愿提出对生态环境损害的修复建议，建立生态环境损害的修复、补偿、赔偿制度。生态检察工作的开展实际上是打开了社会监督的入口，从而由权力监督为主发展为权力监督和社会监督共存的局面，促进生态环境领域监督新格局的形成，完善生态环境行政执法监督体制。

（三）从内部监督向外部监督转变，调整生态行政执法监督的结构

因为生态环境执法的技术性较强，生态环境执法的监督主要是来自上级行政机关的监督，外部监督如人大、政党的监督由于专业知识的缺乏形成信息的不对称，很多检查工作流于形式，所以内部监督才是生态环境执法监督的主要内容。

①李默海：《从权力监督到权利监督》，《人民之声》2008年第51期。

但是由于生态环境执法与当地政府发展经济的要求往往发生冲突，生态环境执法部门会尽量避免因执法给自身带来不利的现实后果，从而进行选择性执法，仅对那些与当地经济发展影响较小的企业，或者没有当地政府庇护的企业进行执法，或者干脆怠于执法，对那些污染后果短时间内很难显现的企业不予制止，只待出现了污染后果才进行罚款式的“钓鱼执法”。内部监督的弊端显而易见。

生态检察权的介入就是要努力形成外部监督，消除内部监督的弊端，改变现在的监督结构。检察机关作为外部监督的主体，实际上也面临着信息不对称的问题，且不具有非常专业的人员，所以检察机关应该充分利用社会普通主体的参与热情。社会成员在现实生活中感受到的或者发现的生态环境破坏现象是最客观、最有事实依据的，这是生态检察权发挥监督职能最有效的契机，这既是对社会公众期待的回应，也是对生态环境行政执法最准确的监督。生态检察工作也要充分利用社会上环保组织的专业技术之长，对生态环境状况适时进行监测；促进建立独立于生态环境执法机关的环境标准检测机构；促进各类社会组织的发展和完善，让其成长为具有维护生态文明建设能力的一支力量，从而完善我们的社会治理结构。在有效解决信息不对称难题的基础上，生态检察要发挥检察权在国家权力结构中的作用，启动生态环境执法违法责任的追究机制，将对生态环境行政权的监督延伸至审判机关、权力机关以及政党的监督之下，形成严密的外部监督体系。

（四）从消极监督向积极监督转变，重新定位生态行政执法监督的职能

检察机关的监督以及政党组织的纪检监督，都是为了抑制违法犯罪行为的发生，从职能上看是一种消极的监督。而生态环境执法中主要存在的问题是执法不力、怠于执法的问题，我们需要的是一种促进生态环境执法积极开展的监督，也就是一种积极的监督。目前这种监督主要来自上级行政执法机关。由于属于同一个系统，上级机关也依赖下级机关的支持和配合，所以这种积极的监督也缺乏明显的效果。生态检察工作就要改变传统检察工作这种消极监督的模式，以开展预防检查、督促履行职责等方式来积极促进生态环境执法机关开展工作。

十八届四中全会决议中已经把检察机关督促行政机关履行职责作为一项改革任务予以明确，这正是开展生态检察工作的政策依据，并应该通过生态检察的工作实践促进这项政策法律化、正常化。生态检察发挥积极监督功能，就要改变现行检察工作模式，不再固守办案部门的行事风格，而是发挥一个积极的生态文明建设参与者的角色，主动学习掌握生态文明建设的专业知识，为生态检察开展储

备知识和能力；主动了解生态环境的现状，对污染预防和治理情况充分把握，开展生态环境指标监测，适时发布生态风险警示，督促生态行政执法部门及时履职。生态检察工作人员也要密切和有关部门和组织的联系，特别是生态环境执法部门的交流和联系，从相关法规的制定到执法活动的程序以及对违法行为的惩处都能参与和知情，寓监督于协助，真正起到积极促进生态环境执法的功能。

（五）从个案监督向常态监督转变，拓展生态行政执法监督的范围

检察机关一直以来被认为是司法机关的一部分，办理案件被认为是其主要职能，从而模糊了其法律监督机关的宪法定位。作为国家法律监督机关，其职责就不仅仅在办理个案，还在于对法律实施情况进行广泛的、经常的监督。生态文明建设任务的艰巨性和生态文明建设的技术性特征，这都决定了生态环境执法工作以及生态检察的监督工作不能信守国家权力的谦抑性立场，而是应该主动作为，提前规划、适时检查、督促预防，防患于未然。生态检察工作对于个案严格依法办理的同时，也要开展生态行政执法同步的监督，甚至是提前的预防，对生态环境上存在的问题要能够准确进行预判，促进生态环境行政执法机关积极履行职责。

生态环境行政执法的规范化关系到生态文明建设的成效。自然资源的开发利用、污染防治标准等关系到企业的切身利益，公平的对待和平等的机会，才能从根本上改变目前忽视生态环境效益的企业生产模式。广泛存在只顾自身发展不顾社会环境效益的“搭便车”思维习惯[①]，其原因就在于生态环境执法的不公正，没有形成企业自觉守法、政府部门公正执法的环境。生态检察的一个重点就是要纠正执法不公、不力这一问题，而这不是能够仅依靠个案的结论来纠正的，而是要开展全程的、常态的监督来实现。从个案监督向常态监督转变是生态检察开展的思路和路径，更符合检察机关履行法律监督职责的应有常态，是生态检察对检察工作所带来的创新和发展的契机。

四、生态检察具体制度的构建

（一）生态环境违法举报制度

生态环境质量与每个公民身体健康和日常生活息息相关，破坏生态环境的违

①侯灵艺：《公共资源管理的困境——由奥斯特罗姆“搭便车”理论所引起的思考》，《长春大学学报（社会科学版）》2008 年第 1 期。

法行为侵害着每一个社会成员的切身利益。由于一直以来对生态的保护制度不健全，致使破坏生态的行为时有发生，生态环境不断恶化。为了维护良好的生态环境，必须建立起便于每个公民制止破坏生态违法行为的法律制度。相对于个人而言，破坏生态环境的违法者往往是具有一定资源和地位优势的企业或个人，一般的社会成员不具有直接制止的能力。制止破坏生态的违法行为必须要国家公权力介入，建立生态环境违法举报制度，可以使普通社会成员能够将破坏生态违法行为的线索提交给主管的行政机关或者负有监督行政执法职责的检察机关。受理举报线索的机关应该将案件处理情况反馈给举报者，举报的社会成员也可以对破坏生态违法行为的处理情况进行监督。

在生态环境违法举报制度建立之初，为了调动普通社会成员的主体意识，可以实行有奖举报制度。对于举报生态违法线索查证属实的，根据违法行为的影响和后果等具体情况，给予举报者适当的物质和精神奖励。举报人的行为启动了有权机关的执法程序，制止违法并保护了生态环境，对社会具有积极的贡献，予以适当奖励也符合法治经济的等价有偿原则。实行有奖举报，便于鼓励社会成员更多关注生态环境，及时制止身边发生的破坏生态环境违法行为，共同维护良好的生态环境。

（二）生态环境信息共享制度

生态环境的不断恶化与社会成员的生态环境保护意识不强密切相关。为了提高社会的生态环境保护意识，主管部门应该对生态环境信息定期进行公开和说明，重大生态环境执法情况要及时向社会公布。检察机关应该监督和促进行政主管机关及时全面公布相关信息。生态环境信息包括空气、水源、土壤、森林、海洋等各方面，对各地、各领域存在的污染和潜在风险要及时向社会公布，让相关群众知情并能积极参与生态环境的治理和改善。

检察机关和行政机关应该建立生态环境执法信息共享平台，便于检察机关及时了解生态环境执法状况，也促进行政执法和刑事司法有效衔接。必须形成打击违法犯罪的高压态势，对于生态环境违法者做到法网恢恢疏而不漏，震慑以破坏生态环境而获得非法利益的侥幸者。检察机关和生态行政执法机关互相配合、互相协助，有效惩处生态环境违法者，共同维护生态环境安全。

（三）生态环境执法监督制度

检察机关对生态环境执法活动的监督要更多着眼于事前预防和事中监督。根据生态环境破坏的规律，应该建立生态环境风险的预警制度，检察机关根据群众的举报和自身掌握的情况，认为存在生态环境违法行为风险的，应该及时将存在风险的情况通报给主管的行政机关，提醒其加强监管、尽早采取措施，不待污染或其他破坏生态违法行为的发生。现实中，大量的企业虽然在建立之初履行了环境影响评价程序和“三同时”建设的要求，但实际运作中总会想办法规避对生产的各种束缚，这些情况并非主管行政机关能及时掌握，只有其员工和附近的群众能第一时间感知和了解。群众向检察机关举报后，检察机关及时向行政主管部门通报，方能有效防止污染的扩大和对生态环境的损害。

对生态环境的执法活动，检察机关应该进行同步的监督，一方面促使行政机关积极履职，另一方面及时纠正行政机关的不当履职行为。生态环境执法部门分散，检察机关监督的难度大。检察机关要改变长期以来办理个案的工作方式，积极了解生态环境状况及相关的执法情况。检察机关借助生态执法信息平台掌握行政机关的执法情况，同时也积极受理群众的举报，发现生态环境执法中的违法不当行为。对于生态行政执法机关，不积极开展生态行政执法检查，不及时对生态违法行为进行制止、处罚的，检察机关应及时建议行政机关履职。对于生态行政执法措施不当的，检察机关应及时通知行政机关纠正。

（四）生态环境公益诉讼制度

对于发生破坏生态环境事件，对社会公共利益和国家利益造成损害的，检察机关应该启动诉讼程序维护公共利益。2015 年 7 月全国人大授权最高人民检察院在全国 13 个省市开展公益诉讼试点工作，至 2017 年 6 月，各试点地区检察机关共办理公益诉讼案件 9053 件，其中诉前程序案件 7903 件、提起诉讼案件 1150 件。①检察机关提起公益诉讼制度试点工作基本成功，全国人大常委会于 2017 年 6 月 26 日通过对《民事诉讼法》和《行政诉讼法》的修改，将公益诉讼写进这两个诉讼法中。但公益诉讼是与一般民事诉讼和行政诉讼不同的诉讼类型，具体的公益诉讼制度还有待于实践中不断完善。检察机关在生态环境遭到破坏后，主要可以通过三种诉讼方式保护公共利益。

（1）支持起诉。破坏生态环境事件发生后，受到侵害的个人、一定范围内的社会群体或者公益组织，可以通过诉讼的方式维护自己的合法权益。生态环境污染损害认定的技术性较强，一般社会主体由于能力上的不足，可能在诉讼中会遇

---

①徐日丹、闫晶晶、史兆琨：《试点两年检察机关办理公益诉讼案件 9053 件》，《检察日报》2017 年 7 月 1 日第 2 版。

到各种困难。检察机关应该支持一般社会主体的诉讼活动，在证据固定和提取上提供帮助。在诉讼过程中，检察机关立足于法律监督者地位，可以提供一定的法律意见，帮助一般社会主体通过诉讼的方式维护受损的生态权利。只有激发社会主体维护生态权利的意识，生态环境文明建设才有望取得实质的进展。检察机关在生态环境损害事件发生后，首选的举措应该是鼓励、支持一般社会主体通过诉讼方式积极维护权利。

（2）行政公益诉讼。实施公共管理、促进和维护公共利益是行政机关的职责。生态环境损害事件发生后，检察机关应该督促行政机关依法履职，对生态违法事件进行制止和查处、对违法行为者进行处罚、对生态环境损害进行修复。行政机关怠于履职或者不认真依法履职，致使生态违法行为得不到及时制止，生态环境损害得不到应有补偿修复的，检察机关可以提起行政公益诉讼，通过法院的判决方式迫使行政机关履职。行政公益诉讼启动了司法权对行政行为的审查，将国家和公共利益的保护引进诉讼程序，使得行政权、审判权、检察权参与国家和社会公共利益保护之中。在这种特殊的诉讼中，各国家权力的角色如何定位显然与一般的行政诉讼不同，各参与诉讼机关的诉讼权利和义务需要准确界定，诉讼程序也要重新进行制度设计。这需要在以后的法治实践中不断探索和完善。

（3）民事公益诉讼。生态环境损害涉及广泛的人民群众的切身利益，其损害抑或是长久和潜在的。行政权力的行使也有其局限性，诸如行政处罚的时效性，行政强制措施的限制性，往往行政机关完全履行职责也不能有效解决损害带来的影响。检察机关为了充分维护国家和公共利益，在社会一般主体和行政机关均不能取得生态环境损害修复和补偿的情况下，可以直接提起民事公益诉讼，追究违法行为者的民事责任，让其承担必要的生态环境损害和修复义务。检察机关提起公益诉讼试点过程中，共提起1150起诉讼，其中民事公益诉讼94件，对检察机关提起民事公益诉讼做了积极有益的探索。检察机关提起民事公益诉讼是公共利益的最后一道保障，检察机关既要承担起这一职责，也要尊重生态文明建设规律和权力运行的规律，谨慎行使这一权力，避免司法权超越职权范围，介入行政权的作用范围，弱化行政机关和环保公益组织的价值和作用，对环境法治的整体产生负面作用①。

①王明远：《论我国环境公益诉讼的发展方向：基于行政权与司法权关系理论的分析》，《中国法学》2016年第1期。

（五）生态环境损害修复制度

生态环境损害的修复工作技术性较强，特别是污染比较隐秘的情况。应该建立生态环境修复工作制度，由专责机关负责修复工作，检察机关同步参与和监督。检察机关发现生态环境损害发生后要及时建议行政主管机关采取修复措施。生态环境修复过程中，要广泛引进社会第三方技术支持和成效评价，也要接受广大社会群众的监督。检察机关负责监督修复程序的完善和民主参与程度，确保生态环境损害得到必要的修复。

生态环境违法者必须对自己的行为承担责任，应在自己力所能及的范围内对损害进行修复、提供修复资金。刑事案件办理中，采取的对犯罪嫌疑人主动修复生态环境损害予以适当减轻、从轻处罚，也是一个有效的措施。生态环境执法中，可以将收取生态环境修复资金作为一项执法内容，与行政处罚其他手段相结合，共同防止生态环境的破坏。在生态行政执法强制措施中，可以赋予行政执法机关一定的强制措施权，确保违法者的财产得以保全，以备修复生态环境损害。检察机关可以依法监督生态行政执法机关采取上述行政措施。

五、结语

生态检察是一个新命题，是检察机关响应党建设生态文明政策号召而开展的创新性工作。检察机关的任务不仅仅是做好已经在做的批捕、起诉、职务犯罪侦查工作，那些工作一定程度上只是维持基本的社会秩序和法律秩序的需要。而为了促进生态文明建设，检察机关需要发挥更大的作用，承担更多职责和担当，其中最主要的就是监督、促进生态行政执法。生态检察是一个真命题，围绕生态行政执法监督和生态环境权利维护，检察权能有了更丰富的内涵，环境公益诉讼、生态环境指标监测、生态风险预警、生态损害修复建议、督促行政机关履行职责等权能形态会在实践中不断创新出来；检察工作也会出现新的方式，检察机关作为生态文明建设者的角色将更积极，检察工作人员与人民群众的联系将更紧密，检察机关在社会上的影响将更突出、更广泛。生态检察为检察事业洞开了一片新的天地，促使检察机关回归其法律监督者的宪法定位，必将提高检察事业在整个国家建设事业中的地位。

新常态下检察机关形成自身反腐倡廉机制之探究

刘子金*

十八大以及十八届三中、四中全会以来，我国进入全面深化改革、全面推进依法治国新的阶段。公正是法治的生命线。司法公正对社会公正具有重要引领作用，司法不公对社会公正具有致命破坏作用。检察机关作为国家的法律监督机关，担负着查办和预防职务犯罪的重大责任，是国家惩治和预防腐败体系的重要生力军。检察机关自身反腐倡廉机制的健全与否直接影响到司法公正、司法权威和司法公信力。在新常态的视角下，从加强自身反腐倡廉建设入手，从严治检，坚持惩防并举、标本兼治的思路，来构建科学的检察机关自身反腐倡廉体系才是根本之策。

一、检察机关自身反腐倡廉建设的重要意义

检察机关是国家法律监督机关，也是反腐败的重要职能部门，承担着维护社会公平正义、促进反腐倡廉建设的重大责任，检察机关加强自身反腐倡廉建设具有重要的特殊意义。深入推进反腐倡廉建设，事关检察事业发展全局。各级检察机关要把自身反腐倡廉工作摆在更加突出的位置，认真落实党风廉政建设责任制，全面履行纪检监察职能，切实加强高素质纪检监察队伍建设，确保反腐倡廉各项任务落到实处。通过检察干警严格、公正、文明、廉洁执法的实际行动取信于民，从而提升检察机关的执法公信力和社会形象，维护法制的权威和尊严。检察机关自身反腐倡廉建设须臾不能放松，时刻不能懈怠，在新形势下不断加强自身反腐倡廉建设，促进严格、公正、文明、廉洁执法，责任重大、任重道远。

二、检察机关自身反腐倡廉建设的总体思路

在全面推进依法治国新形势下，检察机关自身的反腐倡廉建设，从总体上来

---

* 海南省人民检察院第二分院检察官。

讲，要坚持标本兼治、综合治理、惩防并举、注重预防的方针，以完善惩治和预防腐败体系为重点深入推进检察机关自身反腐倡廉建设，促进公正廉洁执法，提高执法公信力，为检察工作科学发展提供坚强保障。检察机关在新常态下，把握反腐倡廉制度体系建设总的思路基础之上，还需要正确处理好以下几个关系：一是正确处理当前与长远的关系。各级检察机关要按照立足当前，着眼长远的要求，思考制度建设的阶段性目标和长期规划。二是正确处理治标与治本的关系。不仅要体现制度的治标功能，更要突出制度的治本功能，把从源头上预防腐败的要求落实到检察机关自身反腐倡廉制度建设的各个环节。三是正确处理实体与程序的关系。要注意防止重实体、轻程序的现象，坚持实体与程序并重，全面推进制度建设。四是正确处理继承与创新的关系。对已经形成的有关自身反腐倡廉的好制度，必须继承和坚持下去，但是对于出现的新情况、新问题、新矛盾，要及时研究并出台新的反腐倡廉制度，推动制度建设在继承中创新、在创新中发展。五是正确处理制定与实施的关系。好的制度关键在实施。要坚决纠正重制度制定、轻制度实施的问题，不仅要加强制度的科学性，更要把制度执行作为重中之重，着力在保证制度落实上下功夫。

三、检察机关自身反腐倡廉建设的重点突破

检察机关自身反腐倡廉工作涉及范围广，不能眉毛胡子一把抓，既要坚持全面论，又要坚持重点论，从关键环节做起，统筹兼顾，重点突破，才能有所作为。

（一）突破的源头——完善党风廉政责任体系建设

溯及本源，从近年来查办的职务犯罪案件看，很多腐败问题都是从脱离群众、追求奢靡等作风问题逐步发展演变而来。党风廉政建设责任制是检察机关做好自身反腐倡廉工作的“龙头”制度，必须抓好抓实。特别要对责任考核和责任追究这两个薄弱环节进行重点研究，制定出科学规范、简便易行的制度。

（二）突破的瓶颈——规范领导班子成员体系建设

建立健全规范领导班子成员行为的制度。一方面，要制定规范领导干部个人行为的制度，如坚持和完善领导干部述职述廉、重大事项报告、任期经济责任审计制度，探索领导干部收入申报制度等各项廉洁自律制度等；另一方面，要突出完善加强各级院领导班子建设的制度，尤其是完善民主集中制。要健全检察院党组、检察委员会讨论决定重大事项、作出重大决策的议事规则，充分发扬民主，反对和防止个人专断。健全推进党务、检务公开以及情况通报、征求意见制度。完善领导干部民主生活会制度，有效开展批评与自我批评，有效开展领导和干警

谈心活动。重点推进上下级检察机关领导班子巡视制度，及时发现问题，提出对策。

（三）突破的根本——健全执法办案行为体系建设

建立健全规范执法办案行为的制度应当作为检察机关自身反腐倡廉工作重中之重。防止检察人员在执法办案活动中利用职权谋取私利是检察机关自身反腐败工作的重点，加强这方面的制度建设极为重要。要针对检察机关立案、侦查、批捕、起诉等各环节制定监督制约制度，完善检察业务规范。健全执法责任制度，严格错案责任追究。推进以改进执法作风、规范执法行为为重点的检务督察制度，保证各项检察工作的重要制度、重大工作部署得以贯彻落实。

（四）突破的保障——加强人事财务纪律体系建设

深入推进自身反腐倡廉建设，必须以加强纪律建设为保障。铁的纪律是我们党的光荣传统和政治优势，是我们党和国家力量所在，也是检察队伍抵御诱惑、不出问题的重要保证。切实改进民主推荐、民主测评、公开选拔、竞争上岗等制度。落实检察官考核奖惩、辞职辞退、交流回避以及检察官待遇制度，健全规范检察人员行为、严明检察工作纪律、查办检察人员违法违纪案件的制度。完善检察机关建设工程招标投标、政府采购等制度，落实扣压、冻结款物相关规定，坚持严禁私设“小金库”的制度。

四、检察机关自身反腐倡廉建设的全面完善

高检院要求各级检察机关要以建立健全惩治和预防腐败体系各项制度为重点，以制约和监督权力为核心，以提高制度执行力为抓手，大力加强反腐倡廉教育制度建设，加强反腐倡廉监督制度建设，加强反腐倡廉预防制度建设，加强反腐倡廉惩治制度建设，逐步形成内容科学、有效管用的检察机关反腐倡廉制度体系，切实提高反腐倡廉工作的规范化水平。具体来说，检察机关自身反腐倡廉建设要紧紧围绕教育、制度、监督、改革、纠风、惩治等工作，从五个方面推进检察机关反腐倡廉制度创新建设。一是制定与落实检察机关党风廉政教育实施意见，明确教育目标，落实教育责任，规范教育内容，拓宽教育领域，建立健全拒腐防变教育长效机制。二是制定加强检察机关内部监督工作的意见，健全和完善对执法办案活动的监督机制，建立上级检察院对下级检察院执法活动的有效监督制度，探索在重要业务部门设立专职廉政监督员机制，全面推行执法档案制度，拓宽监督渠道，增强监督合力。三是积极探索对检察机关领导班子和领导干部加强监督的渠道和方式，完善巡视领导体制和工作机制，制定对干部选拔任用工作监督制度，健全检察机关经费支出监督办法，建立检察机关党员领导干部问责

制，全面推行检察机关领导干部廉政档案制度，实现对领导干部的日常动态监督。四是探索建立检察人员廉政风险防控机制。通过查找风险部位、评估风险指数、界定风险等级、建立预警系统、完善相关制度、反馈实施结果等，建立健全融教育、制度、监督于一体的有效防控廉政风险新机制。五是建立健全检察人员违纪违法及时发现、查处机制，制定严禁检察人员违规使用机动车的规定和检察人员与律师交往行为规范，修订完善人民检察院监察工作条例，修改完善党风廉政建设责任制及其配套制度。

参考文献：

［1］刘海明．浅谈检察机关如何加强自身反腐倡廉建设［J］．法制与经济，2010（11）．

［2］旷胜德、李增来．检察机关自身反腐倡廉建设刍议［J］．法学教育，2013（8）．

［3］黄丽娜．十八大视野下检察机关如何加强自身反腐倡廉建设［J］．法制与社会，2013（27）．

［4］宣国强．构建检察机关自身反腐倡廉制度体系的思考［J］．学术界，2008（4）．

［5］曹建明．突出重点推进检察机关自身反腐倡廉建设［J］．人民检察，2011（5）．

明晰司法责任的四个着力点

刘子金*

检察机关切实有效的完善与落实司法责任制，必须以厘定关系、确定主体、划定权限、认定责任等四个方面作为着力点，着眼于构建责权利相统一的司法责任体系，重点解决影响司法公正和制约司法能力的深层次问题。

一、理顺关系是基本着力点

理顺检察一体化与检察独立的关系是正确理解与适用检察一体化与司法责任制的关系的基本前提。检察一体化从广义上说，对外是指检察独立，即检察机关依法独立行使检察权，不受法定机关、事项及程序以外的干涉；对内是指业务一体，即检察机关上命下从，作为命运共同体统一行使检察权。从狭义上来说，检察一体的基本内涵主要有在上下级检察机关和检察官之间存在着上命下从的领导关系，各地和各级检察机关之间具有职能协助的义务，检察官之间和检察机关之间在职务上可以发生相互承继、移转和代理的关系。检察独立也有两层含义：对外指的是检察机关独立，对内指的是检察官独立。检察官的独立性是指其职权的行使不受法律以外的因素的干扰，特别是行政因素的影响。不论涉案人员的身份、地位，也不论案件所涉的价值高低、影响大小，一切均严格遵循法律。广义的检察一体化与检察独立都具有两层含义，在对外关系上，表现为检察机关一体与检察机关独立之间的关系，前者是后者的基础与保障，后者是前者的表现形式和实现方式，二者相辅相成，构成检察一体化的两个方面；在对内关系上，表现为检察一体与检察官独立之间的关系，亦即以上命下从为核心的业务一体与检察官独立之间的关系。实际上，检察一体化与检察独立之间的关系就是指这种关系。

* 海南省人民检察院第二分院民行处检察员。

检察权作为法律监督权，具有行政与司法属性，检察一体与检察独立是检察权具有双重属性的反映。上命下从的行政属性与防止司法权滥用的要求决定检察独立是在检察一体前提下的相对独立，是检察官在检察机关内部的有限独立。但为保证司法公正，凸显司法规律，行政属性要服务司法属性，不能强加干预，要在法定范围内保障检察独立。笔者认为，根据检察机关以及检察权自身的特殊性，从本质上来说，检察一体化与检察独立是协同关系，而在功能上却又表现为一种体用关系，但实际上二者是相互统一的，都以实现司法公正为目的，没有检察一体，就会造成司法权滥用，检察独立就会失去基础；离开检察独立，也会导致行政权膨胀，检察一体就会迷失方向。二者都要紧紧围绕司法公正这个核心，在法定范围内保持适度的动态平衡关系。理顺检察一体与检察独立之间的关系，基本思路应是各就其位，各司其职，还司法以司法，还行政以行政，而不是二者的简单替换。

二、明确主体是根本着力点

任何改革，最根本的问题终究是人的问题。司法责任也无例外，其主要目的是为了规范司法行为，将权力明确到个人，责任落实到个人。笔者认为，在实践中要明确以下各主体之间的关系：

（一）明确检察官与部门行政负责人之间的关系

主任检察官制度改革的重点和难点就是要彻底改变现有的行政管理模式以及与之相对应的三级审批办案方式。主任检察官作为基本的办案组织单元，意味着取消行政科层设置，直接对检察长和检察委员会负责。考虑到行政科层的取消牵连过多的利害关系，各地在试点推进中基本上保留了原有科层，由于在干部任用、激励上，传统的行政晋升通道没有改变、具体的职责范围还不太清晰以及相应配套制度还未跟进，理顺主任检察官、独任检察官与部门负责人的关系显得特别重要。笔者认为，结合试点的经验以及检察工作的实际，实践中应当明确各自权限范围，形成有效的争议处理机制。部门负责人除办案外，主管行政，具体负责本部门的执法办案管理工作，监督、检查、协调主任检察官、其他检察官及检察辅助人员的执法办案工作，进行案件分配以及组织主任检察官联席会议等等。主任检察官、独任检察官承担办案业务，主要负责案件的流转与推进。部门负责人与主任检察官、独任检察官办理的案件意见不一致时，可以将本人的倾向性意见一并呈报检察长参考。当然，各主体也可以请求更换办案人。由于相关配套机制不健全，行政与办案双规制运行机制易造成一种异化的三级审批制的行政化管理模式。实践中需要采取有效措施来减少部门负责人对检察官考核、干预办案等方面的影响，有条件的基层检察机关可以逐步取消科层设置。

（二）明确办案组内检察官之间的关系

检察官办案组作为一种基本的办案组织形式，办案组负责制是典型的行政负责制，办案检察官要向组长即主任检察官负责，这样就会与组内承办检察官负责制产生矛盾，易于重演“审批制”，有悖司法规律。笔者认为，在推动检察改革过程中，要以检察官办案责任制为基础，尊重司法规律，明确办案主体。对于独任检察官和检察官办案组两种基本办案组织形式，要以独任检察官办案为主，检察官办案组为辅。检察官办案组可以相对固定设置，也可以根据司法办案需要临时组成。主任检察官负责的办案组要注意协调好检察独立和一体化的领导之间的关系。主任检察官作为办案组负责人承担案件的组织、指挥、协调以及对办案组成员的管理等工作，在职权范围内对办案事项作出处理决定或提出处理意见，其他检察官在主任检察官的组织、指挥下从事具体的办案活动，对相应由其决定的事项负责。检察官协同的办案组，主任检察官负责组织、管理、协调，不具体干预办案检察官承办的案件，各自对其承办的案件与决定的事项负责。

三、划清权限是核心着力点

责任被追究的前提是职权清晰并付诸实现。目前，司法人员对司法责任制落实的顾虑是职权不明确、责权不统一。可见，划清权限成为完善和落实司法责任制的核心，权力清单则是划清权限的重中之重。

（一）事案分离，按事收权，依案放权，收放平衡

为了遵循司法规律，既凸显司法性，又不简单的去行政化，必须基于检察独立与检察一体的关系来划清权限。根据二者的动态平衡关系，行政合理收权，发挥检察一体作用，加强对办案的管理、指挥、监督，提高司法效率；办案适当放权，维护检察独立地位，强化检察官办案的亲历性、客观性、居中性，促使司法公正。收权为了保障放权，放权是收权的目的，二者因行使对象即事务不同，虽有交叉但又有各自的范围，根据办案进展程度，把握好干涉力度，收放自如，使二者相互平衡统一，共同实现公正办案。司法实践中，制定检察官办案权力清单，重要的是要把检察机关事务中的行政管理性事务与案件办理性事务分离开来，对有些司法性与行政性界限模糊的事务，要侧重于对司法性的维护。收权的问题主要放在行政管理性事务上，放权的问题主要用于解决案件办理性事务，即收的是行政性权力，放的是司法性权力。

（二）人员分类，按人设权，依权配责，权责一致

我国检察机关一直实行检察长负责制，现在实行检察官责任制改革，检察长负责制与检察官责任制之间就会产生一定矛盾。这就涉及检察机关内部不同主体的权力设置问题。在理论上的分歧是检察长授权于检察官还是检察官与检察长分别享有检察权。但现实中检察官的权力源于检察长的授权，这就决定了检察官的相对独立地位。仅依靠检察长授权来解决检察官办案权力的问题，很难有效推进司法责任制的改革。从长远来看，应确立检察官在诉讼法上独立的诉讼地位，这需要立法确认检察官相对独立的法律地位和办案权力。针对不同检察人员设置相应权力时，一定要注意防止权责分离，避免形成优势地位的人享有权力而不承担责任的局面。在制定权力清单时，可把检察机关人员分为行政人员和办案人员，办案人员中包括检察长、检察官和检察官助理，根据不同主体职能需要设置相应的权力，再明确相应的责任。

四、认定责任是关键着力点

司法责任的认定是完善和落实司法责任制的关键和保障。通过科学划分司法责任，使办案的检察官对自己的办案行为负责，作出案件处理决定的检察官对自己的决定负责，把司法责任具体落实到人，并从司法责任的发现途径、调查核实程序、责任追究程序、追责方式、终身追责等几个方面完善了司法责任的认定和追究机制。

具体来说，一是要注意责任主体与责任类型构成要件的认定。围绕“谁办案谁负责，谁决定谁负责”的目标，明确司法责任的主体。根据检察官主观上是否存在故意或重大过失，客观上是否造成严重后果或恶劣影响，将司法责任分为故意违反法律法规责任、重大过失责任和监督管理责任三类。二是注意共同责任的认定。其一，检察官办案组共同责任。检察官办案组承办的案件，由其负责人和其他检察官共同承担责任。首先，根据各自过错的轻重程度来确定各自应承担责任的主次大小。主观过错程度重的，应承担相应主要或较大的责任，反之，承担相应次要或较小的责任。没有过错的不承担责任。其次，如果各自的过错程度难以区分的，应当共同承担相应的司法责任。其二，检察长与检察官共同责任。检察官根据检察长的要求进行复核并改变原处理意见的，由检察长与检察官共同承担责任。检察官若有异议，迫于上命下从的行政管理而改变原处理意见，这时检察长承担主要或全部责任，检察官不承担或承担次要责任。检察官若没有异议，共同承担责任。当然，这需要规范与健全相关检察长的要求以及检察官异议记录

等程序设计，以备后查。三是注意免责条件、司法瑕疵责任以及责任形式的认定。免责条件是指司法办案工作中虽有错案发生，但检察人员履行职责中尽到必要注意义务，没有故意或重大过失的，不承担司法责任。司法瑕疵责任是指检察人员在事实认定、证据采信、法律适用、办案程序、文书制作以及司法作风等方面不符合法律和有关规定，但不影响案件结论的正确性和效力的。司法瑕疵依照相关纪律规定处理。司法责任承担形式应依据调查核实的结果，目前主要承担职务责任、纪律责任、刑事责任等责任形式。

构建我国检察官助理制度初探

张　幸*

内容提要：员额制之后，检察官助理是个相当庞大的群体，尽快明确检察官助理的职责和定位，给检察官助理以更加明确的职业预期，构建其在员额中的合理动态调整机制，是目前亟待解决的问题。本文以检察官助理制度构建为视角，对此进行了初步探讨。

关键词：检察官助理　职责　管理制度

本文对员额制的意义和重要性、构建检察官助理制度的意义等不再赘述，仅从制度构建角度探讨我国检察官助理制度。

在司法改革之初，曾有报道指出司法改革中人员分类管理制度在深化司法体制改革中处于基础性地位。①司法改革初期，不论是已经进行完毕的试点省份还是正在进行员额制改革的省份，都将面临一个现状：检察官助理的人数增多。因为员额制对检察官的比例限制势必会造成一部分原为助理检察员和检察员的人员进入到检察官助理行列，如果不建立合理科学的检察官助理管理机制，就会出现权责不明、分工不清或有令不行等问题。

一、检察官助理人员概况

检察官助理在检察机关占相当比例的人数，是检察辅助人员的重要组成部分，对于检察机关尤为重要。以海南省为例，2016 年初官方公布的数字为：一次性在全省三级检察院选出了 796 名入员额检察官，分三批选任了 696 名检察官

* 海南省人民检察院第二分院检察官助理。

①简工博：《员额制，司法体制改革的“牛鼻子”》，《解放日报》2015 年 4 月 21 日第 1 版。

助理，书记员 182 名。[①]由此对比，检察官助理只比检察官少 100 人，是书记员人数近 4 倍，检察官助理这个群体是庞大的。

我们再将海南省检察院与海南高级法院做对比：海南省高级人民法院现有人员 290 名，法官 126 名，法官助理 26 名，书记员 22 名。截至笔者调研的 2016 年 9 月，因退休及调动等变化，海南省检察院现有人员 238 名，入额检察官 91 名，检察官助理 82 名，书记员 2 名。[②]

以图表示如下：

海南省高级人民法院

现有人数	法官人数	法官助理人数	书记员人数	其他
290	126	26	22	116

海南省人民检察院

现有人数	检察官人数（包括助理检察官）	检察官助理人数	书记员人数	其他
238	91	82	2	63

由以上简单对比，可以看出，检察机关的检察官助理人数和法院的法官助理人数有明显区别，这当然跟工作性质和职责有关，在此对原因不再赘述。但是面对检察机关如此庞大的检察官助理群体，检察官助理管理应当成为检察机关司法改革中重要问题之一。

2016 年 8 月初，笔者曾对检察官助理的管理问题也做了一些基础调研，跟一些基层检察院的人员座谈后得知，在司法改革之后，实践当中对检察官助理的认知和落实都存在一些问题。

二、国外检察员额简介

检察官助理制度毕竟是一个舶来品，国外一些发达国家的相关制度对我国司法改革的完善有着启示和借鉴作用，所以在此有必要对国外一些国家的检察官员额情况做简单介绍。

---

①出自 2016 年 1 月 28 日贾志鸿在海南省第五届人民代表大会第四次会议上所作《海南省人民检察院工作报告》。

②海南省人民检察院人事处提供。

（一）法国

法国作为大陆法系的发源地，其司法制度与其他西方国家相比有其独特之处，近年来，中法两国的司法合作交流日益广泛深入。2015 年 9 月上旬，海南省检察院组织了法国司法制度培训班。课后，培训班学员对法国的司法制度做了深入思考和全面总结。在此，我们将引用其中有关检察官的介绍。

在法国，检察官与法官除了司法职能不一样外，其他的几乎都是相同的。大审法院检察院由一名共和国检察官以及按照法院辖区的人口、犯罪数量和所处的区域等的不同，由一名或数名代理共和国检察官、检察官助理或首席助理组成。法律赋予了共和国检察官将其所有权力授权给予其助理行使的权力。这只是内部分工，但事实上这也意味着，检察官可以接手其助理的案件并自己提起起诉。但对于外界来说，检察机关是一个不可分割的整体，检察官、检察官助理享有同等的权力。

（二）德国检察人员管理制度

在德国，包括工勤人员在内的检察人员都属于国家公务员。联邦总检察院和各州检察机关的工作人员由检察官和辅助人员及其他公务员组成。

辅助人员有司法公务员、书记员等，其中司法公务员主要协助检察官审查、侦查办理案件。德国的州检察院设置“助理检察官”职位，由司法公务员充任，职能与检察官类似，具体职责是：协助检察官工作；审查涉案金额在 2500 欧元以下、不涉及公民人身权的轻罪案件，独立作出是否起诉的决定；对自己决定起诉的案件出庭支持起诉。“助理检察官”不是真正的检察官，不属于检察官序列，无须通过国家司法考试，任职者主要是来自毕业于司法学校的高级司法职员或司法实习生。

（三）韩国和日本检察官

2016 年 5 月 25 日至 6 月 1 日，海南省检察院组织相关人员赴韩国和日本，对两国检察制度和司法责任制改革进行了学习考察，本文引用该考察报告①中第二部分的第三项内容“检察官员额、选拔及培养机制”中有关韩国和日本的检察官员额介绍。

韩国检察机关由检事长（检察长）、检事（检察员）、书记员、助理书记员、

①李梦林：《关于韩日检察制度的考察报告》，《检察新时代》2016 年第 6 期。

工勤人员等构成。目前，韩国共有检事1000余名，占人员总数的13.3%；书记员2400名，占总数的32%；助理书记员1900名，占总数的26%。在负责侦查的检事室里，一般以一名检事为中心，为其配备两名书记员、一名助理书记员、一名秘书。侦查以外的一般行政业务由书记员负责处理。

日本检察厅的职员主要包括检察官、检察事务官、检察技官、检事总长秘书等。2014年检察厅实有检察官2734人，其中检事1835人，副检事899人，检察事务官和检察技官等9062人。与韩国不同，日本检察官除配备检察事务官外，不再配备书记员。

韩国和日本的检察官有严格的职业准入资格要求。他们必须先通过司法考试，然后进入最高法院办的司法研修院完成两年的司法研修课程学习，通过毕业考试后，最后根据本人的意愿与成绩，安排其成为法官、检察官或律师。全部初任人员都被分配到第一线侦查部门，在实践中逐步掌握业务技能。

由以上四个国家的检察人员组成情况来看，对于检察官助理及其职责的设定是不尽相同，除了韩国之外的其他三个国家都有检察官助理这一职位，但对于检察官助理的定位又不相同。法国的检察官、检察官助理享有同等的权力。德国虽然检察官助理的职能与检察官类似，但其却不属于检察检察官序列，而且其准入门槛低，这是其特色。因此，各国因国情等不同，其检察官制度也不同。

三、我国检察官助理制度构建

2016年7月19日，中央政法委召开司法体制改革推进会，对全面推进司法责任制改革作出重要部署。曹建明检察长就检察机关如何全面推进司法责任制改革作了重要讲话，指出员额制改革必须正确处理好三类人员的问题，其中有两个问题涉及检察辅助人员。检察官助理是检察辅助人员重要组成部分，在目前坚定推行司法体制改革的前提下，尽快明确检察官助理的职责和定位，以研究其在员额中的合理动态调整机制，给检察官助理以更加明确的职业预期，实现检察机关人才利用率最大化，是目前亟待解决的问题。

（一）检察官助理定位

1. 定位

要探讨我国检察官助理管理制度，首先必须明确检察官助理的法律地位问题。实践中，有的检察院将检察官助理等同于书记员，有的将检察官助理等同于检察官而具体承担办案，这都是一种误区。

检察官助理是协助检察官从事检察业务的辅助人员，是检察机关内部通过选任产生的，在案件审理过程中协助检察官处理事务的相对独立的群体。

检察官助理既不能等同于检察官，也不能等同于书记员。检察官助理的地位具有相对独立性。检察官官助理对检察官有协助工作的义务，但并不意味着其将隶属于检察官领导，相反，两者之间应当是相互配合、相互制约、相互监督的关系。

同样，检察官助理与书记员之间也存在这种分权制衡的关系。对于检察官助理与书记员的关系，首先二者都在检察官的带领下工作，但是检察官对书记员是否有指导权，笔者认为有。在检察工作中以检察官为主导，检察官助理、书记员服从检察官的指令、安排，书记员在不影响检察官指令、安排的前提下，对于检察官助理的指令、安排应予服从，这是本文所持观点。且从目前海南省检察机关来看，书记员人数极少，这与书记员在法院的重要性不同，所以现阶段探讨意义不大。但从以后的发展来看，有必要对此做简单明确。

2. 来源条件

当然，目前很多省市正在进行员额制改革，那么检察官助理的来源就分为两大类，一是原检察官（包括助理检察官）。即检察官员额确定后，不在检察官员额范围之内，且自身愿意担任检察官助理的人员；二是检察机关中现有已经通过国家统一司法考试但尚未任命为检察官的人员。

今后的检察官助理如何确定？从长远发展来看，首先要科学、合理地确定检察机关检察官助理的员额比例，尤其是检察官、检察官助理、书记员的配备比例。这就需要有一个科学的、合理的且适当超前的管理理念。当然，检察官助理应具备的条件包括政治条件、德行条件、身体条件、业务条件等，在此，仅简介主要业务条件：一是通过国家司法考试。这是准入的先决条件。前文也有介绍，如日本和韩国等国家都是必须要通过司法考试。二是有一定年限的检察业务工作实践。

（二）明确检察官助理职责

关于检察官助理的职责，目前，一些检察机关做了有益的尝试，检察官助理被赋予了更多的办案机会，明确规定检察官助理向检察官负责、协助检察官开展各项办案业务工作、承担检察官交办的其他工作及在检察官指导下行使部分检察职权。上海检察官助理的主要职责为在检察官的指导下审查各类案件，对案件进行调查取证；接待来访，受理公民控告、申诉等。①但目前各地对此规定不一，

---

①郝洪：《中国大陆首批法官助理、检察官助理产生》，《人民日报》2014年9月6日第2版。

笔者认为，应尽快出台相关统一规定。

1. 原则

⑴ 合法性原则。检察官助理的职务、职责权限、业务流程等规定要有明确的法律依据。

⑵ 辅助性原则。检察官助理是检察官的辅助人员，不是检察员，也不是书记员，而是介于检察官和书记员之间的相对独立的地位。

⑶ 提高办案效率和案件质量原则。这一原则是检察官助理制度实施的目的所在，许多程序的设计都要围绕这一原则进行，如检察官助理在“跟案还是跟人”问题上就要根据该原则选择跟人，否则检察官助理的管理将陷入混乱，不利于办案效率和案件质量的提高。

2. 职责范围

依照《检察官法》第六条之规定，检察官的职责为：⑴ 依法进行法律监督工作；⑵ 代表国家进行公诉；⑶ 对法律规定由人民检察院直接受理的犯罪案件进行侦查；⑷ 法律规定的其他职责。检察官助理协助检察官在其职责范围内工作，实践中，应当结合不同类型的检察业务、案件复杂程度等确定其职责范围。

目前，如前文所述检察机关检察官助理人数多，有相当一部分检察官助理还在综合部门工作，但按以后的发展趋势，办公室等综合部门应不配备检察官助理，检察官助理主要配置在侦监、公诉、反贪、反渎、未检、民检等检察业务部门。检察官助理的主要职责为：在检察官的带领下审查各类案件，对案件进行调查取证；草拟案件各类报告及有关文书；对法律规定由人民检察院直接受理的犯罪案件调查取证；接待来访，受理公民控告、申诉等；协助检察官开展法律监督工作等以及检察官交办的其他事项。

公诉、民行部门的检察官助理职责为：

⑴ 庭前准备工作：①起草文书；②核实文书送达；③在检察官的指导下，带领书记员（或两名检察官助理）进行调查取证、勘验、委托鉴定等工作；④接待当事人，进行询问并记入笔录；⑤为检察官收集准备出庭材料；⑥庭前证据交换。

⑵ 出庭：在检察官的指导下参与法庭调查、法庭辩论等。

⑶ 后续工作：①准备核阅相关材料；②核实送达文书；③案件报结。

当然，检察官助理职责范围还需要在实践中不断的摸索经验以加以确定，故在上述过程中，检察官应随时指导并安排检察官助理的工作，协调好其与书记员等其他人员之间工作的分配；同时检察官助理应及时将有关情况报告检察官，防止因工作协调不一致造成程序错误或重复劳动。

（三）考核

检察官助理也应建立相应的考核机制，定期对其政治素质、业务素质等方面进行严格的考核，将考核结果作为晋升、降级、淘汰的依据。

(1) 采用综合考核的方式。考核的范围不但要包括专业知识和业务水平，同时也包括法律文书的制作、工作的实际成效、有关同事和群众的评价，学历水平和工作年限也可以作为考核的参考依据。具体可参照检察官的考核方式，按照评优比例确定年度优秀、称职、基本称职、不称职的考核等级。

(2) 针对检察官助理工作责任中突出的问题，专门制定检察官助理的责任追究制度，并落实相应的处罚措施，如扣发奖金、取消或延长其晋升检察官的资格、调离检察业务岗位另行安排工作等办法。

在此有一个问题，笔者在8月初调研时，一些检察官反映在目前的案件管理系统中仅仅显示检察官，并不显示有检察官助理这一项。作为检察官助理，在检察官办案中虽不起决定性作用，但也从事着基础性工作，应当在案件管理系统中予以表明，故期待案件管理系统在司法改革全部完成之后尽快完善。

（四）职业前景和待遇

目前对于检察官助理而言，职业前景极其重要，所以首要问题是解决检察官助理职业前景不明朗的弊端。

首先，在检察官缺额的情况下，检察官助理中符合检察官条件的人员均可参加遴选，通过笔试、面试的双重考试之后，结合五年内公务员年度考核结果进行综合评判。

关于检察官助理的福利待遇问题，应当推出一系列实实在在的措施。早在2015年就有报道指出："法官、检察官需要减负，从一般事务性工作中有效剥离出来，将精力投入事实认定和法律适用，其中司法辅助人员起到至关重要的作用。"因此，在广东，"司改让法官检察官更体面，法官助理工资提高近一半"。当然，这是广东等经济发达的省份，其他省份具体应当结合本地实际经济水平，给予相应提高检察官助理的待遇。

四、结语

2016年是司法体制改革的攻坚之年，检察官助理队伍作为检察工作的重要力量以及未来检察官的蓄水池，不应长期在尴尬和迷茫中工作。因此，在坚定推行司法体制改革的前提下，只有尽快明确检察官助理的职责和定位，认真研究检察官员额制的合理动态调整机制，给检察官助理以更加明确的职业预期，才能更好地稳定检察官助理队伍，从而真正实现司法人员分类改革所设定的目标。在检察机关检察官助理人员如此庞大的现状下，建立检察官助理体制机制、制定检察官助理管理办法等迫在眉睫！因为水平所限，本文只是泛泛地浅议了对检察官助理制度的初步想法，对一些问题因理解不深而并未做深入的研究，还期望在今后的检察业务实践中予以再思考。

关于法、韩、日三国的检察员额情况的介绍全部来自海南省检察官亲历之后的总结与思考，且给予笔者有益启迪，在此予以致谢！

民事诉讼法执行程序司法解释若干问题的理解与适用

何钦武*

摘　要：民事诉讼法中的执行程序是民事诉讼程序的最后阶段，对民事争议的解决及当事人民事权益的实现具有重要的意义。我国最高人民法院于2015年2月4日颁布了《关于适用〈中华人民共和国民事诉讼法〉的解释》（以下简称为《解释》），该司法解释共分23章552条，其中就有60个条文是关于“执行程序”的，此次颁布的司法解释跟以往的司法解释相比有很多的修改和完善。本文将重点解析民事诉讼法司法解释中有关“执行程序”的修改，为今后司法解释的有效实施提供相关的参考。

关键词：民事诉讼法　司法解释　执行程序　理解与适用

《解释》主要针对以下“执行程序”的内容做了修改和完善：明确执行依据；案外人执行异议的提出期限及审查处理方式；执行和解与执行担保；仲裁裁决的不予执行；公证债权文书的不予执行；申请执行时效期限；查封、扣押、冻结；司法拍卖和以物抵债；交付特定物的执行；对到期债务的执行；行为义务的执行；参与分配制度；执行程序与破产程序的衔接；终结本次执行程序与终结执行后的再次申请执行等。下文将从几个重点修改内容进行论述。

一、明确的执行依据

关于民事诉讼的执行依据，《解释》第463条规定，当事人申请人民法院执行的生效法律文书应当具备下列条件：“（一）权利义务主体明确；（二）给付

---

* 海南省人民检察院第二分院司法技术人员。

内容明确。法律文书确定继续履行合同的，应当明确继续履行的具体内容。”因此，要明确关于合同继续履行方面的法律文书内容[①]。

通常情况下，此类法律文书都使用“合同有效，继续履行”等字样来表述，之所以这样表述主要是由于合同法第107条的规定：“当事人一方不履行合同义务或者履行合同义务不符合约定的，应当承担继续履行、采取补救措施或者赔偿损失等违约责任。”这样的法律文书虽然符合实体法的相关规定，但由于其笼统的描述使得给付内容不明确，无法被作为执行依据。《解释》第463条规定了需要明确合同继续履行类法律文书的具体执行内容，如履行行为、履行方式、履行期限等内容。

二、案外人的执行异议

《解释》中有十个条文是针对民事诉讼法案外人异议制度的解释和细化，其中主要对案外人提出异议的期限和案外人异议审查处理的具体方式进行了详细规定。

（一）案外人提出异议的期限

1. 关于案外人异议提出的期限

民事诉讼法第272条规定案外人可在“执行过程中”提出异议，但在司法实践中，对于“执行过程中”的具体区间有着很多的争议。《解释》第464条将案外人异议提出的期限做出了具体的规定，规定为“执行标的执行程序终结前”，我们在理解该条款时应注意以下两点：

(1) 要注意“对特定标的物的执行程序终结之前”与“整个执行程序终结前”的不同之处，《解释》中将案外人一、提出异议的时间明确规定为前者；

(2) 要注意“执行标的执行程序终结”不仅仅表明标的物的权属发生了转移，同时也要求变价款得到了分配。

（二）执行程序中对案外人异议的审查处理

目前在司法实践中，针对执行中案外人的异议，相关司法机关主要实行的是执行审查前置制度。《解释》第465条将外人异议的审查内容与裁定方式进行了规定：经执行法院审查，若案外人异议不成立，则裁定驳回异议；若案外人异议成立，则裁定中止对该异议标的的执行。如果异议被驳回时，案外人可以在裁定

---

①赵晋山、葛洪涛：《〈民事诉讼法〉司法解释执行程序若干问题解读》，《法律适用》2015年第4期。

送达之日起15日内向法院提起异议之诉，同时在此期间内为了防止案外人异议之诉形同虚设。《解释》还有在此期间执行法院不得对执行标的进行处分的规定①。

（三）针对案外人异议的审查标准

对案外人异议的审查主要是形式审查为主，在法律及司法解释规定的特殊情况下可进行实质审查。这样的规定是对物权公示原则及权利外观主义的体现，同时也是为了防止形式审查的弊端。

三、执行和解制度

在司法实践中，执行和解制度极其复杂，涉及面广泛的执行法律制度，它既涉及公法和私法，同时还涉及实体法和程序法。《解释》主要针对执行和解制度中较为重要的两个问题进行了修改和完善。

（一）执行程序中当事人达成和解协议的影响

民事诉讼法第230条规定了如当事人不履行和解协议的，则可对原生效法律文书进行恢复执行的申请，但未明确规定执行和解协议达成后执行程序如何进行②。鉴于这种情况，《解释》第466条明确规定了当事人达成和解协议后，经申请执行人的申请可以中止或终结执行程序。

（二）达成和解协议对申请执行期间的影响

《解释》第268条的规定将原司法解释修改为：申请执行期限因达成和解协议而中断，其期限自和解协议约定履行期限的最后一日起重新计算，最后一日不包括在申请执行时效期间内。

四、仲裁裁决的不予执行

《解释》第477条和第481条明确规定了仲裁裁决不予执行的问题，主要内容为：仲裁机构裁决的事项，部分存在符合法律规定不予执行情形的，执行法院应当裁定对该部分不予执行，其余部分仍应强制执行；在应当不予执行部分与其他部分不可分的情况下，应当裁定不予执行仲裁裁决。申请不予执行仲裁裁决应当在执行程序终结前提出。

除此之外，《解释》还针对仲裁裁决的不予执行规定了以下两个方面：

---

①张建：《论外国裁判文书在我国的承认与执行分离问题——兼议〈民事诉讼法司法解释〉第546条的理解与适用》，《云南大学学报：法学版》2015年第28卷第4期。

②刘贵祥、范向阳：《〈关于人民法院办理执行异议和复议案件若干问题的规定〉的理解与适用》，《人民司法·应用》2015年第11期。

（一）对不予执行仲裁裁决不服的救济问题

民事诉讼法关于当事人对不予执行仲裁裁决的审查结果如何进行救济并未明确规定，导致在司法实践中有很大的争议。《解释》第478条针对这个问题明确规定：当事人对于不予执行仲裁裁决的裁定提出执行异议或者复议的，若人民法院不予受理，则当事人可以另行诉讼或仲裁。

（二）处分保全财产的另案仲裁裁决对执行程序的影响

在司法实践中，通过虚假仲裁对当事人财产进行转移查封、扣押、冻结财产的现象时有发生，这样的做法不仅无法可依，同时还存在着法律上的漏洞。由于虚假仲裁主要侵犯的是申请执行人的私权，因此法院并不能以此行为侵犯社会公共利益为由，主动依职权撤销。《解释》第479条针对上述问题进行了明确的规定：执行程序的进行不受仲裁裁决将执行查封、扣押、冻结的财产确权或分割给案外人的影响，若案外人对执行程序不服的，可以通过案外人异议或案外人执行异议之诉进行维权。

五、参与分配制度

此次《解释》对参与分配制度进行了很多方面的修改和完善，主要涉及以下几个方面：（1）明确了适用参与分配的条件。《解释》第508条规定了适用参与分配程序的主体是公民或者其他组织，对于企业法人被执行财产不能清偿债务的，可以通过破产程序来分配。有优先权或担保物权的债权人可以直接申请参与分配人民法院查封、扣押、冻结的财产①。（2）明确了申请参与分配的要求。《解释》第509条规定了申请参与分配人需提交申请书并写明具体的事实与理由，且应在执行程序开始后、被执行人财产执行终结前提出申请。（3）明确了财产分配顺序。

六、总结

民事诉讼法是我国现有法律体系中重要的程序法之一，它是民法内容得到规范实施和体现的重要保障。因此，我们要对民事诉讼法进行规范的理解和适用，不得违背法律颁布实施的主要目标和精神。《关于适用〈中华人民共和国民事诉讼法〉的解释》的颁布和实施，使司法工作人员更好地理解和掌握民事诉讼法，为今后的司法工作提供了规范、严格的准则。

---

①王朝辉.《〈民事诉讼法〉司法解释审判监督程序若干问题解读》，《法律适用》2015年第10期。

检察官司法责任制度研究

苏保云 *

摘　要：司法公正是社会正义的最后一道防线，检察机关作为国家的法律监督机关，如何构建和落实检察官司法责任制度，抓好司法改革的“牛鼻子”，激发检察机关维护社会公平正义的司法功能，是当前深化司法改革的关键性任务，也是新形势下推进检察改革的重中之重。

关键词：检察官　错案追究　司法改革　检察官惩戒

引　言

在新一轮司法改革中，司法责任制被置于一个基础性的地位，被称之为改革的“牛鼻子”。根据最高人民检察院 2015 年 9 月 28 日公布《关于完善人民检察院司法责任制的若干意见》精神，完善检察官办案责任制旨在划定责任边界保障检察权及相关权力的依法独立行使，落实检察官“谁决定，谁负责”的司法责任制度，进而通过司法活动维护社会秩序、实现公平正义①。在当前司法责任制改革背景下探讨检察官司法责任制度的重构，需要明确检察官的职责界限，划定追责范围，明晰权责主体，以实现权责统一。同时遵循司法规律与中国实际相结合之指导原则，在司法独立和司法责任之间寻求适当的平衡，防止司法责任制适用的扩大化和任意化，推进检察机关司法改革健康发展。2016 年 7 月 23 日中央全面深化改革第二十六次会议通过的《关于建立法官、检察官惩戒制度的意见（试行)》再次将司法责任追究制度作为当前司法改革的核心制度，既符合司法规律，

---

* 海南省人民检察院第二分院反贪污贿赂局助理检察员。

①朱勇：《彰显法治的力量》，《人民日报》2016 年 7 月 12 日第 7 版。

又切中时弊，意义重大[①]。

一、检察官、司法责任与司法正义

（一）检察官的司法属性

检察官是依法行使国家检察权的司法人员，是在国家机构中居于重要地位的司法官员。当前，检察官的职称已经为我国检察官法所确定，该法第2条规定："检察官是依法行使国家检察权的检察人员。"根据我国的司法体制，检察机关亦是司法机关，检察官亦是司法官员，检察权与审判权都具有司法性质，两者是互相配合和制约的关系。这一体制上的特点和它所形成的法律关系，不仅不会损害司法公正，反而能发挥检察权对审判权的制衡与监督作用，更有利于保证司法公正的实现。

（二）司法责任制是司法公正的重要保障

十八届四中全会通过的《中共中央关于全面推进依法治国若干重大问题的决定》（以下简称《决定》）强调的："公正是法治的生命线。司法公正对社会公正具有重要引领作用，司法不公对社会公正具有致命破坏作用。"司法公正在内容上包括程序公正和实体公正两个方面，两者互相依存，并重结合，构成司法公正之整体。程序公正涉及到诉讼当事人的一系列诉讼权利，诸如辩护权、对质权、救济权、诉讼中的人身自由权利等，实体公正更是直接涉及到当事人的人身自由、财产权利，甚至生命权利的剥夺与否。因此，司法公正的实现对于公民权益保障具有极其重要的意义。

实现司法公正的途径有多种，比如提高检察官职业素养、加强法律监督、完善法律救济等，而构建和完善司法责任制是其中一条重要的途径。司法责任制在本质上是一种司法惩戒制度，通过规定检察官在违法违纪时承担的不利后果，来促使其正确行使司法权。规定司法责任制，能够在司法活动过程中倒逼检察官正确行使手中权力，不能触犯责任底线，否则就会招致不利后果。在全面推进依法治国的新形势下，应当更加强调司法公正在社会中的作用。《决定》提出要"严格司法"，一方面强调司法不公对于社会公正的致命破坏作用，从而建立更加公正、公平的司法制度；另一方面，当司法不公尤其是冤假错案出现时，要贯彻严格的司法责任追究制度，杜绝违法违纪行为的产生。唯有如此，才能限制权力行

①龙宗智：《检察官办案责任制相关问题研究》，《中国法学》2015年第1期。

使的任意性，才能保障司法公正的实现，努力让人民群众在每一个司法案件中感受到公平正义[①]。

（三）司法责任制是权责统一原则的必然要求

在现代民主法治国家，国家公权力是人民赋予的，在运行时需要遵循三个原则：权力法定原则、权力受监督原则以及权责统一原则。在此三原则的统摄下，国家公权力才能在制度的笼子里良好地运行，与私权利并行不悖，并对公民合法权利起到保障作用。现代政府理论认为，任何公共权力都应当处于责任状态，任何公共权力的行使者都应当是责任的承担者，没有不承担责任的权力行使者。司法责任制的构建与完善，是权责统一原则在司法权运行领域的重要体现和必然要求，是公权力运行共有原则与司法权运行具体特点所共同决定的。司法权作为公共权力重要组成部分，应当遵守“有权必有责”“权责相统一”的法治原则。权力的行使始终伴随着责任的承担，在现代法治国家不存在没有责任的权力。

在司法领域，司法工作者在司法案件中行使着由人民所赋予的（通过立法的形式）侦查、公诉、审判、执行等司法权力，这些权力的行使直接关系着公民的自由、财产、甚至是生命安全等重要的公民权利。因此，司法权的行使必须接受人民的监督，当权力脱离法律轨道运行时必须承担司法责任；另一方面，司法权本质上属于判断权，有其独特的运行规律。作为一种判断权，司法官员在行使司法权力时享有自由裁量的权力，即对某特定行为是否构成犯罪，除了依据法律规定外，能够依照自己内心确信来进行认定。为了保障自由裁量权的正确行使，司法官员不得受到外在力量的干扰，这也是我们通常所讲的司法独立。在建构司法责任制时，要充分考虑司法权运行的自身特点，确保司法责任的追究不会损害司法独立性。但是，需要注意的是，司法权首先是作为一种公权力而存在的，这种公权力的共性决定了其必须遵循权责相统一的原则，而不能以特性否定共性，以司法必须独立而主张一种责任虚无论，即强调司法责任完全豁免。我们认为，司法权强调司法独立这一特性是在具体建构司法责任制时需要在追究范围以及免责情形之间考量的一个重要因素，而不能以此为根据来否定责任的承担。

二、检察官的权与责：中外制度的考察与比较

（一）大陆法系国家检察官司法责任制度评述

大陆法系国家及我国台湾地区一方面强调检察权具有司法权属性，坚持检察

①徐益初：《司法公正与检察官》，《法学研究》2000 年第 6 期。

权独立原则；另一方面，对检察官内部采行检察一体、上命下从阶层式建构体制，上级检察长对下级检察官指挥的权力、职务的收取和转移的权利和监督的权力，下级检察官对上级检察官的命令有服从领导、服从指挥的义务。例如日本《检察厅法》规定，每个检察官都处于独立办案的地位，每个检察官要在提起公诉时签署名字。但是，由于其受到检察一体化原则的制约，一般的检察官在决定是否提起公诉的同时，都需要向上级检察官的汇报，日本的检察官有别于法官，只能具有“相对的半独立性”。在检察官独立办案问题上，有些大陆法系国家的检察官通过限制上级检察首长指挥监督权行使的方式和范围，同时配套相应的权力制约机制，从而让检察权能相对独立的行使。我国台湾地区的检察官区分检察事务和检察行政事务，规定检察首长对此行使内部指令权，而“法务部长”行使限于检察行政事务范围的外部指令权，在具体承办案件过程中不能指示承办该案的检察官是否起诉或上诉等。法国检察官的司法官员仅在书面结论中遵循服从的原则，但是在庭审中他们可以自主地展开他们自己认知的论据，甚至可以提出反对其书面结论支持的意见。

在法国，对司法官的惩戒程序包括行政程序和最高司法官委员会惩戒程序两种。行政程序是指任何法院领导得知某位司法官有过错行为，都可以在经过必要的核实，包括听取该司法官及其辩护人的意见后，向其下达一个口头或书面的警告，形成文件纪要，载入司法官档案，为期三年。该警告本身并非惩戒措施，而是某种司法官档案中的污点，三年内不可有任何晋升。最高司法委员会惩戒程序是指最高司法委员会可受理诉讼当事人直接提起的、法院领导提起的、司法部部长提起的纪律惩戒诉讼，并指派一名成员进行调查和撰写调查报告，之后组建法官或检察官审判组，以类似于传统司法审判程序的方式进行庭审，并作出决议。一旦最高司法委员会受理相关诉讼，被指控的司法官就有权调阅自己的职业档案及纪律档案，并享有辩护人支援的权利。司法官可能面临的惩戒包括记过处分，载入档案；正式调离；撤销部分职务；最长为期 5 年内禁止被任命或指派为单一法官职位；降级；临时解除职务，最长 1 年，全部或部分取消待遇；降职；正式退休，如果是不够退休条件的司法官，则准许其停止职务；撤职。司法官对惩戒决议不服，可以向国家最高行政法院申请救济①。

①孙锐：《“检察官制度比较国际研讨会”会议综述》，《中国检察官》2015 年第 9 期。

（二）英美法系国家检察官办案责任制评述

英美法系国家与大陆法系国家之间最大的区别是，检察长和检察官之间不存在上命下从的隶属关系。例如英国皇家检察院的检察官虽然由检察长任命、受检察长指挥，但是每个皇家检察院的检察官在程序上都享有检察长所拥有的全部检察权力。又例如，在承办案件的过程中，美国的检察官既是一名律师，也是相当于一名“司法部长”，检察官职务的主要特征就是自治。

检察官的不轨行为不但有碍于案件公开、公平、公正地解决，而且还可能使公众对检察工作心生满，进而危及司法公正和社会稳定。因此，美国司法机关在纠正隧道视野、强调证据开示的同时，也加大对检察官不轨行为的调查和处分力度。《美国律师协会职业操守模范规则》第 3.8 条专门注明了“检察官的特定责任”（special responsibilities of a prosecutor），指出检察官如果违反其特定责任应按照律师的惩戒标准进行处罚，具体包括吊销律师资格、暂停执业、临时暂停执业、谴责、不公开谴责以及留用查看等类型[①]。

国际社会的通行作法对违法失职的法官、检察官进行惩戒是国际法所确立的一项原则。联合国《关于司法机关独立的基本原则》指出，“法官因不称职或行为不端使其不适于继续任职时”，可以通过指控、弹劾程序对其作出停职或撤职的处理。联合国《关于检察官作用的准则》第 21 条也规定：“对检察官涉嫌以超乎专业标准幅度的方式行事的控告应按照适当的程序迅速而公平地加以处理”在这一精神指导下，世界多数国家和地区都通过立法建立了各具特色的监督机制，其中普通法系国家一方面严格实行“司法独立”，赋予法官较高的社会地位；另一方面为保障公正司法而建立完善的监督制约机制和严格的弹劾机制[②]。

三、我国检察官司法责任追究制度存在问题[③]

（一）司法责任追究制度现状

检察官重建及检察官制度建立以来，最高人民检察院通过制订检察纪律、工作条例，颁布实施了一系列检察官办案责任追究制度规定，包括 1994 年高检院

①董坤：《检察官的不轨行为与错案防治研究—美国的考察及其借鉴》，《四川大学学报（哲学社会科学版）》2016 年第 3 期。

②马进保：《我国建立法官、检察官惩戒机制的可行性研究》，《法律科学》1998 年第 4 期。

③陈健、徐雯、李华伟：《司法改革背景下检察官错案责任追究制度的重构》，《法制与社会》2015 年 11 月。

出台的《检察官纪律处分哲行规定》，1998年发布施行的《人民检察院错案责任追究条例（试行）》，2004年颁布实施的《检察人员纪律处分条例（试行）》。2007年，最高人民检察院第十届检察委员会第七十九次会议通过《检察人员执法过错责任追究条例》（下称《条例》），《条例》颁布施行之日，《人民检察院错案责任追究条例（试行）》同时废止。该《条例》是对检察人员在执法办案活动中故意违反法律和有关规定，或者工作严重不负责任，导致案件实体错误、程序违法以及其他严重后果或者恶劣影响的行为追究责任。

（二）现行错案责任追究制度存在的主要问题

一是错案责任认定缺乏制度依据。执法行为过错责任追究与错案责任追究存在不必然的法律逻辑和因果关系。检察官执法办案人员即便因主观或客观方面因素出现执法过错行为，却不一定会因此而出现具有实质性的损害结果，造成错案发生。《检察人员执法过错责任追究条例》明确“执法过错构成违纪的，应当依照检察纪律的规定给予纪律处分；构成犯罪的，应当依法追究刑事责任”。由此可见，该条例只是对检察人员执行法律和检察纪律的一种制度补强，而非对刑事错案发生的责任追究。而对错案结果发生的责任认定，则因缺乏制度依据而无法追究。

二是责任主体难确定。现行检察体制下过于行政化的办案模式，如重特大案件、疑难复杂案件经检委会讨论决定，或向上一级业务部门请示；基层检察院受理的无期或死刑案件向上级院报送等，造成集体讨论决定的案件个人不担责，上级院对案件请示的回复不担责，下级院对报送的案件不担责。如上种种，刑事案件承办人、办案部门负责人或检察长案件办理、审查、审批的责任被再分配，检察官执法办案内部监督的职权或职能被分散，造成刑事案件错误难以究责，或无责可究。近10年来，在全国影响重大的“标志性”冤假错案虽得到平反，但至今无办案机关或检察人员被追究责任就是例证。

三是错案追究程序启动主体单一。检察官错案追究程序一般由检察官自身启动，这种自查自纠形式的责任追究机制影响结果的公正性和中立性，也缺乏社会公信力；一些社会影响力大的错案调查问责工作，虽由公、检、法等多部门联合组成调查组进行，但临时组成专案调查组的方式不仅浪费人财物，且不能形成错案责任追究的长效机制。

四、我国检察官司法责任制度的构建

目前我国对检察官的惩戒主要是由检察长领导监察部门执行，存在追究主体缺乏独立性和中立性，追究方式呈现分散化，追究程序内部化和行政化的重大缺陷。2014 年 4 月，中央政法委书记孟建柱在上海调研司法改革试点工作时强调司法责任制是司法体制改革的关键。建立健全符合司法规律的司法责任机制是司法改革中必须解决的重大问题。按照最高人民检察院的方案和指导意见，我们应着重从以下几个方面进行完善。

（一）界定权责范围

各试点单位依据最高人民检察院方案，以主任检察官制度作为检察官办案责任制的实现形式，严格制定了主任检察官选任办法和程序，依据检察官三分之一左右的比例配备主任检察官，围绕主任检察官为中心组建办案组织。结合具体工作实际，设立 2 名以上从事辅助工作的检察官助理，执行主任检察官做出的决策和下达的指令、接受业务上的指导，并负责执行落实。由此，明确主任检察官的主导作用和主体地位，科学设定检察官内部各层级的职责权限，建立办案责任制的主体架构，把“机构责任”落实为“个人责任”。

一是针对不同业务，如刑事检察、诉讼监督、职务犯罪侦查等，明确检察官、主任检察官的职责权限，建立基本的办案组织，并配备辅助人员。二是明确主任检察官与检察长、检委会的关系。没有检察官独立的检察一体制只是行政体制，没有检察一体制的检察官独立只是司法体制，检察官个体独立和检察一体制两者之间并不存在必然的矛盾。此外，主任检察官应服从检察长、分管检察长的命令和指挥，无条件地服从和执行检委会的决定。三是厘清办案组织内部人员的关系。办案组织由主任检察官负责，其余的检察官、辅助人员作为主任检察官办案的助理，应听从主任检察官的指示并执行。应当有相应制度规范明确检察官、书记员的具体岗位职责。

（二）优化职能权限

一方面，为了着眼于弱化办案的行政色彩，整合内设机构、调整职能，进行分类管理改革，将业务部门的行政管理职能与办案管理职能分开，使其退出层层的案件审批，主任检察官能够独自决定一般案件，改变三级审批制度。其他主任检察官办理的案件不由业务部门负责人审批业务部门负责承办案件和处理行政事务。为弱化内设机构的办案职能，部分试点检察官整合内设机构，将其减为 6—8 个，比非试点检察官少了一半，充分体现了执法办案的职业化、专业化。

另一方面，既然检察官办案责任制是以主任检察官制度为实现形式的，所以在确立主任检察官主体地位的同时，也要优化主任检察官办案权限配置。根据刑事检察、诉讼监督及职务犯罪侦查等工作的不同特点合理界定主任检察官的办案权限，以调动其主观能动性，增强办案的独立性、亲历性和终局性。检察长授权主任检察官以检察长名义行使权力，将具体个案的批捕、起诉等决定权赋予主任检察官；配置给主任检察官法定由检察长或检察委员会行使职权以外的其他案件受理、监督立案和侦查活动监督等70多项权限；通过限制用权赋予主任检察官部分科级以下干部初查权。赋予主任检察官的职责权限一般由主任检察官独立行使，不再报请审批。

（三）完善责任追究制度

1. 完善追责的启动程序

完善追责的启动程序可以分为两种情况，一种是已经发生执法的错误后果且被发现，只需要纪检监察机构依法对其进行调查，之后再检察长决定移交省级检察官惩戒委员会审议决定；第二种是只出现执法过错，还未产生后果，应当由检委会决定进行司法责任认定的初查，然后交由专门的职务犯罪部门进行调查，再之后将调查结果送检委会审核，最终决定是否进行追责。

2. 完善追责的调查程序

执法过错线索的调查部门需要有很高的办案业务素质和相对中立性，可以由案管部门承担调查主体的职能。案管部门一开始就对侦查机关送来的案件的事实证据进行过审核，对案件的基本情况有一定的了解，同时对公诉部门的案件进展状况也都有一定的监控，具备承担调查主体的能力和资格，也保持了相对中立性。其既可以承担追责程序的启动主体，也可以承担相对应的调查职责，同时也对检察长和检委会审核检察人员办案责任之时提供相应的证明依据。

3. 完善追责的监督程序

检委会的职能应更多地定位在决策职能之上，各类疑难案件大多都是通过检委会自身决定的，所以就可能存在“过错的结果”本来就是检委会审议通过了的。而在追责程序中又需要检委会对自己作出的决定进行核查追责，所以不免会产生上文所说的不作为现象。因此完善追责机制还要对权责划分以及相关议事规则进行完善。

4. 确立检察人员豁免制度

检察人员因为本身的知识储备和办案经验以及学术观点的认同度不同，有可能在一些案件的事实的认定和法律的适用上会产生一些主观认识的不足，由此也会对承办的案件造成一些偏差，这也是可以体谅的。办理案件往往都是通过事实、证据、法律适用的综合考量。所以，如果一味地以追究过错的角度进行考量，那么势必会造成客观定罪的境地。任何国家的检察人员在办案的过程中都有可能受到证据因素、群众倾向、社会效果的影响，所以出现错误也在所难免。有些因为办事不谨慎和办案素质不高造成的差错可以通过案件质量评查等制度加以规范，没有必要一定要以过错责任的角度进行追责。建立检察人员豁免制度，是对检察人员承办具体案件提供的法律保护，只有这样才能更好地保障检察人员能够依法行使职权，才能更好地提升检察队伍整体的积极性。

（四）加强内外监督机制

1. 强化内部监督机制

一是强化案管部门的专门监督。案管系统定期监督办案件各个环节，定期开展评查，综合分析办案质量，强化办案纪律的监督，完善执法档案，通过个案的定性定量测评记录，明确办案各个环节质量标准，加强对部门监督。

二是强化检察长和检委会的监督。检察长是拥有案件的决策权的，所以可以随时要办案人员汇报案件办理的具体进展，同时也可以提出一些承办意见，更多地发挥检委会的监督职能，更好地监督承办人员的具体办案情况。

三是加强业务部门内部监督。部门负责人定期分析主任检察官办案质量，加强日常监督，可以依照各部门的特色制定相应的部门守则，同时也可以发挥民主决策的机制，建立批评与自我批评模式。业务部门负责人可以加强与其他部门的联动机制，多多与其他部门进行交流，同时也可以针对重大案件进行部门联合会议，共同商量对案件的办理。

2. 强化外部监督机制

强化以检务公开为主要内容的外部监督，在检务公开的基础上，将检务公开深入到检察执法办案的全过程。严格执行诉讼告知义务，公开检察官涉密以外的工作信息，准确和有针对性地加强对依法不受理、不立案、不起诉、不抗诉、不赔偿等法律文书解释工作；依诉讼参与人的申请，结合个案情况，用网站查询、电话咨询、来访接待等方式公开，落实“终结性的法律文书公开”的要求。同时针对检察人员过错责任的追责情况也应该及时地反馈给广大群众所知晓。加强内外监督，保障权利得以公平、公正地行使。

（五）《法官、检察官惩戒法》专项立法

惩戒法官、检察官的工作是人大行使监督权的具体体现，因此，建议全国人大进行《法官、检察官惩戒法》专项立法，通过立法明确详细规定惩戒机构、惩

戒条件、惩戒程序、惩戒方式等内容，建立司法责任的长效机制。

五、小结

司法责任制度是新一轮司法改革重点强调的关键机制，是改革的“牛鼻子”。在推进依法治国和司法责任制改革的时代背景下，要明确检察官司法责任的界限、主体，划定追责范围，完善检察官司法责任的惩戒机制，进而监督司法活动，保证司法公正的制度功能，以司法为途径实现国家的有效治理。

核阅制度的功能定位和作用

赵志杰 *

摘　要： 海南省检察机关在落实司法责任制改革中，将核阅制度作为一项重要配套制度提出。笔者认为核阅制度将会替代“三级审批制”，成为检察机关实施司法责任制后保障检察官司法办案的主要制度之一。因此，笔者围绕司法责任制改革的挑战，借鉴台湾检察制度中的相关规定，从检察机关面临的问题入手，对核阅制度的功能定位和作用进行了分析，并对海南检察机关核阅制度的完善提出了建议。

关键词： 核阅制度　司法责任制

完善司法责任制是党的十八届三中、四中全会部署的重要任务。习近平总书记在 2015 年 3 月中央政治局第二十一次集体学习时要求，“要紧紧牵住司法责任制这个牛鼻子”，指出了这项改革在深化司法体制改革中的核心地位。2016 年 1 月 11 日，《海南省检察机关完善司法责任制的实施意见》（以下简称《实施意见》）开始执行，这标志着海南检察司法体制改革经过一年的运行，进入了一个全新的阶段，这是海南省检察制度的一项重大改革，核阅制度正是在此背景下在《实施意见》中首次作了规定。

* 海南省人民检察院第二分院公诉一处助理检察员。

一、核阅制度概述

（一）海南检察机关对核阅制度的探索

《实施意见》首次对海南省检察机关核阅制度的运行机制作了规定[①]，明确了核阅的主要程序和办理方式。《二分院业务部门负责人案件核阅办法（试行）》（以下简称《核阅办法》"）在实施意见的基础上对核阅程序、办理方式进行细化规定，同时对核阅的具体内容和监督主体作了补充规定。

1. 明确核阅的具体内容

首先，规定核阅案件的类型原则上分为两类，一是业务部门负责人认为重大疑难复杂的，二是检察官主动提请的。其次，核阅案件范围内，业务部门负责人核阅部门检察官司法办案中形成的（批准）逮捕决定书、起诉书、公诉意见书、量刑建议书、案件审查报告的事实、定性、程序、诉讼监督等事项。

2. 规定核阅程序和办理方式

核阅主要依托检察机关统一业业务应用系统实施（没有纳入系统的业务和文书可以书面核阅）。检察官提交的案件先由部门负责人核阅，涉及应由分管检察长签发的法律文书，再由部门负责人转分管检察长签发。

3. 规定核阅的权限

首先，核阅权遵循了"谁办案谁负责、谁决定谁负责"的司法责任制改革目标。这体现在核阅的部门负责人有建议权，但不得改变检察官的决定或意见；核阅人员不因核阅承担案件的司法责任。其次，核阅坚持了突出检察官办案主体地位与加强监督制约相结合的司法责任制原则，体现在检察官不接受建议的，部门负责人可以决定召开部门会议或检察官联席会议讨论，也可以向分管检察长报告。

---

①《海南省检察机关完善司法责任制的实施意见》第29条：对检察官承办的案件，业务部门负责人对处理决定或意见没有异议的，在统一业务应用系统或相关文书中签"已阅"；有异议的，可以向检察官提出意见建议，也可以像分管副检察长或检察长报告，但不得改变检察官处理决定或意见。意见、建议、报告应当以书面形式作出，归入案件卷宗。

案件数量多、核阅工作量大的部门，检察长可以指定一名或若干名检察官担任主任检察官，为业务部门负责人分担部分核阅工作。不承担核阅工作后，主任检察官身份自然取消。

承担核阅工作的业务部门负责人、主任检察官可以适当减轻办案任务。业务部门负责人、主任检察官核阅工作的质量，作为其年度考评的重要内容之一。

（二）中国台湾检察制度中的核阅

1. 中国台湾检察官的权责内容

中国台湾地区的所谓“法官法”“法院组织法”以及依照“法院组织法”第78条授权订定的“检察署处务规程”等具体规范了台湾检察官的权责内容[①]：

中国台湾主任检察官和检察长对检察官有监督权和文书审核权。“检查署处务规程”第20条规定主任检察官对本组检察官有监督权、办案文书和行政文稿的审核权[②]。主任检察官督导该组检察官侦办案件，检察官结案书类（即起诉或不起诉之决定）必须经过主任检察官审核，转检察长核章后，方可对外公告[③]。

检察官或主任检察官有向上级报告的义务，主任检察官和检察长有指示权、调阅权[④]。

检察长有承继权和移转权[⑤]。根据中国台湾地区所谓的“法官法”第92条第2项的规定，检察长如欲以命令方式要求检察官听从指挥监督时，应以书面附理由为之。如检察官仍坚持自己见解，意见无法同一时，检察官可以请求检察长或检察长主动将案件收回（承继权），或移转给其他检察官办理（移转权），检察长实施案件移转权、承继权必须书面叙明理由并附于卷内。不过实务上不轻易动用

---

①姚莉、张柳：《两岸主任检察官制度比较与借鉴》，《中南大学学报（社会科学版）》2015年第5期。

②“检察署处务规程”第20条规定，主任检察官掌理以下权限：（1）本组事务之监督；（2）本组检察官办案书类之审核；（3）本组检察官承办案件行政文稿之审核或决行；（4）本组检察官及其他职员之工作、操作、学识、才能之考核与奖惩之拟议；（5）人民陈诉案件之调查及拟议；（6）法律问题之研究；（7）检察长交办事项及其他有关事务之处理。

③姚莉、张柳：《两岸主任检察官制度比较与借鉴》，《中南大学学报（社会科学版）》2015年第5期。

④“检察署处务规程”第25条规定，检察官或主任检察官执行职务，应就重要事项随时以言词或书面向主任检察官或检察长提出报告，并听取指示。检察长或其授权之主任检察官得命检察官报告处理事务之经过或调阅卷宗，检察官不得拒绝。

⑤2011年中国台湾地区通过的所谓“法官法”就检察长对检察官的指挥监督权设有更具体之规定，除该法第92条第2项明定涉及强制处分权之行使、犯罪事实之认定或法律之适用者，检察长之命令应以书面附理由为之外，第93条第1项规定，检察长行使案件承继权或移转权，必须是基于下列理由：（1）为求法律适用之妥适或统一追诉标准，认有必要时；（2）有事实足认检察官执行职务违背法令、显有不当或有偏颇之虞时；（3）检察官不同意检察长之书面命令，经以书面陈述意见后，指挥监督长官维持原命令，其仍不遵从；（4）特殊复杂或专业之案件，原检察官无法胜任，认有移转予其他检察官处理之必要时。

承继权或移转权，一般均尊重实际承办案件检察官的判断[①]。

2. 中国台湾的“核阅制度”

由于中国台湾并没有专门的核阅制度，因此我们只能从中国台湾检察官的权责内容中提炼其“核阅制度”的相关原则：

从核阅的目的看，中国台湾检察制度通过审核实现对检察业务的督导。由于中国台湾主任检察官对组内检察官有督导职责，所以中国台湾主任检察官对组内案件文书的审核具有监督属性。

从核阅的范围看，案件办理中的重要事项，即结案类文书，检察官须向主任检察官报告，主任检察官审核后，由检察长核章对外公告。

从核阅的发起看，除了规定重要事项必须报告外，主任检察官还有权主动调阅案件材料进行审核。

从核阅的责任承担和法律后果看，主任检察官核阅后可以提供建议，但不能强迫检察官改变决定，检察长亦同；检察官与检察长意见不一致时，检察长有承继权和移转权。

二、核阅制度的功能定位

《核阅办法》第二条规定，核阅制度是指在实施司法责任制改革中，为确保案件质量、防控风险和有利于部门负责人掌握本部门检察官办案情况所实行的一项制度。上述定义只是对核阅制度做了初步原则性的规定，结合台湾检察制度的相关经验可以看出，核阅制度是实现司法责任制目标的一项辅助制度，也是作用于检察权的一项运行机制、监督机制和保障机制。

（一）核阅制度是检察机关司法责任制的辅助制度，是司法责任制的具体规定

2015年底，海南省人民检察院检察长贾志鸿同志提出司法责任制改革是否落实到位的五个方面，即“五个有没有”的衡量标准[②]。笔者认为要在检察机关

①姚莉、张柳：《两岸主任检察官制度比较与借鉴》，《中南大学学报（社会科学版）》2015年第5期。

②检察官办案组织有没有按照要求设立；检察官对案件的决定权有没有按照权力清单下放；与原有的“三级审批制”有本质区别的分管检察长、部门负责人监督把关机制有没有建立；入额检察官、检察辅助人员有没有投入一线办案；“谁办案谁负责、谁决定谁负责”的司法责任有没有落实到位。

司法改革中充分发挥核阅制度的作用就需要遵循上述标准。其中，“分管检察长、部门负责人监督把关机制”和“‘谁办案谁负责、谁决定谁负责’的司法责任有没有落实到位”就是核阅制度保障检察机关司法责任制改革的重要体现。结合《实施意见》分析可以发现，司法责任制改革的原则和目标①与核阅制度是相辅相成的关系。司法责任制改革的原则是核阅制度制定和发挥作用的基础；核阅制度既是司法责任制的具体规定，也是保障司法责任制的重要手段。

（二）核阅权是审核权，而非审批权，是一项检察权的运行机制

审核与审批的区别。首先，在词义上有细微的区分。审批是指审查批示，审核是指审查核定。两者虽然都包含“审查”的意思，但审核多指审查书面材料或数字材料，审批则是在审核的基础上，看是否符合条件，决定是否批准。其次，在审查内容上各有侧重。审核的重点是书面材料的各种要素是否齐备，是否有遗漏或错误，并提出完善建议；而审批的重点是相关事项和处理意见是否符合特定的条件或要求，并决定是否批准实行。最后，在效力上具有明显不同。审核虽然也有审查是否正确的意思，但侧重于提出审核者的个人意见供决策者参考，而不对结果产生直接影响；而审批则是在审查的基础上直接作出处理决定，对最终的处理结果具有决定性意义。

以海南省H院改革后的核阅流程为例，对于检察官在履行职务时撰写的法律文件，需要分管检察长审核签发的，应当送请部门负责人核阅后转分管检察长签发；部门负责人可以修正或填具意见，再交由分管检察长签发。对于检察官所起草的法律文书，若部门负责人与检察官有不同意见时，可以建议检察官改正。当然，上述文书的审核仅具有程序上的意义，部门负责人、分管检察长并不承担司法责任。所以，核阅权是一种法律文书的审核权，而非审批权。

（三）核阅制度是一项检察权的监督机制

司法责任制改革的主要内容是实行“扁平化”改革，取消部门负责人审批案

①《海南省检察机关完善司法责任制的实施意见》明确：（1）完善人民检察院司法责任制的目标是健全司法办案组织，科学界定内部司法办案权限，完善司法办案责任体系，构建公正高效的检察权运行机制和公平合理的司法责任认定、追究机制，做到谁办案谁负责、谁决定谁负责。（2）完善人民检察院司法责任制的基本原则是坚持遵循司法规律，符合检察职业特点；坚持突出检察官办案主体地位与加强监督制约相结合；坚持权责明晰，权责相当；坚持主观过错与客观行为相一致，责任与处罚相适应。

件的环节，突出检察官的办案主体地位。这一改革措施对建立符合司法工作规律的办案机制，加强检察机关组织体系和办案组织建设，提高办案质量、效率和执法公信力具有重大的意义。但是，“绝对的权力必然导致绝对的腐败”，在放权、分权的同时如何监督用权，即如何加强对检察官的监督，成为摆在我们面前不能回避的新课题。笔者认为核阅制度应该在完善对检察官的监督方面发挥作用。

（四）核阅制度是一项检察权的保障机制，即法律文书报备制度

核阅制度相当于是对检察业务中重要节点、决定性和终局性的重要法律文书实行备案。如自侦部门的立案决定书、侦查监督部门的批捕或不批捕决定书、民行部门的再审检察建议、公诉部门的起诉书。检察官将自己所办案件的上述文书提交部门负责人进行核阅后，部门负责人通过核阅发现有违反程序法或附卷材料不完备的，法律适用不当或错漏引用法律条款或其他需补充、变更或纠正的，都可提出建议后由检察官进行修改，使存在的问题得到及时纠正，从而保障案件质量。

三、核阅制度的作用

（一）核阅制度可以协调检察官的独立性与检察一体化的冲突

司法责任制改革后检察官的独立性与检察一体化中蕴含的“上命下从”在一定程度上是相对立的，但两者又统一于公正司法的目标。在这种对立统一中，检察一体化的原则是前提，必须坚持和保证检察长、检委会对司法办案工作的管理权和领导权，这正是核阅权的权利来源。但检察一体中所蕴含的“上命下从”要受到法定主义的限制，这已经成为其他国家和地区处理检察一体化与检察官独立关系时所遵循的基本准则[①]。在这种准则下，要凸显检察一体化原则下各级检察官的独立性，应当厘清上下级检察院各自的职权界限，确定检察一体化与各级检察官独立性的合理边界[②]。《核阅办法》中将核阅案件限于重大疑难复杂案件和检察官主动提交的案件，正是检察官独立性的体现。核阅制度正是限制部门负责人、检察长在个案中的领导权、决定权的同时，又保障部门负责人、检察长对案件的政策性指导和把控，才使检察官的独立性与检察一体化相协调，进而在个案中实现了法律效果、社会效果、政治效果的统一。

---

①周保强：《检察官办案责任制的再思考——以上海市闵行区人民检察院试点经验为基础》，《法制论坛》2016 年第 1 期。

②同上。

（二）核阅制度落实和保障了司法责任制

核阅权来源于司法责任制，是各级检察官权限的体现。核阅制度避免了“三级审批制”导致实践中“办案的不负责，负责的不办案”的现象，做到了“谁决定谁负责，不负责不决定”。同时，核阅制度忠实记录了案件办理中的重要文书的流转和责任分担情况，为错案责任追究制的顺利实行创造了条件，特别是为实行办案责任终身负责制铺平了道路。

（三）核阅制度可以完善对检察官的监督

司法责任制改革后检察官的独立性不是绝对的，去行政化也不是放弃监督和管理，而是在检察一体化前提下的相对独立。核阅制度可以加强检察机关内部的纵向监督，使部门负责人、检察长对案件进行全面的、覆盖性的审查，对检察官的工作进行初步的监督和审查。在落实检察官司法责任制，突出检察官独立性的同时，完善配套监督制约机制，加强检察长、检委会对检察官司法办案活动的领导和监督是贯彻检察一体化原则、保证案件质量的必要手段。

（四）核阅制度可以保障办案质量，提高检察官的办案能力

业务部门的上下级之间是监督与被监督的关系，也是指导与学习的关系。按照核阅制度中业务文书的流转方向，越向上办案能力越强，办案经验越丰富。一般情况下，具体承办人、检察官、部门负责人、分管检察长等越往上，则在案件证据把握、定性分析、办案经验、处理复杂疑难问题的能力等方面越具有优势。因此，保证部门负责人和分管检察长及时准确了解案件信息和案件进展情况，在具体案件中处于协助角色，可以在办案方向、法律意见方面向检察官提供咨询，并在有需要调度人力、交通车辆或对外协调时提供协助，从而提升案件质量，并使检察官在上级的指导下提升办案能力。

四、核阅制度的完善

（一）核阅制度的完善原则

通过对海南司法责任制和台湾检察制度的分析，笔者认为在司法责任制背景下的核阅制度的完善应遵循以下原则：

1. 必须体现司法责任制

司法责任制是核阅制度的来源，核阅制度是司法责任制的具体体现。核阅制度必须围绕司法责任制加以完善，与检察官权限、司法人员职责规范、联席会议等制度相配套共同发挥作用。

2. 要体现检察一体化原则

检察官司法责任制改革强调检察官的独立性，而我国宪法和《中华人民共和国人民检察院组织法》又明确我国检察机关实行检察一体化的原则，核阅制度要协调这种矛盾。

3. 要明确核阅权的界限

核阅不是审批，所以核阅权应当有明确的界限。司法责任制改革目的就是建立公正高效的检察权运行机制和公平合理的司法责任认定追究机制，并实现“谁办案谁负责、谁决定谁负责”。如果核阅的权力和范围过大，则会回到“三级审批制”的老路上，违背司法责任制改革的初衷。

4. 要体现监督属性

检察官司法责任制改革的核心是分权、放权，即把应当由部门负责人或检察长行使的一部分权力下放给检察官行使。司法责任制改革后检察官的权力增大，大量案件直接由检察官决定，而不报经部门负责人或分管检察长。核阅制度的监督属性可以配合司法责任制等其他制度，解决由于放权可能带来权力滥用和司法腐败。

5. 应当有利于提高办案效率和办案质量

核阅制度作为与“三级审批制”有本质区别的监督把关机制①，应避免旧制度办案环节多、程序烦琐、办案效率低的问题。特别是对于一些事实清楚、证据确实充分的案件，要遵循检察独立和司法办案的亲历性原则，给予检察官足够的权限，提高诉讼诉讼效率。同时，对案件的核阅不仅是监督，更重要的是通过分管检察长和部门负责人的把关和建议，实现案件质量提升。

（二）完善核阅制度的建议

在全国检察机关司法责任制改革的过程中，海南省检察机关已经对核阅制度进行了先行先试，笔者的建议也是以海南省检察机关目前的核阅制度为视角提出的。

---

①《海南省检察机关完善司法责任制的实施意见》规定，建立与“三级审批制”有本质区别的分管副检察长、业务部门负责人的监督把关机制。分管检察长、业务部门负责人在职责范围内，可以通过组织专项检查、抽查案件、听取案件汇报、旁听案件庭审、参加或列席检察官联席会议、运用统一业务应用系统开展网上巡查、建议检察长更换案件承办人等方式加强对检察官司法办案的监督制约。

1. 适当扩大核阅文书的范围

从来源角度看，核阅权来源于司法责任制中上下级检察官之间的权责关系，因此，核阅的文书也是根据检察官的权限确定的。考虑到部门负责人和检察长的精力，海南省H院《业务部门负责人案件核阅办法（试行）》将核阅的文书限定于重大疑难复杂案件和检察官主动提请的案件中的五类[①]。这五类文书都属于终结性文书，此时如部门负责人在核阅时发现案件质量问题需要补救，往往剩余的办案期限不多。因此，笔者认为应当将案件办理期间涉及补充侦查、证据采信、案件事实的认定与分析、法律适用的重要文书纳入核阅范围，如公诉案件中的补充侦查提纲。

2. 丰富核阅的形式——口头核阅

笔者在前面提到的应当纳入核阅范围的证据采信、案件事实的认定与分析、法律适用等内容，这些案件信息大都存在于审查报告等终局性的文书上。应当允许检察官上述内容在办案中以口头形式向部门负责人汇报，部门负责人可以提出相关建议，由检察官决定是否采纳。检察官可以在审查报告中如实记录相关建议，但法律责任仍由检察官承担责任。

3. 明确核阅制度的适用范围

笔者认为还可以从以下两个方面对核阅制度适用的范围作进一步的规范。

首先，通过对核阅制度的功能定位和作用的分析我们可以看出，核阅制度发挥作用主要是在一级检察院内部，特别是部门负责人与承办检察官之间。虽然上级检察院对下级检察院有领导和指挥权，但由于不能及时参与具体办案过程，不可能对案件文书进行及时核阅，这也是案件亲历性原则和提高办案效率的要求。

其次，应当对部门负责人与分管检察长的核阅重点进行划分。由于部门负责人与承办检察官的工作联系更为紧密，对案件的了解也更为详细，所以部门负责人的核阅更侧重于保障案件质量，如发现司法瑕疵，为补充侦查、证据采信、案件事实的认定与分析、法律适用等提供建议；而分管检察长的核阅重点在于法律

---

①《业务部门负责人条件核阅办法（试行）》第四条规定，检察官所办案件实行重点核阅，核阅范围原则上分为两类，一是业务部门负责人认为重大疑难复杂的；二是检察官主动提请的。业务部门负责人对本部门检察官司法办案中形成的以下处理决定或意见，履行核阅职责。核阅内容包括：（1）（批准）逮捕决定书；（2）起诉书；（3）公诉意见书；（4）量刑建议书；（5）案件审查报告。

适用和签发文书等程序性事务。

4. 赋予检察长承继权与移转权

中国台湾检察制度中，当检察长与检察官的意见不一致时，赋予了检察长承继权与移转权。在海南司法责任制的文件中并没有规定类似的权力，所以，上述海南省 H 院的核阅办法中也只规定“检察官不接受建议的，业务部门负责人可以决定是否召开部门会议或检察官联席会议讨论；也可以向检察长报告，但不得改变检察官的处理决定或意见”，却没有规定部门会议、检察官联席会议讨论或者向检察长报告后的处理程序和法律后果。笔者认为可以赋予检察长承继权与移转权，规定检察官不接受上级建议或相关会议决定的，可以由检察长行使承继权或移转权将案件收回由自己承办或转交其他检察官承办。这既遵循了办案责任制，体现对检察官职务独立性的尊重，又维护了检察一体原则。

实　务

防止错案与检察职业责任的平衡兼顾

——以一起找不到尸骨的故意杀人案为例

张远南*

〔**基本案情**〕吴某某常常做噩梦，睡不着觉。其妻追问原因，他就告知：自己和小康村一个叫“傻子”的人受龙江村老王的委托，将老王的三儿子杀了，并埋在了一块橡胶地里，老王给了他 6000 元。其妻害怕，无意中将此事告诉了她的一个亲戚唐某某。唐某某是个正直的人，担心吴某某再去害别人，遂于 2013 年 4 月 13 日向公安机关举报。

公安机关经审讯得知：犯罪嫌疑人王某某因其三儿子王某海好吃懒做，还经常打骂他，感到痛心和失望，于是下决心除掉王某海。2005 年 4 月 21 日，犯罪嫌疑人王某某找到了吴某某和小康村的外号叫“傻子”的付某某，谈好价钱后，让吴某某、付某某以挖草药为由将王某海骗到山上的一块橡胶林边，付某某趁王某海不备从身后抱住他并用钩刀割王某海的脖子，吴某某则用锄头击打王某海的头部。两人确定王某海死亡，就地将其尸体掩埋。事后，王某某给了吴某某 6000 元、付某某 5000 元。2008 年 7 月 29 日，犯罪嫌疑人王某某再次找犯罪嫌疑人付某某，请付某某帮忙杀害其二儿子王某天，理由是王某天有精神病，经常伤人，给家里带来很多麻烦。于是，付某某带上锄头，和王某某一起以上山采药为由将王某天骗到小康村后面的野芭蕉地里，付某某用锄头击打王某天的头部致其死亡并就地掩埋。事后，王某某拿出 4000 元作为报酬给了付某某。

2013 年 4 月 17 日，在犯罪嫌疑人付某某和王某某的指认下，公安机关在第

* 海南省人民检察院第二分院党组成员、副检察长。

二次杀人的地点挖出了一具不完整的骸骨。经鉴定，该骸骨即为死者王某天的骸骨，死亡原因为：生前头部被钝性外力作用，造成颅骨骨折、脑挫伤、出血，导致中枢性功能衰竭死亡。但是，在第一次杀人的埋尸地却没有找到王某海的骸骨。

一、提出问题

公安机关以故意杀人罪将犯罪嫌疑人王某某、吴某某、付某某移送检察机关审查起诉。对于第二起故意杀人案，犯罪嫌疑人王某某、付某某构成故意杀人罪没有疑义。但对于第一起故意杀人案，由于没有找到被害人的尸骨，这起故意杀人案能否认定存在重大争议，最主要的问题是只参加了第一起故意杀人案的犯罪嫌疑人吴某某是否构成故意杀人罪，是否达到了起诉的标准。

本案的承办人和绝大多数检察委员会委员认为，第一起故意杀人案件证据不足，对被告人吴某某应作存疑不起诉。理由是：（1）此案没有找到被害人的尸骨，无法认定被害人已经死亡。（2）从全国的类似案件看，找不到被害人尸骨而起诉被告人的，绝大多数被告人被判无罪。（3）由于没有找到被害人的尸骨，起诉的风险很大，一是被判无罪会影响起诉的质量；二是如果发生被害人重新出现的情形，此案就是错案，就要实行错案追究，担当不起这个责任。

二、转变处理疑案的理念

刑事诉讼从有罪推定转变为无罪推定是司法文明和进步的标志。从法律的层面上来讲，一个人是否构成犯罪，是由证据是否充分来决定的，而不是由司法人员的主观判断来决定的，这是我国刑事诉讼法规定的证据标准。从这一点来看，本案认定犯罪嫌疑人构成故意杀人罪是有重大的缺陷的。因为若认定有杀人行为存在，就应当有被害人被杀，既然被害人被杀了，就应当有尸骨存在。而就本案来说，根本找不到尸骨，那怎么能确定被害人被杀了呢？根据《中华人民共和国刑事诉讼法》的规定，只有犯罪嫌疑人（被告人）的口供，没有其他证据证明的，不能认定犯罪嫌疑人（被告人）有罪。从刑事政策层面看，由于前一段时间发现了一些严重的错案，如佘祥林案、杜培武案、赵作海案等，这些错案的产生损害了司法机关的形象、降低了司法公信力，于是舆论导向上一片谴责有罪推定的声音，主张应当学习西方的法律制度，特别是证据制度。最高人民法院副院长沈德咏认为，“要进一步强化防范冤假错案的意识，要像防范洪水猛兽一样来防范冤假错案，宁可错放，也不可错判。错放一个真正的罪犯，天塌不下来，错判一个无辜的公民，特别是错杀了一个人，天就塌下来了”。

广东省人大代表朱列玉认为，“任何一个国家的司法机关都不可能做到绝对的不枉不纵，一个坏人不放纵，一个好人不冤枉”。这些观点对司法实践中证据的收集、认定、审查、采信等方面产生了很大的影响。从司法管理层面来看，“两高”都制定了《错案责任追究制度》，就是对于司法机关产生的错案，要对相关的办案责任人员追究相应的责任。这个错案追责的规定，其主观目的是完全正确的，就是为了避免刑事错案的发生，通过严格的责任追究来警示司法人员公正廉明执法。

从上述几个层面看，司法实践中办案的标准已经发生了根本性地改变，从过去的有罪推定，改变为无罪推定；从过去的疑罪从有，改变为了疑罪从无。这个改变有很大的积极意义，是司法走向公正、文明，注重人权的重要标志。

三、防止错案与职业责任应当平衡兼顾

由于舆论的导向和有关的上层精神以及错案追究的片面规定，导致在司法实务中大有逃避“错案”的倾向。《错案责任追究制度》中的责任追究是单向的，也就是只追究将无罪的人判决为有罪的，而对于将有罪的人作为无罪处理的，则不需要追究相关的责任。由此，在公、检、法三机关中，特别是在检察院和法院的司法人员中产生了重大的影响，从而出现了一种怪象：但凡案件有争议的，证据有瑕疵的，特别是故意杀人案件中有类似情形的，办案人员为了避免被错案追究，往往放弃了职业责任，一概认为犯罪嫌疑人或被告人无罪。因为主张无罪肯定不会被追究责任。反之，如果办案人员主张有罪，将来被认定为错案的话，则会被追查和追究责任。

就本案来说，笔者认为，无论从哪个层面，检察机关都应当依法对第一起故意杀人案的被告人提起公诉。从本案的实际情况看，本案的证据可以支持检察机关提起公诉。

(1) 本案的发案极其自然。在发生的所有错案中，发案的不自然是一个重要的因素。有的是由于上级限期破案，造成了公安机关的压力增大，从而采取了一些不正常的手段，甚至违法的手段，以达到破案的目的，从而导致了错案发生；有的是由于公安机关的办案人员立功心切而采取了不正当的手段；有的是受到了社会、舆论要求破案的压力而采取的不正当的手段导致的错案等。而本案不是。本案的发案是由于犯罪嫌疑人的妻子知道了丈夫的行为后害怕，无意中将此事告诉了她的一个亲戚唐某某。唐某某是个正直的人，担心吴某某再去害别人，遂向公安机关举报。在这起案件的发案过程中，没有任何人为因素的痕迹，而一起案件是否会产生错案，发案是否自然是其中一个不可忽视的环节。

（2）本案不仅仅只有犯罪嫌疑人的口供。认为对第一起故意杀人案不能认定，对其中的被告人吴某某作存疑不起诉观点的主要依据是《中华人民共和国刑事诉讼法》规定的“只有被告人的口供，没有其他证据证明的，不能认定被告人有罪”。但是，从案件的事实来看，本案不仅仅只有犯罪嫌疑人的口供，还有其他证据可以佐证。①有同案犯罪嫌疑人的交代相互印证。由于本案并非是单独犯罪，而是共同犯罪，因此同案犯罪嫌疑人可以相互佐证。从本案来看，犯罪嫌疑人王某某、付某某所交代的犯罪事实，与吴某某交代的犯罪事实是相同的，各个环节也是相吻合的。有观点认为，同案犯罪嫌疑人的交代不能作为证言，只能作为口供，笔者认为这种观点没有法律依据，也不符合法理。当然，要客观地评价同案犯罪嫌疑人的交代。虽然说证言的证明力有大有小，但不能因为证言的证明力小，就不作为证言。犯罪嫌疑人的交代是相互的印证，作为证言，其证明力可能没有其他证人的证明力强，但在指控犯罪方面仍然是重要的、不可忽视的证言。②有吴某某的妻子和其亲戚的证言。这两份证言应当是比较有证明力的。因为犯罪嫌疑人吴某某的妻子是在吴某某常常做梦，睡不安稳的情况下，追问其原因，吴某某才将杀人之事告知。其妻子听后害怕，在无意间告诉了其亲戚唐某某。唐某某担心吴某某再去加害别人，才向公安机关举报。③有犯罪嫌疑人王某某的妻子、被害人的母亲的证言和王某某的大儿子、被害人的哥哥的证言。这两份证言证明了两个被害人失踪的时间正是犯罪嫌疑人交代的杀害两被害人的时间。

（3）第二起故意杀人案可以作为第一起故意杀人案成立的重要依据。因为这两起故意杀人案的主谋都是王某某，付某某参加了两起故意杀人案，吴某某只参加了第一起故意杀人案。但第二起故意杀人案则同样是基于唐某某举报第一起故意杀人案而延伸出来的。也就是说，没有唐某某举报第一起故意杀人案，则第二起故意杀人案就不会被发现。而现有的证据完全可以证明第二起故意杀人案的成立，这点意义重大。因为第二起故意杀人案的成立，反证了第一起故意杀人案的存在，弥补了第一起故意杀人案找不到尸骨的缺陷。笔者认为这两起故意杀人案是可以相互印证的。如果案件的事实是只有第一起故意杀人案，而被害人的尸骨又找不到的话，那在认定上会十分困难。

四、程序公正是防止错案的根本路径

有观点认为，在公安和检察环节，犯罪嫌疑人的口供都是一致的。但如果在法庭审理中，被告人集体翻供了怎么办？是不是会影响到案件的最终结果？笔者认为不少检察官担心被告人在法庭上翻供，是习惯思维定式还没有改变。在过去

的诉讼模式中，没有证据的审查程序，没有严格的证据规则，也没有非法证据的排除规则，检察官办案主要是靠被告人的口供，因此，只要被告人在法庭上一翻供，整个案件的认定就成为问题。但是现在不同了，我们已经建立了完善的证据制度，规定了证据的收集、审查、判断、开示、采信以及非法证据的排除规则，而且还实行了犯罪嫌疑人审讯的全程同步录音录像。这一系列的措施，保证了犯罪嫌疑人的合法权益不会受到伤害，同时也保证了犯罪嫌疑人口供的一致性。由于这些规则的建立，就完全不应当担心被告人会在法庭审理过程中推翻自己的口供了。即使被告人真的在法庭审理过程翻供，也不应当视为坏事，而应当视为好事，因为这样就可以了解被告人翻供的原因及以前的口供是否真实，这样不是更有利于查明案件的真相吗？就拿本案来说，如果被告人在法庭上翻供，笔者认为是一件好事，一则可以了解案件的真实情况、翻供的真实原因、公安机关是否有刑讯逼供行为、被告人为什么会作出有罪的供述等；二则本案中被告人为多人，即使有人为的因素促使了被告人串供翻供，因为案件的事实证据复杂，不可能在看守所中串通得如此严密，一旦有漏洞，不能自圆其说，就会现出原形，这样不是更利于查明案件的真实情况吗？三则如果最终证明被告人的口供确实是由于公安机关的办案人员刑讯逼供所致，也不是一件坏事，可以从中接受教训，追究相关人员的违法乱纪行为，促进程序正义的理念。

有观点认为，本案没有找到被害人的尸骨，就存在着合理的怀疑，比如，犯罪嫌疑人当时根本没有杀被害人，而是让被害人逃到外地去了。如果不能排除这种可能，若干年后被害人又出现了，那么本案就是个错案，就要追究责任。笔者认为，必须同时具备以下条件才有可能出现上述所说的错案：（1）犯罪嫌疑人吴某某的妻子说了谎话。有可能是出于吴某某和妻子的感情破裂等原因，故妻子要置丈夫于死地，编造了谎言，故意欺骗亲戚。（2）公安机关在侦查过程中实施了刑讯逼供，各个犯罪嫌疑人的口供一致是由于刑讯逼供所致。（3）第二起故意杀人案与第一起故意杀人案根本没有联系，只是纯属巧合地联系在一起了。只有这三个条件同时具备才有可能出现错案，但这三个条件中每一个条件都难以具备。从第一个条件看，犯罪嫌疑人吴某某的妻子说了谎话。这是有可能的，因为夫妻反目的事比比皆是，但是作为犯罪嫌疑人的吴某某不可能因为感情不好的妻子说自己杀了人，自己就承认杀人；其他犯罪嫌疑人也不可能去配合吴某某的妻子主动承认自己和吴某某杀了人。从第二个条件看，犯罪嫌疑人的口供有可能是公安机关的刑讯逼供行为所致，这当然是不能完全排除的，可是当进入检察机关起诉环节后，有辩护律师参与的情形下，犯罪嫌疑人完全可以改变自己的口供，但是在检察机关的审查起诉环节中，各犯罪嫌疑人的交代始终稳定、一致，这说明公安机关刑讯逼供的可能性很小。从第三个条件看，说两起故意杀人案联系在一起纯属巧合是完全站不住脚的。纯属巧合的前提是，第二起故意杀人案是真的，第一起故意杀人案是假的，由于巧合的原因，由第一起的假故意杀人案带出了第二起的真故意杀人案。这不是没有可能的，但问题是，所有的犯罪嫌疑人不仅供述了第二起故意杀人案，也供述了第一起故意杀人案。而在犯罪嫌疑人中，付某某和王某某是参加了两起故意杀人案的行为人；吴某某则是只参加了第一起故意杀人案，付某某和王某某两人不可能在没有串通一气的情形下，为了让吴某某坐牢，不惜自己多背负一起故意杀人罪，同时交代了一个不存在的第一起故意杀人案。

“排除合理怀疑”这个概念是从英美法系引用过来的，是一些专家学者常常挂在嘴边的东西。笔者认为排除合理怀疑的概念当然是可以用的，但应当全面地理解“排除合理怀疑”的内涵。笔者认为排除合理怀疑应当分为对单个证据的排除合理怀疑和整个案件的排除合理怀疑两个环节：第一个环节是针对案件中的单个证据进行合理的怀疑，以确定是否要将某个证据提交或是采信；第二个环节是针对全案进行合理怀疑排除，这个环节要综合所有的证据，判断本案是有罪的证据居优还是无罪的证据居优，最终确定定罪有没有疑问。目前，司法机关中不少的办案人员常常只用了第一个环节，只要出现单个的证据有瑕疵的情形，就把整个案件否定了，没有进入到第二个环节，或是对第二个环节不重视，结果导致侦查人员对第二个环节的相关证据不愿意做艰苦细致的工作，该收集的证据不去收集，该固定的证据不去固定；而检察官同样是只要出现了第一个环节中的问题，就否定了全案；审判机关中也有不少的法官只注重第一个环节，忽视了第二个环节，遇到类似问题，就做简单的处理——判决被告人无罪。这个举动又反过来强化了检察官和公安干警的第一个环节，且更加不注重第二个环节。

司法实践中不仅要防止错案，还要遵循刑事诉讼的规律。在实行排除合理怀疑的英美法系国家，不是也发生了不少的错案吗？司法机关在刑事诉讼中当然是力求尽最大的努力查明案件的原本状况，但是除非像外星人一样有穿越的超能力，原来的真实状况是永远不可能重现了，就像古希腊哲学家所说，“人不可能两次踏入同一条河流”。也就是说，司法机关只能努力地追求原来的真相，这就是法律事实。既然是法律事实就有可能发生偏离原来真实的可能。但不能由于有这种可能性了，我们就在有法律事实的情形下，为了避免错案而采取消极的态度和行为。英国的司法对证据的要求是非常严格的。笔者在一次中英司法研讨会中，曾问过英国的一位法官，一名被告人承认自己杀人了，其他证据都有，就是没有找到尸骨，对这种情况，法官会判有罪还是无罪？英国的法官答道，当然要判有罪。在英国，只要被告承认自己有罪，连辩论环节都不需要了，只需法官找检察官和被告人的律师商量一下量刑。笔者又问，那要是最后证明案件中的被害人不是被告人所杀，而是被告人出于其他原因主动认罪的。对于这种情况，英国的法律会不会认为检察官和法官办错案了？是否要追究检察官和法官的责任？他答道："如果出现这种情况，那由被告人自己承担责任，检察官和法官是没有任何责任的。"

五、正确对待法院的无罪判决

对于第一起故意杀人案来说，由于没有找到尸骨，在证据上会有些瑕疵，就有可能发生同一起案件有的法院判有罪，而有的法院会判无罪。这种情形在世界各国都存在，不必要大惊小怪。但是由于司法实践中，从上层到领导再到人民群众对无罪判决采取的是一种否定性的评价，一是人民群众会指责检察机关办案质量不高；二是上级部门会追究相关的办案责任；三是办案人员会承担办案能力不强的评价；四是检察官在考核中，会遭受扣分的结果。有的考核甚至是一票否决，就是一旦有无罪判决出现，则检察机关的公诉部门的考核分将为零分。这种否定性的评价，引起了检察机关和检察官对无罪判决的高度警觉，从而导致了检察机关起诉每一起案件，都要从法院的角度来考虑。他们如果认为法院可能会判无罪的话，就会考虑对案件作不起诉处理。本案办案人员作不起诉的理由之一就是全国法院对类似案件作无罪判决的居多。笔者认为，发生无罪判决是正常的，反而是没有出现无罪判决才是不正常的。我们过去把不正常的情况当成正常的，把正常的情况当成不正常的，从而出现了错误的价值判断。法院对被告人作出无罪判决的，并不代表法院的判决是正确的。检察机关在穷尽了救济措施后，法院仍然维持了无罪判决的决定，检察机关必须接受。因为一个社会需要司法权威来解决纷争，维护司法权威性是我们司法人员的共同责任，但维护司法权威和最终判决的对与错是两回事。因此，对无罪判决和错案的追究，应当回归刑事诉讼的本源和规律，只有当司法人员存在故意或者过失的情形而导致了无罪判决或者错案的情形，才应当给予否定性的评价。

论司法办案的多维度思维

张远南*

摘　要：作为一名司法人员，其办案思维不应是单向的、直线的、一维的，而应是综合的、纵向横向的、多维度的。构建多维度思维模式，一是要建立相应的学科，使每一位司法人员都能学习到这方面的知识；二是要对现有的司法人员要加强多维度思维的培训；三是要进行判例式教育，组织全体司法人员学习“两高”对类似案件的解读，举一反三，融会贯通，从而逐渐形成司法人员的多维度思维模式。

关键词：司法人员　多维度思维　构建

最近发生的农民收购玉米和大妈摆射击摊获刑案，在全国引起了强烈的反响，令法学界反思，也令司法人员进行深刻的反省。虽然我们司法实践人员一直在学习犯罪构成的四个要件，但是有可能一遇到具体的案件，就会不自觉地倾向客观归罪，这不是个案，而是普遍存在的问题。其原因是司法人员在办案中是单向的、直线的、一维的思维，没有养成综合的、纵向横向的、多维度的思维。纵向思维就是司法人员在执法时要考虑时间和时代的因素，不能将过时的规范来衡量人们的行为。纵向思维也可称为历史的空间思维，就是要求司法人员历史地、客观地在不同空间和不同环境下看问题。横向思维相对纵向思维来说，更寻求多维度，要求司法人员在办案中不能人云亦云，盲目办案，机械办案。

〔**案例一**〕王某军是内蒙古巴彦淖尔市临河区白脑包镇永胜村的一名农民。2014年11月至2015年3月间，王某军在未经粮食部门许可及工商行政机关核准的情况下，从周边农户手中收购玉米，并将收购的玉米陆续卖到巴彦淖尔市粮

* 海南省人民检察院第二分院党组成员、副检察长。

油公司杭锦后旗分库赚取利润。法院审理认为，王某军违反国家《粮食流通管理条例》的规定，非法经营玉米收购，且非法经营数额达到21万余元，数额较大，已构成非法经营罪。2015年4月16日，法院综合考虑量刑情节后依据《中华人民共和国刑法》第225条第4项规定，以非法经营罪判处王某军有期徒刑1年，缓刑2年，并处罚金人民币2万元。

〔**案例二**〕2016年8月至10月间，赵某某在天津市河北区李公祠大街海河亲水平台附近摆设射击摊位进行营利活动。同年10月12日22时许，赵某某被公安机关巡查人员查获，当场收缴枪形物9支及配件等物。同年12月27日，天津市河北区人民法院以"非法持有枪支罪"，判决赵某某有期徒刑3年6个月。赵某某上诉后，二审法院改判有期徒刑3年，缓刑3年。

一、两起案件反映出的问题

（一）机械执法

上述两起案件的判决并非没有法律依据。根据我国《中华人民共和国刑法》第225条规定，违反国家规定，有下列非法经营行为之一，扰乱市场秩序，情节严重的，处五年以下有期徒刑或者拘役，并处或者单处违法所得一倍以上五倍以下罚金；情节特别严重的，处五年以上有期徒刑，并处违法所得一倍以上五倍以下罚金或者没收财产：（1）未经许可经营法律、行政法规规定的专营、专卖物品或者其他限制买卖的物品的；（2）买卖进出口许可证、进出口原产地证明以及其他法律、行政法规规定的经营许可证或者批准文件的；（3）未经国家有关主管部门批准非法经营证券、期货、保险业务的，或者非法从事资金支付结算业务的；（4）其他严重扰乱市场秩序的非法经营行为。

第二起案件中，第一起案件中，根据《中华人民共和国枪支管理法》第46条规定，将"足以致人伤亡或者丧失知觉"作为枪支的本质特征。这一规定将以火药或者压缩气体等为动力，利用管状器具发射金属弹丸或者其他物质的各种枪支，依其所能造成的危害后果作为是否认定为枪支的本质特征。公安部于2007年10月29日公布的《枪支致伤力的法庭科学鉴定判据》和2010年12月7日发布的《公安机关涉案枪支弹药性能鉴定工作规定》中规定，对不能发射制式弹药的非制式枪支，当所发射弹丸的枪口比动能大于等于1.8焦耳/平方厘米时，一律认定为枪支。

但是作为一名司法人员，在办案中决不能就案办案，引经据典，而是要综合考量整个案件。就第一起案件来说，涉案的根本不是枪支，枪口比动能与真枪相差百倍，认定其为枪支是错误和荒谬的。这一标准也与上位法《中华人民共和国刑法》和《中华人民共和国枪支管理法》相抵触，法院采用该标准系适用法律错误。

（二）盲目执法

非法持有枪支罪是故意犯罪，要求被告人对行为对象是枪支具有明知。若无法证明明知，将产生阻却故意的后果。赵某某不知道玩具枪是枪支，也不知道摆气球射击摊涉嫌犯罪，仅将气枪射击游戏当成娱乐活动，缺乏犯罪故意，不符合犯罪的主观构成要件。而且，赵某某摆气球射击摊已有两个多月，未曾被处罚，还按月缴纳摊位费，对自己行为的违法性缺乏认识及认识可能性。

（三）没有注重法律的三个效果

赵某某摆气球射击摊谋生的行为，没有造成任何人身、财产方面的损害，没有任何社会危害性，远达不到需以刑法惩罚的程度，一审却判其3年6月有期徒刑，违反常情。而王某军的行为是一种对社会有益的行为，是社会主义市场经济的一种必要的调节，虽然过去的法律确实对此种行为持否定态度，但时代已经变了，环境也变了。执法人员执法要达到政治效果、法律效果和社会效果三个效果的相统一。此案的判决至少缺乏政治效果和社会效果。

二、存在问题的原因

本文仅举了两起案件，现实中此类案件还有不少。之所以发生如此多的问题和错误，原因是多方面的。比如说，重客观、轻主观的观念长期存在；对于刑事处罚和行政处罚的界限掌握不准确；司法人员执法观念陈旧，跟不上时代发展的步伐；司法人员的能力欠缺——目前我国大多数的司法人员都是大学法学院毕业的，其法律素质比过去有了长足进步，但是综合能力却相对比较差，特别是对社会、对公众的了解均不足；本本主义，简单执法，认为法律法规上有规定的，就按规定办，总不会有错误；司法体制内也往往宽容上述问题和错误，因为毕竟是依法依规在执法，虽然在尺度上有把握不准的情形，但主观上总是没有大的问题，于是，凡是出现了上述案件，也只是通过审判监督程序改正而已，并不会对承办的司法人员有什么负面评价，等等。

笔者认为，从单个来说，这些问题都是可以改正的，比如通过加强培训，加强能力建设，接触人民群众，来了解社会和公众等。无论采取什么措施，单个问题解决了，别的问题又来了。头痛医头，脚痛医脚，问题可以说是层出不穷。为什么呢？因为没有建立一种有效的机制。有了机制，则大多数的问题都能解决。

这个机制就是要构建多维度的思维模式。

三、司法的多维度思维

做一名司法人员并不是一件容易的事，而做一名合格的、优秀的司法人员就更不容易了。作为一名司法人员，其思维不是单向的、直线的、一维的，而是综合的、纵向横向的、多维度的。纵向思维就是司法人员在执法时要考虑时间和时代的因素，不能将过时的规范来衡量人们的行为。或许国家还来不及修改这个规范，这个时候就需要司法人员有纵向的思维，因为司法人员绝对不是简单的法律的传声筒。虽然我们国家采用的法定主义，就是一切以法律为依据，但并不是说在法律已经过时，人们的行为模式大多已经改变的时候，司法人员仍然要固执己见地去执行，因为司法人员也有纠错的义务和责任。比如说，投机倒把罪过去主要针对的是长途贩运、倒买倒卖的行为。十一届三中全会后，中国实行了社会主义市场经济，投机倒把的行为是市场经济中的常态行为，当然不能认定为犯罪了。但是，当时的法律并没有修改。在这种情况下，大多数的地区，司法人员都自觉地不再执行这条法律了。

纵向思维也可称为历史的空间思维，就是要求司法人员历史地、客观地、在不同空间和不同环境下看问题。比如，有的司法人员在办理三十年前的强奸幼女案件的申诉案件时提出，这起案件在当时没有进行法医鉴定，只有医院的证明，因此认为证据不充分，应当将此案向人民法院提出抗诉。这是典型的没有纵向思维。三十年前，在我们的司法水平不高、司法技术普遍落后的情形下，大多数的强奸案件都没有进行法医鉴定。如果按照上述司法人员的观点，则当时办理的强奸案件都是错案，都要向法院提出抗诉。这难道就是公正吗?

横向思维相对纵向思维来说，更讲求多维度，要求司法人员在办案中不能人云亦云，盲目办案，机械办案。那么，什么是多维度思维呢?就是司法人员在办案时，除了法律规定的条文外，还要从多个维度、多个角度、多个层面去分析研究案件。就上述两个案件来说吧，除了法律条文规定的以外，还应当考虑以下问题:

1. 社会危害性

这是任何一起案件的犯罪嫌疑人的行为是否构成犯罪的重要因素，也是刑法总则中有明确规定的，在犯罪的四个构成要件中主要指的犯罪的客体，也就是犯罪行为所指向的社会关系是否受到损害，即法益是否受到损害。但是实践中，司法人员在办案中往往忘记了这一点，以为只要违反了法条就是对社会关系的破坏，就是对法益的侵害。这是完全错误的。就上述两个案件来看，两个行为确实违反了相关的规定，但是否破坏了其指向的社会关系呢？显然没有。就王某军收购玉米案看，王某军从粮农处收购玉米卖给粮库，在粮农与粮库之间起了桥梁纽带作用，没有破坏粮食流通的主渠道，没有严重扰乱市场秩序，且不具有相当的社会危害性，没有刑事处罚的必要性。

一个人的行为有社会危害性，不能就认定构成犯罪，因为还有社会危害的程度问题，这是非常重要的考量因素。不少的司法人员就忘记了这个区别，只要行为人的行为有危害性，就认定为犯罪，导致了非常不好的后果。赵某某摆气球射击摊涉嫌犯罪案就是典型。赵某某的摆气球射击摊的行为是有一定的危害性的，但有个程度问题。危害性的程度不同，决定了是否要用刑罚来制裁。这也涉及刑罚和行政处罚的问题，这个问题在司法实践中常常会弄不清楚。有的行为明明应当由行政法规来处罚的，可是司法人员没有分清两者的界限，于是将本应由行政法规来处罚的行为，却用了刑罚处罚。还有一种情形是行政执法人员在行政执法过程，将本应由刑罚来处罚的行为，当成了行政违法行为来处罚而不移交司法机关。

2. 当事人行为的正当性问题

这个问题非常重要，但在司法实践中常被忽视。当事人行为正当性问题涉及两个层面，一是当事人的行为正当，就要考虑是否构成犯罪问题，比如正当防卫行为、紧急避险行为等。可实践中司法人员常常将正当防卫的行为当作犯罪行为来惩罚，带来了不公正的后果，对社会的引导不是正面的，而是负面的。二是当事人的行为虽然构成了犯罪，但是由于其行为有一定的正当性，在量刑时就应当考虑从轻或减轻处罚，如防卫过当行为、除暴安良行为等。就上述两个案件来看，其行为都有一定的正当性。赵某某摆气球射击摊谋生的行为，没有造成任何人身、财产方面的损害；而王某军的行为是一种对社会有益的行为，是社会主义市场经济的一种必要的调节。司法人员在办理类似案件时，就要考虑当事人行为的正当性问题。

3. 当事人行为所产生的社会影响

司法人员常常会引用一些国内外专家学者的观点，认为司法是独立的，不应受到来自外界的，包括个人、舆论、大众等的观点影响，这本身是正确的，但是并不表示司法人员可以无视大众的是非观和整体看法。一起案件，如果大众都认为不应当构成犯罪，而司法人员则坚定地认为根据现有的法律就应当定罪，则不一定是明智的做法。英美法系中的陪审团成员都是从年满 18 岁的公民中抽签选出来的，他们大多数是不懂法律的，但他们懂得一般的常理，也就是大众的认知。他们在法官的指导下，以他们的大众认知的常理来判断犯罪嫌疑人是否构成犯罪，准确率非常高。这说明了什么？这说明大众的常理和认知有时比单纯的法律更能准确地判断一个行为是否构成了犯罪。就以上述案件来说，大众都认为赵某某摆气球射击摊的行为只是一种谋生的小商贩行为，并不构成犯罪，而我们的司法人员则引经据典地认为她的行为构成了犯罪，为什么会产生司法人员与大众认知的常理出现截然不同的情形呢？主要原因是我们的司法人员缺乏多维度的思维，他们在办理案件时只考虑了法律条文是如何规定的，而没有考虑大众的认知和常理。所谓“天行有道，不为尧存，不为桀亡”，这个道就是自然规律，也包括人们认知的常理。

4. 司法行为的社会影响

众所周知，司法机关是社会公正的最后一道防线，司法人员则是最后一道防线的具体守护人。司法人员在办理案件中，其出发点就是依法和公正，也就是司法人员要给社会和大众一个印象——司法人员是公正的，司法人员所办理的案件是公正的，是大众所信赖、信服的。笔者曾经论述过，如果公众信服司法，司法有很强的公信力，则哪怕司法人员的决定存在不公正的情形，大众仍然相信司法；如果公众不相信司法，司法人员没有公信力，那么司法人员所作出的决定即使是非常公正的，公众也不认为你是公正的。因此，每一个司法人员都应当为司法的公信力作出贡献，作出对社会有正能量影响的决定，在社会公众中产生正面的影响。要想有正面的、正能量的社会影响，司法人员就要构建多维度的思维模式，使司法人员的司法行为与公众的期望相一致。就上述两起案件来看，司法人员的司法行为却向相反的方面行走，只有法律的条条框框思维，缺乏公众的常理认知，导致了公众不认为是犯罪的行为，司法人员却认为构成了犯罪，在社会公众中产生十分不良的后果。如果司法人员经常犯这样的错误，则司法的公信力将慢慢地丧失，公正的防线就不再牢固。

5. 不能简单地类比案件

不少司法人员在办理案件过程中，不是认真地独立思考案件的独特特征，而是寻找全国各地的相同案件，别的司法人员怎么判，他就怎么判。这是十分错误的。例如，在一起找不到尸骨的杀人案件审查起诉过程中，不少司法人员都认为此案证据不足，不能向法院提起公诉，因为在全国的类似案件中，法院均作了无罪判决。笔者当时就反驳说，每个案件都是独立的案件，每个案件的情况都千差万别，每个案件都有自己独特的特点，不能认为全国类似的案件都判了无罪，我们就简单地类比，认为这起案件也必然要被判无罪。最终，这起案件经过了一审判有罪，二审判无罪，检察院提出抗诉，终审判处有期徒刑 15 年。

上述思维只是多维度思维的极小一部分，笔者只是举了冰山的一角，多维度思维还包括政治的、社会的、经济的、科学的、跨学科的大思维；还有道德、习惯、习俗、乡规、民约等小思维。

构建多维度思维模式，一是要建立相应的学科，使每一位司法人员都能学习到这方面的知识，而不是一个纯概念，以致司法人员摸不着头脑，当然这可能需要较长的时间；二是对现有的司法人员要加强多维度思维的培训，促进每一位司法人员有大思维、多角度的思维能力，彻底改变过去的单线、一维的思维模式；三是进行判例式教育，组织全体司法人员学习最高人民检察院、最高人民法院对类似案件的解读，举一反三，融会贯通，从而逐渐形成司法人员的多维度思维模式。

这起杀人案是否过了追诉时效

张远南*

一、基本案情

犯罪嫌疑人陈某武，男，1973 年 11 月 25 日出生，汉族；犯罪嫌疑人陈某文，男，1975 年 3 月 14 日出生。两犯罪嫌疑人系亲兄弟关系，陈某武排行老四，陈某文排行老五。二人因涉嫌故意杀人罪于 2016 年 3 月 11 日被乐东县公安局执行逮捕，现羁押于乐东县看守所。

1995 年 2 月 14 日（农历正月十五）下午 5 时许，被害人陈某和与朋友许某朱一起到九所镇坡仔村赶庙会（观音祈福民俗活动）。因庙会尚未开始，陈某和便叫许某朱一起到坡仔村找二哥陈某弟，途经陈某运家时，许某朱称肚子饿了，要回家吃饭，先行离开了。陈某和来到陈某运家大厅，得知陈某运在房间休息，便直闯陈某运卧室，对陈某运敲诈勒索未果，掏出随身携带的火药枪试图威胁陈某运就范。陈某运借机欲逃，陈某和气急败坏之下朝陈某运开枪射击，陈某运侥幸逃脱，跑到自家庭院内，陈某和持枪紧追不舍。张某汝（系陈某运妻子）见状，边喊“抢劫、杀人了”，边朝吴某良家奔去。张某汝告知吴某良（监狱干警）陈某和到其家中抢劫。吴某良听后，立即赶到陈某运家，见陈某和仍持枪追赶陈某运。情况危急之下，吴某良退至墙角处，拔出配备的五四手枪，朝天鸣枪警告陈某和，陈某和全然不顾。此时，陈某武退至吴某良身边，对吴某良说：“哥，你枪法不准，借枪过来打。”在未经吴某良同意的情况下，陈某武夺过吴某良配枪，朝陈某和开枪射击，陈某和中枪之后踉跄往庭院外退去，陈某武仍不罢手，追至庭院大门外，从背后继续朝陈某和射击，陈某和再次中枪后倒地。随后，陈某武、陈某文等人持石头、锐器等凶器继续对陈某和殴打，直至陈某和伤重当场

---

* 海南省人民检察院第二分院党组成员、副检察长。

死亡。经法医鉴定，陈某和系颅脑损伤死亡。

据 1995 年讯问笔录记载及陈某武供述，陈某武在 1995 年曾被羁押 4 个月，随后被释放。该案发生后，陈某和家属多次上访，强烈要求查办该案件。乐东县公安局于 2010 年 8 月 6 日以“1995 年 2 月 14 日陈某和被故意伤害案”立案侦查，但未对陈某武、陈某文采取强制措施。2016 年 2 月 5 日，犯罪嫌疑人陈某武、陈某文主动到公安机关投案，分别于当天和次日被乐东县公安局刑事拘留。经乐东县人民检察院批准，同年 3 月 11 日，陈某武、陈某文因涉嫌故意杀人罪被执行逮捕，羁押于乐东县看守所。

二、分歧意见

此案的追诉时效为 20 年，没有疑义。根据 1979 年《中华人民共和国刑法》（以下简称《刑法》）第 132 条规定，故意杀人的，处死刑、无期徒刑或者 10 年以上有期徒刑；情节较轻的，处 3 年以上 10 年以下有期徒刑。因此，此案的追诉时效为 20 年。

但本案是否超出追诉时效期限在检察机关引起了很大的争议。

第一种观点认为本案没有超出追诉时效期限。理由是，1997 年《刑法》第 88 条规定了追诉期限的延长：在人民检察院、公安机关、国家安全机关立案侦查或者在人民法院受理案件以后，逃避侦查或者审判的，不受追诉期限的限制。被害人在追诉期限内提出控告，人民法院、人民检察院、公安机关应当立案而不予立案的，不受追诉期限的限制。并且，1997 年《刑法》第 12 条规定了溯及力：中华人民共和国成立以后本法施行以前的行为，如果当时的法律不认为是犯罪的，适用当时的法律；如果当时的法律认为是犯罪的，依照本法总则第四章第八节的规定应当追诉的，按照当时的法律追究刑事责任，但是如果本法不认为是犯罪或者处刑较轻的，适用本法。

根据上述两条的规定，该案没有过追诉时效。因为据 1995 年讯问笔录记载及陈某武供述，陈某武在 1995 年曾被羁押 4 个月，随后被释放。乐东县公安局于 2010 年 8 月 6 日以“1995 年 2 月 14 日陈某和被故意伤害案”进行立案侦查，这时离发生犯罪的时间才 15 年，公安机关已经开始追诉，追诉时效中断。

第二种观点认为本案已经超出追诉时效期限。最高人民法院 1997 年 9 月 25 日通过的《关于适用刑法时间效力规定若干问题的解释》第 1 条已有明确规定，“对于行为人 1997 年 9 月 30 日以前实施的犯罪行为，在人民检察院、公安机关、国家安全机关立案侦查或者在人民法院受理案件以后，行为人逃避侦查或者审判，超过追诉期限或者被害人在追诉限内提出控告，人民法院、人民检察院、公安机关应当立案而不予立案，超过追诉期限的，是否追究行为人的刑事责任，适用修订前的《刑法》第 77 条的规定”。而第 77 条是这样规定的：在人民法院、人民检察院、公安机关采取强制措施以后，逃避侦查或者审判的，不受追诉期限的限制。

本案至今已 21 年，1995 年 5 月份前后陈某武曾被羁押于乐东县看守所 4 个月，被采取何种措施及释放理由暂无法查清，但后续并未被羁押或者处理。乐东县公安局 2010 年 8 月 6 日立案后也未对陈某武采取强制措施，直到 2016 年 2 月 5 日陈某武归案才被刑事拘留。案发后陈某文未被采取强制措施，直至 2016 年 2 月 5 日归案后才被刑事拘留。根据 1979 年《刑法》第 76 条第 4 款、第 77 条的规定，以上二人均已超出追诉时效期限。

该观点为了支持自己的观点，列举了一个来自《刑事审判参考》2002 年第三集的例证：

被告人朱晓志，男，1963 年 12 月 25 日出生，农民。因涉嫌犯故意杀人罪，于 2000 年 1 月 26 日被逮捕。河南省驻马店人民检察院以被告人朱晓志犯故意杀人罪向驻马店市中级人民法院提起公诉。法院经审理查明的事实如下：

货主焦伟生支付运费 400 元，让被告人朱晓志和付品豪于 1993 年 9 月 9 日晚开车从驻马店至泌阳县城，给其运送 15 吨化肥。货运到后，焦伟生以损失 11 袋化肥为由，要求朱晓志、付品豪以运费抵偿损失，朱、付不同意，双方争执不下。后朱、付二人趁焦伟生去找人卸化肥之机，由朱晓志驾车逃跑，被给焦伟生看门市部的易万峰发现。易随后追赶并冲到车前意欲拦车。由于当时雨下得很大，朱晓志在发现不及时和紧急刹车失灵的情况下，将易万峰撞死，朱、付逃逸。

1993 年 9 月 10 日 5 时 20 分，死者易万峰的哥哥易万伦到泌阳县交警队报案，公安机关决定立案。1999 年 3 月 24 日泌阳县公安局将朱晓志刑事构留。2000 年 1 月 26 日泌阳县人民检察院批准逮捕朱晓志。

驻马店市中级人民法院公开审理认为，被告人朱晓志的交通肇事行为发生在 1993 年 9 月 10 日，根据 1979 年《刑法》第 12 条的规定，应适用当时的法律追究其刑事责任。依照 1979 年《刑法》第 76 条、77 条、78 条、第 113 条和 1987 年 8 月 21 日《最高人民法院、最高人民检察院关于严格依法处理道路交通肇事案件的通知》第 1 条第（1）、（3）项的规定，对朱晓志具体肇事行为的追诉时效为 5 年。由于公安机关刑事拘留朱晓志的时间是 1999 年 3 月 24 日，距其交通肇事之日已超过5年，期间又没有对其采取过拘传、取保候审、监视居住、拘留等任何一种强制措施，因此，不应再追究其刑事责任。

裁判理由中是这样分析的，朱晓志交通肇事行为依照1979年《刑法》第76条、第77条和第78条的规定，已经超过追诉时效，但根据1997年《刑法》第4章第8节的规定却仍需要追究刑事责任。对此，在审理中存在争议。有一种意见主张，根据1997年《刑法》第12条“如果当时的法律认为是犯罪的，依照本法总则第四章第八节的规定应当追诉的，按照当时的法律追究刑事责任”的规定，对朱晓志的行为应当追究其刑事责任，理由是该条规定已十分明确，即根据1979年刑法规定认为是犯罪的，依照1997年刑法总则第4章第8节，尤其是第88条“在人民检察院、公安机关、国家安全机关立案侦查后，逃避侦查的，不受追诉期限的限制”的规定，朱晓志的行为已构成交通肇事罪。公安机关在朱晓志肇事当日已经立案侦查，因此，对朱晓志的追诉不受旧刑法5年追诉期限的限制，只是在量刑时适用1979年刑法的法定刑幅度而已。1997年《刑法》第12条上述规定的本质就在于说明对追诉时效应适用1997年刑法，而排除旧刑法追时效的适用。本文认为这种意见是错误的，理由是——首先，1997年《刑法》第12条规定的所谓“按当时的法律追究刑事责任”，既应包括适用当时法律的定罪量刑规定，也应包括适用当时法律关于追诉时效的规定，不能把当时法律关于追诉时效的规定排除在适用之外。其次，在有关追诉时效的规定方面，1979年刑法与1997年刑法虽基本相同，但在追诉时效延长的规定上有两点显著区别。一是1979年刑法规定不受追诉期限限制的起始时间为司法机关“采取强制措施后”，而1997年刑法则对此修改为司法机关“立案侦查或人民法院受理案件后”；二是1997年刑法增加了“被害人在追诉期限内提出控告，公、检、法机关应当立案而不予立案的，不受追诉期限限制”的规定。两相比较，1997年刑法有关追诉时效的规定较1979年刑法对被告人更严重。最高人民法院1997年的司法解释规定的精神，明确地确立关于追诉时效也应适用从旧兼从轻原则。

三、评析意见

本案之所以产生如此大的分歧，主要是三个问题没厘清。一是1997年《刑法》第12条关于溯及力的规定是否有问题？二是最高人民法院的司法解释是否与刑法的规定不一致？三是当司法解释与刑法不一致时，是按刑法执行还是依司法解释执行？

（一）1997年《刑法》第12条关于溯及力的规定是否有问题

这是上述两种意见激烈交锋的一个关键点。第一种意见认为刑法的规定没有问题，应当不折不扣地执行1997年《刑法》第12条关于溯及力的规定，最高人民法院的司法解释明显地改变了1997年《刑法》第12条关于追诉时效的规定，应当认定为无效；第二种意见则认为1997年《刑法》第12条的规定有问题，如果执行就会产生荒谬的结果，因此，必须要执行最高人民法院的司法解释。

笔者认为，上述两种意见都有失偏颇。首先，笔者认为1997年《刑法》第12条关于溯及力的规定没有问题。其次，这一条的规定为什么会产生如此大的分歧，从1997年刑法颁布以来就一直存在争议。这是由于立法者省略了一句话所致。1997年《刑法》第12条是这样规定的："中华人民共和国成立以后本法施行以前的行为，如果当时的法律不认为是犯罪的，适用当时的法律；如果当时的法律认为是犯罪的，依照本法总则第四章第八节的规定应当追诉的，按照当时的法律追究刑事责任，但是如果本法不认为是犯罪或者处刑较轻的，适用本法"。这中间如果加上一句话，就不会产生歧义了。就是在"如果当时的法律认为是犯罪的"这段后面加上"1997年10月1日以后司法机关立案侦查或人民法院受理案件的"。完整的表述是这样的："中华人民共和国成立以后本法施行以前的行为，如果当时的法律不认为是犯罪的，适用当时的法律；如果当时的法律认为是犯罪的，1997年10月1日以后司法机关立案侦查或人民法院受理案件的，依照本法总则第四章第八节的规定应当追诉的，按照当时的法律追究刑事责任，但是如果本法不认为是犯罪或者处刑较轻的，适用本法。"那么，有人会问，1997年《刑法》第12条的规定怎么可能会漏掉这一段话呢？笔者认为，立法者之所以会漏掉这一段话，是因为立法者认为这段话是题中之义，没有必要说。首先，当时的行为适用当时的法律，这是一条法律的基本原则，既然是基本原则，就没有必要再重复了。其次，从旧兼从轻原则也是刑法的一项基本原则。正如第二种意见所说的，1979年刑法与1997年刑法虽基本相同，但在追诉时效延长的规定上有两点显著区别：一是1979年刑法规定不受追诉期限限制的起始时间为司法机关"采取强制措施后"，而1997年刑法则对此修改为司法机关"立案侦查或人民法院受理案件后"；二是1997年刑法增加了"被害人在追诉期限内提出控告，公、检、法机关应当立案而不予立案的，不受追诉期限限制"的规定。两相比较，1997年刑法有关追诉时效的规定较1979年刑法对被告人更严重。因此，1997年《刑法》第12条关于溯及力的规定不可能包括1997年9月30日以前司法机关"立案侦查或人民法院受理案件后"的情形，也就没有必要加上这段话了。

当然了，如果加上了这段话，也就不会出现后来如此多的争论了。

（二）最高人民法院的司法解释是否与1997《刑法》第12条的规定不一致

从上述两种意见可以看出，两种意见均认为最高人民法院的司法解释与1997《刑法》第12条的规定不一致。但是，第一种意见认为争议的案件应当适用1997《刑法》第12条的规定；而第二种意见则认为争议的案件应当适用最高人民法院的司法解释。

笔者认为两种意见在理解法律上都有失偏颇。最高人民法院的司法解释与1997《刑法》第12条的规定并不冲突，只是最高人民法院的司法解释也同上面笔者提出的1997《刑法》第12条的规定一样，少了一段话。应当在“对于行为人1997年9月30日以前实施的犯罪行为”后面加上“1997年9月30日以前”。因此，最高人民法院的司法解释加上这段话后应当是这样的：“对于行为人1997年9月30日以前实施的犯罪行为，1997年9月30日以前在人民检察院、公安机关、国家安全机关立案侦查或者在人民法院受理案件以后，行为人逃避侦查或者审判，超过追诉期限或者被害人在追诉限内提出控告，人民法院、人民检察院、公安机关应当立案而不予立案，超过追诉期限的，是否追究行为人的刑事责任，适用修订前的刑法第77条的规定。”如此，最高人民法院的司法解释与1997《刑法》第12条的规定并不冲突，而是对可能引起争议的情形给出了明确的司法解释，是对1997《刑法》第12条规定的一种良好的补充。

（三）当司法解释与刑法不一致时，是按刑法执行还是依司法解释执行？

在此案的争论过程中，不少人持一种十分错误的观点，就是由于1997年《刑法》第12条的规定不合理，因此应当适用最高人民法院1997年的司法解释。其实，这个问题并不是问题，因为法律有明确的规定——司法解释是指最高人民法院和最高人民检察院根据法律赋予的职权，对审判和检察工作中具体应用法律所作的具有普遍司法效力的解释。司法解释具有法律效力，但是不可以与其上位法即宪法和法律相冲突。

从上述司法解释的定义可以概括出司法解释有以下特征：一是司法解释权的主体为最高人民法院和最高人民检察院；二是最高人民法院和最高人民检察院对审判和检察工作中具体应用法律所作的具有普遍司法效力的解释；三是限制性规定，就是司法解释不可以与其上位法即宪法和法律相冲突。

这样我们就可以回答上述问题了，就是当最高人民法院1997年的司法解释与1997年《刑法》第12条的规定不一致时，当然应当适用刑法规定，司法解释由于与其上位法——《刑法》相冲突，是无效的。

厘清了上述三个问题，现在我们可以回到前面争议的案件了。

首先，如果笔者关于最高人民法院的司法解释与1997《刑法》第12条的规定并不冲突的观点成立的话，那么，本案没有超过追诉时效。本案中陈某武、陈某文的行为发生丁1995年2月14日（农历正月十五日），公安机关一直没有立案，1995年5月份前后陈某武曾被羁押于乐东县看守所四个月，被采取何种措施及释放理由暂无法查清。但后续并未被羁押或者处理也就是说，在1997年9月30日前，公安机关没有立案，也没有对犯罪嫌疑人采取强制措施。1997年刑法生效以后，乐东县公安局2010年8月6日立案侦查，这时离发生案件的时间只有15年，没有超过追诉时效。而且，1997年刑法生效以后，被害人的家属在追诉时效以内不断地向各级党政司法机关提出控告，直到2016年2月5日陈某武、陈某文自动归案才被采取刑事拘留的强制措施，因此，陈某武、陈某文的行为当然没有超过追诉时效。

其次，如果笔者关于最高人民法院的司法解释与1997《刑法》第12条的规定并不冲突的观点不成立的话，那么上述争议的第一种意见就是正确的，本案更没有超过追诉时效。那就是说最高人民法院的司法解释确实改变了1997年《刑法》第12条的规定，司法解释与上位法发生了冲突。这里面包括以下几层含义：（1）1997年刑法第12条的规定有问题，如果适用会产生不公平的结果。（2）为了纠正1997年刑法第十二条规定的错误，最高人民法院出台了改正错误的司法解释。（3）由于审判权在法院，因此最高人民法院的司法解释一直被适用。

但是，根据法律的基本原则和司法解释的定义，我们可以得出以下结论：

第一，当司法解释与上位法即宪法和法律发生冲突时，司法解释无效，应当执行宪法和法律的规定。

第二，当法律的条文确实发生错误时，不能采取司法解释的方式，而应当采用立法解释来释明，如果立法解释也无法释明时，应当采用刑法修正案的形式对相关的条文进行修改。

第三，在法律的条文没有修改前，即使是错误的也应当执行。

据此，1997年《刑法》第12条关于溯及力的规定如果真有错误的话，在法律条文没有修改以前，仍然应当执行，最高人民法院的司法解释无效。

综上所述，如果笔者关于最高人民法院的司法解释与1997《刑法》第12条的规定并不冲突的观点成立的话，那么，本案没有超过追诉时效；而如果笔者关于最高人民法院的司法解释与1997《刑法》第12条的规定并不冲突的观点不成立的话，那么，本案更没有超过追诉时效。

从控辩视角审视王书金故意杀人案

张远南*

众所瞩目的王书金强奸杀人案随着二审的宣判，已经告一段落。但是，围绕这一案件的各种质疑、争议仍然存在。就整个案件的事实而言，我们既非办案机关，也非案件的其他亲历者，所以不盲听也不妄言。回想案件的整个过程，从王书金被捕到二审宣判历时8年，公众能持续高度关注，甚至于“穷追不舍”，并非是对司法机关的刻意质疑，而是出于对司法公正的渴求，对可能出现错案的担忧和恐惧。这一现象恰好反映了这一时期人民群众对司法的需求。如何让人民群众切身感受到公平正义，这不仅需要精湛的法律技能做支撑，更需要不断地从司法实践中总结和提升。为此，本文特从控辩视角总结王书金案中的相关争议问题及办案中的可以改进之处，以期对司法实践有所裨益。

〔**基本案情**〕1994年8月5日，河北省石家庄市西郊孔寨村附近一块玉米地里，一名女子被奸杀。当地公安机关遂组成“8·5”专案组，并将犯罪嫌疑人聂树斌抓获。经过两审终审，法院认定被告人聂树斌罪行成立，经过核准，于1995年4月28日对聂树斌执行死刑。2005年1月18日，河南省荥阳市公安局在当地一砖瓦场内抓获河北籍逃犯王书金。其坦白中一起奸杀案与“聂树斌案”高度相似。2007年4月，一审宣判后，王书金以未起诉他在石家庄西郊玉米地的奸杀案为由，向河北省高级人民法院提出上诉。河北省高级人民法院经过两次开庭，于2013年9月27日裁定维持原判，认定石家庄强奸杀人案，即聂树斌案并非王书金所为，王书金供述与案情有多处不符，王书金因多次强奸杀人被判处死刑。

* 海南省人民检察院第二分院党组成员、副检察长。

一、本案基本诉讼经过

2007 年 3 月，邯郸市中级人民法院经审理对王书金案作出一审判决：王书金犯故意杀人罪和强奸罪，判处死刑，剥夺政治权利终身。王书金不服，上诉至河北省高级人民法院，理由主要是“检方未起诉他在石家庄西郊玉米地的一起奸杀案”。河北省高级人民法院依法受理并进行了二审开庭。2013 年 6 月 25 日，王书金强奸杀人案在邯郸市开庭，由于当时上诉人王书金的辩护律师要求休庭查阅证据材料，为辩护做准备工作。合议庭依据刑事诉讼法的相关规定，同意辩护人请求，宣布休庭。经过两次庭审后，真相初露端倪，但还有诸多疑点未解。7 月 10 日，河北省高级人民法院在邯郸市再次开庭审理王书金强奸杀人案，犯罪嫌疑人王书金此前供述曾强奸杀害多名妇女，其中包括一起“1994 年石家庄西郊玉米地奸杀案”，而这起案件原本早已被石家庄警方侦破，“凶手”聂树斌已于 1995 年被执行死刑。

在 7 月 10 日的庭审中，公诉方河北省人民检察院工作人员认为 1994 年石家庄西郊玉米地奸杀案并非王书金所为，理由主要有四条：第一，当时被害人尸体身穿白色背心，脚穿尼龙袜，颈部压有玉米秸，拿开玉米秸后，可见一件花衬衣缠绕在颈部。王书金却供述被害人全身赤裸，也没供述被害人颈部缠绕花衬衣。第二，被害人全身未发现骨折，被害人系窒息死亡。王书金供述的却是先掐被害人脖子后踩胸腹致被害人当场死亡。如果被害人是被人踩死，尸体不可能没有骨折。第三，该案案发于 1994 年 8 月 5 日下午 5 点以后。被害人下午上班，5 点下班与同事一起洗澡后，骑车沿新华路至孔寨村之间的土路回家，途中经过案发地遇害。王书金却始终供述是在中午 2 点左右作案。第四，被害人身高 1 米 52，王书金却供述被害人身高和他差不多。王书金身高 1.72 米，比被害人高出 20 厘米。辩方坚称王书金是真凶。王书金辩护律师在法庭上认为原判认定的王书金三起故意杀人、强奸犯罪事实属自首，应从轻处罚；另外最重要的一点是，王书金所供述的在石家庄市西郊强奸杀人案，是对国家和社会的贡献，属重大立功，应从轻处罚。

王书金另一名辩护律师也认为，王书金对石家庄西郊玉米地这起案件的供述的目的和意义不在这起案件的本身，王书金没有因为检察机关对这起案件不予指控而心存侥幸或者沾沾自喜，而是遵循了实事求是的这一基本原则，维护了法律的严肃性。其认为应该认定这种行为有利于国家和社会，具有重要的社会意义和法律价值。

王书金本人在最后陈述时说，自己是石家庄西郊玉米地奸杀案的凶手，他请求法庭认定这个事实。他同时表示，自己从小没有受到正确的教育，家里对他管理不够，他也不学好，造成了犯罪。现在特别后悔。他说："我希望把有些事情澄清，但我也知道有些事现在也没办法证实。"

一些法律界人士认为，从专业角度看，仅凭现有证据的确很难认定王书金就是聂树斌案真凶，但即使如此，公众对聂树斌案仍有疑问，政法部门应该及时给出一个答复。聂树斌案原代理律师在此次开庭前就预测说，法庭应该不会判定王书金是聂树斌案的真凶，毕竟仅凭他本人的口供证明案件是其所为过于牵强，这是疑罪从无法治精神的体现。

旁听的河北省律师协会刑事业务委员会主任张金龙表示，在法庭上诉辩双方都表现得很好，法庭对辩护律师的诉讼权利进行了很好的保护，律师显然也做了精心准备。张金龙认为，从法庭陈述来看，目前证明王书金是真凶的依据只有他本人供述，这与当前刑事诉讼法的要求有一定差距，这是对辩方最不利的地方。

"案子发生在1994年，物是人非，改变太大，当时的办案证据标准又跟现在不一样，诉辩双方在法庭上争辩的很多情况确实很难彻底搞清楚。"旁听的河北经贸大学法学院教师土韬在庭审结束后说。

二、本案的独特之处

这起案件之所以引起广泛的关注，一是因为王书金此前供述曾强奸杀害多名妇女，其中包括一起"1994年石家庄西郊玉米地奸杀案"，而这起案件原本早已被石家庄警方侦破，"凶手"聂树斌已于1995年被执行死刑。二是因为此案的控辩双方在法庭上的立场竟然颠倒过来了，被告人和辩护人坚持认为"1994年石家庄西郊玉米地奸杀案"是被告人所为；而作为检察官的控方则认为，认定被告人实施"1994年石家庄西郊玉米地奸杀案"证据不充分，从而不予认定。

三、本案需要澄清的几个问题

（一）如果被告人主动交代的"1994年石家庄西郊玉米地奸杀案"经查证属实，是否属于自首

答案是肯定的。根据我国刑法的规定，犯罪以后自动投案，如实供述自己的罪行的，是自首。对于自首的犯罪分子，可以从轻或者减轻处罚。其中，犯罪较轻的，可以免除处罚。

被采取强制措施的犯罪嫌疑人、被告人和正在服刑的罪犯，如实供述司法机关还未掌握的本人其他罪行的，以自首论。

也就是说，如果被告人王书金主动交代的“1994年石家庄西郊玉米地奸杀案”是事实，其行为属于刑法规定的自首，应当从轻处罚。但是，需要特别澄清的是，我们认定其存在自首情节，并不是对被告人王书金所犯的全案均认定为自首，而是仅仅对其所交代的“1994年石家庄西郊玉米地奸杀案”这一起案件认定为自首，予以从轻或减轻处罚，而不是对被告人的全案给予从轻或减轻处罚。举例说明，法院在一审已经对被告人王书金的强奸杀人行为进行了判决，判处其死刑，剥夺政治权利终身。在上诉中，被告人王书金又主动交代了“1994年石家庄西郊玉米地奸杀案”，如果事实清楚、证据充分的话，应当认定被告人的行为为自首，依法从轻或减轻处罚。本来就“1994年石家庄西郊玉米地奸杀案”来说，行为人的行为情节严重，依法应当判处死刑，由于被告人主动交代了犯罪事实，属于自首，如果法庭依法从轻处罚的话，仍然判处死刑，因为从轻处罚是在刑法规定的幅度以内处罚；如果法庭依法减轻处罚的话，应判处死刑、缓期两年执行。被告人王书金的原案行为已经被判处死刑，根据刑法规定的数罪并罚的原则，对被告人“1994年石家庄西郊玉米地奸杀案”行为所判处的死缓应当和原案所判的死刑进行数罪并罚，数罪并罚的结果仍然是死刑。

在司法实践中，也存在不少的司法人员对上述问题的误读，以为凡是认定为自首的，就是对全案都认定为自首。这是没有全面理解法律的规定而导致的。

（二）如果被告人主动交代的“1994年石家庄西郊玉米地奸杀案”经查证属实，是否是“对国家和社会的贡献，属重大立功，应从轻处罚”

答案是否定的。

第一，如果被告人王书金主动交代的“1994年石家庄西郊玉米地奸杀案”是事实，也不属于重大立功，反而是多了一个杀人罪行。这是必须予以明确的。比如说犯罪嫌疑人甲已经杀了两人，一审中被判处死刑。在上诉过程中，他又主动交代了一起抢劫犯罪。那么，对甲主动交代的抢劫罪，应当认定为自首，从轻处罚。本来原抢劫罪依法应当判处有期徒刑15年，由于其自首情节，从轻判处有期徒刑12年。再把这个有期徒刑12年与原判死刑的刑罚进行数罪并罚，仍然判处死刑。从上可以看出，甲主动交代抢劫罪的行为当然不能认定为重大立功。其不仅不是立功，而且是又多了一罪。只是由于多的这一罪是被告人主动交代的，因此，对这多的一罪予以了从轻。如果说，多交代了一个罪就是立功的话，那岂不是鼓励犯罪行为人多犯罪，然后，在司法机关查处过程中，再交代几起司法机关没有发现的犯罪，于是，便立了功，对其犯罪行为从轻处罚，那法律岂不是是非曲直不分？重罪轻罪不分？危害大小不分了吗？

第二，如果被告人王书金主动交代的“1994年石家庄西郊玉米地奸杀案”是事实，那就证明了已于1995年被执行死刑的原杀人犯聂树斌是冤枉的，从而纠正了一起冤案，那这个行为难道不能认定为重大立功吗？这是一个能够引起公众共鸣的理由，而且这个理由甚至还得到了一些专家学者的赞同。但是，这个理由无论从法理上、常理上，还是从逻辑上都是站不住脚的。从法理上来讲，根据我国刑法，犯罪分子有揭发他人犯罪行为，查证属实的，或者提供重要线索，从而得以侦破其他案件等立功表现的，可以从轻或者减轻处罚；有重大立功表现的，可以减轻或者免除处罚。也就是说，犯罪嫌疑人或被告人成立立功，必须是其行为直接带来的后果，也就是说，行为和结果有着直接的、必然的因果关系。比如，就拿王书金来说，如果王书金检举揭发一个杀人犯，而且，经查证属实了，那么王书金的这个检举揭发的行为就能够成立法律上的立功，因为，其检举揭发的行为和另一个杀人犯受到法律的追究的结果之间有着法律上直接的、必然的因果关系。可是从本案来看，王书金并不是捡举揭发他人的杀人行为，而是主动交代了自己的杀人行为，从法理上来讲，就这一起杀人行为而言，成立了法律上的自首，而且两者之间有因果关系。但是，由于王书金的自首行为，结果导致了另一个被认定的杀人犯无罪，这是不是立功行为呢？答案是否定的。虽然由于王书金主动交代自己杀人而使得另一个被认定为杀人犯的人得以宣告无罪，这之间似乎是有一定的联系的，因为如果王书金不主动交代自己的杀人行为，则另一个被认定为杀人的人就不可能被认定为无罪。但是，这只是一般意义上的因果关系，却不是法律意义上的直接的、必然的因果关系。因为，另一个被认定杀人犯的人由于王书金的主动交代而被认定为无罪，这是后来派生出来的。其关系是这样的：王书金主动交代自己杀人——经查证属实可以认定——王书金就这起杀人行为成立为自首。这是一个完整的法律关系，在法律上，这个关系到此就结束了。后面派生的事情都不是必然的因果关系了。从常理和逻辑上讲也是如此——一个犯罪行为人多杀了一个人，情节恶劣，后果严重，结果在法律上还是一种立功的表现，岂不是太荒谬了。

（三）检察院对被告人主动交代的“1994年石家庄西郊玉米地奸杀案”不予认定是否正确

对这起别有洞天的诉讼，公安机关和检察机关都承受了不小的压力，而且也花费了大量的人力物力。一是公安机关要重新启动侦查程序，对王书金主动交代的细节与原案进行逐一的对比，以确定原案是不是真的是王书金所为；二是检察机关必须对原案的事实、证据与王书金的交代情节进行认真地梳理，以分析事实是否清楚，证据是否充分；三是公、检、法都要承受社会公众的巨大的压力。因为原案的杀人犯已经被执行了死刑，如果王书金主动交代的事实是真实的，那么说明原案是个错案，必须依法纠正。否则，公众会认为司法机关没有纠正错案的勇气。最终，检察机关在巨大的压力面前仍然坚持了法律，对被告人主动交代的“1994 年石家庄西郊玉米地奸杀案”不予认定，笔者认为是完全正确的。对这一点法律有明确规定，只有被告人口供，没有其他证据证明的，不予认定。

（四）控辩双方在法庭上立场颠倒的情形在程序上是否有问题

这起本来普通的刑事杀人案，却出现了不少离奇的情形，吸引了公众的眼球。一是王书金主动交代了“1994 年石家庄西郊玉米地奸杀案”；二是原来这起杀人案已经审结，原案认定的杀人者已经执行了死刑；三是经公安机关侦查和检察机关审查起诉，不能认定“1994 年石家庄西郊玉米地奸杀案”是王书金所为；四是在法庭审理过程中，控辩双方的立场颠倒了。控方检察机关本来是指控犯罪的，现在却在法庭上据理力争地证明被告人的杀人行为不成立。而作为辩护律师，其职责本应是为被告人辩护的，目的是为了使被告人罪轻或者罪名不成立，可现在却在法庭上坚持要求法庭认定被告人杀人行为成立。

那么，控辩双方在法庭上立场颠倒的情形在程序上是否有问题呢？笔者认为有问题，而且这是极为不正常的情形。之所以会出现这样的情形，是由以下几个因素造成的：

(1) 辩护人认为认定王书金的这起杀人行为对王书金有利。被告人本人对自己的杀人行为悔罪是完全可以理解的。王书金本人在最后陈述时说，自己是石家庄西郊玉米地奸杀案的凶手，他请求法庭认定这个事实。他同时表示，自己从小没有受到正确的教育，家里对他管理不够，他也不学好，造成了犯罪。现在特别后悔。他说：“我希望把有些事情澄清，但我也知道有些事现在也没办法证实。”也就是说王书金本人作为“悔罪”的人，作出对自己不利的行为是可以理解的，也是正常的。但是如果辩护人认为认定这起杀人行为对被告人不利，却仍然要在法庭坚持认为被告人这起杀人行为成立的话，则是违背了辩护律师的职责。那么，为什么辩护人会认为认定王书金的这起杀人行为对王书金有利呢？有可能是辩护人对刑法的规定有误解。如上所述，他认为王书金主动交代的杀人行是一种自首和重大的立功行为，依法应当从轻或减轻处罚。

(2) 检察官为了澄清事实。此案受到了公众的特别关注，而大多数公众并不了解事实的真相。本来一般杀人案件的审理中，检察官不认定被告人有杀人行为，作为被告人和律师来说当然是天大的好事，辩论环节当然就不存在了。但是，这是一起非常敏感的案件，还涉及另一起杀人案，当律师和被告人坚持认为被告人是杀人的行为人时，如果对于被告和律师的要求不予以回应，不澄清事实的话，有可能会招致公众的误解。

(3) 检察官无奈的选择。因为检察官在法庭上的职责是指控犯罪的，当然不可能充当辩护人的角色。对于王书金主动交代的自己的杀人行为，如果检察机关认为不能认定的，就直接在起诉中不予理睬就行了。但是，当律师在法庭上变换角色当起“公诉人”的时候，在公众的压力下，检察官被动地反驳辩护律师的意见而导致了控辩双方立场的颠倒。

（五）本案的审理过程在客观上有利于被告

世界上的事情，有因就有果，不可能是无缘无故的。商人是不会去做没利润的项目的，律师也是同样的。其职责是维护被告人的合法权益，而对于不利于被告人利益的，律师是不会做的。

那么，在这个众说纷纭、迷雾重重、公众关注、多次审理仍然没有作出最终判决的过程中，到底是谁从中受益呢？从上述分析可以得出一个简单的结论，就是律师转变立场的行为是一种有意识的、“高明”的辩护技巧，并且基本达到了其目的。因为被告人王书金在2007年3月就被判了死刑，由于辩护人的一系列“成功的辩护行为”，到了2013年，王书金的死刑一直不能获得终审裁定。也就是说，不论王书金的主动交代的杀人行为是否予以认定，客观的情形是，王书金的生命至少已经延长了五年以上了。甚至有学者建议不要判王书金死刑，因为他若被执行死刑，会在今后复查聂树斌案时产生不利的影响。

再谈谈本案的辩护律师坚持被告人王书金是“1994年石家庄西郊玉米地奸杀案”的真凶等一系列辩护行为所产生的意义：

第一，由于在诉讼中又发现了一起杀人案，而且是已经定案的杀人案，一定会引起公众极大的注意和兴趣，这就成功使一起地域性的杀人案一跃成为全国公众关注的案件。而且，公众的第一感就是原来已经执行死刑的杀人犯是冤屈的，如此，原案杀人犯的亲属也被成功地调动起来，参与到本案中来。

第二，由于在诉讼中又发现了一起杀人案，根据法律的规定，此案一定会延期审理。公安机关要起动侦查程序，检察机关要对现在和过去的事实、证据进行仔细、认真地对比、鉴别。如此，被告人王书金的死刑判决在短期内自然是难以落实的。

第三，王书金主动交代的“1994年石家庄西郊玉米地奸杀案”无法查清，检察机关以事实不清、证据不足为由不予认定，王书金的杀人案判决便将会久拖不决，实际上也就延续了王书金的生命。甚至，司法有可能在公众的压力下不再判决王书金死刑，因为有人认为若司法机关判决王书金死刑，就是想掩盖以前的错案。

四、本案启示

本案无疑是个疑难的案件。法院之所以迟迟不下死刑判决，就是害怕公众的责难。部分公众认为如果执行了对王书金的死刑，则聂树斌案有问题的话，也再也查不清了。笔者担心的是，上述案件的审理将给社会一个非常不良的诱导作用。今后，在类似的杀人案件诉讼过程中，被告很可能会复制这起案件。即被告人在诉讼过程中，又交代一起已经定案的杀人案是自己所为，以此来引起公众的同情，又让司法机关再次重复复杂的查证过程，从而使正在审理的杀人案久拖不决。

因此，司法机关在遇到类似的复杂的案件时，应当莫为浮云遮望眼，坚持正当的法律程序并注重取得社会效果。

第一，检察机关经查证后，应当尽快地给出结论，不能认定就是不能认定，并且在检务公开栏中及时公开检察机关所认定的事实和证据。检察官在法庭上始终不要忘了自己的角色，千万不能不自觉地颠倒了控辩的角色。

第二，法庭在审理过程中也应当坚持司法公正和中立的原则，只要检察机关起诉书中没有认定的行为，法庭应当不予审理、不予质证，并应当尽可能按法律规定的时间就现有的被告人的犯罪行为进行审理，并依法作出判决。法庭不能承担起检察机关的角色，对检察机关没有认定的杀人行为进行再分析、再判断，并且迟迟不下判决，如此，则会使本来简单的案件变得愈来愈复杂。

第三，适时引导舆情，保障司法的社会效果。王书金案中不能忽视的一个问题就是舆情引导。实际上，无论是社会舆论的声音还是司法机关的审理，其本质是同一的，共同的目标都是实现法律的尊严，维护司法的正义。社会舆论不能干扰司法，司法同样要给予舆论充分的尊重，当二者出现激烈争议时，需要司法机关更加审慎地履行职能，还原真相、解释疑点。如果案件疑点得不到有力回应，很可能对司法机关的权威性造成损害，甚至会导致人们对法律的不信任。王书金案中司法机关的集体失声再一次告诉我们，公平正义不光是结果意义上的，更重要的是在过程中如何让公众切实感受到。这就要求司法机关创新思维，强化举措，积极探索在网络时代善用新媒体的新理念、新思路和新举措，进一步提高公开、透明、信息化条件下的网络宣传和舆论引导能力及实效；善于灵活运用应对处置策略和技巧，通过依法解决实体问题、争取在黄金时间发声、主动设置议题引导舆论等方式方法，切实强化网络舆情应对，赢取良好的社会效果。

对阿珠的“入户抢劫行为”应当如何定性、量刑

张远南[*]

一、基本案情

某地一名19岁的女孩入室抢了40元并把老人推倒，一审被判处有期徒刑10年。

该县法院一审查明，2009年6月21日晚上9点，阿珠在莺歌海镇海新街东二巷游逛，发现邻居69岁的老陈正坐在自家门前台阶上乘凉。阿珠知道老陈年老、耳聋眼花，于是直接从老陈身后走进老陈的客厅，从客厅右侧床铺上抓起老陈的长裤找钱物。老陈发现后冲进客厅里与阿珠争抢裤子，被阿珠用手抓伤左手掌背及左中指。而后阿珠从长裤袋中搜出40元人民币逃离现场。该县法院认为，阿珠入户采用暴力，当场劫走他人财物，数额较大，其行为构成抢劫罪。一审判决阿珠有期徒刑10年，剥夺政治权利1年，并处罚金2000元。

一审判决后，因为超过上诉时间，目前阿珠的家人只能对此案提出申诉。

二、分歧意见

（一）关于此案的定性

一审法院认定为此案入户抢劫，也就是入室盗窃，被发现后使用暴力，属于转化型的抢劫罪。这个认定从表面上看没有问题，因为阿珠先是入室盗窃，后被老陈发现，而老陈“被阿珠用手抓伤左手掌背及左中指”，完全符合转化型抢劫的表象特征。但是仔细分析、冷静思考后，会发现这个定性存在以下两个问题：第一，“阿珠争抢裤子，用手抓伤左手掌背及左中指”的这个行为是否已达到法

---

* 海南省人民检察院第二分院党组成员、副检察长。

律规定的构成抢劫罪的暴力程度？第二，是否所有的入室盗窃，一使用暴力，就是转化型抢劫？

（二）本案对阿珠的量刑存在的问题

根据阿珠的行为、情节、犯罪后果以及主观恶性程度，判10年是否离谱？如果是有些离谱，那么问题出在哪？是法律的规定有问题，还是因定性不准确导致量刑不当？对于本案的量刑，即使是不懂法的人也认为量刑太离谱，而大多数的司法人员也都认为量刑严重不当。之所以出现量刑不当，还是由于法官定性的第一个环节出现了错误而导致的。

三、评析意见

此案虽小，却反映了很多的法律问题，如定性量刑、思维模式、司法理念、法律的运用等。

上面说了此案认定为入户抢劫是错误的，那么应当如何认定呢？按照目前通行的学理解释，应当认定为入室盗窃。通说认为：盗窃转化为抢劫的手段条件是“使用暴力或者以暴力相威胁”，对此应准确理解“暴力”的含义，原则上其内容与程度相当于《刑法》第263条的抢劫罪的“暴力”，即达到致使被害人不敢反抗或者不能反抗的程度。因此，当达不到“暴力”的程度时，就仍然应当认定为盗窃，而把使用轻微暴力的行为作为盗窃罪的一个情节考虑。笔者也是同意这个通说的，因为这样认定在法律上没有什么漏洞。当然，笔者更赞成将此案的性质认定为抢夺。因为行为人一开始是想入室盗窃，但当被老陈发现后，是从老陈的手中抢夺过来裤子的，完全符合抢夺的特征。这一点与通说有些不相符，因为通说认为盗窃如果不能转化为抢劫，那就仍然认定为盗窃，而笔者的观点则，是从盗窃转化为了抢夺。学理解释上没有由盗窃转化为抢夺的范例，但笔者认为，司法实践中，每个案件都有其特点，可以说是千差万别，应在坚持法律规定的精神的基础上，根据案件的具体情况来认定，而不能故步自封。

可是，按照上述的观点来定性，又有问题出现了。如果此案认定为入室盗窃或者认定为抢夺，由于盗窃罪和抢夺罪要讲究犯罪的数额，本案中阿珠抢夺的数额是40元，于是此案就成为治安案件，就不构成犯罪了。多数人的观点认为，事实上就是不构成犯罪，只是一个治安案件。但笔者认为，虽然定入户抢劫判10年有期徒刑是不对的，但对阿珠的行为不作为犯罪处理也是说不过去的。其实，在大家争论是入户抢劫，还是入室盗窃或抢夺的时候，忘了阿珠的行为还触犯了一个法条，这就是非法侵入他住宅罪。这个罪的客观方面有两种基本形式：

一是非法强行闯入他人住宅；二是虽不是非法进入，但住宅主人要求其退出而无理拒不退出的。如果是司法工作人员滥用职权，非法侵入他人住宅的，从重处罚。而在司法实践中，此罪常伴随其他犯罪行为而实施，如为了抢劫、盗窃而实施的伤害行为，或者因搜查而毁坏他人财物等，其符合牵连犯或想象竞合犯的情形，对此种情况，应当以重罪论处即可。

阿珠的行为符合第一种形式，就是非法强行闯入他人住宅。有人认为阿珠并没有强行进入，而是偷偷进入的。这种观点过于机械，从而导致了司法实践中公民住宅权益的保护非常薄弱，有的地方一年也没有查处过一起非法侵入他人住宅罪，明显放纵了此类犯罪。如某某非法进入他人住宅企图行窃，但由于意外原因未能窃取到钱财，只是窃取了价值 30 元的日用品。司法实践中通常的做法是认定为不构成犯罪，而作为社会治安案件来处理。其实，某某已经构成了非法侵入他人住宅罪。

就本案来说，阿珠有非法侵入他人住宅的故意，又有入室盗窃的故意。通常的情况下，如果阿珠构成入室盗窃或是入室抢劫，那么，其非法侵入他人住宅的行为就被重罪吸收了，法律上称为竞合犯。正是由于非法侵入他人住宅的行为常常被其他的犯罪所吸收，也就导致了非法侵人他人住宅的犯罪常常被人们所遗忘。正确的做法应当是，当非法侵入他人住宅行为被其他重罪所吸收的时候，非法侵入他人住宅的行为作为其他罪的情节；而当其他重罪不成立的时候，就构成非法侵入他人住宅罪，而其他的相关行为则作为非法侵入他人住宅罪的情节。本案中也是一样。阿珠的行为构成非法侵入他人住宅罪时，其盗窃或是抢夺的行为(本身不构成犯罪）就作为非法侵入他人住宅罪的情节了。

按照《刑法》第 245 条的规定：非法搜查他人身体、住宅，或者非法侵入他人住宅的，处 3 年以下有期徒刑或者拘役。因此，对于阿珠的非法侵入他人住宅的行为，就应当在 3 年以下量刑。如此的量刑就体现出了刑法的罪与刑相适应的原则，就不会失去执法的均衡性。

检察机关案件承办确定机制研究

王　巍*

摘　要：案件承办确定机制是检察机关内部案件管理与分配的一项重要制度，是关乎司法公正和司法效率的重要环节。最高人民检察院《关于完善人民检察院司法责任制的若干意见》（以下简称《意见》）要求建立随机分案为主、指定分案为辅的案件承办确定机制。重大、疑难、复杂案件可以由检察长指定检察官办案组或独任检察官承办。如何在随机分案为主、指定分案为辅总体原则下，深入推进案件承办确定机制，探索一条以公平和效率为核心符合检察工作规律的分案规则，是当前和今后一个时期须持续关注和研究解决的问题。本文以此为切入点展开探讨，以期对案件承办确定机制的完善建言献策。

关键词：模式　原则　发展的构想

检察机关案件承办确定机制，也称为案件分配机制、分案制度，指的是案件在受理后，案件在检察官之间的具体分工、分配，确定案件承办人的一种机制。案件分配既是检察机关诉讼程序的重要环节，也是司法制度的重要内容，它不仅影响对检察官的管理方式、司法廉洁，更关系到案件办理的效率和质量。英美法系国家的人们对分案制度的改革体现出很大的热情和关注，有人提出“任何案件管理的主要特点是如何将案件分配给法官的”。国内司法实务界和学术界对我国司法机关的案件分配制度还未足够重视，尚未深入研究。在我国检察机关如何将案件有效地分配到检察官，并不是简单的事务性操作，必须科学、合理地设计缜密的案件承办确定机制，才能保证司法公正和司法公信力。

* 海南省人民检察院第二分院检察委员会专职委员。

一、我国检察机关司法责任制改革前案件承办确定机制的主要模式

司法责任制改革前，案件承办确定模式较为多样，检察机关案件承办的确定机制主要有两种模式：一是指定分案模式，二是随机分案模式。

所谓指定分案指的是，案件受理流转到部门后，部门负责人综合承办人的业务水平、擅长的办案类型、平衡检察官在办案件量的多少等因素等进行分案的模式。分案的权利由部门负责人控制，此外，也存在部门负责人授权内勤进行分案的情形。

检察机关案件办理实行指定分案的模式主要存在于 2002 年检察机关完成内设机构改革前，案件分配作为业务部门内部事务一直以来也是由业务部门负责人进行分配。“文革”后检察机关恢复建设到 2002 年全国检察机关完成内设机构改革时，案件办理基本上采取的是按诉讼时段分段分块办理的模式，在案件管理上也是采用业务承办人承办，部门主管、分管领导分层审批的模式加以控制[①]。传统案件管理模式表现为纵横交织型，具有较为浓重的行政色彩，部门负责人主持本部门全面工作，对本部门的部门内检察官的办案效率、质量、效果等全面负责，其中也包括了案件管理全部活动。部门负责人既是案件质量的责任人，又是案件质量的监督者，因此分案权也完全由部门负责人掌握和控制。指定分案模式基本上能与当时检察机关案件管理体制相适应的，但指定分案权力的过度集中，导致管理与监督的两项职责混淆不清。

所谓随机分案指的是不通过业务部门负责人来分案，而由案件管理部门将受理的案件按照顺序排列进行编号，通过预定的分案规则，利用检察机关网上办案系统，将案件随机并且直接分配给不同的检察官的分案模式。

2003 年最高人民检察院下发了《关于加强案件管理的规定》，全国各地检察机关对案件集中管理的改革进行探索，建立了案件管理部门，对案件集中管理工作开始了初步的尝试，包括对分案职责的合理配置。由案件管理部门统一按照随机原则分配案件是完全可行的，并且可以保证效率，随机分案也在检察机关案件管理部门设立后开始实施。2013 年 1 月 1 日施行的《人民检察院刑事诉讼规则(试行)》、《检察机关执法工作规范》（2013 年版）增设了案件管理的相应内容，进一步明确了对以办案为主要内容的检察业务实行集中统一管理，其职能定

①钱业桐：《检察机关案件管理模式的扁平化》，《国家检察官学院学报》2013 年第 6 期。

位之一为统一受理与移送案件，即受理和分配案件，分案权由案件管理部门控制。随着检察机关案件管理信息化的发展，作为中立方的案件管理部门，针对检察官之间办案工作量的平衡问题，开始实现了随机分案。

二、两种分案模式利弊分析

无论是指定分案还是随机分案，从辩证的角度来看，两种分案模式各有利弊。

（一）指定分案模式的利弊

指定分案模式能充分兼顾案件类型、案件复杂程度、检察官办案能力等各种因素，具有高效、灵活的特点。指定分案的优点在于部门负责人对本业务部门的检察官情况比较了解，可以根据案件难易程度灵活调配办案力量，尽可能地让本部门的每一位检察官办理相适合于能力、水平的案件。

但也存在明显的缺陷，一是人为因素过重，其运行过程的行政化色彩浓厚。各部门负责人出发点的不同，采取的分案原则也不同，分案权完全由部门负责人享有，构成部门负责人管理权的最重要部分，案件的分配不是按制度实施，案件分配随意性较大。二是缺乏客观约束，难以保证分案环节的公平、公正、公开。人为的指定分案不是按制度实施，分案权完全由部门负责人独立行使，而独立行使分案权客观上给人为干预案件提供了可能。没有监督约束，必然会出现分案权的滥用，难免会引发关系案、人情案的发生。三是影响检察官之间的公平竞争。分案过程不公开，部门负责人可以根据自己意愿决定分配不同案件类型和不同难度的案件给部门内的检察官，缺少有效的监督，难以保证绝对的公平，无法对分案人员起到有效的制约再监督作用。指定分案模式下，“案件办得越快，分的案件就越多”。不可否认，一些检察官会放慢办案速度，甚至会滥用案件延长、退回补充侦查权等，人为地造成案件的积压，从而少分一些新案，降低了司法效率，影响了案件质量，违背了公正与效率兼顾原则。四是不利于检察官的队伍能力建设。指定分案完全凭借着部门负责人的喜好，指定分案时将有可能过于专业，如对部门检察官划分为某一类型案件的专办人员，不让检察官接触其他类型案件，不利于资源的合理配置，对检察官队伍建设能力产生影响。

（二）随机分案模式的利弊

随机分案模式优势在于，分案过程公开透明、分案结果客观随机，可以排除人为因素对分案环节可能造成的影响，具有简便易行、客观公平等优点。

随机分案模式的建立解决了指定分案中人为干预的问题，但也存在一些弊端。一是随机分案模式不考虑检察官个人办案能力大小、具体案件难易程度、办案效率高低。其最终结果就是业务水平能力强，案件相对简单的案件办案效率与质量可以得到保证，反之年轻且办案经验相对不足的，办案效率与质量大打折扣。二是随机分案使检察官办案数量相对一致，不能形成多办案、快办案、办好案的良好氛围，助长了“平均主义”风气形成。三是随机分配案件可能造成某些检察官接收了不适宜办理的某一案件，特别是相对年轻、办案经验相对缺乏的检察官，于是有可能出现需要更换承办检察官的特殊情况。再如有回避事由、出差培训、生病公休等特殊情况出现时，随机分案制度的缺陷就有所暴露。四是利用现行的办案系统采取随机分案模式，无法识别案件繁简。检察官的专长、经验、水平与能力参差不齐，对于刚进入员额内、经验相对不足的青年检察官来说，办理疑难复杂案件需要循序渐进的过程，但在随机分案模式下，各检察官被分配到的各种案件难易不同，不利于保证案件质量，也不利于青年检察官的成长。

（三）随机分案为主、指定分案为辅的案件承办确定机制的建立

建立随机分案为主、指定分案为辅的案件承办确定机制破解随机分案与指定分案的弊端，同时继承两种分案模式的优势，使之符合价值考量、科学合理，对落实司法责任制、提高案件质效起到推动的作用。最高人民检察院《关于完善人民检察院司法责任制的若干意见》要求各级检察机关要建立随机分案为主、指定分案为辅的案件承办确定机制。

一是有利于科学合理分配案件。通过随机分案为主有效减少案件流转环节、缩短办案周期、提高办案效率，有效满足了办案人自身对公平的要求，结合指定分案为辅、灵活识别案件的具体情况，选择出最佳的承办人，为办案人的公平竞争创造了合理平台，有利于激发办案人的工作积极性和学习的潜能。

二是有利责任追究。《关于完善人民检察院司法责任制的若干意见》明确检察人员应当对其履行检察职责的行为承担司法责任，在职责范围内对办案质量终身负责。建立随机分案为主、指定分案为辅的案件承办确定机制，就是要按照“谁办案谁负责、谁决定谁负责”的要求，明确检察人员职责权限，使检察官既成为司法办案的主体，也成为司法责任的主体。同时也是为促进检察机关司法规范化建设，进一步提升检察机关文明司法、规范司法、公正司法水平，避免人情案、关系案、金钱案的发生。

三是有利于保持队伍的整体活力。我们必须承认，各个检察官的业务能力是参差不齐。对于随机分案后，检察官难以履职的，我们可以通过指定分案，更换承办人以确保案件质量。但在以随机分案为主的原则下，过多地对难以履职的检

察官实施指定分案，对其他检察官有失公允。因此，随机分案的顺利实施，必然是要建立在人员素质和业务水平整体相当的基础之上，通过随机分案，对一些难以胜任工作强度和难以履职的检察官实行退出员额，重新选任合适人选，保证检察官队伍的整体活力。

四、进一步改进和完善随机分案为主、指定分案为辅的案件承办确定机制

提高办案质量和办案效率是承办确定机制的核心目标。目前，司法责任制改革确定的随机分案为主、指定分案为辅的案件承办确定机制已具雏形，但其中涉及的办案中遇到的具体情形、具体情节还需要我们进一步探索，科学细化、综合考量，加强改进和完善案件承办确定机制。当前检察机关分案到人机制主要是以统一业务应用系统为依托，系统可以自动地将所有案件无差别地分配给承办人，但由于目前的分案系统还处于逐步完善阶段，尚存不足之处，但较以往的分案机制还是有较大的提升。

（一）案件承办确定机制中案件分配的原则

案件承办确定机制中案件分配的原则除了要遵循随机分案为主、指定分案为辅基本原则外，还需要确立和遵循以下几项原则：

(1) 公平与效率兼顾。效率与公平问题是案件办理中存在的基本矛盾，效率高低、公平与否关乎案件质量和效率的好坏。效率关注的是如何将案件高效率地办结；公平关注的是案件分配的平等性，只有兼顾公平与效率，才能使每一个承办人分得的疑难或简易案件的机会均等。只有如此，才能既充分利用司法资源，又客观地评价办案能力。

随机分案能够为办案资源配置，案多人少的问题提供解决途径。随机分案按顺序将所有案件分配到每一个承办人手中，可以最大限度地减少不同资历的承办人对其他承办人的影响，从而保证承办人独立行使职权。当然，各位检察官由于水平、办案经验、办案能力的差异不同，随机分案也不能保证每一个案件分配到最合适的承办人手中。轮流分案可以确保每一个承办人在同一时间段内分得同样数量的案件，也是最简便易行的方案。如果每一个承办人的法律素养、业务能力完全相同，则该方案可以说是不二方案。但是，事实并非如此，在轮流分案制度下，办案效率高的承办人可以轻松办结案件，办案效率低的承办人必须努力处理案件，因此在案件承办确定机制中要兼顾公平与效率。

在关注检察官案件分配的问题上，对于担任院领导这类检察官的分案也要兼

顾考虑公平与效率问题。习近平总书记指出“要紧紧牵住司法责任制这个牛鼻子，凡是进入法官、检察官员额的，要在司法一线办案”，进入员额的检察长（副检察长）要在司法一线办案，如何合理分配所有进入员额检察官的办案数量，做到既快速高效，又合理公正，基于此，要充分考虑在新的历史背景下相适应的分案制度，这既是追求效率与公平的必然结果，也是落实司法责任制的选择。

(2) 加强内部监督。在案件的分配上，特别是对于指定分案，我们要加强重点监督。随机分案制度最关键的在于能不能严格控制指定分案，做到指定分案的理由具体明确、正当合理，并接受有效监督，尽量减少人为因素，不让人情案、关系案有机可乘。坚决杜绝有的案件过多强调“办案效率”“平衡办案”，甚至以“工作需要”为由变更，变更理由不透明、不公开。一是要特别注重办案部门在办案过程中出现法定回避情形之一的，由检察长或分管副检察长作出回避决定后，由案件管理部门按照轮案顺序另行确定承办人。二是随机分案方式有其局限性，指定分案方式是必要的补充。但是，指定分案既然是例外和补充，为了防止滥用权力对随机分案制度的突破，必须对指定分案进行一定的限制。对指定分案应加以限制、强化监督，即指定分案之时认为需要更换承办检察官的，应建议检察长更换承办人或者经检察官联席会议研究后确定更换；要加强对指定分案中的程序控制，确定或更换承办检察官后，应当在统一业务应用系统通过系统应用申请，履行相关审批手续；要加强对指定分案后的监督机制；案件管理部门要将变更承办情况纳入案件质量监督管理的范围，加强事后的监督，重点对检察官是否能履职作为监督的重点。

(3) 科学化、合理化。推动案件分配机制的科学化、案件办理的专业化，是司法改革的趋势和目的。高检院对检察机关案件承办确定作了原则性规定，然而，具体到各地区检察机关的不同情况，我们认为应在《意见》确定的大框架内，结合实际，做到科学化、合理化。对此，我们可以从以下方面进行考虑。如要将案件承办确定机制与《意见》中所提的各项机制、制度充分结合考虑，再进行制定。如可以与检察官业绩考评、检察官绩效以及检察官能力评定等级相结合，这些机制应在分案制度设计上进行合理的综合考虑。如要从办案组织形式考虑。《意见》规定，审查逮捕、审查起诉案件，由检察官承办；疑难复杂案件、自侦案件、诉讼监督案件可由检察官独立办理，也可由检察官办案组办理，对检察官独任办理的案件分配遵循随机分案为主、指定分案为辅。对于检察官办案组分案如何确定分案原则，这是我们设计所要考虑的问题。检察官办案组并不是固定的，只有在有重点案件或者自侦、诉讼监督案件中，才会根据指定组建，因此从检察官办案组的案件合理、科学分配角度出发，不能一概都适用随机分案为主、指定分案为辅原则，而是要在实践中注意研究完善。

(4) 精细化原则。在案件分配当中，我们要注意因人而异，体现出人性化和精细化原则。如从工作量来看，男性检察官与女性检察官存在生理、身体方面的差异，所承受的办案量也应有所区别。从职业感来看，对于女性来说，职业的稳定性和家庭观念在其思想意识中占有重要地位，对于男性来说职业的荣誉感和发展前景比较重要。从想法来看，年轻的同志更注重职业的发展前景，年龄大的更注重工作的稳定性和薪酬待遇，而中年干部的需求则比较均衡。我们应针对不同类别人员，按人、按发展需求进行分配案件，从而达到稳定检察队伍、为改革提供人力支持的目的。

（二）案件承办确定机制深化发展的构想

(1) 发挥案管部门随机分案的主导、枢纽作用。依托统一业务系统，结合办案人员的自我管理，建立起科学合理的自动轮案体系搭建组织架构。案件管理部门对受理同一部门多件案件的，按照文书文号先后顺序依次分配。案件管理部门对刑事检察部门分案时，原则上同一案件承担审查逮捕和审查起诉任务的不得为同一承办人。对办案部门提前介入侦查的案件，原则上分配给提前介入的办案人员；对共同犯罪案件或有追捕、追诉同案犯的，案件管理部门受理案件后，原则上分配给原办案人员，实现承办人办案数量的均衡配置。

(2) 实行专业化分案。从办案实践的需求情况看，一般案件适用自动轮案。自动轮案主要满足随机分配案件的需要，即按照案件的类别、罪名及办案人员在办案件数量来分配案件，实现了检察官专业化办案在案件质量等方面优势和自动轮案在制度设计、程序正义等方面长处的有机结合。《意见》指出，根据案件的复杂、疑难程度，指定分配给特定的、专业性较强、业务水平较高的承办人，特殊分案对于特殊类型案件可以按照以下原则进行分案：如未成年人、职务犯罪案件、上级督办案件、检察长交办案件、复杂疑难等特殊案件实行专业化办案，由业务部门提供特殊案件承办人名单，由案管部门依据名单分配案件。重大复杂、疑难案件实行两至三名检察官共同配合办案。通过科学合理的配置平衡办案人员的工作量，提高办案效率。对于专业化办案而言，实际中在统一业务系统可以设置专门的负责办理此类案件的轮案功能，即在不违反统一业务应用系统管理的条件下，将受理的普通刑事案件、未成年人案件、金融、知识产权案件当成一个部门进行设置，添加相应的检察官和文书，配置好案件办理流程，将相关案件按照对应部门和规则进行轮案分配，实行专业化办理案件。

(3) 从检察官队伍正规化、职业化出发，建立与检察办案组织相适应分案机制。《关于完善人民检察院司法责任制的若干意见》第5、6、7条对不同类别检察业务的承办的组织作出了具体规定，因此案件承办确定机制必须坚持以因事制宜、因权制宜、因地制宜为主线，要以检察官为核心的分类管理新机制，以培育正规化、专业化、职业化的检察官队伍为目标。首先坚持岗位职责与办案组织职权配置相协调。结合检察业务多样性、差异性实际情况，为独任检察官和检察官办案组每个检察官岗位“量身定制”职责说明书，主要职责内容以检察业务类型、特点、性质为基础，便于准确把握任职岗位的资格条件，着力推进检察官和检察官办案组规范化、定型化建设，形成专业化、职业化的办案组织。要充分考虑到检察官和检察官办案组业务水平的不同，积极探索专业化办案分配模式。刑检部门可以根据犯罪类型、案件繁简程度等，采取指定分配、专业化办案等模式进行分案，其他办案部门也结合自身业务特点，探索实行专业化分类办案，提高专业化执法水平。对属于重大疑难复杂、上级领导关注及社会敏感度高的案件，则实行指定分案，由检察长确定由办案经验更丰富、业务素质更高的检察官或者检察官办案组来承办，提高了办案的质量和效率。

(4) 探索实行从风险等级划分来分配案件。按办案风险等级确定承办人的制度，即对受理的案件，以案件办理的风险等级来划分，进行案件分配。如参照执法办案风险评估预警工作制度的方法，将案件分为一般风险、较大风险、重大风险一至三级，检察官一般情况下只能承办一至二级风险的案件；三级风险及涉检信访、涉检舆情等案件由分管检察长或检委会决定。但这又涉及风险等级如何划定，由何人划定的问题。我们认为在实践当中，案件部门接收案件后按顺序分配给承办人，承办人在收到案件后应及时对案件是否属于案情重大、公众和媒体关注、容易引发群体性事件，或者存在其他重大不稳定因素进行初步审查，发现此类案件及时向分管刑检工作的副检察长汇报，如需变更由案件承办人发起案件重新分配审批流程，在分管领导审核后，实行指定分配案件。

(5) 探索实行按检察官等级与案件难度相匹配来分配案件。司法责任制改革体现出原则之一是责权相统一原则。我们可以对部分案件，特别是重大疑难复杂案件探索建立根据检察官等级、业务能力水平与案件难度相匹配的分案制度。检察官等级的评定依据检察官水平高低来确定，等级高的检察官无论是从检时间、承办案件数量、业务水平和能力都比等级低的检察官高，且高等级的检察官所享受的工作、福利待遇都比一般检察官高。因此如何体现出责权相统一？按检察官等级、职务、水平能力的高低来确定分配案件也是不错的选择。笔者的构思在于升级统一业务应用系统，对案件系统预设案件难度选项，根据收案时输入的涉及犯罪事实、犯罪人数多少，涉及罪名、案情性质严重程度等选项，自动生成案件难易程度。再结合检察官分类管理所给定的检察官等级、业务水平等，系统根据以上条件，自动给出案件分配建议，实现检察官能力水平与案件的相匹配，减少人为的分配不公。

四、检察机关案件承办确定机制应注意的问题

上文对案件分配的具体情形提出了一些设想，但是在实践操作中，案件承办确定机制还需要注意一些问题：

一是严格界定指定分案的事由。案件分配原则上采取随机分案模式，但例外情况下可以适当调整。案件经由系统分配后，承办检察官有正当理由不适宜或不能继续办理案件的，应当提出，经部门负责人或者分管检察长同意后，调整案件的分配并输入理由。同时要对分案过程中检察官认为“不宜办理”和“不能办理”的情形进行界定，以及不同意分案结果异议的提出途径，使案件分配更加科学合理。重新分配的案件由系统再次进行随机分配。针对重大、疑难、复杂案件，同一原告或同一被告的系列案件，存在法定回避情形的案件以及其他认为需要调配办案力量的案件，由副检察长调整案件的分配。此外，对于以不能办理为由申请更换承办人的，应在其执法档案中予以记录，作为检察官年度是否能依法履职的考核依据。

要严格把好“调案关”，正确处理好分案与调案的关系，应当实行分案与调案的分衡制约原则，对有回避事由、因公出差、参加培训、患病、休假等特殊情况，确需调整案件承办人的，经审批后变更。要严格控制案件调整比例，不能过多地使用指定分案。要倒逼检察官责任担当，最大限度地维护随机分案为主、指定分案为辅原则的权威。

二是综合考虑大部制下所涵盖检察业务分案问题。在司法责任制大部制整合的背景下，若干个业务条线整合到大部门中，会出现整合后大部制内的一些业务条线的独任检察官或者检察官办案组出现忙闲不均、办案实践机会不同等业务发展不平衡的情况。我们认为，大部制整合的业务之间总是存在关联、甚至相通的，因此对于在某一大部制内的所有检察官，对部门所涵盖的业务条线应坚持随机分案为主、指定分案为辅的分案原则，使每位承办人都有机会接触到不同类型案件，不断提高自身综合素质。再比如涉及知识产权案件，经过专门的知识产权法院或审判庭审理，本身专业性也较强，将公诉业务与民事行政检察业务合并组建成刑事民事行政检察局，那么地、市一级检察院的该部门对这类具有相关专业知识的案件，可以指定独任检察官或者检察官办案组办理；公益诉讼案件、虚假诉讼监督案件、执行监督案件，也可以指定或者相对固定的独任检察官或者检察官办案组归口办理。

三是案件承办确定机制要与业绩、绩效考评充分结合。随着司法责任制的不断深入推进，检察官对司法责任制的认同感不断上升。随着司法体制改革的不断深入，各项制度的不断建立、完善，检察官对目前运行的检察官办案责任制的授权范围、案件办理运行模式、案件确定机制、监督制约机制十分认同且十分适应，支持、拥护改革。有的年轻检察官主动争取办案，以获得丰富的司法办案经验。对这类办案效率高的检察官，可应其所提要求对其分案，且对于此要在业绩、绩效考评中予以充分肯定，形成激励机制。

四是注重不同年龄段的检察官分案分级问题。为确保对年轻检察官官传帮带，为培养青年检察官打造司法事业的未来，选任了一批年龄较大的资深检察官，他们是维护司法事业的支柱和中坚力量，对于整个司法事业的公正、高效运转至关重要。年龄较大检察官相对于年轻检察官的精力和体力有劣势，但在司法办案经验和技巧上有明显优势。为此，我们可以针对实际，实行分案分级制，使年龄较大的这部分资深检察官在办案绝对数量上相对年轻检察官要少，而在难度上要大，即将大部分事实清楚、证据充分的案件分配给青年检察官，将一些重大疑难复杂案件分配给经验丰富的资深检察官办理（这里并不是指全部疑难复杂案件都交由这部分检察官办理，青年检察官也应积极主动办理疑难复杂案件），使其不必将较多精力去处理早已驾轻就熟的简易案件，影响工作热情，既肯定其支柱和中坚力量作用，又更好地调动办案热情。

五、结语

本文对案件承办确定机制改革所提出的设想，是基于现阶段的司法责任制改革的背景和构架而探讨的，综合了案件管理体制、责任制、队伍能力多种因素。司法既要以宽容的态度对待旧体制所形成的现实，又要以超前的视野倡导和维护新体制应有的规则，因此本文从司法实践的视角观察提出案件承办确定制度设计的建议，以期能推动对我国检察机关案件承办确定机制的完善。

海南省人民检察院第二分院生态检察工作调查报告

二分院课题组*

内容摘要： 海南省人民检察院第二分院（以下简称“二分院”）自建院以来积极开展生态检察工作，努力构建生态司法屏障，除认真查办生态环境领域的犯罪案件外，还注重查办生态环境领域犯罪背后的职务犯罪，并通过检察建议的方式促进生态保护和行政机关正确履行职责，在服务海南生态文明建设方面取得了一定的成绩。

关键词： 二分院　生态检察　调查报告

二分院自建院以来积极开展生态检察工作，努力构建生态司法屏障，除认真查办生态环境领域的犯罪案件外，还注重查办生态环境领域犯罪背后的职务犯罪，并通过检察建议的方式促进生态保护和行政机关正确履行职责，在服务海南生态文明建设方面取得了一定的成绩。

一、二分院办理生态环境领域犯罪案件情况分析

自2009年9月至2015年5月，二分院共办理破坏生态环境领域犯罪案件144件217人，主要呈现以下特点：

(1) 涉及罪名相对集中。二分院办理的生态环境领域犯罪案件共涉及10个罪名，其中涉及滥伐林木罪案件46件、玩忽职守罪案件34件、非法占用农用地罪案件29件、盗伐林木罪案件16件，涉及四项罪名的案件数之和占办理生态环境领域犯罪案件总数的86.8%。

---

*课题组成员：李伟军、张远南、李光甫、陈相敏、魏银亮、唐新培、孙德伟、李少甲。执笔人为李少甲。

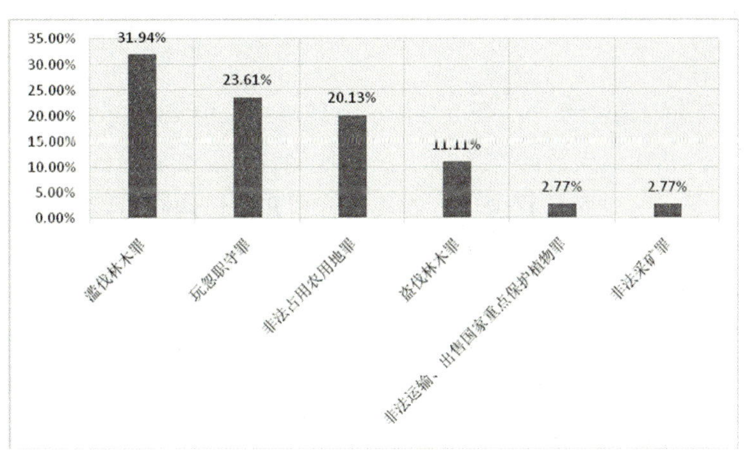

(2) 犯罪区域相对集中。二分院下辖儋州、洋浦、东方、临高、昌江、乐东、白沙等 7 个市县（区）。除洋浦外，二分院辖区其他市县均存在生态环境领域犯罪的案件，其中乐东发案 55 起、东方发案 29 起、昌江发案 21 起、儋州发案 17 起，上述四个市县的发案量之和占办理案件总数的 84.72%。犯罪区域如此集中的原因主要是：一是上述地区人口较多，经济发展相对滞后，经济方式相对单一，生态保护与居民生产生活需求矛盾较为突出。二是当地居民环保意识和法律意识相对淡薄。由于缺乏相应的环境保护意识及环境保护习惯，当地居民自身生产生活的行为就成了破坏生态环境的行为。三是上述地区土地资源丰富，外来

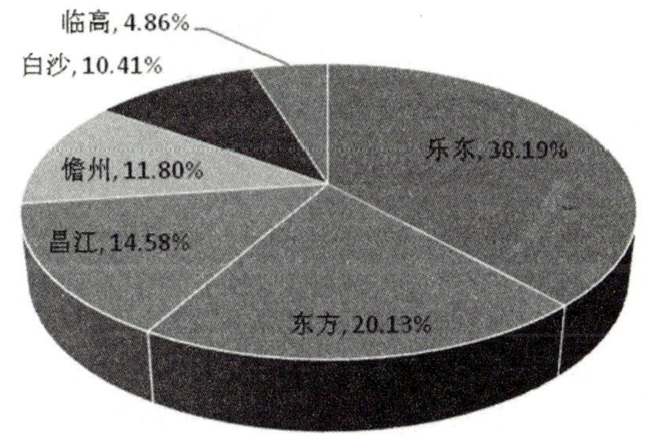

（洋浦地区为 0%）

投资者前来建塘养虾或者毁林开园种植热带经济作物。而当地政府为追求经济利益，执法监管不严。

(3) 犯罪群体相对集中。在办理的生态环境领域犯罪的217人中有157人为当地农民，占办理总人数的72.35%，所占比例较高。究其原因，一是农村地区环保工作薄弱。一方面是我国现有的环境管理和监控体制是以城市为中心构建的，正式负责环境监管的机构职能延伸一般只能到市县一级，而现有的执法监管部门又对农村地区关注力度不够，导致生态环境预防和日常监管不到位；另一方面是农村地域范围广阔，生态环境监管难度大，成本高，效率低。二是农民环保意识和法律意识相对淡薄。一方面是农民受教育程度低，另一方面因海南本身的生态环境相对内地有较大优势，导致农民对生态环境持续恶化造成的严重后果敏感度不高，对国家日益加大打击生态环境领域犯罪力度的认知不够。再加上农村地区生活方式滞后，传统“靠山吃山，靠水吃水”思想的影响，其自身的生产生活行为就造成了生态环境的破坏。三是经济利益的诱惑。由于农民经济收入方式单一，且收入较低，容易受到经济利益的驱使，从而参与实施生态环境领域犯罪的行为。

(4) 办理案件类型相对集中。二分院办理的生态环境领域犯罪案件144件，其中备案审查类案件（主要是指根据高检院和省院规定，辖区基层院对其决定不批准逮捕的案件或不起诉并报上级院备案审查的案件）92件；职务犯罪同步审查案件（根据高检院和省院有关规定，辖区基层院对其办理的职务犯罪案件，在收到一审判决后报上级院同步审查判决的案件）30件；二审案件9件；一审案件6件；自侦部门立案查处职务犯罪案件6件。办理案件类型中以备案审查案件和职务犯罪同步审查案件为主，两类案件占办理案件总数的84.72%。

(5) 背后的职务犯罪案件凸显。二分院办理涉及破坏环境资源保护的渎职犯罪案件40件53人，其中自行侦查终结并移送审查起诉案件6件8人，包括玩忽职守犯罪案件3件4人、滥用职权犯罪案件2件2人、违法发放林木采伐许可证犯罪案件1件2人。这些案件的发生，直接导致林木被滥伐、国有土地被非法征用等危害后果。生态环境领域背后的职务犯罪凸显的原因主要有：一是执法力量分散与工作任务繁重之间矛盾突出。目前担负生态环境监督职责的有环保、林业、水利、国土等部门，容易造成执法主体多，多头执法、分段式管理的工作格局，协作配合不够，甚至相互扯皮推诿，导致很多破坏生态环境的违法犯罪行为没有及时发现并追究。且海南西部市县地域广，山区多，交通不便，而相应的监管人员配置却不够，执法监管难度较大。二是执法人员责任意识、法律意识不强。部分承担生态环境监管的执法人员责任意识、法律意识淡薄，没有充分认识到自身工作对生态环境保护的重要性，存在不作为、乱作为的现象；也没有认识到自身行为带来的严重后果，或在诱惑面前把持不住自我，搞权钱交易，徇私枉法，或怠于履行职责。另外，当前西部市县部分环境监管部门的执法人员多为聘用制人员，部分工作人员法律意识淡薄，工资待遇又偏低，工作责任心不强。

二、二分院开展生态检察工作的实践探索

（一）主动探索，提升生态检察工作效率

（1）强化领导。成立由分管反渎部门的副检察长为组长，控告、侦监、公诉、反贪、反渎等部门负责人为成员的打击破坏森林资源犯罪、保护生态环境专项行动领导小组，并制定《二分院关于开展打击破坏森林资源犯罪、维护生态环境专项活动的实施方案》，进一步明确职责分工、任务目标，推动责任层层落实。

（2）建立机制。一是积极完善内部线索通报和移送机制，强化控告、侦监、公诉、反贪、反渎等部门之间的协作，发现案件线索及时移送，形成工作合力。二是构建检察长下乡接访制度与检察信访联络员制度相结合的外部线索挖掘机制，主动拓展线索来源渠道。以乡镇检察室为巡访点，深入辖区各乡镇检察室开展巡回接访。同时召开以辖区各乡镇检察室负责人为成员的检察信访联络小组成员会议，积极挖掘生态环境领域犯罪的外部线索，增强自行发现线索能力。三是以辖区各基层检察院为纽带，加强与辖区地方公安、环保、国土、林业、农业、交通、工商等职能部门的执法资源整合，建立联合执法机制，建立健全以信息共享、线索移送、共同配合、共同预防为主要内容的行政执法与刑事司法衔接制度。四是加强与省二中院、辖区基层院、公安机关的协作，建立健全破坏生态环境案件办理联席会议、案件质量问题分析通报机制。针对工作中发现的问题，定期或不定期开展联席会议，共同协商解决执法问题。

（3）选好方法。生态环境领域犯罪背后的职务犯罪案件往往敏感性很强，常常处于生态环境保护和地方经济发展的矛盾中，不注意选择恰当的工作方式和方法，就会给执法办案带来巨大阻力。这就要求在具体办案活动中要做到耳朵灵、善协调、心思巧、腿脚勤。

耳朵灵。就是要眼观六路、耳听八方，畅通信息渠道。生态环境保护和污染防范治理是一个系统工程，既要打，又要防，还要护，涉及面较广。要想做好，必须要有广泛的信息来源渠道。一方面完善内部线索通报和移送机制，实现各部

门之间的实现信息互通；另一方面加强外部信息收集。通过检察信访联络员制度、联合执法机制，积极挖掘外部线索。同时善于从新闻媒体、群众举报、领导批示，甚至日常生活接触中发现问题，增强自行发现线索的能力。如麦某刚、麦某波涉嫌违法发放林木采伐许可证罪案，二分院反渎局在办案过程中听群众提到东方市江边乡尖峰岭林业局天保工程场乡共管区存在毁林问题，就组织人员深入调查。调查发现东方市林业主管部门工作人员麦某刚、麦某波有违法发放林木采伐许可证的行为，致使当地林木遭受严重破坏，遂决定立案查处。

善协调。当前生态环境保护讲究“综合行政、专业司法”，需要跟内部的、外部的多个部门打交道，不善于协调会导致了解的情况只停在表面上，难以深入，没有效果。针对生态环境领域犯罪背后的职务犯罪证据专业性强、较难获取的特点，承办人员需多次深入主管部门了解相关专业性法规和技术规范。如在办理陈某、封某涉嫌玩忽职守罪一案时，为确定天保林的管护责任、管护要求，办案人员多次走进林业主管部门调取相关法律法规和文件；为准确认定犯罪嫌疑人玩忽职守的行为，办案人员深入毁林区域查看现场，并向护林员、森林公安民警多次核实证据，最终成功将陈某、封某以玩忽职守罪移送审查起诉。

心思巧。在掌握相关案件线索后，主动向院领导汇报，得到领导的支持。遇到问题，主动及时向省院对口部门报告请示。同时加强与辖区地方党委、政府沟通协调，积极争取支持，善于通过借力来推动工作。

腿脚勤。针对二分院辖区管控面积大、生态环境领域犯罪发案地区多的特点，进一步加强与辖区公安机关和行政执法部门的联系，多走访了解，畅通案件线索信息渠道。同时在遇到实际问题时，多实地查看，多深入有关部门耐心求教，切实提高案件办理质量和效果。

（二）主动出击，提高生态检察工作履职能力

⑴ 积极查办生态环境领域犯罪背后的职务犯罪。开展专项查办，切实加大对环保、林业、国土资源等行政人员在重点领域、重点工程项目实施过程中的职务犯罪，以及违法发放采伐许可证、环境监管失职等渎职犯罪的办案力度，加强案件线索管理和侦查摸排，加大对重大案件的跟踪督办。截至2015年5月，二分院已查处生态环境领域犯罪背后的渎职犯罪案件6件8人。

⑵ 切实做好诉讼监督工作。一是做好立案监督工作，坚决防止有案不移不立，以罚代刑。同时健全对立案后侦查工作的跟踪监督机制，防止和纠正立而不侦、侦而不结、立案后违法撤案等现象，努力形成对破坏生态环境犯罪的有力震

慑。二分院侦查监督处联合辖区基层院侦监部门，积极走访当地国土、林业、森林公安等部门，认真梳理近年来破坏环境资源的行政处罚案件。去年成功监督行政执法机关向公安机关移送案件两起，分别为乐东喜乐环保砖有限公司涉嫌非法占用农用地一案和乐东黄流奥合众兴配送站涉嫌非法占用农用地一案。二是加大提前介入力度，积极引导调查取证，强化非法证据排除。如周某、谢某涉嫌贪污罪、非法采矿罪、非法转让土地使用权罪、非法占用农用土地罪一案，二分院公诉部门为提高证据质量提前介入案件，引导侦查机关收集、完善相关证据 70 余份，为该案成功、快速起诉奠定了坚实的基础。三是强化诉讼监督。一方面加强侦查活动监督，重点监督纠正生态环境领域犯罪侦查活动中的违法行为，加强对侦查机关违反刑事诉讼法关于决定、执行、变更、撤销强制措施、另案处理以及退回补充侦查后自行处理破坏生态环境犯罪案件的监督；另一方面加大对生态环境领域犯罪案件的不捕备案、不诉备案等案件的审查，严格不起诉标准，发现应起诉而不起诉的案件，坚决纠正。截至 2015 年 5 月，二分院已审查各类备案案件 92 件。

（三）主动作为，提升生态检察工作实效

⑴ 注重职能延伸。各相关办案部门并非就案办案，而是注重前后延伸，打防并举，综合民事、行政、刑事各种手段，积极督促行政机关依法履职。如在办案过程中，针对行政执法机关出现的问题和行政执法部门违法行使职权或者不作为的行为，及时制发检察建议书或检察意见书，并实时跟踪督促整改，强化预防效果。针对东方市大广坝库区周边存在毁林问题，二分院积极督促该市森林公安局及时查处案件。但一年来，该市森林公安局查处力度不够，导致毁林占地事件仍有发生。二分院及时向东方市森林公安局制发检察建议，建议成立专案组，加大打击力度。同时加强与该市地方党委、政府的沟通，强化工作合力，有效维护了库区生态环境安全。

⑵ 注重警示宣传。定期组织公诉、预防、控告等部门深入辖区市县及相关行政执法单位，结合所办的典型性案件和社会影响较大案件，以案明法释法，举办讲座，不断提高群众保护生态环境的自觉性。截至今年 5 月，共开展生态保护宣讲 6 场，发放宣传资料 3000 余份、阳光检务告知卡 4500 余张，提供法律咨询 220 余人（次）。

三、生态检察工作中存在的问题

（一）现实冲突影响了案件办理效果

⑴ 刑事立法不合理。仅仅处罚实害犯而忽略危险犯，是现行刑事法律规范

对环境犯罪处罚最明显的特征之一[①]。生态保护根本要求是预防环境污染和生态破坏后果的发生，预防比起惩治和补救重要得多。我国现行刑法中关于环境犯罪的条款多属于结果加重犯条款，要求的结果多为对人身和财产的实际损害，这在客观上加大了取证难度，特别是对于污染环境犯罪而言。并非所有的污染行为会立即导致危害结果的发生，多数污染行为到危害结果发生有一个较长的过渡期或潜伏期，期间其他因素的介入势必将因果关系复杂化，加之鉴定主体的权威性和专业性不强等问题，要证明两者之间存在刑法上的因果关系比较困难。

(2)“情”与“法”存有冲突。通过对二分院办理案件情况的分析，可以看出西部地区生态环境领域犯罪案件以滥伐林木罪案件和非法占用农用地罪为主。此类案件多为当事人为生产或生活而为，犯罪情节相对轻微。如非法占用农用地的违法犯罪行为，大多数是当地农民为改善住房而自建房屋造成；滥发林木违法犯罪行为往往是农民未申请砍伐许可或者已经申请但相关职能部门未完成审批而砍伐自己林木满足生活或生产需要而造成。如果对该类违法犯罪行为严厉打击，有违世俗民情；不依法打击，有违法律，两者很难协调一致，难以取得满意的社会效果和法律效果。

（二）证据瑕疵制约了案件办理质量

(1) 收集证据不规范。侦查机关在收集程序时，不注重程序规范，导致证据难以采信。如白沙县森林公安局办理的韦某、董某涉嫌非法收购、出售珍贵、濒危野生动物罪一案。白沙县森林公安局在查获并扣押由陈某负责运输的野生动物时，仅拍摄了部分编号物品照片，未对全部扣押的物品分别编号及拍照。次日，该局侦查人员组织货主韦某对其托运物品进行辨认。侦查人员在韦某无法辨认其托运物品的情况下，仅根据韦某供述的托运物品的数量及种类进行了二次扣押。但上述扣押物品被查获时的持有人为陈某而非韦某，侦查人员的扣押行为违反了《中华人民共和国刑事诉讼法》第140条的规定。同时侦查人员在对扣押物品委托鉴定前，已将扣押的野生动物放生。在委托鉴定时仅提供分别编号的动物照片作为送检检材。检察机关在审查起诉时发现，由于无法从数量与特征上将被扣押物品与送检照片进行对比确认，导致无法明确送检的照片是否系从陈某车上所扣

①胡亚球、夏玮：《对检察机关环境保护监督机制的反思与完善》，扬州大学学报（人文社会科学版）2013年第2期。

押物品的照片。最后，该鉴定意见无法采信，案件难以起诉。

(2) 收集证据不全面。侦查机关在收集证据时未严格按照证据标准收据证据，导致证据链难以形成，无法认定犯罪事实。如乐东县公安局办理的古某涉嫌非法占用农用地罪一案。非法占用农用地的证据一般要求要有计划用地报告，规划用地文件破坏土地资源收费收据等书证；土地管理部门、乡镇政府、村委会出具的证明材料；证明行为人非法占用农地的数量、用途及被破坏的情况等。土地资源毁坏及农用地丧失种植条件的需提供土地沙化、盐渍化、水土流失的鉴定意见，被破坏农用地的估价鉴定意见。侦查机关在办理该案时，未按照证据标准进行土地资源毁坏的鉴定，仅是委托该县林业局出具了一个情况说明，导致无法客观证明损害后果，案件难以起诉。

(3) 证据审查运用不严谨。侦查机关在审查运用证据过程中，过于注重采信犯罪嫌疑人的有罪证据，而忽视了证明嫌疑人无罪的证据。如昌江县公安局办理的符某涉嫌非法占用农用地罪一案。相关证人证言证实符某不具有明知且非法占用故意，其开垦的土地是通过与其他村民置换、租用而来，并已支付相应对价。侦查机关在审查运用证据时恰恰忽视了这块证据，导致证据不足，事实不清。

(4) 证据收据存在客观上的不能。一是证据灭失导致取证不能。生态环境领域犯罪案件由于一定客观原因，易导致证据灭失，取证不能。如非法捕捞的水产品，行为人在作案后往往随意销售，购买者不易查找，缺乏关键的证人证言。即使是销售给某些餐厅、饭店，也因涉案物品被消耗，使得涉案水产品的种类和数量无法查实。二是鉴定意见不客观导致证据缺失。由于鉴定技术标准存在局限性，受其他客观因素影响，相关鉴定意见难以确定具体损害结果，导致鉴定意见不客观。如东方市森林公安局办理的卢某、符某涉嫌滥伐林木罪一案。由于卢某、符某采伐林木之前，案发区域上的主要林木已经被其他农户砍伐，遗留的树头也已被清除，且案发区域也存在部分是空地的情况，侦查机关委托相关机构进行滥伐林木的面积、蓄积量评估时，因实地与鉴定技术标准要求的样的情况存在差异，评估鉴定不符合客观情况，导致该鉴定意见无法采用，关键证据缺失。

（三）生态检察的深度不够，削弱了办案实效

(1) 查办案件数量偏少。自建院以来，二分院仅查办违法发放林木采伐许可证犯罪 1 件 2 人，查办玩忽职守犯罪 3 件 4 人，查办滥用职权犯罪 2 件 2 人，还未查办有关环境监管失职、非法批准征用、占用土地犯罪等方面的职务犯罪，不能达到有效监督职能部门执法监管行为和有力打击犯罪行为的效果。且二分院查

办的案件数量、规模与近年来生态环境领域犯罪高发的态势，与生态环境保护愈发被重视的程度不相适应。

⑵ 参与方式较为单一。查办生态领域犯罪案件是生态检察的核心工作。但做好生态检察工作不仅要查办生态环境领域犯罪，也要对行政执法行为和司法行为依法开展法律监督。如对环境行政部门开展监督，督促其依法履职——已涉嫌犯罪的危害环境行为，督促依法移送，防止以罚代刑；对公安机关开展立案监督，防止有案不受，有案不立；对法院审理生态环境领域犯罪案件的程序、适用法律、执行情况依法开展监督，统一生态环境领域犯罪案件量刑标准，维护司法稳定性和权威性。

⑶ 职能延伸不到位。检察机关对破坏环境资源保护类的案件的打击往往在环境污染发生之后。环境污染和破坏一旦发生往往损失巨大，生态修复较慢，治理成本较高，生态环境保护的特殊性要求检察机关不仅仅发挥打击生态环境领域犯罪的职能，还需要创新发挥参与生态综合治理的职能。现阶段检察机关对参与生态综合治理的职能延伸不到位，主要表现在两个方面：一方面是生态法制宣传形式单一，针对性、实效性不强。现实中，法制宣传多以编印宣传手册为主，该宣传方式缺乏互动性；同时宣传手册的内容主要是法律规章，群众接受的主动性不强。另一方面是惩防一体化开展不深入。检察机关在查办破坏环境资源类案件和生态环境领域的职务犯罪案件后，不善于运用检察建议预防、警示教育预防等形式开展惩防一体化工作。有的仅是就案办案，有的在办案以后虽然制发了检察建议，但也不跟踪被建议单位是否回复。即使在收到检察建议回复以后，也对相关单位是否真正进行了整改、整改效果如何等并未跟踪监督，致使检察建议书仅仅成了书面的文来文往，检察建议效果大打折扣，并未真正实现预期的法律效果和社会效果。

四、改进生态检察工作的对策及建议

（一）加强外部联动，形成行政司法合力

一是加强与人民法院和公安机关的沟通，统一对生态环境领域犯罪及相关职务犯罪案件的执法思想和证据标准，提高办案质量，着力解决量刑轻刑化问题。定期或者不定期召开联席会议，研讨分析近期内违法犯罪案件的新情况、新特点，并提出应对措施，通报新近颁布的法律、法规、规章及其他地方性文件以及其他需要进行沟通交流的事项。二是加强与环境行政监管部门的沟通。进一步建立健全与行政执法的衔接机制，加强对行政执法部门的监督，防止有案不移、有

案不立、以罚代刑的发生。同时与有关部门建立行政调查案件的通报机制，及时了解和掌握相关部门调查处理情况。在结合行政调查和检察调查基础上，对严重破坏生态环境资源的案件，及时介入行政调查，相互配合，相互监督，形成工作合力。如浙江省永康市检察机关通过介入行政执法监督加快解决环境问题，对区域性或难以解决的环境问题，环保局主动联系检察院，借助检察机关的力量，督促各部门履行职责，承担属地管理责任来解决各类环境问题。同时检察院督促环保部门规范环保行政许可、排污收费、行政处罚等执法行为，规范环境行政执法内部监督机制。类似做法在一定范围内形成了典范效应。

（二）强化分工合作，构建一体工作体系

一是进一步从内部拓宽线索来源渠道。线索收集是查办犯罪的基础，正所谓“巧妇难为无米之炊”，检察机关在工作中要将线索发现作为打击危害生态环境犯罪的首要问题来抓。在完善内部线索移送制度基础上，通过深挖本院在办案件，积极寻找案件线索来源新渠道。如四川省广元市检察机关建立的办理生态环境资源案件“两审查一告知”机制。即本院办案部门受理破坏生态环境资源刑事案件后，与职务犯罪侦查部门一起对案件进行同步审查，并及时将受案情况和基本案情告知民行检察部门。由受理案件的业务部门重点审查犯罪嫌疑人、被告人的逮捕必要性、羁押必要性、公诉必要性，根据犯罪情节提出量刑建议；职务犯罪侦查部门重点审查刑事犯罪背后是否存在贪污贿赂、渎职侵权等职务犯罪行为；民行检察部门及时决定是否提起刑事附带民事诉讼、公益诉讼，做好诉前准备工作。二是加强诉讼监督，提升打击力度。加强对公安机关的立案监督，注意发现有案不移、有案不立、有罪不纠、以罚代刑、放纵犯罪背后的职务犯罪线索。切实保证生态环境犯罪案件得到及时查处。上级检察机关要认真审查下级检察机关报送的生态环境犯罪备案案件，严格不起诉标准，对不起诉错误的，坚决纠正。同时加强对法院审理生态环境犯罪案件的程序、适用法律、执行情况依法开展监督，统一生态环境领域犯罪案件量刑标准，维护司法稳定性和权威性。三是强化惩防一体，注重打防结合。加强自侦、公诉、预防、控告申诉部门之间的横向联动，相互协作。在大力查办生态环境领域职务犯罪案件的同时，同时要紧密结合办案工作开展预防，通过预防巩固、转化和扩大办案成果。充分发挥检察机关惩治和预防职务犯罪的综合效应，实现发现、侦查、防范的有效衔接，形成查办和预防犯罪相互促进、互为补充、整体联动的工作格局。通过警示教育、制发检察建议等形式，从源头上预防危害生态环境职务犯罪的发生，增强预防效果。

（三）注重职能延伸，筑牢生态安全防线

一是依托执法办案开展专业预防。结合案件办理，开展一案一建议，帮助发案单位和行业完善管理措施；加强预防调研，剖析类案和典型案例，提出对策建议，做好预防年度工作报告，为地方党委、政府提供决策参考；组织乡镇和有关部门工作人员旁听庭审，接受廉政警示教育。二是依托普法宣传开展社会预防。以巡回宣讲为途径，采用悬挂警示图文、发放环保手册、解说绿色检察等方式，深入林区、矿区、社区，开展生态普法宣传工作。三是依托新兴媒体开展网络预防。充分利用检察机关门户网站、检察机关案件信息公开网、官方微博等新媒体，强化生态环境案件检务公开，做到案件流程、办案进度、法律文书同步上网。及时通报生态环境领域犯罪典型案件处理情况，增强人民群众保护生态环境资源意识。

（四）加强人员培训，提高办案水平

由于生态环境犯罪的证据收集专业性要求比较高，检察机关承办人员在侦查或者审查案件时证据难以全面获取有关证据。因此，要加强生态环境专门知识的培训，可以聘请相关行业法规部门的人员授课或邀请生态检察工作开展较好院的办案人员讲解办案体会和心得，使承办人员了解、熟悉、掌握相关系统领域和行业的法律法规和行业知识；对办案中遇到的专业性、技术性的问题，要主动请教有关部门和专家释疑解惑。同时要创新途径，尝试构建“行业职责和工作规范”资料库，将以往办案过程中收集或整理出的与生态环境相关专业的工作流程及相关法律统一保存。这不仅使侦查人员能够及时查阅具体规定，提高办案效率，也完善了生态检察工作办理机制。

（五）积极探索创新，拓展保护新途径

一是积极尝试将恢复性司法理念应用在西部地区生态保护中。二分院办理的生态环境犯罪案件以滥伐林木罪案件和非法占用农用地罪为主，此类案件多为当事人为生产或生活而为，犯罪情节相对轻微。检察机关在审查案件后，可以通过要求犯罪嫌疑人依法停止侵害、修复环境等模式降低资源破坏和环境污染损害程度，并以此作为其从宽处理的依据。该做法不仅有效惩治了犯罪，教育了群众，也彰显了法律修复破损社会关系的功能。二是案件听证的尝试应用。在我国，听证程序一般仅运用于行政程序当中。为提高公众的参与度，增强办案的公开性和透明性，检察机关创新管理机制，将听证制度引入民行申诉案件。为提升生态环境案件的教育意义，可以尝试将环境犯罪不起诉案件纳入听证范围。在听证过程中，邀请人大代表、政协委员、人民监督员及相关专业人士出席听证会，听证人员可以在充分了解案情及相关法律规定的基础上，作出起诉或不起诉处理意见，最终由检委会决定是否采纳。在听证过程中，检察院综合各方的意见，为其作出处理决定提供参考，既有利于实现法律正义，也提升了法律教育实效。三是探索将民事、行政诉讼监督手段运用于生态检察工作。充分发挥检察机关民事、行政检察部门职能，综合运用抗诉、检察建议、调查违法等多种监督手段，加强对破坏环境、损害国家利益或社会公共利益案件的督促起诉、支持起诉工作。同时建立健全生态资源环境开发利用方面民事申诉案件的检调对接机制，积极探索公益诉讼。加强对民事调解、执行活动的监督。对裁判不公、确有错误的案件，加大审查抗诉力度，进一步加强再审检察建议工作。

公诉工作如何开展生态检察

——以一起非法采伐黄花梨案罪名研究为例

李　梅*

一、主要案情

2011年3月，被告人韩某进在海南省霸王岭国家级自然保护区的山林里发现一株国家重点保护植物降香黄檀树木（以下均称黄花梨），便告诉父亲韩某平、大哥韩某军、大弟韩某伟、二弟韩某良，五被告人决定一同盗伐，并携带手锯、砍山刀、锄头、铁锤等工具到海南省霸王岭国家级自然保护区管理局重点管护区第四林班第61小班，采用锯、剥皮、挖根等方法，将一株近百年的海南黄花梨树锯成4截，并挖出树头，运回家中藏放。同年3月8日，五人将黄花梨木材和树头共362千克，以168万元人民币的价格卖给被告人肖某亮和王某玉，后经被告人韩某强、韩某民的介绍，将41.5千克重的黄花梨树根以每千克3000元人民币的价格，卖给蔡某德。最终被海南省霸王岭林区森林公安局民警查扣。经海南省林业科学研究所鉴定：被盗伐木材均为蝶形花科黄檀属的降香黄檀（别名为海南黄花梨），属国家二级重点保护野生植物。经昌江县价格认证中心估价鉴定，被追缴的海南黄花梨木材价格为人民币1882400元，被追缴的海南黄花梨树根价格为人民币112000元。

二、检法两家关于本案定性的差异

检察机关以盗窃罪对五父子提起公诉，以掩饰、隐瞒犯罪所得罪追究收购或代为销售的王某亮等四人责任。法院判决：以非法采伐、毁坏国家重点保护植物罪分别判处盗伐黄花梨的五父子2~7年不等的有期徒刑。以犯非法收购、运输国

* 海南省人民检察院第二分院委员会委员，公诉一处处长。

家重点保护植物罪判决两名收购者2—3年不等的有期徒刑，以掩饰、隐瞒犯罪所得罪追究代为销售的被告人韩某强1年有期徒刑，被告人韩某民免予刑事处分。

三、本案值得研究的几个法律问题

以生态岛著称的海南，各级检察机关越来越重视和强化生态检察，组织开展了打击生态环境保护领域各类犯罪的专项活动，特别是2013年9月，同海南林业主管部门联合开展“打击破坏森林资源犯罪，保护海南生态环境”专项行动，引起社会关注。但从我省刑事判决情况看，查办有影响力的案件少，处罚偏轻，客观上影响了对破坏森林资源犯罪的惩治效果。作为承办此案的笔者，针对检察机关正在开展的“生态检察”工作，有必要对该案的定罪量刑进行分析，其意义在于强调应对破坏森林资源犯罪加大惩处力度。

（一）定性的不同直接导致量刑差异巨大

刑法第264条规定盗窃数额特别巨大或者有其他特别严重情节的，处10年以上有期徒刑或者无期徒刑，并处罚金或者没收财产。海南省对盗窃数额特别巨大的标准，以“三十万元”为起点。根据本案的数额、情节和社会危害性看，本案如以盗窃罪定罪量刑，其主犯的判处是15年有期徒刑直至无期徒刑。而刑法第344条规定非法采伐、毁坏国家重点保护植物罪，情节严重的，处3年以上7年以下有期徒刑，故本案的主犯判处仅7年有期徒刑。笔者不同意法院的判处，其理由如下：其一，本案定盗窃罪有法律依据。最高人民法院《关于审理破坏森林资源刑事案件具体应用法律若干问题的解释》第15条规定，非法实施采种、采脂、挖笋、掘根、剥树皮等行为，牟取经济利益数额较大的，以盗窃罪定罚处罚。笔者认为该司法解释强调对严重的非法采伐、毁林行为应当适用重法条优于轻法条的原则，只有这样才能体现罪刑法定原则和罪刑相适应原则。而不能机械套用非法采伐、毁坏国家重点保护植物罪是特别法条，盗窃罪是普通法条，应适用特别法条优于普通法条的原则。如果是这样的判定，最高法的第15条司法解释就失去意义和存在的必要。其二，本案的行为完全符合盗窃罪的特征。涉案的5名非法采伐者的目的是获取不义之财，客观上也通过盗伐的行为获得了巨大利益。同时，本案中盗伐者不仅有伐的行为，而且有挖根、剥皮等行为，这些行为特征已经超出非法采伐、毁坏国家重点保护植物罪所涵盖的砍伐行为，其行为完全符合盗窃罪的特征。其三，本案应当从严惩治。刑法将破坏森林资源犯罪从盗窃罪中独立出来，是为了对森林资源进行特殊保护。由于破坏森林资源犯罪的法定刑轻于盗窃罪的法定刑，导致有必要对严重的盗伐森林案件适用重法条优于轻法条的原则，否则就会违反刑法的基本原则。本案中，该棵野生黄花梨已有百年的历史，在海南乃至全国都已几乎绝种，本案案发时曾引起全省关注。公安机关在侦查中高度重视此案办理，集中骨干力量，证据固定性非常强，在案人员全部落网，作案工具已查获，黄花梨已追缴。但由于定罪量刑的尺度不统一，导致9名被告人虽被刑事追究，但轻刑化的处罚没有体现法律震慑力，将一起特别严重的破坏生态资源刑事犯罪，变成了一般毁林案件，难以实现刑法的正义性。从全国各地生效的判决看，对此类严重破坏森林资源的案件，绝大多数认定为盗窃罪。如昌江县检察院起诉的五起涉林案件，其中四起被法院判决为盗窃罪。

（二）破坏环境资源保护罪的量刑均偏轻

我国刑法将破坏环境资源保护罪排在第6章第6节，共15个罪名。从量刑看，只有2个罪名，最高刑处10年以上有期徒刑，其他罪名最低起刑点均在3年以下有期徒刑，情节严重的，最高刑也只是7年以下有期徒刑。同样，拿盗窃罪与之比较，盗窃罪侵犯的对象是他人财产权，财产的损失可以通过各种途径挽回；破坏森林资源的犯罪不仅导致财产的损失，而且破坏了生态环境，珍贵树种的灭绝无法恢复原状。因此非法采伐的违法性和有罪性并不轻于盗窃罪，但量刑的幅度却相差很远，这是导致破坏生态环境“违法成本低”的一个重要原因。另外从海南西部辖区法院判决情况看，即使以盗窃罪定罪量刑，也只是从林木本身的鉴定价值认定犯罪数额，对生态环境造成无法挽回的严重后果均没有在量刑中加以考量，这也是量刑偏轻的重要原因。同时，本案中，对收购者、代为销售的下游犯罪的处罚，更是偏轻，均在3年或3年以下有期徒刑（缓刑）量刑，甚至免予刑罚。

（三）处罚力度不够，势必难以扭转环境保护不力的局面

破坏生态环境的处罚偏轻，与当前一再强调“严厉打击破坏生态环境犯罪”不相适应，也很难从根本上扭转环境保护不力的局面。《中华人民共和国刑法修正案（八)》对我国刑法第338条和第343条第1款进行了完善，分别取消了“造成重大环境污染事故”和“经责令停止开采后拒不停止开采”等法定情节。从立法上虽降低了入罪标准，但在处罚上并没有对特别严重的情节和后果给予严打，量刑幅度仍很宽泛。加之目前没有配套的损害生态环境鉴定评估制度，因此在公诉环节，对法院量刑偏轻的判决提出抗诉意见的极少。总体来看，案件虽然处理了，但是社会效果不好，甚至带来负面效应——“打不疼”“打不死”的情况，失去了法律的尊严、监管的权威。笔者从一份调研文章获悉，2011年至

2012年，海南法院系统共审理破坏生态资源犯罪案件159件，其中，案发时间在2009年之前的仅有9件，2010年24件，2011年53件，2012年60件。从数据上看，破坏生态资源犯罪案件呈现逐年大幅上升趋势。

四、公诉工作如何开展生态检察

作为承办本案的公诉人，在2011年办理此案的过程中，也仅从盗窃罪的定罪量刑提出了控方观点，没有从生态环保的深度和高度看待此案。笔者认为，“生态检察”绝不是一般的口号，应当通过个案的办理，将生态检察落实在具体的执法办案中，特别在庭审中，将这一新主题与办理破坏环境资源保护罪这一类案件紧密结合起来，真正起到公诉一案，警示一片的作用。如何结合“生态检察和个案”，笔者有以下几点建议：

（一）加强学习

笔者查阅资料得知，环保法律法规多达120余部，环境立法速度居各部门法之首。特别是从2008年至2014年，我国已修订通过《中华人民共和国水污染防治法》《中华人民共和国水土保持法》《中华人民共和国固体物污染环境防治法》《中华人民共和国海洋环境保护法》《中华人民共和国环境保护法》，其中《中华人民共和国环境保护法》被称为“史上最严”的环保法，也是加强生态文明制度的重要成果。以上部门法是我们办理破坏环境资源保护罪的重要依据，直接影响对此类犯罪的认定标准。作为公诉人，必须加强学习该类法律法规，储备生态环保的专门法律，才能胜任此类案件的审查起诉工作，将生态检察突现出其意义所在。

（二）建立统一的执法标准

我省已提出“绿色崛起，建设国际旅游岛屿”发展战略，必须从战略的角度，建立起最严密的法律、最严格的制度护航“美丽海南”。但从现状看，打击不严、处罚不力是一种现状。笔者在办理另一起非法采矿中得知，海南80%的采砂业均为无证非法开采，疯狂之举，已达到惊人。从省国土局了解，由于此类型犯罪案件行为跨时空、极具复杂性，危害结果往往有潜伏期，具有幕后主犯难查、责任分散、毁损鉴定技术要求高等特征，因此大多数案件只好做行政处罚。因此亟须公检法联合下文，专门对打击破坏环境资源的犯罪，统一严厉的执法尺度，为严格执法提供法律依据，让违法者付出沉重代价。

（三）立足公诉职能，提高发现职务犯罪的能力

从破坏环境资源案件看，其中必然有监管不力、失职渎职、不作为，甚至充

当“保护伞”的犯罪，应追究其责任。从目前看，在公诉环节发现或追诉职务犯罪的案件少至甚少。究其原因，一是作为公诉人，本身环保意识不强，不善于从生态保护的监管方面发现问题；二是存在畏难情绪。目前在查办生态领域犯罪案件中常存在损害行为与因果关系认定难等问题，如果危害结果难以确定，犯罪嫌疑人的渎职责任就无法认定。一旦追诉，存在无罪风险较高。

试析违法发放林木采伐许可证罪之“情节严重”

李光甫*

内容摘要：认定违法发放林木采伐许可证行为是否达到“情节严重”，不能唯发证行为人所许可采伐数量来认定，也不能简单的以行为人违反了森林法的具体规定来认定，而要根据行为人所许可采伐的数量及其发证过程中还必须履行的森林法规定的其他责任来综合考虑，重点审查渎职行为是否引起了“森林遭受严重破坏”的后果发生。如果发放采伐证的行为与损害后果之间有刑法上的因果关系，这种行为就属于情节严重，否则不属于情节严重。

关键词：违法发放　林木采伐许可证　情节严重

情节是刑法中定罪与量刑的重要依据，在大量的刑法条文中均有表述，但关于情节轻重的具体描述，刑法条文中规定的较少，多以司法解释予以明确。违法发放林木采伐许可证罪亦然，刑法条文表述中有情节严重一词，其具体情形却未加规定，理论界和实务界对此罪名研究成果颇丰，但是，针对该罪名法条中的“情节严重”做专门研究尚不多见。如何理解和适用刑法第 407 条的“情节严重”在司法实践中争议多多，给司法工作者带来诸多困惑，本文将结合案例和司法解释从实践角度分析之。

一、违法发放林木采伐许可证罪的法律规定及司法困惑

违法发放林木采伐许可证罪是 1997 年修订刑法后出现的新罪名，刑法第 407 条规定：“林业主管部门的工作人员违反森林法的规定，超过批准的年采伐

* 海南省人民检察院第二分院民行处处长。

限额发放林木采伐许可证或者违反规定滥发林木采伐许可证，情节严重，致使森林遭受严重破坏的，处三年以下有期徒刑或者拘役。”本罪在客观方面具体包括四个方面的内容：第一，行为人必须具有违反森林法规定的行为；第二，行为必须具有超过批准的年采伐限额发放林木采伐许可证或者违反规定滥发林木采伐许可证的行为；第三，违反森林法规定，超过批准的年采伐限额发放林木采伐许可证或者违反规定滥发林木采伐许可证的行为，必须是情节严重；第四，致使森林遭受严重破坏的，才构成犯罪。那么，带来了两个问题，第一，法条中的情节严重是否仅指行为人的违反森林法规定滥发采伐许可证的行为情节严重？还是包括导致的损害后果情节严重？还是既包括行为人违反森林法规定滥发采伐许可证的行为情节严重，也包括导致的损害后果情节严重？第二，有违反森林法规定滥发采伐许可证的行为，出现了森林遭受严重破坏的结果，那这种渎职行为是否一定视为情节严重？

从刑法条文的语言结构上看，此处的情节严重是修饰行为人违反森林法规定滥发采伐许可证的行为，而不是用来强调这种行为所导致的危害后果。本罪是结果犯，只有出现森林遭受严重破坏的结果才能构成犯罪。因为是渎职犯罪，它与刑法规定的一般犯罪不同。一般情况下，多数犯罪中行为人的行为直接导致的损害后果达到情节严重，就可以定罪，行为本身情节是否严重或恶劣仅是量刑的条件。而渎职罪不同，虽然有渎职行为，也出现了情节严重的损害后果，但有时严重的损害后果不一定是渎职行为引起的。因此，笔者认为，在渎职犯罪中，渎职行为的情节严重和损害后果的情节严重是两个概念，应当分别评价。

二、违法发放林木采伐许可证罪的司法解释规定模糊

从现有的司法解释中，很难解决上述几个疑问。根据2000年11月17日《最高人民法院关于审理破坏森林资源刑事案件具体应用法律若干问题的解释》（以下简称高法解释）第12条的规定，林业主管部门的工作人员违反森林法的规定，超过批准的年采伐限额发放林木采伐许可证或者违反规定滥发林木采伐许可证，具有下列情形之一的，属于刑法第407条中规定的“情节严重，致使森林遭受严重破坏”，以违法发放林木采伐许可证罪定罪处罚：（1）发放林木采伐许可证允许采伐数量累积超过批准的年采伐限额，导致林木被采伐数量在10立方以上的；（2）滥发林木采伐许可证，导致林木被滥伐20立方米以上的；（3）滥发林木采伐许可证，导致珍贵树木被滥伐的；（4）批准采伐国家禁止采伐的林木，情节恶劣的；（5）其他情节严重的情形。高法解释列举了5种情形，并且明确指出是属于刑法第407条“情节严重，致使森林遭受严重破坏”的情形。从内容上看，高法解释将“致使森林遭受严重破坏”规定了具体标准，但仍然没有将违法发放林木采伐许可证行为的“情节严重”解释清楚，也就是说行为人的行为达到什么样的程度，且造成解释中规定的损害后果，才能构成犯罪？能否理解为只要存在“允许采伐数量累积超过批准的年采伐限额”或者“违反规定滥发林木采伐许可证”的行为，出现了解释中规定的损害后果，就是情节严重？抑或是“允许采伐数量累积超过批准的年采伐限额”要达到10立方米或者“违反规定滥发林木采伐许可证”所许可的采伐量要达到20立方米，即与损害后果数量相一致，才算是情节严重？这就不得而知。该解释完全把行为的情节严重与森林遭受严重破坏的损害后果严重混为一体。

最高人民检察院于2006年颁布了《关于渎职侵权犯罪案件立案标准的规定》(以下简称立案标准)，对刑法第407条应予立案的情形作出了明确规定，违法发放林木采伐许可证罪是指林业主管部门的工作人员违反森林法的规定，超过批准的年采伐限额发放林木采伐许可证或者违反规定滥发林木采伐许可证，情节严重，致使森林遭受严重破坏的行为。涉嫌下列情形之一的，应予立案：（1）发放林木采伐许可证允许采伐数量累计超过批准的年采伐限额，导致林木被超限额采伐10立方米以上的；（2）滥发林木采伐许可证，导致林木被滥伐20立方米以上，或者导致幼树被滥伐1000株以上的；（3）滥发林木采伐许可证，导致防护林、特种用途林被滥伐5立方米以上，或者幼树被滥伐200株以上的；（4）滥发林木采伐许可证，导致珍贵树木或者国家重点保护的其他树木被滥伐的；（5）滥发林木采伐许可证，导致国家禁止采伐的林木被采伐的；（6）其他情节严重，致使森林遭受严重破坏的情形。该立案标准从内容上看与高法解释基本一致，只是更加全面更加具体。有进步的是，立案标准将6种情形规定为森林遭受严重破坏应予立案的情形，并没有明确规定6种情形就是发放采伐证行为情节严重的情形。至于什么样违法发证行为是情节严重，留给司法者再另行评价。

三、如何认定违法发放林木采伐许可证罪中的情节严重

通过研读高法解释和最高检的立案标准，我们均不能明确违法发放林木采伐许可证这种渎职行为的情节严重的情形。关于这种违法发放林木采伐许可证的渎职行为是否对所许可的内容有具体数量上的要求，许可采伐的数量大小本身能否是判断情节严重的标准，以及这种渎职行为的各种违法表现能否是判断情节严重的要素，我们来看下面的例子。

某镇林业站受县林业局委托，负责本镇发放林木采伐许可证的申请受理、审查、伐前设计、伐中监督、伐后验收等工作。张某系该林业站站长，于2010年10月受理了村民李某砍伐自己承包的本村集体林木的申请。由于李某与张某是熟人，张某未到拟采伐区进行伐区调查、标界、测量等伐前设计工作就编制了一个伐前设计。张某将材料报乡政府审批，再报县林业局审批填发林木采伐许可证，然后向李某发放了许可采伐量为9立方米的林木采伐许可证。李某得到张某发给的林木采伐许可证后于当日发动本村村民在一天之间滥伐林木60立方米。

本案中村民李某构成滥伐林木罪无疑，但对张某是否构成违法发放林木采伐许可证罪出现意见分歧。有观点认为张某不构成犯罪，理由是他虽然实施了违法发放林木采伐许可证的行为，也出现了林木被滥伐60立方米的损害后果，但他违法发放林木采伐许可证所许可的数量是9立方米，达不到立案标准20立方米，其行为达不到情节严重的标准。还有观点认为其构成违法发放林木采伐许可证罪，理由是张某实施了违法发放林木采伐许可证的行为，该行为在法律规定上没有数量上的要求，而且实际产生了20立方米以上的林木被滥伐的损失。以上两种观点是司法实践中解读违法发放林木采伐许可证罪立案标准比较有代表性的观点，也是司法实践中关于违法发放林木采伐许可证罪存在的主要困惑。

根据最高检立案标准，以张某发放林木采伐许可证所许可采伐的数量没有达到立案标准而得出张某不构成渎职犯罪的观点是与刑法规定相违背的。根据刑法规定和司法解释，只要张某违反规定滥发了林木采伐许可证就满足了本罪的行为要素，而不需要考虑采伐许可证所许可采伐的数量是多少。那么，是否张某只要实施了滥发林木采伐许可证的行为，客观上产生了实害结果并达到立案标准就可以认定张某构成违法发放林木采伐许可证罪呢？笔者认为这种观点只考虑了行为要素和结果要素，而忽略了客观方面的重要一环——因果关系。我们举个极端的例子来说明，如果上述案件中违反规定滥发的林木采伐许可证上所许可的采伐量是1立方米，而且也履行了森林法相关规定的职责，结果当地村民在一天之间超出设计界限采伐1000立方米的林木，那么我们是否能够认定张某违反规定滥发林木采伐许可证的行为导致了1000立方米的林木被滥伐的重大损害结果呢？显然，这样的认定与刑法公平的理念以及罪责刑相适应的基本原则是不符的。《中华人民共和国刑法》第407条“……滥发林木采伐许可证，情节严重，致使森林遭受严重破坏的”规定中的“致使”正是连接违反规定滥发林木采伐许可证的行为与实害结果之间的“桥梁”。抛开因果关系而单独讨论危害行为与损害后果是不符合刑法理念也不符合逻辑规范的。

笔者认为解决司法实践中认定违法发放林木采伐许可证行为是否达到情节严重的程度，主要把握以下三点。

（一）许可采伐的数量是判断违法发放林木采伐许可证行为情节严重的参考条件

只要存在允许采伐数量累积超过批准的年采伐限额达到10立方米或者滥发林木采伐许可证所许可的采伐量达到20立方米，即许可采伐的数量与立案标准规定的损害后果相一致，也就是说渎职行为当然引起损害后果的发生，一般直接认定属于违法发放林木采伐许可证的情节严重行为。如果导致了损害后果且达到立案标准规定，应予定罪处罚。如果允许采伐数量累积超过批准的年采伐限额达不到10立方米或者滥发林木采伐许可证所许可的采伐量达不到20立方米，即许可采伐的数量很小，远远少于损害后果的立案标准的数量，应当区别对待，既不能一概不认定犯罪，也不能简单认定犯罪，而是应当综合评价行为人违反森林法及相关规定的内容，是否达到情节严重，方可裁判是否构罪。

（二）违反森林法及其相关规定的内容是判断违法发放林木采伐许可证情节严重的必要条件

林木采伐许可证许可的采伐数量仅是参考，并不当然构成情节严重，是否违反森林法及相关规定才是评价情节严重的要素，是判断构成情节严重与否的必要条件。在此，我们摘取部分森林法对发放林木采伐许可证的相关规定做进一步探讨，根据《中华人民共和国森林法》（以下简称《森林法》）第29条规定："国家根据用材林的消耗量低于生长量的原则，严格控制森林年采伐量。"《中华人民共和国森林法实施条例》（以下简称《森林法实施条例》）第28条第1款规定："国家所有的森林和林木以国有林业企业事业单位、农场、厂矿为单位，集体所有的森林和林木、个人所有的林木以县为单位，制定年森林采伐限额，由省、自治区、直辖市人民政府林业主管部门汇总、平衡，经本级人民政府审核后，报国务院批准；其中，重点林区的年森林采伐限额，由国务院林业主管部门审核后，报国务院批准。"《森林法》第30条规定："国家制定统一的年度木材生产计划。年度木材生产计划不得超过批准的年采伐限额。计划管理的范围由国务院规定。"《森林法》第33条规定："审核采伐许可证的部门，不得超过批准的年采伐限额发放采伐许可证。"《森林法实施条例》第30条规定："申请林木采伐许可证，除应当提交申请采伐林木的所有权证书或者使用权证书外，还应当按照下列规定提交其他有关证明文件：（一）国有林业企业事业单位还应当提交采伐区调查设计文件和上年度采伐更新验收证明；（二）其他单位还应当提交包括采伐林木的目的、地点、林种、林况、面积、蓄积量、方式和更新措施等内容的文件；（三）个人还应当提交包括采伐林木的地点、面积、树种、株数、蓄积量、更新时间等内容的文件。因扑救森林火灾、防洪抢险等紧急情况需要采伐林木的，组织抢险的单位或者部门应当自紧急情况结束之日起30日内，将采伐林木的情况报告当地县级以上人民政府林业主管部门。”《森林法实施条例》第31条规定：“有下列情形之一的，不得核发林木采伐许可证：（一）防护林和特种用途林进行非抚育或者非更新性质的采伐的，或者采伐封山育林期、封山育林区内的林木的；（二）上年度采伐后未完成更新造林任务的；（三）上年度发生重大滥伐案件、森林火灾或者大面积严重森林病虫害，未采取预防和改进措施的。”《森林法实施条例》第33条规定：“利用外资营造的用材林达到一定规模需要采伐的，应当在国务院批准的年森林采伐限额内，由省、自治区、直辖市人民政府林业主管部门批准，实行采伐限额单列。”国家林业局还发布了《森林采伐作业规程》，对拟伐区调查设计、伐中监督、伐后验收做了明确要求。上述法律法规对发放林木采伐许可证的批准级别、批准程序、批准范围、许可数量等都做了较为具体的规定，这些均是发放林木采伐许可证应具体遵循的法则。发放林木采伐许可证绝不是一个单独的简单的发证工作，还包括对申请人提交材料的审查审核、年采伐量的限制、采伐方式的确定、伐前设计、伐中监督、伐后验收等一系列工作，这是构成发放林木采伐许可证的完整过程。在这个过程中，任何环节只要违反了森林法的有关法律、法规、规定，任何作为或不作为的行为将都是判断行为人违法发放林木采伐许可证行为是否构成情节严重的要素。

（三）因果关系是判断违法发放林木采伐许可证情节严重的核心标准

因果关系是一种引起与被引起的关系。其中的“引起”者是原因，“被引起”者是结果，而因果“关系”本身不包括原因与结果，只包含二者之间的引起与被引起的关系。[①]在违法发放林木许可证罪中，许可了一定的采伐数量，违反了森林法的具体规定，是否一定构成情节严重？笔者认为，许可的数量是参考，违反森林法规定是条件，这些都是渎职行为要素，是原因，是否引起森林遭受严

①张明楷：《刑法学》，法律出版社，2011，第173页。

重破坏是结果。也就是说，许可的数量、违反森林法规定与森林遭受严重破坏是否存在刑法上的因果关系，才是判断这些行为是否构成情节严重的核心标准，也是认定罪与非罪必须遵循的标准。

刑法中的因果关系有必然因果关系和偶然因果关系之分。但是越来越多的学者认为，在刑法中除了存在大量的、基本的必然因果关系外，还客观地存在着少量的、补充的偶然因果关系。也有学者主张，应当摒弃偶然与必然因果关系的争论，另寻解决问题的途径。[①]区分必然的因果关系和偶然的因果关系对认定渎职犯罪非常重要。渎职犯罪的必然因果关系，即指某种渎职行为对渎职罪的危害结果的发生起了决定性作用，是渎职危害结果产生的根据，在一定条件下，合乎规律地产生了该结果。简单说，就是某种渎职行为必然地、合乎规律地产生某种或某几种渎职罪的危害结果，此时该渎职行为与该渎职罪的危害结果之间就存在必然的因果关系，比如徇私舞弊不征、少征税款罪等。渎职罪的偶然因果关系，即指渎职行为对渎职危害结果的发生起了非决定性作用，是渎职危害结果产生的必要条件，而不是根据。简单说，就是某种渎职行为并不必然造成某种或某几种渎职犯罪的危害结果，但由于其他偶然因素的介入，导致了这一种或几种危害结果的发生，此时该渎职行为与该渎职罪的危害结果之间就存在了偶然的因果关系。[②]在司法实践中，不能因为是偶然因素的介入引发了危害结果，就认为行为人的渎职行为与危害结果没有因果关系，行为人对此不负刑事责任。只要我们能证实行为人的渎职行为是导致渎职危害结果的基础，并且具有较大的影响力，就完全可以依法追究当事人渎职罪的刑事责任。[③]

违法放发林木采伐许可证罪正是存在上述的两种因果关系，有因发证渎职行为直接导致了森林被滥伐的后果，如错误的许可采伐数量，导致他人按照错误的许可数量砍伐了大量林木，渎职行为与危害后果就是必然的因果关系；也有实施了发证行为，但因没有认真履行森林法规定监督责任，导致犯罪分子有机可乘，造成森林严重破坏的，即偶然的因果关系。分清了本罪的因果关系，再判断什么

①高铭暄、马克昌主编：《刑法学》（上编），中国法制出版社，1999，第157页。

②缪树权：《渎职、侵权案件重点、难点问题的司法适用》，中国法制出版社，2006，第31页。

③缪树权：《渎职、侵权案件重点、难点问题的司法适用》，中国法制出版社，2006，第32页。

是情节严重就较为简单。当发证许可的数量和违反森林法具体规定的行为是当然或可能引起森林遭受严重破坏的条件时，就应判断构成情节严重，否则，就不能认为属于情节严重。如在上述案例中，张某的行为主要违反了《森林法实施条例》第30条规定："……申请林木采伐许可证，除应当提交申请采伐林木的所有权证书或者使用权证书外，……个人还应当提交包括采伐林木的地点、面积、树种、株数、蓄积量、更新时间等内容的文件。"以及国家林业局2005年8月16日发布的《森林采伐作业规程》中对拟伐区调查设计的要求。张某违反以上规定滥发林木采伐许可证，虽然所许可采伐的数量只有9立方米，但张某未到实地调查、设计，未划定采伐范围。由于这些程序的缺失，村民滥伐林木的行为没有受到任何的约束和限制，最后导致60立方米林木被滥伐。本案中，根据张某的渎职情节，我们可以认定张某违法发证的行为与60立方米林木被滥伐的损害结果具有刑法上的因果关系，应当认定张某构成违法发放林木采伐许可证罪。当然，如果在本案中，张某没有履行伐前设计，仍报送虚假材料违法发放了林木采伐许可证，且采伐证上所许可采伐的数量为1立方米，但张某在发放林木采伐许可证后、村民实际采伐前，履行了实地调查、标界行为，补充完成了伐前设计工作，并要求村民不得越界和超数量采伐。在这种情况下村民不顾张某标定的界限、不按照采伐证上规定的时间，一天之内采伐60立方米的林木，就不能认定张某构成滥伐林木采伐许可证罪。西方有一句法谚叫"法不强人所难"，也就是说法律不能要求行为人做到其能力范围之外的事情。在上述假设的情况下，再要求张某履行其监督责任就超越了其能力范围。所以，笔者认为在这样的情况下就不宜认定张某的渎职行为与60立方米林木被滥伐的结果具有刑法上的因果关系，而不应对整个60立方米的林木被滥伐承担渎职犯罪的法律责任，其行为就达不到情节严重的要求，不能认定构成违法发放林木采伐许可证罪。

因此，认定违法发放林木采伐许可证行为是否达到"情节严重"，不能唯发证行为人所许可采伐数量来认定，也不能简单地以行为人违反了森林法的具体规定来认定，而要根据行为人所许可采伐的数量及其发证过程中还必须履行的森林法规定的其他责任来综合考虑，重点审查渎职行为是否引起了"森林遭受严重破坏"的后果发生。如果行为人所许可采伐数量以及违反森林法的具体行为与损害后果之间有刑法上的因果关系，这种行为就属于情节严重，否则不属于情节严重。

非法占用农用地罪的特殊犯罪构成及证明
——周某某非法占用农用地案的实践展开

潘成荣

一、问题的提出

（一）案件事实及处理结果

2010年5月13日、7月31日，乐东县佛罗镇响地村第一至第四队、响地村委会三队村民林某某分别与兆和信公司签订土地承包合同，分别约定将约400亩、82亩（1平方米=0.0015亩）土地承包给兆和信公司用于种植花草或经营美化环境项目。其后，兆和信公司法定代表人周某某违反土地管理法规，个人指使杨某某、何某某组织车队将国信公司项目施工过程中挖出的大量海沙运输至以兆和信公司名义承包的上述两块地上堆放，直至2012年9月20日案发。经海南省国土环境资源厅鉴定，上述两块地分别为耕地、林地和旱地，在地上堆放沙土致土地无法耕种，造成土地中度破坏，破坏耕地面积分别为315.639亩（其中基本农田179.817亩）、87.8933亩。

法院判决认定周某某犯非法占用农用地罪，判处有期徒刑二年，并处罚金人民币2万元。

（二）案件办理涉及的典型问题

(1)“违反土地管理法规”指涉的具体内容是什么。

(2) 非法占用农用地罪在本案中体现的实行行为是什么。

(3) 如何认定所占用土地的类别。

(4) 如何认定农用地是否被大量毁坏。

(5) 证明犯罪构成事实的证据形式及证明标准如何把握。

综合而言，笔者认为办理非法占用农用地案需重点把握好两大方面的问题：犯罪构成的正确理解和构成要件事实和要素的有效证明。

二、非法占用农用地罪的特殊犯罪构成

该罪犯罪构成要件的重点、难点主要在于客观方面，尤其在对于危害行为、行为对象和危害结果的法规范要求的理解和适用方面。

（一）罪状特点

罪状是分则罪刑规范对犯罪具体状况的描述，指明适用该罪刑规范的条件。行为只有符合某罪刑规范的罪状，才能适用该规范。学理上将罪刑规范的罪状分为基本罪状和加重、减轻罪状，基本罪状又分为简单罪状、叙明罪状、引证罪状和空白罪状。空白罪状没有具体说明某一犯罪的构成特征，但指明了必须参照的其他法律、法令。从刑法第342条的规定来看，非法占用农用地罪的罪状属于空白罪状，对于该罪罪状的理解和适用必须结合所参照的土地管理法规。

（二）“土地管理法规”的范围

立法解释对于“土地管理法规”的范围作出了明确规定，即《中华人民共和国土地管理法》《中华人民共和国森林法》《中华人民共和国草原法》等法律以及有关行政法规中关于土地管理的规定。需要注意的是，此处法规的范围仅包括法律和行政法规，不包括其他规范性文件，在司法实践中尤其需要注意不能以地方性法规作为评价违法的依据。

（三）“违反土地管理法规”的实质内容

笔者认为刑法第342条的罪质规范表述可以整合为两个语意群，“违反土地管理法规，非法占用耕地、林地等农用地，改变被占用土地用途，……”构成一个独立的语意群。从形式上看，每个逗号都标示1个独立的描述和独立的语义单位，3个逗号标示着有3个独立的描述。但从整体来看，形式上的3个描述是紧密相连的，只有从整体予以把握，该罪状才具有了具体法规范的意义。割裂来看，“非法占用耕地、林地等农用地”的外延可以很宽泛，非法占用形式的表征多种多样，违反的法规范也不局限于土地管理法规。但从整体（上下文）来看，此处的“非法”显然限定为了“违反土地管理法规”，“非法”仅为“违反土地管理法规”的同义语态过渡词；“改变被占用土地用途”限定了“非法占用”的实质内容，即是否违反土地管理法规，必须从土地管理法规所涉的土地用途方面的管理规范寻找指引和参照。综合而言，该语意群主要的规范内容在于该罪的危害行为（行为属性和行为表现）。而“数量较大，造成耕地、林地等农用地大量毁坏的”从整体上作为一个独立的语意群，主要规范内容在于该罪的危害结果。

（四）实行行为

我国刑法理论的通说认为，犯罪的实行行为，是指刑法分则中具体犯罪构成

客观方面的行为。根据上述分析，笔者认为可以将非法占用农用地罪的实行行为表述为“违反土地管理法规改变被占用土地用途”。该实行行为包含三个层次的内容：行为人利用了土地；行为人改变土地的本来用途进行利用；行为人改变用途利用土地的行为未得到土地管理法规的认可。非法占用农用地罪作为行政犯，其实行行为的规格界定不同于自然犯，需要经过两个层次的法律评价确定其法律意义。第一层次是受土地管理法规的评价，评价的功能是认定行为人占用（使用）农用地的行为是否违法（土地管理法规），该层次的评价侧重从形式上、局部范围内对行为人的自然行为进行法律评价；第二层次是受刑法规范本身的评价，评价的功能是认定行为人违反土地管理法规占用（使用）农用地的行为是否具有社会危害性，该层次的评价是整体的、实质的真正刑法意义上的评价。

（五）“非法占用”的表现形式

“非法占用”系对罪状的高度抽象表述，从明确性和对应性的角度而言，无形中给司法实践设置了一个障碍，但这种障碍不是冲突、矛盾意义上的障碍，而是语义理解和把握方面的障碍，是可以通过法规范的目的性解释予以消解的障碍。从语意群的角度来看，“非法占用”是有所指涉和有所限定的，其实质内容是改变土地用途。

以非法占用耕地的表现形式为例，法释〔2000〕14 号第 3 条第（二）项规定：非法占用耕地“造成耕地大量毁坏”，是指行为人非法占用耕地建窑、建坟、建房、挖沙、采石、采矿、取土、堆放固体废弃物或者进行其他非农业建设……司法解释对于非法占用的表现形式采取了列举和归纳相结合的方式进行规定。在现实生活中，以改变土地用途为指向的非法占用行为表现形式是多种多样的，不可能以列举的方式予以穷尽。司法解释仅针对现实中常见的建房、挖沙、采石等 8 种方式进行了列举，“进行其他非农业建设”的归纳表述即表明了非法占用的实质内容就是改变土地用途。因此，在司法实践中我们不能局限于司法解释明确列举的表现形式，认为不符合列举的 8 种形式之一就不能认定为非法占用，而应从实质内容上予以把握。在司法实践中需要注意的是，司法解释列举的“堆放固体废弃物”中的“固体废弃物”不是一个日常用语概念，其范围是由法规范予以界定的，在具体适用时应参照《中国人民共和国固体废物污染环境防治法》第 88 条的相关规定。

（六）行为对象的界定

行为对象也叫犯罪对象，是指危害行为所作用的法益的主体（人）或物质表现（物）。非法占用农用地罪是有对象的犯罪，其犯罪对象为耕地、林地等农用地。从立法技术的角度来看，刑法对该罪的犯罪对象的规定同样采取了列举和归纳相结合的方式，在某种意义上同样存在司法适用方面的障碍。由于耕地、林地、农用地亦非典型日常用语概念，在某种程度上比上述（五）所论及的障碍更为真实。虽然我们在日常生活中也偶尔使用耕地、林地、农用地等语词，但非法占用农用地罪中的耕地、林地、农用地是在土地管理法规的规范体系内使用的，对于非法占用的对象是否为耕地、林地、农用地，必须参照相关土地管理法规规范予以界定和认定。

1. 农用地的分类体系

《中华人民共和国土地管理法》（以下简称《土地管理法》）根据土地用途将土地分为农用地、建设用地和未利用地三大类，《土地利用现状分类（GB/T21010—2007)》采用一级、二级两个层次的分类体系，两者关于农用地的对应关系如图：

<table>
<tr><th rowspan="3">三大类</th><th colspan="4">土地利用现状分类</th></tr>
<tr><th colspan="2">一级类</th><th colspan="2">二级类</th></tr>
<tr><th>类别编码</th><th>类别名称</th><th>类别编码</th><th>类别名称</th></tr>
<tr><td rowspan="16">农用地</td><td rowspan="3">01</td><td rowspan="3">耕地</td><td>011</td><td>水田</td></tr>
<tr><td>012</td><td>水浇地</td></tr>
<tr><td>013</td><td>旱地</td></tr>
<tr><td rowspan="3">02</td><td rowspan="3">园地</td><td>021</td><td>果园</td></tr>
<tr><td>022</td><td>茶园</td></tr>
<tr><td>023</td><td>其他园地</td></tr>
<tr><td rowspan="3">03</td><td rowspan="3">林地</td><td>031</td><td>有林地</td></tr>
<tr><td>032</td><td>灌木林地</td></tr>
<tr><td>033</td><td>其他林地</td></tr>
<tr><td rowspan="2">04</td><td rowspan="2">草地</td><td>041</td><td>天然牧草地</td></tr>
<tr><td>042</td><td>人工牧草地</td></tr>
<tr><td>10</td><td>交通用地</td><td>104</td><td>农村道路</td></tr>
<tr><td rowspan="2">11</td><td rowspan="2">水域及水利设施用地</td><td>114</td><td>坑塘水面</td></tr>
<tr><td>117</td><td>沟渠</td></tr>
<tr><td rowspan="2">12</td><td>其他土地</td><td>122</td><td>设施农用地</td></tr>
<tr><td></td><td>123</td><td>田坎</td></tr>
</table>

2. 农用地的界定

《土地管理法》第 4 条对农用地进行了界定：农用地是指直接用于农业生产的土地，包括耕地、林地、草地、农田水利用地、养殖水面等。

土地利用现状分类进一步对耕地、林地、草地等地类进行了界定（内容略，详见《土地利用现状分类和编码》）。

3. 关于农用地界定的理解

笔者认为《土地管理法》对农用地的界定方式既不属于定义式，也不属于描述式，只是借用种属关系，将“难以言说”的“农用地”指涉的内容和外延进一步细划为耕地等小类，以期通过对耕地、林地、草地等的界定言说清楚农用地。《土地管理法》除了提示了几类典型的农用地之外，实际上对农用地的认定什么也没说。如果没有任何规范对耕地、林地等进行较为明确的界定，我们将无所适从。《土地利用现状分类》相对填补了这一空白。尽管如此，由于所涉名称、概念并非典型日常用语、自然语言，对非专业人员而言，虽有界定但直接把握适用起来仍是水中花、镜中月。

（七）危害结果的界定

刑法 342 条的“数量较大，造成耕地、林地等农用地大量毁坏”是对非法占用农用地罪危害结果的规定。笔者认为，该规定看起来有两项并列的结果，实际上前面的“数量较大”和后面的“大量”系同指，没有内容方面的区别。

从刑法的规定来看，该罪的危害结果是从两个角度予以体现：质和量。从质的角度而言，要对农用地产生了毁坏；从量的角度而言，毁坏的农用地要数量较大。司法解释对于各地类的“数量较大”进行了明确量化，对“毁坏”进行了实质性的界定，为司法实践提供了相对明确、可操作性的标准。在司法实践中需要引起注意的是，一是司法解释突出了对基本农田的保护，二是将刑法表述的“毁坏”延展为“毁坏”或者“污染”，实际上是将污染也解释为毁坏的一种表现，毁坏注重功能的毁损，污染系毁坏的其中一种形式、一种成因。

三、非法占用农用地罪的司法适用及证明

（一）农用地的认定问题

某一涉案的土地是否属于农用地，涉及土地属性的认定，属于专业领域问题，显然不能仅凭传统的犯罪嫌疑人供述、证人证言等证据得以证明。地类是个技术概念、工具概念，主要是由行政主管机关为了土地管理的需要依法创设的。因此，国土部门对地类的认定具有公认属性，司法机关完全可以利用国土部门对

地类认定的成果就地类的司法认定开展司法证明活动（实际上下述所涉及的地类面积、土地是否毁坏及程度等问题的认定均适用该“原理”）。

根据《土地调查条例实施办法》，土地调查成果包括数据、图件、文字和数据库，内容丰富，形式多样。笔者认为，从司法证明所需的证据角度而言，尽管土地调查成果形式多样，但内容具有同一性，就同一事项的证明无需调取所有形式的调查成果，较为适宜和方便作为证据载体的主要是图件成果，即土地利用现状图，地籍图（表示土地权属界线、面积和利用状况等地籍要素的地籍管理专业用图），宗地图（宗地图属于地籍图的一种，是在地籍图的基础上编制的，是土地使用合同书附图及房地产登记卡附图，反映一宗地的基本情况，包括权属界线、界址点位置、宗地内建筑物位置与性质、与相邻宗地的关系等），基本农田分布图等专题图。

从形式上看，论述至此，似乎关于地类认定需要什么证据进行司法证明的结论已经很明确了。一路下来，我们终于寻找到了现状图、地籍图、宗地图、基本农田分布图这几样“法宝”。可从严格司法证明的角度而言，远非如此简单。

问题1：调取土地利用现状图就可以认定涉案土地的地类吗?

土地利用现状图是以地籍图为基础的，地籍图是以空间意义上分布的地块的权属为基础的，具有相对静态。但司法实践中的涉案土地是相对动态的，甚至范围可以小于也可以跨越空间权属地块。通俗地讲，我们可以将土地利用现状图看作抽象存在，实际涉案地块的地类看作具体存在，具体并不必然与抽象同一。土地执法实务中，对地类认定的操作方法是将违法用地的界址范围或者勘测定界坐标数据套合到违法用地行为发生上一年度土地利用现状图或者土地利用现状数据库上，对照标示的现状地类进行判定（需要说明的是，司法解释和立案标准对于非法占用耕地的规定中，突出强调对基本农田的保护，而基本农田不是国家土地利用分类中的独立地类，是由其他规范性文件予以界定的。土地执法实务中对基本农田的认定的操作方法是将违法用地的界址范围或坐标与乡镇土地利用总体规划纸质图件或数据库矢量图件进行套合比对，对照所标示的基本农田保护地块范围进行判定。下述不再单独论及基本农田相关问题，基本原理同）。由此可知，调取单一的上年度的土地利用现状图是无法认定涉案地块的地类的。从实务操作规程来看，国土部门认定涉案地块地类至少需要三个步骤：第一，对涉案地块进行勘测定界，获取坐标数据；第二，将坐标数据套合到上年度土地利用现状图（俗称“套图”）；第三，根据“套图”情况进行判定。从认定的过程来看，国土部门在办案中对地类的认定活动具有某种意义上的准司法活动性质，并非简单从土地利用现状图直接得出认定意见，能够直接认定涉案地块地类的是国土部门根据涉案地块实际情况通过技术手段运用上年度土地利用现状图成果进行判定的意见。所以从司法证明的角度而言，国土部门的综合判定意见才能作为直接认定涉案地块地类的证据，土地利用现状图只为国土部门的判定提供基础性依据。至此，我们才能基本确定了认定涉案地块地类的主要直接证据就是国土部门的认定意见，至于证据载体或表现形式，倒没有严格限制和强制要求，在开篇所引的周某某一案中，国土部门就是以向侦查机关复函的形式提出判定、认定意见的。

问题 2：仅调取国土部门对地类的认定意见能否充分完成司法证明的任务？

刑事诉讼的证明标准要求高，要达到事实清楚，证据确实充分。国土部门的认定意见不具有当然的证明力，国土部门的认定并不能代替司法的证明，只能起着辅助证明的作用，其认定意见的最终证明力还需要司法机关进行实质审查和综合评判。在实务中，由于可能存在作为基础性依据的土地利用现状调查成果与客观事实不相符、判定人员勘测定界不客观、“套图”偏差等因素，国土部门形成的判定意见就可能存在与事实不符或不完全相符的情况。在周某某一案的审查过程中，笔者就发现国土部门开始出具的认定意见遗漏了 1.8 余亩的林地，将全部涉案土地认定为耕地。为了确保通过司法证明认定的涉案地块地类的客观性、真实性，笔者认为，除了要有国土部门提供的认定意见之外，需要国土部门一并提供其在形成认定意见过程中所依凭的基础性证据材料进行实质审查，如上一年度的土地利用现状图、经过“套图”后形成的涉案地块利用现状图、对涉案地块进行现场勘测的图文记录材料。具体落实到涉案地块而言，现场的勘测定界、获取坐标数据具有十分重要而基础性意义（对涉案土地面积的认定亦同）。因此，笔者认为需要重点审查国土部门现场勘测定界、获取坐标数据的认定活动程序是否规范、方法是否科学、结果是否客观。同时，从形成理想证据体系的角度而言，要树立多维度证明的意识，除了依靠国土部门的意见和提供的材料之外，需要适度向涉案地块的相关当事人及其他知情人员核实影响地类认定的一些基本情况。至此，我们才能胸有成竹地认为我们解决了地类认定和证明的主要和重点问题。实际上，地类认定和证明是非常复杂的，还有诸多问题需要研究，但本文只能适可而止了。

（二）非法占用农用地面积的认定问题

土地事实必须以空间形态呈现，土地面积是对土地空间形态的平面测算。涉案土地的面积事实不是一个单独割裂的事实，而是与地类事实密切关联的。涉案土地地类的认定首先得通过规范性技术手段对其空间形态进行勘测定界、获取坐标数据，而对土地勘测定界的同时，涉案土地面积测算涉及的基本数据就已获取，因此，涉案土地面积的测算认定可以与地类认定同步进行。与面积事实相关的司法证明问题与上述地类事实的司法证明问题原理是一致的，在此不赘述。

从司法实务的角度出发，在涉案土地面积测算认定方面需要重点把握国土部门的现场勘测活动（当耕地破坏程度鉴定单位与地类认定单位不一致时，存在着地类认定单位的现场勘测和耕地破坏鉴定单位的现场勘测两项勘测活动）与侦查机关的现场勘查活动之间的关系问题。

在笔者承办的周某某一案中（系侦查机关自行发现案件线索立案侦查，案件线索非由国土部门移送），侦查机关在立案后及时对现场进行了勘查，勘查内容包括涉案地块的所在位置、土地现状和测量面积等。后侦查机关又向乐东县国土环境资源局发函商请对涉案地块权属、地类、面积等情况进行认定。同期，侦查机关又委托海南省国土环境资源厅对涉案地块地类、面积进行复核，对耕地毁坏行为和毁坏程度进行鉴定。关于面积事实，乐东县国土局和海南省国土厅测算的面积是一致的，但与侦查机关现场勘查时测量的面积不一致，该案提起公诉时认定面积事实依据的是国土部门的测算面积，法院判决支持了公诉机关认定的事实。能否从司法机关最终的证据采信情况否认侦查机关现场勘查整体的证明力？显然不能。理由何在？通俗地说，证明面积事实意义上的测算活动不是侦查机关该干的活。单纯的侦查机关现场勘查的主要任务在于通过图文形式从日常经验的感性感知角度去固定体现涉案地块的位置、面积和现状情况，为后续的专业勘测界定和鉴定活动固定好基本的素材。法律意义上的涉案地块位置事实、地类事实、面积事实等均需通过国土部门的专业认定。所以，尽管侦查机关现场勘查测算的面积事实与两级国土部门测算的不一致，并且最后没有被作为定案根据，并不能说侦查机关现场勘查时测算的土地面积是错误的。侦查机关测算的面积是一种经验（感性）事实，而国土部门通过规范性技术手段测算的面积可以对显称为理性事实。

尽管这种测算结果的不一致不会影响涉案地块面积事实的最终认定，但笔者认为在今后的司法实务中，在条件允许的情况下，侦查机关的勘查和国土部门的勘测没有必要非得“两条腿走路”（国土部门先行调查后移送案件线索的除外）。侦查机关在开展现场勘查活动时，完全可以邀请国土部门联合开展现场勘查、勘测活动，节约办案资源、同步共享工作成果、提高案件办理效率。

(三) 农用地是否毁坏的认定问题

《国土资源部、最高人民检察院、公安部关于国土资源行政主管部门移送涉嫌国土资源犯罪案件的若干意见》（国土资发〔2008〕203号）明确规定：需要对耕地破坏程度进行鉴定的，由市（地）级或者省级国土资源行政主管部门出具鉴定结论。该意见的出台解决了耕地破坏鉴定的鉴定主体问题，对司法实践具有重要意义。粗略来看，似乎农用地毁坏程度事实的认定问题在司法实践中应该不成问题了。但是在笔者审查办理的其中，也是唯一一起周某某非法占用农用地一案的过程中，发现关于农用地毁坏鉴定方面也还存在着一些认识上的分歧。

根据司法解释和立案标准的规定，非法占用农用地罪入罪标准对危害结果方面的其中一项要求是造成耕地种植条件严重毁坏或者严重污染。但我省以及其他省市已经制定实施的耕地破坏鉴定技术规则均对耕地破坏程度分为三级：轻度、中度和重度。两者的表述没有顺利对接，这就容易给司法实践带来困惑，到底哪一级的破坏程度才能认定为严重毁坏呢？一种意见认为，国土部门在依据鉴定规则作出耕地破坏程度等级认定的同时，应主动对接司法解释和立案标准的表述要求，对耕地破坏是否达到严重毁坏作出明确的意见（尤其是当鉴定认定的破坏程度为中度时）。在司法实践中我们也尝试过该方式，但是国土部门坚持认为他们的鉴定意见只能依据鉴定规则出具，没有义务也没有规范依据进一步明确破坏程度是否属于严重毁坏。截至目前，我国并没有在国家层面制定统一的耕地破坏程度鉴定规则，相关司法解释和立案标准制定时并没有关于耕地破坏程度方面国家层面的规范性文件作为相关措辞和表述的参照和指引。笔者认为，司法解释和立案标准表述的“严重毁坏或者严重污染”中的“严重”指一种依据案件事实作出整体综合的认定，是质的界定，难以进行量化。尽管有一定程度的模糊性，但笔者认为基本不会影响到对案件的处理。在进行是否达到“严重毁坏”的认定过程中，我们不应孤立地去看待鉴定意见最后的结论部分（轻度、中度或重度）。如果仅仅盯着轻、中、重这几个字眼，一旦我们遇到鉴定意见为中度破坏时，我们真的会感觉很纠结。遇到这种情况（笔者暂时称之为理解意义上的临界状态），笔者认为有两个路径可以为我们的评判提供重要基础和依凭：一是我们需要对鉴定意见进行整体解读和把握，找寻鉴定单位得出如此鉴定意见的理由（基础事由）。比如笔者承办的周某某一案，鉴定单位对涉案的6号地块的最终鉴定意见是中度破坏，但得出意见之前详述了理由，即“6号地块全部堆放沙土，最高堆放达16米，堆放物基本覆盖该地块原耕作层，造成315.639亩耕地无法种植农作物”。我们仅从“无法种植”这四个字的表述就完全可以确信造成了耕地严重毁坏的事实。二是我们需要结合现场勘查的情况对涉案土地的现状恢复一种作为司法人员经常容易“丢失”的评判事实的视角，即感性和经验判断。这个路径实际上与第一个路径是紧密相关的。社会危害性是犯罪行为的本质特征，某一行为及行为产生的结果是否具有社会危害性，量化表征和理论分析只是从形式上进行考量，实际上社会公众的常识性经验感觉和评判才是更为真实的有生命力的认定参考依据。就周某某一案而言，根据现场勘查和鉴定报告的描述，涉案地块的现状是全部堆放沙土，最高达16米，原耕作层基本被覆盖。这还仅仅是文字的描述，如果我们亲临现场实际感受，我想应该不会有人质疑该地块已经受到了严重毁坏。笔者所办理的周某某一案，法院和辩护方亦未对涉案地块是否受到严重毁坏提出过异议，司法实践对于这样的认定和处理是予以认可的。

（四）农用地毁坏责任主体的认定问题

在进入该问题讨论之前，笔者需要说明的是，非法占用农用地的犯罪形式是多种多样的，犯罪主体既包括自然人，也包括单位。笔者在此部分讨论的重点不在求全，而是结合周某某一案的实际情况提炼出该类犯罪办理过程中可能会继续遇到的其中一个典型问题加以探讨。

本文之前已述非法占用农用地罪的实行行为为“违反土地管理法规改变被占用土地用途”，改变土地用途的形式多种多样，作案方式亦有别于传统的故意杀人、故意伤害等犯罪类型。在周某某一案中，改变土地用途的方式主要是在农用地上堆放大量的沙土（主要是建设工地施工时挖掘出的海沙），将海沙运输并堆放至涉案地块是基本的犯罪行为（实行行为）。从行为的架构来看，最起码有两个层次的行为主体：运输堆放者和组织、指使运输堆放者。从本案的案发契机来看，本案的案发是与工程施工相关联的，而作为犯罪行为的运输堆放海沙行为事实上也是一项工程行为。一般而言，工程施工过程中的具体施工人员仅仅受雇提供劳务，其主观上并不具备违反土地管理法规改变土地用途的故意，不应作为非法占用农用地罪的责任主体。很显然，责任主体应指向施工方的负责人和组织、指使施工的人员。在周某某一案中，何某某和杨某某虽然实际实施了运输、堆放的组织行为，但是两人对涉案地块的使用并没有支配力，两人组织车队运输、堆放海沙也只是受周某某之托，没有证据证明两人主观上具有违反土地管理法规改变土地用途的故意，亦不对非法占用行为承担刑事责任。而被非法占用的土地是周某某所在的公司承包的农用地，周某某对于土地的使用方式具有完全的支配力，且其主观明知涉案的土地是农用地，未经国土部门审批，是不能变更土地用途的，而事实上其也没有办理农转用报批和供地手续，故可以确定周某某是本案的责任主体。从责任主体认定的过程来看，实际上我们对其他相关人员同步进行了一次排除性的认定过程。问题的重点是，尽管我们较为容易地确定了周某某是责任主体，如何证明呢？就已经办结的周某某一案而言，主要的证据就是周某某本人的供述、处于中间阶层的何某某和杨某某的证言以及何某某和杨某某提供的部分土方运输登记表。如何评判这样的证据体系是否完备？按照传统刑事案件的证据规格和取证思路，调取证据一般遵循追溯法（从结果一步一步往前回溯）。如果按照这种方法和思路，对周某某一案的调查取证而言，我们需要首先确定被非法占用的地块上的海沙是谁堆放的。很显然，直接堆放者肯定是那些为数众多的具体运输人员。在穷尽所有海沙堆放人员后，需要向这些运输堆放人员查明是谁让他们运输堆放的。从本案最终认定的事实来看，运输堆放人员的上一层人员就是何某某和杨某某。确定该事实之后，才进一步向何某某、杨某某查明他们是受谁指使的，从而最终指向周某某，才能充分证明周某某是责任主体。而从本案的实际情况来看，恰恰缺少了最为基础的一环。由于案发距运输行为的发生有较长的一段时间，且运输人员众多、流动性大，侦查机关客观上没有找到具体的运输人员调查相关事实。从传统的调查取证模式而言，这种调查和事实的认定是有缺陷的、是不周全的，证据链条是不完整的。笔者认为，尽管从理想的角度而言，周某某一案的调查取证确显不充分，但是完全达到了证明标准意义上的事实清楚、证据确实充分的程度。诚然，追溯法从逻辑的角度是严密的一种调查取证方法，但是追溯法也仅仅只是调查取证的其中一种方法而已。社会生活纷繁复杂，作案方式“异彩纷呈”，我们对案件事实的认定和证明方式、思路没有也不可能统一、同一和绝对。要说普遍真理，也只能寻找出“特殊情况特殊对待”这么一条。传统刑事案件，比如命案，在没有目击证人的情况下，根据我们认识能力的特点，我们只能以已经呈现并固化在眼前的现场和被害人着手，通过回溯的方式去查找、确定“隐身”在茫茫人海中的定在（嫌疑人），除此之外，我们难有他途。但非法占用农用地等类似的非传统刑事案件是不一样的，土地具有社会经济属性，土地的权属关联着人的因素，所有权主体和用地主体在案发前就已经成为相对明确的事实。作为大宗土地被大量非法占用，要查明占用的主体，首先向土地权利主体查明事实是再自然不过的思路。因此侦查机关在办理周某某一案的过程中，顺着这样的认识事实的思路首先向土地使用权人周某某就案件事实进行调查，然后逐步往后延伸查证是妥当的。周某某供述的事实得到了中间组织者何某某和杨某某两人的印证，并提交了证明两人确实组织过车队运输堆放海沙在涉案土地的土方运输登记表。尽管未能找到具体运输者予以完整印证，但周某某系非法占用农用地责任主体的事实已经得到充分证明。在参与运输人员众多、流动性大且难以查找的情况下，如果强制要求侦查机关必须全面查找运输人员、全面进行调查，否则就认为证据不充分，这种要求过于严苛，甚至苛刻，既无必要，还会在消耗了大量司法资源后依然竹篮打水、一场空。就周某某一案的证据体系，法院和辩护方均未提出异议，司法实践是予以认可的，足以为我们今后审查类似案件在证明标准的适用方面提供有益的启发和参考。

四、余论

以上主要内容是笔者对于在审查办理周某某一案过程中遇到的一些关键的困惑性问题和解决、处理这些问题的方式的一个思路历程的铺呈和展开。事实上，要深入理解并正确适用非法占用农用地罪这一新型罪名，还有许多问题需要深入探讨和研究。而且，就已经探讨的主题来说，这也仅仅是笔者的粗浅认识和看法，恐难以对司法实践有参考和借鉴意义，提出问题引发方家思考才是本文的主要价值所在。要想形成相对权威、具有重要实践指导意义的研究成果，笔者深切地感受到，推进司法机关和国土部门就相关主题进行深入的对话和探讨是非常必要的。毕竟，对我们大部分司法人员而言，所谓的困惑性问题大部分都根源于相关专业性知识的贫瘠和对土地执法实务的陌生。

检察官联席会议程序设计探幽

庄二华

内容提要：在司法责任制改革语境下，检察官联席会议作为咨询性机构，主要职责是为独任检察官或检察官办案组提供参考意见，这与“三级审批”制模式下的部门会议和检察委员会有相似之处，也有本质的区别。那么，检察官联席会议程序如何设计，是比照部门会议灵活提议式的规定相对简易一些，还是参照检察委员会层层审批式的规定相对严谨一些，既需要理论上的研究，又需要实践中的验证。

关键词：检察官联席会议　咨询意见　程序设计

一、会议程序设计的必要性

（一）会议程序设计是协调内部关系的需要

检察机关内部关系的理想模式是检察官独立与检察一体相协调的状态。检察官联席会议作为咨询性机构，参与人员涉及检察机关内部的检察官、业务部门负责人、分管检察长等，有承办人，也有管理者。会议程序如何规制，关系到检察官独立办案与检察机关一体化领导的协调。既要保障检察官依法独立办案、自主决定案件的结果，又要发挥检察一体的功能，使两者相互协调，并行不悖，这就需要检察官联席会议在程序设计上充分考虑检察官独立性与检察一体化的特性，从而形成科学有效的检察权运行机制。

（二）会议程序设计是规范司法行为的需要

规范司法行为是一项基础性、现实性的工作，也是具有长远性、战略性的举措，因此需要将规范司法行为贯穿于积极稳妥地推进司法改革的过程中。检察官联席会议作为司法改革进程中的一项配套制度，主要职能是议案。其在运行中，谁提出议案，谁参与议案，如何进行议案，是一种司法行为。如何对这种司法行为进行规范，需要在程序设计上加以体现。

（三）会议程序设计是提升议案质量和效率的需要

近年来，随着经济社会快速发展，人民群众的综合素质不断提高、财富不断增加、各种矛盾不断凸显、各种诉求不断增长，检察机关办案数量、难度逐年上升，案多人少矛盾突出。特别是检察人员分类之后，一线办案检察官数量甚至还有所减少。在检察官人人整天都忙于办案的情况下召开检察官联席会议，如何提高议案质量和效率，需要在会议程序设计上予以充分考虑。

二、会议程序设计的基本原则

（一）遵循检察官独立行使检察权原则

检察官独立体现的是检察官作为世界上最客观公正官署的客观性和公正性，是检察官作为“站着的法官”的必然要求，也是检察官作为“法律守护人”掌管司法“门槛”的必然需要。①本轮司法改革中，一项重要的改革是检察权力下放，把一部分权力授予检察官，由检察官自行决定部分案件的定性、案件的法律适用以及案件结果的处理。在这个大背景下，检察官联席会议程序设计上要体现检察官独立性，比如由检察官决定的案件，检察官可以提请讨论，也可以不提请讨论；检察官联席会议提供的意见建议，检察官可以接受，也可以不接受。

（二）遵循检察一体原则

检察一体是适应检控犯罪需要的组织体制与工作机制。②从这个意义上可以说，检察一体是内部管控机制，既可以实现法令的统一，也可以实现对检察官的监督与制衡，避免检察官违法滥权。

为保持检察官的独立性和检察一体的制约性，在检察官联席会议程序设计上，无论是检察官还是部门负责人启动召开会议，都需要设置“三级审批制”式的审批。否则，可能会出现检察官根据职能划分，产生部门主义，涉及本部门的议案积极参加，其他部门的议案，借口工作、办案、出差等不参加。而检察官联席会议程序设计上实行分管检察长审批，即可产生检察一体下的领导批准效果。在此模式下，检察官的独立，可以通过检察一体予以制约。

（三）遵循方便易行原则

召开检察官联席会议，涉及到不同类型的案件、不同的办结期限、不同部门

①杜磊：《检察指令权的程序性规制》，《国家检察官学院学报》2016年第4期。

②龙宗智：《论检察》，中国检察出版社，2013，第217页。

的众多检察官，可谓牵一发而动全身。因此，在程序设计上，应当按照方便易行原则，具体问题具体分析，具体问题具体规定，以便于操作。

三、会议程序设计的架构

（一）会议启动主体确定

检察官联席会议由谁提议召开，这是个问题。如果规定只能由部门负责人来履行这个职责，本轮改革的部分检察权下放给检察官会有变异的危险。有的部门负责人可能会借助提请召开检察官联席会议之名，行改革前审批权之实。

那么，由检察官来提议是否有必要，可行吗？不可否认，入额检察官的办案能力有高低之分。有的年轻检察官，特别是由改革前的检察官助理入额检察官的，理论水平可能很高，但是办案水平还需要进一步提高。其所办理的案件，把握不准的比例相对比较高。这种情况下，可能需要向检察官联席会议咨询意见。如果不赋予其提议召开检察官联席会议的权限，不利于进一步提高办案质量。

另外，分管检察长在听取案件汇报或者审批案件过程中，有一些较为疑难复杂，但认为还不宜上检委会的案件。这种情况下，应当赋予分管检察长直接决定召开检察官联席会议。

综上所述，笔者认为，会议启动主体应当多元化，承办检察官、部门负责人以及分管检察长应当均可以提议召开检察官联席会议。

（二）会议启动条件设定

检察官联席会议的性质是咨询机构，主要是为检察官提供参考意见。召开检察官联席会议一定要设定一些条件，否则会出现有的案件应该上检察官联席会议而没有上，有的案件不应该上而上的情形。笔者认为，为提高检察官联席会议质量和效率，应当根据提议主体不同，而设定不同的条件。

（1）承办检察官提议召开的，应当限定为以下几类：①不批准（决定）逮捕、附条件逮捕、撤销不批准逮捕、不批准延长侦查羁押期限、备案审查改变下级院决定等案件。②不起诉、附条件不起诉、追诉、变更起诉、撤回起诉、支持抗诉、提出抗诉、提请抗诉、不支持监督申请等案件。③零口供、翻供、非法证据排除、新类型、定罪定性争议较大、改变定性等案件。④评查案件、复议案件、复核案件、请示案件、交办下级办理案件、撤销案件、发检察建议等案件。⑤本院领导要求上会讨论的案件。⑥社会关注度高的案件，有重大涉检上访风险的案件。

以上 6 类案件，是必要条件而不是充分条件。为防止承办检察官滥用提议权，建议实行部门负责人会前监督把关制，由部门负责人从以下三点进行审核后，决定是否报分管检察长审批。第一，适度缩减不批准逮捕、不起诉等“不”字类案件的范围。部门负责人借鉴量刑规范化的做法，对交通肇事、故意伤害、盗窃等几类案件，从适用的基本情形、必备要素、禁止条件等标准进行审核。对事实比较清楚，证据较充分的，能够形成证据链的，承办检察官应该可以把握准的，可以建议检察官不必上检察官联席会议。第二，严格把握定罪定性争议较大的标准。定罪定性分歧的主体，应更严格地把握在承办检察官与公安机关、法院之间；意见分歧的焦点，应主要是涉及罪与非罪、此罪与彼罪，或者对法律适用有分歧意见并可能导致案件处理有重大差异。第三，合理评估涉检上访风险案件。已引发或有证据证明极有可能引发当事人非正常上访、媒体广泛关注的案件，处理不当，可能引发新的社会矛盾或影响检察机关形象，上检察官联席会议可以更全面考虑各种因素，建议该类案件应当报分管检察长审批上会。

（2）部门负责人提议的，应当分为两种情况下：①经部门案件讨论会议研究，仍有较大分歧的案件。②部门负责人核阅案件中，发现承办检察官定性错误、适用法律错误等，提醒改正，承办检察官仍然坚持自己观点的。

当然，部门负责人提议的，也不能都上会讨论。是否需要上会，还要分管检察长批准。

（3）分管检察长提议的，应当符合以下条件：①提出再审检察建议案件，向法院发出检察建议的执行监督案件，备案审查改变原决定的案件。②重大、疑难、复杂案件。③上级院交办的案件。

（三）议案送达期限界定

鉴于检察官联席会议不是决策机构，会议讨论案件后，只是为承办检察官提供一个倾向性的参考意见。如果承办检察官提出的拟办意见与参考意见分歧较大，还需要提交检察委员会讨论，这就需要预留一定的时间。另外，参加检察官联席会议的检察官要详细了解案情，也要一定的时间。因此，为确保检察官联席会议的案件讨论质量以及案件后续工作的处理，承办检察官应当在规定的期限内将会议材料送达讨论。这个期限如何规定，笔者认为应该分不同情况进行细化。

（1）侦查监督线条的案件期限设定适当短一些。侦监线条的案件办案期限相对较短，一般的办案期限只有7天。承办检察官经过阅卷、提审犯罪嫌疑人、撰写审查报告等程序，已经用去4—5天时间，如果是复杂一些的案件，可能还要多用1—2天时间，办案期限内剩余的时间就不多了。因此，对不批准（决定）

逮捕、附条件逮捕、不批准延长侦查羁押期限等案件，要求在办案期限届满前1—2天送达讨论即可。

(2) 公诉线条的案件期限设定适当长一些。公诉案件期限相对较长，以分市院为例，比如一审公诉案件，办案期限一般为1个月，还可以退回补充侦查两次，一次1个月，其他公诉类案件期限也在1—2个月之间，相对来说，时间比较宽裕。因此，对提请拟不起诉、附条件不起诉、追诉、变更起诉、不起诉、附条件不起诉、抗诉、支持抗诉、提出抗诉、提请抗诉等案件，要求在审查期限届满前7天送达讨论。

(3) 其他线条的案件设定合理的期限。对于分市院来说，案件类型较多，以公诉部门为例，除了一审公诉案件、二审抗诉案件、二审上诉案件，还有备案审查案件、同步审查案件、请示类案件等，对每一种案件都设定一个期限，是一件困难的事。笔者认为，对这些案件的提议检察官联席会议讨论只要预留合理的期限即可。

（四）会议参加对象明确

参加检察官联席会议的人员范围，一定程度上决定着会议的质量和效率，因此，设定参会人员要综合考虑各种因素。既然是检察官联席会议，顾名思义，参会人员当然应当是检察官，这个应该没有问题。但是召开检察官联席会议也不能让所有检察官都参加，不然既会影响到会议效率，又会有架空检察委员会的可能。如何解决这个问题，笔者认为，把所有入额检察官分组未尝不是个好办法。

(1) 参会人员的确定。现有管理模式下，分组有两种办法：一是所有入额检察官不分部门，统一编入2—3个检察官联席会议小组。二是所有入额检察官以部门为基础，分为侦查类、诉讼监督类、公诉类等检察官联席会议小组。两种方法各有优缺点，都具有可行性，因与讨论事项关系不大，在此不赘述。笔者仅以某分市院为例，阐述参会人员范围。该院分组依据上述第二种方法，44名入额检察官，除去5名院领导，其他39名检察官以部门为基础、按照7—10人的标准，分成侦查类检察官联席会议小组、公诉类检察官联席会议第一小组、公诉类检察官联席会议第二小组、诉讼监督类检察官联席会议第一小组、诉讼监督类检察官联席会议第二小组等5个小组。这样分组后，参会人员的范围也就大体确定了。

(2) 列席人员的确定。召开检察官联席会议，除了上述参会人员外，为充分阐述案情、培养后备人才，应当允许承办案件的检察官助理、书记员列席会议；

如果是办案组承办案件，则办案组成员、检察官助理以及书记员也应当列席会议。根据工作需要，经检察长或者分管检察长同意，其他检察官可以列席。还以上述某分市院为例，比如侦查类检察官联席会议小组召开检察官联席会议，讨论是否提请批准逮捕等案件，可以邀请侦监部门、公诉部门的资深检察官列席；诉讼监督类检察官联席会议第一、二小组召开检察官联席会议，讨论附条件逮捕、备案审查改变下级院决定等案件，可以邀请公诉部门的资深检察官列席；公诉类检察官联席会议第一、二小组召开检察官联席会议，讨论改变定性、追诉等案件，可以邀请侦监部门的资深检察官列席。

(3) 记录人员的确定。召开会议，就要有记录人员。检察官联席会议由谁记录？鉴于召开检察官联席会议，主持人一般都是承办部门负责人，因此记录人员由承办部门负责人指定较为合适。至于指定何人？笔者认为，列席的检察官助理、书记员以及部门内勤都可以。

（五）会议召开流程构想

笔者认为，为提高召开检察官联席会议的效率，达到既充分讨论案件、又提出有质量的参考意见的效果，应当严格按照以下程序进行。

(1) 承办检察官汇报。案件汇报是承办检察官面对面交流的起点，客观、全面、清晰、透彻的汇报，可以使参会人员了解、熟悉案件的基本情况、来龙去脉，以及需要解决的关键问题。因此，承办检察官要慎重对待汇报工作。①客观全面汇报案件事实、证据。只有把案件涉及的事实证据都汇报到了，参会人员在提问时，才会更加集中到主要问题，而不是细枝末节，可以节约大量的时间专注讨论焦点问题、争议问题。②简明扼要汇报。客观全面与简明扼要并不矛盾，只要承办检察官提前吃透案情，准备好汇报提纲，就会四两拨千斤，简洁明了地汇报，而不会出现拖泥带水的情况。③提出自己明确的处理意见。汇报案件最忌讳的就是没有自己明确的观点。有的承办检察官汇报案件没有清晰的思路，眉毛胡子一把抓，无关紧要的事实、一些小细节也汇报，最失当的是汇报时没有自己的处理意见，要参会人员提出处理意见。这样，参会人员就找不到案件的内在理路，只能凭感觉、凭经验提问，失去讨论焦点，往往事倍功半。

(2) 参会检察官提问、讨论。检察官参加会议，就是为了提供咨询意见的。因此，要带着问题参加会议，在会议上就问题进行提问、讨论，不能偏离这个主题。①充分了解案件事实、证据。会议召开前，参会检察官应当认真查阅送达的案件材料，掌握案件的基本脉络，找出需要提出的问题。②聚焦争议焦点提问。

会议召开时，主持人要发挥引导作用，引导参会检察官围绕案件的争议焦点进行提问、案件承办人进行答辩。

(3) 检察官对案件发表意见。检察官联席会议小组成员发言要坚持认真、负责的原则。参会检察官要结合参会其他人员的发言，根据自己掌握的情况，把握尺度，审慎发言，提出明确的意见观点。列席检察官要结合本部门环节已经处理的意见或将面临的问题，进行有针对的发言，以便为承办检察官提供更加开阔的思路。

(4) 主持人总结倾向性意见。经过参会人员的发言、讨论，会议主持人要做出倾向性意见，以便承办检察官参考。鉴于主持人在检察官联席会议的重要作用，笔者认为，其总结发言要有以下两点：①明确提出自己的意见观点。会议主持人一般不会提前发表意见，往往会在总结倾向性意见时把自己的观点与大多参会检察官一致的意见混在一起。检察官联席会议的每一位参加检察官都要发表意见的权利，主持人作为一名检察官，也应当发表自己的倾向性意见。②客观总结参会检察官的意见。主持人作为部门负责人，案件如何处理，并非与其无关。因此，主持人要全程认真听取每位检察官发表的意见，并做好记录。其总结倾向性意见时，既要总结出多数检察官的意见，又要总结出少数检察官的观点。

(5) 形成会议纪要。检察官联席会议结束后，主持人应当指示会议记录人员根据参会人员的发言、列席人员的发言以及其总结性发言形成会议纪要。会议纪要、会议记录应当由参会人员签名，一式两份，一份由部门存档，一份供承办检察官参考，由提请讨论研究的检察官决定是否采纳，并对决定独立承担责任。

四、结语

检察官联席会议咨询机构的定位和性质，决定了在程序设计上，要充分考虑便利性、专业性、严谨性，以便检察官在办案中遇到需要咨询参考意见时，有合理、快捷的途径启动召开会议，会议提供的意见、观点具有较强的指导性。检察官联席会议是司法责任制改革下探索的一项配套制度，也是一个新生事物，在程序设计上需要一个渐进的过程，不可能一蹴而就。本文提出的程序设计构想只是一个启发性的开始，也许能够引起检察机关有关专业人士的兴趣，由此形成研究探讨的热潮，从而促成检察官联席会议在程序上的进一步完善。

检察技术信息化人员在司改中面临的问题与对策

陈玉林* 冯宗美

摘 要：在以审判为中心的诉讼制度改革背景下，调整和完善检察技术服务于检察业务的工作方式；在信息社会大环境下，更新检察信息化服务于诉讼监督和职务犯罪侦查的办案理念；在司法体制改革框架下，把检察技术信息化人员作为检察辅助人员纳入专业技术类公务员单独管理，是检察技术信息化自我改革、自我完善、自我提高的内在要求，是回应各种质疑、理顺各方关系、化解各类阻力、处理现实问题、满足检察需求的重要举措，是明确检察改革方向、战略布局、价值目标的组成部分。本文从剖析检察技术和检察信息化人员在司法体制改革中面临的问题、检察技术信息化部门存在的法理依据和现实意义的共识入手，以检察人员分类管理改革为基础对症下药，提出检察技术信息化人员单独序列管理改革思路，供同仁商榷。

关键词：检察技术信息化　检察辅助人员　专业技术类公务员

中组部和高检院于2013年3月1日印发的《人民检察院工作人员分类管理制度改革意见》，明确把检察技术人员纳入检察辅助人员范畴。以此为契机，研究检察技术信息化人员管理制度改革实施方案，落实检察技术和检察信息化人员分类管理政策，发挥制度管理特有的引导、规范和激励功能，不仅是对检察技术和检察信息化人员能力素质的常态管理中需要解决的问题，也是检察改革需要研究的课题。

* 员额检察官，副主任法医师，法律硕士、医学学士，主要从事公诉工作。

一、检察技术和信息化人员在司法体制改革中面临的问题

随着国家司法体制改革的全面推进，检察技术和检察信息化人员正面临着前所未有的压力，表现出不同程度的焦虑与无奈，部分从事检察技术和检察信息化工作的干警已经离开、正在离开或者准备离开检察技术部门，检察技术和检察信息化人才流失问题已经引起最高人民检察院的关注。

（一）司法鉴定管理体制问题

司法行政机关认为，检察机关、公安机关各自负责本系统司法鉴定机构和鉴定人的登记和管理，削弱了全国人大常委会《关于司法鉴定管理问题的决定》赋予司法行政机关对全国司法鉴定进行统一管理的初衷。故司法部明确强调，要以十八届四中全会提出的“健全统一司法鉴定管理体制”的改革目标为契机，合理平衡统一管理与部门管理的权限[1]。加之部分媒体与学者持续抨击，检察机关设立鉴定机构，存在“自检自鉴”嫌疑；公安机关设立鉴定机构，存在“自侦自鉴”嫌疑。因此，检察机关对其鉴定机构及其鉴定人在司法体制改革进程中的话语权不断下降，令检察技术人员深感忧虑。

（二）检察信息化的定位问题

检察机关信息化建设，全国各级检察院都非常重视。但是，检察信息化人员目前主要从事网站建设、网络维护、业务平台建设、视频会议保障、电脑维护等日常工作。为此，有学者甚至机构编制部门相关人员提出，这些工作完全可以采用政府招标的形式外包给相关公司，不需要专门招录计算机信息技术专业人员来占用有限的检察政法专项编制。因此，由于检察信息化定位与相关企业提供的社会服务并无明显差别，检察信息化人员在司法体制改革进程中的职务保障令人担忧。

（三）技术干警职级待遇问题

从内设机构及其专业人员来看，省级院、大多数分州市级院、部分基层院有检察技术部门及其鉴定人，部分没有技术部门的院也有少量隶属于上级院鉴定机构的鉴定人；全国四级检察院都有检察信息化人员。从检察官入额情况来看，除担任技术处（科）部门正副职者外，绝大多数检察技术和检察信息化人员没有进入检察官员额。从行政职级来看，除担任技术处（科）部门正副职者外，绝大多数检察技术和检察信息化人员的行政职级都低于本院其他业务部门的干警。从技术职称来看，由于最高人民检察院没有司法鉴定高级技术职务任职资格评审委员会，故检察技术人员的职称只能委托司法部评审，而司法部司法鉴定高级技术职

务任职资格评审委员会按专业划分。即不论参评者是高校、科研院所的，还是检察机关的，同一专业用同一尺度衡量，把关严、过关率低，检察技术人员的职称评审在司法部几乎“全军覆没”。以法医学鉴定人为例，近十年来地方各级检察院只有两名法医通过司法部评审晋升为副高职称。地方各级检察院信息技术人员均无技术职称。因此，地方各级院检察技术和检察信息化人员中，除担任技术处（科）部门正副职者外，绝大多数既无专业技术职称也未进入检察官员额且行政职级较低，待遇跟不上，感觉前途渺茫，缺乏职业荣誉感。能独当一面者，跳槽成了“明智之举”。

二、检察技术信息化部门存在的法理依据和现实意义

随着信息时代的到来，科技强检战略逐渐深入人心。尽管检察技术和检察信息化人员在司法体制改革中面临诸多困境，但是科技引领、信息支撑下的检察工作提质增效的确离不开检察技术信息化部门，检察技术和检察信息化迎来了重大历史发展机遇。曹建明检察长指出：“检察技术工作是检察工作的重要组成部分，是检察机关履行法律监督职能必不可少的科技保障。无论是打击刑事犯罪、查办职务犯罪，还是开展对诉讼活动的监督，都需要检察技术部门的支持和参与。”

（一）强化司法鉴定检察监督的必要性

检察技术只有真正应用于执法，服务于办案，才能彰显其价值。在推进以审判为中心的诉讼制度改革的大环境下，检察技术人员受检察机关委托，对批捕、公诉、刑事执行、刑事申诉、民事行政检察案件中的鉴定意见的鉴定程序和鉴定实体进行审查核实并出具书面审查意见，是加强检察机关对司法鉴定实施检察监督的必然要求。

1. 司法鉴定检察监督是法律监督的重要组成部分

司法鉴定检察监督是审查鉴定程序是否合法，核实鉴定实体是否客观、真实。它既不是复核鉴定，也不是重新鉴定，而是检察机关为纠正不当、错误、违法的鉴定意见，维护客观、真实、合法的鉴定意见，全面履行法律监督职责所实施的技术证据审核行为，是贯彻十八届四中全会关于“完善检察机关行使监督权的法律制度，加强对刑事诉讼、民事诉讼、行政诉讼的法律监督”的具体体现，也是落实中央司改办的相关精神的体现[2]。

2. 司法鉴定检察监督是推进以审判为中心诉讼制度改革的重要基石[3]

由于鉴定意见除了具备证据法学上各种证据形式都具有的基本特征和意义之

外，还具有科技法律、科技理论和技术等专门知识，以至于单从法学或者科学技术角度都难以审核[4]。检察官委托检察技术人员审查核实鉴定意见，无疑对鉴定意见是否作为证据向法庭举证、应对鉴定人出庭作证和有专门知识的人就鉴定人作出的鉴定意见提出意见的质证、法庭认证和辩论等审判活动提供坚实的理论基础和技术支持。

3. 司法鉴定检察监督是保障司法公正的重要条件

最高人民法院公布的50起涉嫌杀人罪的刑事错案，包括黑龙江石东玉案、河北李久明案、河南秦艳红案、安徽刘明河案、湖北佘祥林案、湖南滕兴善案、云南杜培武案等。经过分析，鉴定结论错误的8起，占16%；鉴定存在缺陷的20起，占40%；证人证言虚假的10起，占20%；被害人陈述虚假的1起，占2%；同案犯伪证的1起，占2%；忽视无罪证据的10起，占20%[5]。也就是说，由于鉴定意见存在问题而导致错案的比率占56%。如果检察机关对司法鉴定活动进行有效的监督，就可以减少问题鉴定进入法庭的概率，强化公诉人对鉴定意见的举证、质证、辩论意识，从而降低错案率。

（二）推进检察特色信息技术的必要性

信息技术只有围绕办案，服务检察各项业务职能，才具有检察信息化特色。检察信息化的出路是将云计算、大数据、量子通信、物联网、人工智能、虚拟空间等新技术运用到检察办案过程中，形成“检技一体”新机制，向科技要检力，向信息化要战斗力，以科技创新推动检察创新，杀出一条与信息技术社会服务有本质区别的新路，才能海阔天空。

1. 信息资源共享是提高侦查效率的基础

建立与公安、法院、司法、审计、金融、工商、税务、社保、国土、房管、交通、电信、海关、卫生、水电燃气等部门信息共享机制，完善职务犯罪侦查信息平台、网络案件线索查询平台、话单分析平台等，及时发现、利用职务犯罪侦查线索来引导侦查，以提高检察机关的精准打击能力、快速反应能力、指挥协调能力等侦查办案能力和预防职务犯罪能力。

2. 电子数据取证是突破传统证据的抓手

建立电子证据实验室，配齐手机芯片提取、手机逻辑取证、话单分析软件、Flash闪存修复工具、硬盘修复工具、视频提取工具、预检工作站、检验工作站、分析塔、电子证据现场勘查设备等，以话单分析、密码破解、侦查定位、侦查信息搜索、心理测试，及提取、恢复手机短信、QQ信息、微信、硬盘及移动存储介质数据并进行关联分析为基础，查找与嫌疑人关系密切的亲戚、朋友、情人等特别关系人，寻找案件线索和犯罪轨迹，发现、搜集、固定相关证据等。

3. 智能信息体系是提升检察能力的方向

建设检务大数据资源库，推进检务云建设，在实现快速检索、类案查找、采集分析、取证分析、辅助决策等方面提高效率、节约成本、减少风险。运用语音识别、微表情分析等技术，实现视频数据取证、心理分析、目标自动跟踪等。通过上传办案数据至高检院云平台，运用嫌疑人“数据画像”技术，刻画嫌疑人的性格特征，发挥大数据集成不同案件之间数据的碰撞优势，实现信息关联分析和可视化展现，为办案提供各种服务和方向，挖掘侦查人员无法找到的线索，指引检察人员无法想象的方向，完成办案人员无法完成的工作，发挥检察信息技术对职务犯罪侦查的引导力，对全院工作的保障力，对侦监、公诉、刑执、刑申、民行等业务的支撑力，提升办案的效率和效果，发挥科技强检优势。

三、检察技术和检察信息化人员管理制度改革思路

目前，对检察技术信息化人员的管理主要依照《中华人民共和国公务员法》，其专业技术职称、业务工作能力、业绩等没有直接与其待遇挂钩，一定程度上影响检察技术信息化干警和个别专业技术学科带头人的工作积极性和上进心。因此，建立健全专业技术类公务员管理规定框架下的检察技术人员和检察信息化人员单独序列管理制度，是检察技术信息化队伍建设的必然要求和理想出路，也是检察辅助人员管理制度改革的重要组成部分。

（一）归口信息技术

中组部和高检院印发的《人民检察院工作人员分类管理制度改革意见》，把人民检察院工作人员划分为检察官、检察辅助人员、司法行政人员三类，检察辅助人员包括检察技术人员。明确检察技术人员是接受指派，对与犯罪有关的场所、物品、人身、尸体进行勘验或者检查，对检察官承办案件中的某些专门性问题进行鉴定，出具鉴定结论者。但对检察信息化人员的归口未置可否。由于检察官是依法行使国家检察权的检察人员，检察辅助人员是协助检察官履行检察职责的工作人员，司法行政人员是从事行政管理事务的工作人员，故检察信息化人员归口检察辅助人员而非司法行政人员序列，符合该分类管理精神。又因检察信息化人员协助检察官履行检察职责时，提供的是专业技术服务，符合检察技术的主要特征，故将检察信息化人员纳入检察技术人员范畴管理，既合法、合理，也具有可操作性。

(二) 强化队伍建设

在完善法医、司法会计、心理测试、视听等技术门类的基础上，培养、充实和引进电子证据、文痕检等具有相应专业资质的技术人才，建立检察技术信息化自主研发和运维团队。依托高校和科研院所，建设面向社会开放的检察技术基地和科技人才专家库。加强检察机关复合型检察技术信息化人才的培养，造就一批既有科研功底又有丰富实践经验的专家型检察技术、信息技术人才和专业学科带头人，不断提升检察技术和检察信息化队伍的专业化素质。

(三) 落实职级待遇

根据中共中央办公厅、国务院办公厅于 2016 年 7 月 8 日颁布实施的《专业技术类公务员管理规定（试行)》的精神，结合检察信息化人员可以纳入检察技术人员范畴管理的实际，将检察信息化人员培养成电子证据鉴定人，与检察技术人员一起纳入司法鉴定人管理序列，彻底解决检察信息化人员的职业发展问题。建议最高人民检察院商请国务院相关部门批准设立司法鉴定高级技术职务任职资格评审委员会，制定检察机关司法鉴定人技术职务任职资格首次评定和职称晋升的条件和程序，对全国检察技术信息化人员无职称者进行技术职务任职资格首次评定，有职称者按照规定进行职称晋升。再根据《专业技术类公务员管理规定(试行)》，确定其相应的专业技术职务与级别并进行工资套改，以后依据规定的条件和程序进行职务任免与升降。只有依规推进检察技术信息化人员的分类管理，建立与检察技术信息化人员履行司法辅助职能相适应的职业发展、晋职晋级等制度，才能留住现有人才，吸引高端人才，培养复合型人才，顺利实施科技强检战略。

(四) 搭建创业平台

给热爱检察技术信息化工作的干警搭建一个创业平台，构建一个发展空间，创造一个适宜条件。例如，对于热爱电子取证工作的信息技术人员，可以考虑设立电子证据实验室，让其为自侦部门传授电子证据的取证理念，使自侦部门将电子取证纳入办案的常规流程，对在搜查、讯问过程中发现的电子介质，第一时间委托检察技术部门进行勘验、固定，深挖案件线索。对于没有检察技术基础的院，可以在检察信息化发展到一定程度时，根据“检技一体”的需求设立电子证据实验室，优先发展。以此带动各个技术门类，搭建相应平台，全面贴近办案，提高检察质量和技术应用水平。

（五）提升调研能力

由于对检察技术和检察信息化人员调研成果考核过于宽松，导致其对检察技术信息化服务于以审判为中心的诉讼制度改革的深层次问题思考不多，科技创新思维能力不强，技术服务水平难以提高，重办案，轻调研，不利于检察技术信息化人员专业知识的更新，不利于专家型、复合型人才的培养，不利于信息时代的检察创新。作为信息时代的检察技术和检察信息化人员，不仅要善于办案，为检察业务服务，还要勤思考、多动笔，善于总结办案规律及服务经验，完成从理论到实践，再从实践到理论的不断升华。注重引导检察技术信息化人员多出精品力作，鼓励有价值的调研成果转化为指导性文件，以实现检察技术信息化调研成果对“科技强检”的推动作用。

（六）完善业绩评价

对检察技术信息化人员的业绩评价应坚持重实绩、重发展、重激励的工作思路。重实绩，就是要注重检察技术信息化干警的工作业绩、工作效果和工作创新。重发展，就是要善于通过检察技术信息化干警的实绩发现个人的发展潜力。重激励，就是要对检察技术信息化干警的实绩适时进行表彰，增强个人荣誉感，对有突出贡献者破格提拔，激励检察技术信息化干警干事创业的热情。对于业绩评价不佳者，要分析原因，找出改进措施，补强短板。对检察技术信息化人员调研能力的业绩评价，可以从出版或者发表专著、完成调研课题、在专业学术国家核心期刊上发表论文的数量与质量、调研成果转化、参加学术研讨会获奖等方面综合考量。

综上所述，在司法体制改革进程中，检察技术人员面临行政职级晋升难、进入检察官员额难、技术职称评审难等问题。检察信息化人员除了存在检察技术人员面临的同样问题外，还存在缺乏检察特色、归口不清（检察辅助人员、司法行政人员）、定位不准等问题，这些问题直接影响检察技术和检察信息化人才是否留得住、引得进、充得实，检察技术信息化部门能否在司改中得以生存并发扬光大的问题。由于信息时代，现代科技手段逐步融入各项检察业务，检察技术和信息技术在检察工作中的战略性、基础性地位更加突出，“科技强检”离不开检察技术信息化人员，故检察技术信息化工作只能加强不能削弱。为了稳定这支队伍，培养、充实、引进这类专业技术人才，就需要在强化检察技术信息化队伍建设、落实其职级待遇、搭建创业平台、提升其调研能力、注重其业绩评价等方面下功夫。

参考文献：

［1］司法部司法鉴定管理局. 2005—2015 年我国司法鉴定发展情况分析［J］. 中国司法鉴定，2016（2）：70.

［2］孟建柱. 完善司法管理体制和司法权力运行机制［N］. 法制日报，2014-10-08（1）.

［3］沈德咏. 论以审判为中心的诉讼制度改革［J］. 中国法学，2015（3）：5—19.

［4］冯宗美，陈玉林.鉴定意见审查问题探究［J］. 中国司法鉴定，2013（3）：88.

［5］李永良. 死刑复核中法医鉴定结论审查的特点与建议［J］. 证据科学，2012，（3）：355.

新《刑事诉讼法》框架下的司法鉴定问题浅析

陈玉林　冯宗美*

摘　要：新《中国人民共和国刑事诉讼法》（以下简称新刑诉法）对作为证据制度重要组成部分的司法鉴定制度作出了相应的修改和完善，其中保留条款8处，新增条款7处，个别修正条款2处，删掉条款1处。本文从司法鉴定相关法律法规的精神和司法鉴定理论与实务角度，对新条款面对的挑战与对策发表一些粗浅认识，并提出一些在执行中需要应对的措施，期望新刑诉法在确保刑事鉴定为惩治犯罪、尊重与保障人权方面发挥应有的作用。

关键词：刑事诉讼法　司法鉴定　挑战　应对

第十一届全国人民代表大会第五次会议修正的《中华人民共和国刑事诉讼法》（以下简称新刑诉法）是深化司法体制和工作机制改革，完善刑事诉讼程序，建立公正、高效、权威的司法制度，推进社会主义民主法制建设的重大举措。新刑诉法这次修改的幅度较大，重大修改就有111处，而其中涉及司法鉴定制度的新增条款有7处、个别修订条款2处、删掉条款1处、保留条款8处。主要体现在增加了鉴定人出庭作证和鉴定人人身权利保障、专家辅助人制度等方面的内容，删除了医学鉴定和修正了一些不合时宜的内容，在鉴定程序方面基本保留条款原样，新法对现行法律已有规定、司法鉴定体制改革业已肯定和鉴定实践证明切实可行的成果吸收不多，对诉讼实践中争议较多、相关部门很难而无权解决的、涉及鉴定的实质性问题文字表述不到位或欠周严。因此，希望有关立法、司法、鉴定主管机关和行业管理部门在制定有关鉴定规定的实施细则时，广泛听

* 陈玉林，男，员额检察官，副主任法医师，法律硕士、医学学士，主要从事公诉工作。冯宗美，女，律师，主检法医师，主要从事律师工作。

取各方面的意见，对其中争议激烈的问题，在实施细则中尽量设计得全面、具体一些，以确保新法中这部分规定能够得到全面、正确的实施。

一、司法鉴定证据的称谓

新刑诉法与全国人大常委会《关于司法鉴定管理问题的决定》（以下简称《决定》）相衔接，将“鉴定结论”改为“鉴定意见”。有人认为，“鉴定意见”降低了科技证据的证明力，或者“未经法庭质证前，不能称为鉴定结论”。也有人认为，“鉴定结论”改为“鉴定意见”，降低了鉴定结果的证明标准[1]。这两种观点，都是不可取的。从科学理论上探讨，两者的形成过程、构成标准、证明作用虽有一定区别，但两者在“鉴定类”证据的证明力方面并无实质性差别。这种修改没有改变司法鉴定作为法定证据形式之一的属性，也没有改变司法鉴定须经法庭查证属实才能作为定案依据的证明要求，但是破除了鉴定结论隐含的“不可辩驳”的“科学证据”地位，表达了鉴定意见仅仅是鉴定人个人的认识和判断，突出了司法鉴定的言词证据属性和证据采信原则，回归了司法鉴定的本质属性，更加准确地反映了司法鉴定的特征。另外，就整个案件来说，司法鉴定也只是诸多证据中的一种，而不是最终的裁判认定依据，使用“结论”容易产生误导，使用“意见”更为恰当。因此，新刑诉法将“鉴定结论”修改为“鉴定意见”，有利于摆正这类证据在诉讼中的位置，也有助于人们准确理解和把握司法鉴定。

（一）体现了司法鉴定活动的规律

由“鉴定结论”到“鉴定意见”，体现了对司法鉴定活动规律及司法鉴定工作定位认识的升华。司法鉴定是在诉讼活动中鉴定人运用科学技术或者专门知识对诉讼涉及的专门性问题进行鉴别和判断的活动。司法鉴定活动是一种科学实证活动，是鉴定人依照规定的程序标准、借助仪器设备、运用专门知识和技能，探索认识案件事实，进行分析、判断、下结论的过程。由此得出的结论只能是鉴定人个人对客观事实的一种认识和判断，并不等于客观事实本身。过去“鉴定结论”的表述，带有盖棺定论、不可辩驳的意思，会误导人们对鉴定的认识，甚至会使人产生最终结论的不当联想。相反，鉴定意见强调了鉴定只是鉴定人对诉讼涉及的专门性问题发表的个人意见和看法，更能体现司法鉴定是科学实证活动的特点。

（二）厘清了司法鉴定工作的职责

司法鉴定在诉讼活动中的职责是就案件涉及到的专门问题提出鉴定意见，帮助法官认定相关案件事实。这种称谓的修改，有助于法官清晰地理解自己的职责，更好地履行对司法鉴定审查核实的职能，消除过分依赖司法鉴定的现象；同时也有助于消除当事人和群众对司法鉴定的误解，减少因不服司法裁判而引起的对司法鉴定的投诉信访案件，维护司法鉴定的社会公信力。

（三）有利于司法鉴定功能的认识

“鉴定结论”的称谓常常使人误以为司法鉴定具有唯一的指向性，对同一事项的鉴定结果必须是一致的。当不同的鉴定机构形成不同的鉴定意见时，就对司法鉴定的公信力产生了质疑。事实上，鉴定活动本身是根据科学原理或者特殊技能探究案件客观真实的活动，但鉴定中的观察、解释、评断却均是人的主观活动[2]。正是由于这种主观性，不同鉴定人对同一鉴定事项的认识和判断可能不同，作出的鉴定意见也可能不完全一致。也正是由于这种主观性，当法官对鉴定意见心存疑虑时，希望通过诉讼双方的技术顾问当庭就鉴定意见的相关问题质询鉴定人，以专家质证的方式消除这种主观性给法官认证带来的影响。过分强调和追求鉴定的一致性，并不符合鉴定的规律，鉴定意见不一致在一定程度上存在是正常的。一方面，要加强司法鉴定规范化建设，统一司法鉴定标准，规范司法鉴定程序和操作流程，建立健全司法鉴定机构的质量管理体系，不断提高鉴定人的能力和水平，确保各项鉴定活动都能在科学、规范的轨道上进行，最大限度地消除或者杜绝鉴定人不当操作和各种失误引发的错误鉴定。另一方面，正视司法鉴定的主观性，有助于正确认识解决重复鉴定这一长期困扰司法鉴定工作的顽疾。

（四）提升了司法鉴定质证的地位

鉴定意见揭示了司法鉴定的非终局性。司法鉴定只是一种法定的证据材料，必须经过法庭的质证才具有法律效力，进而彰显了法庭质证的重要性，这必然引导人们把对司法鉴定的关注重点放到法庭质证上，也要求鉴定人必须要把出庭作证作为司法鉴定工作的重要内容。随着新刑诉法的实施，出庭作证必然会越来越多，鉴定人不能再像过去那样把出具鉴定文书视同司法鉴定活动的终结，必须要把法庭质证作为整个鉴定活动的重要组成部分和核心环节，并以此来观察整个司法鉴定过程。在一定意义上讲，法庭质证就是对鉴定活动成果的检验和验收。鉴定人必须要按照法庭质证的要求，严格执行鉴定操作规程，谨慎地使用仪器和方法，规范地制作鉴定文书，使鉴定意见能够经得起各方的质疑，确保鉴定意见的科学性、可靠性和准确性。

二、指定医学鉴定的废除

新刑诉法删去了原第120条第2款“对人身伤害的医学鉴定有争议需要重新鉴定或者对精神病的医学鉴定，由省级人民政府指定的医院进行”的内容，与《决定》衔接。避免了鉴定主体由省级人民政府指定的医院与《决定》规定司法鉴定机构与鉴定人必须按法定条件与程序进行统一审核登记相互对立的矛盾[3]。近七八年来，刑事诉讼实践中常因损伤鉴定、精神病鉴定的主体和鉴定程序的合法性问题引发争论和纠纷，有关方面采信证据各有不同的法律依据，导致“官司”中产生“官司”。这次修法取消原规定，也是情理之中的事。

（一）新刑诉法与《决定》的衔接

1996年刑诉法第一次修改时，将1979年《中华人民共和国刑事诉讼法》第89条“鉴定人进行鉴定后，应当写出鉴定结论，并签名”改为第120条，并增加了“对人身伤害的医学鉴定有争议需要重新鉴定或者对精神病的医学鉴定，由省级人民政府指定的医院进行”的内容。其主要是针对重复鉴定比较突出的伤情鉴定以及争议较多的精神病鉴定，在一定程度上缓解了公、检、法三机关依诉讼程序递次鉴定而产生的重复鉴定问题，提高了诉讼活动效率，维护了司法公正。2005年《决定》出台，构筑了统一司法鉴定管理体制的基本框架，法院撤销了鉴定机构，侦查机关的鉴定机构不再面向社会提供鉴定服务，社会鉴定机构由司法行政机关统一负责登记管理，全国实行统一的司法鉴定机构和司法鉴定人名册制度。司法鉴定工作逐步纳入规范化、制度化、科学化轨道，司法鉴定执业秩序明显改善，司法鉴定公信力不断提高，司法鉴定在保障司法公正、促进民生建设、维护社会和谐稳定的作用凸显。与此同时，随着司法鉴定机构的不断壮大，医疗与鉴定的专业化分工深化，1997年刑诉法第120条确立的医学鉴定体制在实践中不断弱化，已无存在的必要。加之，刑诉法与《决定》对这一问题规定不一致，在实践中造成了许多问题。这次修改在立法上解决了与《决定》衔接的问题，从更深层次的意义看，则是对统一管理体制改革的确认，是对16年来司法鉴定工作改革成果的肯定和巩固。

（二）为解决体制障碍创造条件

新刑诉法从统一司法鉴定登记管理、建立统一司法鉴定名册的实践需要出发，取消了医学鉴定。司法鉴定管理部门应当抓住有利时机，按照统一准入条件、统一鉴定名册、统一执业分类、统一实施程序、统一技术标准、统一出庭办法、统一权利义务、统一执业伦理和统一执业责任等基本要求，深化司法鉴定管理体制改革，加快建立完善科学合理、统一规范、运行高效、监管有力的司法鉴定队伍。司法鉴定管理部门应积极研究对策，切实有效地解决原省级人民政府指定医院不再开展医学鉴定所带来的问题。对于鉴定资源不足的地方，可挑选高资质、高水平的医疗机构纳入统一管理范围。慎重发展司法精神病鉴定机构，在严控数量、确保质量的前提下，尽快填补空白，满足司法工作的需要。积极与有关部门共同研究解决一些地方存在的多套“名册”并存的混乱状况，完善统一的司法鉴定名册管理制度。

三、鉴定人出庭作证的规范

新刑诉法第187条对鉴定人出庭问题作证作出了全新的规定：一是规定了公诉人、当事人或者辩护人、诉讼代理人对鉴定意见有异议的可以向人民法院申请鉴定人出庭作证；二是规定了人民法院认为鉴定人有必要出庭作证的可以通知其出庭；三是鉴定人拒绝依法出庭作证的，鉴定意见不得作为定案的根据。虽然此规定符合当前诉讼实践的需要和相关方面的经济承受能力，但是从提高诉讼效率、减少诉讼成本、规范司法鉴定管理的角度，还是应当明确规定有正当理由不能出庭作证的，经人民法院同意后可以书面形式对鉴定意见的有关问题作出解释和说明；对因无正当理由拒不出庭的情形及其处理办法作出明确规定，如是否给予停止执业、撤销登记等行政处罚；对鉴定人出庭作证产生的费用及其支付范围、支付标准、支付方式等作出具有可操作性的规定。同时，对于鉴定人因无正当理由拒不出庭造成鉴定意见不予采用的是否要退还部分或者全部鉴定费等予以细化，以保护鉴定人和当事人的合法利益。

（一）对鉴定的质量提出了更高的要求

鉴定意见的质证是对鉴定过程乃至整个鉴定活动的全方位检验，鉴定人必须把鉴定工作做深做细，确保程序合法、方法科学、采标准确、行为规范，以使鉴定意见更具有科学性和可靠性。鉴定机构必须加强对鉴定质量的管理，建立健全管制质控体系，严格审核把好质量关，不断提高鉴定文书的制作水平。鉴定文书是鉴定意见的载体，是鉴定活动成果的表现形式，故应当完善鉴定文书的格式，注重鉴定过程的描述、鉴定结果的论证，使文书更有说服力。新刑诉法第145条第1款规定：“鉴定人进行鉴定后，应当写出鉴定意见，并且签名。”这一条与原法相同，强调的是鉴定人是制作鉴定文书的主体，鉴定意见是鉴定人的意见，要坚决取消鉴定机构代替鉴定人出具鉴定意见的错误做法；“鉴定人写出鉴定意见”是指“出具鉴定书”，而非限制于手写而不能打印；鉴定人必须在鉴定文书上签名而不能只盖私章。立法上之所以要求鉴定人在自己制作的鉴定文书上签名，是表示该鉴定活动和文书是鉴定人直接参与、亲自制作、亲自审查的，是客观真实的，并愿意承担法律责任。而鉴定人在鉴定文书上盖私章难以防止鉴定主体的假冒行为。

（二）提高法庭对鉴定意见的质证效果

质证是鉴定意见成为定案依据的法定环节，质证的效果直接影响到审判的质量，特别是当鉴定意见是定案的主要依据时，法庭对鉴定意见的质证显得更为重要。过去，鉴定人很少出庭作证，只向法庭提供书面的鉴定意见。法官由于专业性知识的局限性，很难对鉴定意见的科学性、可靠性进行深入、全面的审查，在一定程度上影响了质证的效果。鉴定人在诉讼活动中不同于其他证人，而是凭借专业知识对案件所涉及的专门问题进行鉴别和判断。鉴定人出庭接受法庭的询问，按照法庭要求，综合运用相关法律和技术规范，通过科技手段当庭展示和说明鉴定意见的形成过程、鉴定标准、技术方法、科学依据、分析判断、意见形成等，解答控、辩、审三方提出的各种疑问，以帮助法官更好地对鉴定意见的科学性、可靠性作出判断[4]。尤其是在当事人对鉴定意见有异议时，鉴定人通过回答询问，有针对性地介绍鉴定相关情况、解释相关疑问、讲解相关专业知识，让当事人充分了解鉴定意见的形成过程，鉴定的科学原理和方法，使诉讼双方对鉴定意见产生信任感，达到定纷止争的目的。

（三）明确鉴定人接受询问的主体范围

新刑诉法第 189 条规定，公诉人、当事人和辩护人、诉讼代理人、审判人员经审判长许可，可以对鉴定人发问。审判长认为发问的内容与案件无关的时候，应当制止。该条还规定：“证人作证，审判人员应当告知他要如实提供证言和有意作伪证或者隐匿罪证要负的法律责任。”这一要求也适用于鉴定人，以明确鉴定人接受法庭提问的主体与范围，强调其出庭作证必须如实提供证言。

（四）对鉴定人素质提出了更高的要求

鉴定人从幕后走到台前，接受法庭质询，对鉴定人而言是一种考验。鉴定人不仅要展示自己的专业能力和水平，同时也要展示个人的法律素养、职业道德修养以及语言能力，这对于常年在实验室从事鉴定技术研究和实践的专家来说比较难。鉴定人需要钻研法律，掌握和熟悉诉讼法律知识，掌握出庭作证的规则和技能，加快由“科技人”向“法律人”的转变。

（五）鉴定人面临专业同行的强劲挑战

新刑诉法规定：公诉人、当事人和辩护人、诉讼代理人可以申请法庭通知有专门知识的人出庭，就鉴定人作出的鉴定意见提出意见。有专门知识的人出庭，势必会从专业角度对鉴定意见进行更严格的监督。由于参与本案鉴定以外的司法鉴定人也可以接受当事人的聘请，作为专门知识的人出庭对鉴定人进行质询，这样将对鉴定活动的各个细节，包括鉴定标准、科学原理和依据、方法步骤、仪器设备、环境条件、检材保管处理、文书制作等各个方面进行更深入、更全面的审查。

（六）司法机关为鉴定人出庭提供保障

为确保鉴定人出庭作证及其出庭质量，提高鉴定意见的证明力，人民法院通知鉴定人出庭作证的时间应当适度提前，使鉴定人出庭作证前的各项准备更加充分。人民法院应当至迟在开庭3日前将出庭通知书送达给鉴定人，并通知开庭的时间和地点，强调鉴定人出庭作证的条件，提醒鉴定人拒绝出庭作证的后果。建议参照律师出庭的有关规则，为鉴定人在法庭陈述意见时提供相关的程序。新刑诉法第63条规定："证人因履行作证义务而支出的交通、住宿、就餐等费用，应当给予补助，证人作证的补助列入司法机关的业务经费，由同级人民政府财政予以保障。"刑事诉讼证人作证所需费用由政府财政开支的规定非常明确，但对鉴定人出庭作证所需费用没有提及。有人认为，刑事鉴定多由侦查机关的鉴定人实施，他们有自己的业务经费保障，无须规定，但是现代刑事鉴定涉及的专业范围极广，而且多数专门性问题较为复杂、疑难，有相当一部分专门性问题需要委托侦查机关以外的社会鉴定机构进行鉴定，尤其是重新鉴定。鉴定人异地出庭作证较多，所需费用不菲，亦应由财政保障。因此，侦查、起诉或审判机关在制定实施细则时，应当考虑到这一点。同时，"有工作单位的鉴定人出庭作证，所在单位也不得克扣其工资、奖金和其他福利待遇"。另外，为保障司法鉴定人更好地执行出庭作证的义务，新刑诉法第62条规定了鉴定人及其家属的人身安全特别保护措施，以消除鉴定人的后顾之忧。

四、技术顾问制度与鉴定制度

新刑诉法第192条第2款规定"公诉人、当事人和辩护人、诉讼代理人可以申请法庭通知有专门知识的人出庭，就鉴定人的鉴定意见提出意见"，同时在该条第三、四款中规定"法庭对于上述申请，应当作出是否同意的决定""有专门知识的人出庭，适用鉴定人的有关规定"。这条新规定程序较具体，但其性质、任务、权利极为概括或未作规定。

允许诉讼各方聘请有专门知识的人协助其参与法庭审判，不仅有助于对当事人诉讼权利的充分保障，而且还有利于法官根据法庭质证情况理性地选择作为定案根据的鉴定意见，辨明事实、保证公正审判，也有助于减少重复鉴定和重新鉴定[5]。其含义包括三个方面：一是应对“有专门知识的人”的资格、监督等进行规范，以保证其科学性、公正性。二是法庭对于诉讼各方的申请，以案件存在可以在法庭进行质证的鉴定意见为前提，同意的应当通知“有专门知识的人”出庭，不同意的应当说明理由。三是有专门知识的人出庭只对事实负责，不对法律负责。

事实上，“技术顾问制度”或“专家辅助人制度”并不是我国新刑诉法的首创。《意大利刑事诉讼法典》第 225 条规定：“公诉人和当事人有权任命自己的技术顾问。”英国和法国在民事诉讼中有关于法官可以“任命”或“聘请”技术人员协助查明某个事实问题的规定；我国最高人民法院在《关于民事诉讼证据的若干规定》第 61 条和《关于行政诉讼证据若干问题的规定》第 48 条，从司法解释层面对当事人聘请专门知识人员就案件中的专门性问题进行说明作了规定。这里所说的“技术顾问”“技术人员”“专门知识人员”，在司法和鉴定领域通常称为“技术顾问”或“专家辅助人”，其为控方、辩方或审判方进行有关技术服务的制度通称为“技术顾问制度”或“专家辅助人制度”。

技术顾问制度与鉴定制度的异同。技术顾问制度与鉴定制度都是通过立法形式或司法解释所确立的；技术顾问或鉴定人都是某一学科某一领域的科技专家，多是具有法定资格的鉴定人，其服务范围都仅限于科学技术方面的证据问题，而不涉及案件的法律性质及其对判决意见的评断。两者之间的不同点：首先是服务对象和法律地位不同。技术顾问服务于公诉机关或者诉讼当事人一方，法律上不要求其处于中立地位，而与辩护律师相似，为聘请方服务；鉴定人是服务于诉讼活动，只对被鉴定问题的客观性、科学性、真实性负责，而不是对委托方负责，在法律上处于中立地位，不能偏向诉讼主体任何一方。其次是两者职责范围不同。技术顾问对鉴定材料收集、鉴定启动、鉴定过程、鉴定文书等进行审查，并出庭询问鉴定人、对鉴定意见进行质证、参与法庭辩论（仅限于科技证据）等；而鉴定人主要限于鉴定实施与出庭作证。再次是权利不同。技术顾问权利较多，包括鉴定意见审查权、鉴定监督权、法庭询问权与辩论权等，而鉴定人仅有鉴定实施权和鉴定意见的说明与解释权[6]。最后是主体资格有差别。技术顾问应当是有一定权威的资深鉴定人。因此，“有专门知识的人出庭，适用鉴定人的有关规定”并不明确，因为有专门知识的人是由公诉人、当事人和辩护人、诉讼代理人聘请的，不存在回避的问题；有专门知识的人在法庭上对鉴定意见的质询主要是质证和辩论，对法官起到兼听则明的作用，并非是让其对鉴定意见作出科学、公正的认证。

建立刑事诉讼技术顾问制度是刑事诉讼活动走向科学、客观、公正、文明的一个标志，是满足控、辩、审三方收集与审查证据的需要，是适应科技证据法庭质证的需要。鉴定制度和技术顾问制度是处理科技证据两个不同侧面的措施，两者是相互对立、相互促进的统一体。科技证据的法庭质证不同于其他证据，质证的重点是审查鉴定原理的科学性、鉴定方法的有效性与先进性、鉴定依据的充分性、鉴定标准的规范性。审查、辩驳这“四性”问题，要求必须有鉴定专家参与，其他人难以替代。科技证据的质证，除了法官、当事人及其辩护人外，主要是各方技术顾问与鉴定人之间进行说明、询问、反驳，更多的是三方技术顾问之间的激烈论战。这种质证，只能在法官主持下，各方技术专家进行深层次的交流、博弈，才能获取共识，求得问题的解决，避免法庭质证流于形式。从立法目的上考察，这一制度的设立很大程度上是针对鉴定人的工作要求而来的，有人称技术顾问是鉴定人的“克星”，专挑“鉴定毛病”。它的兴起，有利于增强鉴定人的工作责任心，促进鉴定质量的提升，提高鉴定人队伍的素质。基于以上论述，有必要明确“专门人员”或“技术顾问”的性质、资格与资质、法律地位、任务、权利等重点问题，防止不够资格的人在法庭上冒称“专家”，敷衍质证。

五、行政执法中的证据材料

新刑诉法第52条第2款规定：“行政机关在行政执法和查办案件过程中收集的物证、书证、视听资料、电子数据等证据材料，在刑事诉讼中可以作为证据使用。”该款规定的证据材料，多属鉴定意见类。例如，假币案件中对假币的鉴定、生产销售伪劣产品案件中对伪劣商品的鉴定、假冒注册商标案件中对注册商标的鉴定、计算机犯罪案件中对电子数据的鉴定、毒品犯罪案件中对毒品的鉴定、伪造发票案件中对发票真伪的鉴定、泄露国家秘密案件中对国家秘密的鉴定、生产销售假药案件中对假药的鉴定、医疗纠纷案件中对医疗事故的鉴定、道路交通肇事案件中的技术鉴定、偷逃税案件中的鉴定、公职人员违纪违规的会计审计鉴定等，都是国家行政机关根据相关的行政法律法规进行的一种鉴定，其鉴定文书中往往没有鉴定人的签名或者盖章，也没有相关鉴定资质材料附卷，只有行政机关的公章。

由于司法鉴定与行政执法鉴定是两种性质不同的鉴定，按相关法律规定，行政执法鉴定的鉴定程序、委托主体、鉴定受理与实施主体、鉴定文书规范等方面与刑事鉴定有很大区别。多数行政执法或行政案件中的鉴定意见作为刑事证据材料使用，如不按刑事鉴定程序或“加工”处理，在法庭审理过程中是难以过关的：一是能够按照司法鉴定规则进行鉴定的按其规定进行鉴定。二是行政机关改变鉴定文书名称。对于申请确定、界定、鉴别、认定的物品、文书进行甄别，可以采用“确定书、界定书、鉴别书、认定书”等称谓，避免出现“鉴定意见”字样。如故意泄露国家秘密罪中出具的密级认定书，国家保密局《查处泄露国家秘密案件中密级鉴定工作的规定》第2条规定“本规定所称的密级鉴定，是指保密工作部门按照管辖范围，应公安、国家安全、检察、审判及纪检、监察机关的提起，对其办理的案件中涉嫌涉及国家秘密事项作出的鉴别和认定”，第10条规定“保密工作部门出具的密级鉴定书应当加盖政府保密工作部门印章”。因此，对于密级的鉴定，根据相关权限，可以使用确定书、鉴别书或者认定书形式，而非鉴定意见形式。三是行政执法鉴定归属于书证。由于行政执法鉴定是行政机关根据相关法律法规对相关物品作出的判断、鉴别和确认，用书面记载的文字表达内容来证明与案件有关的事实，符合书证的要件。四是行政执法鉴定的主体是行政机关。行政执法鉴定一般不需要经办人签名盖章，只盖公章确认即可。因此，行政机关出具的行政执法鉴定文书，显然不同于司法鉴定机构所作出的鉴定意见，故这些证据材料用作刑事证据时，可以参照鉴定意见的相关规定进行审查，而作为书证来使用。

六、法院核实证据的鉴定

新刑诉法第191条第2款规定：“人民法院调查核实证据，可以进行勘验、检查、查封、扣押、鉴定和查询、冻结。”随着《决定》的颁布实施，人民法院的司法鉴定主体资格被取道，而新刑诉法对此未作修改意味着人民法院的鉴定权可以保留，人民法院有鉴定主体资格，即便是要取消，也应当在下次诉讼法修订此条之后。因为《决定》是下位法，新刑诉法是上位法，下位法不能推翻上位法。从立法体系来看，人民法院不设立鉴定机构、不实施鉴定是我国现有法律体系所决定的；从司法实践来看，人民法院不设立鉴定机构、不实施鉴定是立法界、司法界、律师界、法学理论界的共识。因此，该款应当将“人民法院调查核实证据，可以进行勘验、检查、查封、扣押、冻结、查询和决定鉴定”中提到的

“可以进行鉴定”理解为“可以决定鉴定”。鉴定决定权与鉴定实施权是两种不同性质的权力，恐怕也只有这样理解和执行，才能体现该款的立法意图。

七、鉴定人人身安全的保护

新刑诉法第62条规定，对于担任“危害国家安全犯罪、恐怖活动犯罪、黑社会性质的组织犯罪、毒品犯罪等案件”鉴定的鉴定人，本人及其近亲属的人身安全面临危险的，相关司法机关应采取一项或多项保护措施。这一条新规定，保护范围与保护主体明确，措施具体、实施程序清楚，具有可行性。但不好理解的是是否只保护四类重特大案件及其与之相当的案件的鉴定人。实践中，人身伤害、抢劫、盗窃等案件的鉴定人遭受打击报复的也不少。为贯彻执行新刑诉法，保证鉴定人依法出庭，相关部门对此应当作出扩大解释：“对于担任刑事案件鉴定的鉴定人，本人及其近亲属的人身安全面临危险的，相关司法机关应采取一项或多项保护措施”。

目前，侦查机关鉴定机构鉴定人的人身安全有一定程度的保护，而社会司法鉴定机构及其鉴定人的人身安全保护问题始终没有引起足够的重视，也无法可依，有人戏称为“零”保护。在鉴定实践中，由于制度缺失和工作不力，导致司法鉴定人的人身安全得不到保障的事件屡有发生，尤其是法医精神病鉴定中这类问题尤为突出。因鉴定意见不利于被鉴定人一方，有的长期在司法鉴定机构缠闹，严重影响鉴定机构的工作秩序；有的甚至组织人员直接到鉴定人家中打闹，对鉴定人或者其近亲属的精神和人身安全构成威胁，也给社会稳定带来隐患。同时，在对人民法院、人民检察院、公安机关委托的重案、要案进行鉴定时，应当充分考虑社会鉴定机构中的鉴定人可能面临的危险，依法提前介入一项或者多项保护措施，明确相关单位和个人对鉴定人的保护责任，将其具体化，使其具有可操作性和可执行性。

八、鉴定意见的非法证据排除

新刑诉法第54条规定：“收集物证、书证不符合法定程序，可能严重影响司法公正的，应当予以补正或者作出合理解释；不能补正或者作出合理解释的，对该证据应当予以排除。”该规定是专指物证、书证可能作为非法证据排除的条件和补救方法。物证、书证往往是鉴定对象，“收集物证、书证不符合法定程序”也涉及“刑事鉴定程序违法”问题。因此，鉴定机构和鉴定人在受理刑事鉴定时，应当按照刑事法律及其相关规定办理，尤其要审查委托主体、鉴定次数、受理范围等是否符合规定。

新刑诉法第 144 条规定："为了查明案情，需要解决案件中某些专门性问题的时候，应当指派、聘请有专门知识的人进行鉴定。"这里所说的"专门性问题"，特指采用一般的调查、侦查方法，或者仅凭侦查人员的经验、认知所不能解决的科学技术性问题。尤其值得注意是"某些"而并非所有的专门性问题。"某些"是对鉴定对象范围的限制，即只能是经法律、法规、司法解释明确规定或确认的专门性问题才是刑事鉴定对象[7]。如目前的"心理测定"（俗称测谎鉴定）、气味鉴别就不属于"某些专门性问题"之列。

新刑诉法第 146 条规定："侦查机关应当将用作证据的鉴定意见告知犯罪嫌疑人、被害人。如果犯罪嫌疑人、被害人提出申请，可以补充鉴定或者重新鉴定。"这一条与原规定无任何变动。近十余年来，补充鉴定、重新鉴定在刑事诉讼中"屡鉴不止""多鉴不定"的现象十分突出，许多向社会暴光的鉴定争议事项多属刑案。重新鉴定难以依法合理控制，是各办案机关深感头疼的"顽症"。这种"犯罪嫌疑人、被害人提出申请，可以进行补充鉴定或者重新鉴定"，即"有请必鉴"的规定，对办案机关和鉴定机构无疑是一种灾难。目前，相关机关对于重新鉴定问题已经制定了若干限制性条件仍难以控制，"敞开鉴定"的后果可想而知。因此，相关部门在制定实施细则时应加以调整："犯罪嫌疑人、被害人提出补充鉴定或者重新鉴定申请，办案机关认为确有必要的，应当准许。"

九、司法鉴定人的法律责任

新刑诉法第 145 条第 2 款规定："鉴定人故意作虚假鉴定的，应当承担法律责任。"这虽是保留条款，但执行中仍有进一步明确的必要。对于鉴定人故意作虚假鉴定的，有三种处理方式，第一种是构成犯罪的，应当依法追究刑事责任，社会对此没有争议；第二种是不构成犯罪，但应当给予行政处分的，由谁来认定、认定的范围、认定的依据、监督和处理的依据均不明确，一直是主管部门在监管工作中难以解决的问题；第三种是给当事人造成损失的，应当承担相应的民事责任。有专家指出，"故意作虚假鉴定"是指故意出具不符合事实的鉴定意见，因技术原因所致的错误鉴定不在其列。笔者认为，此说法较为原则，不足以成为认定行政处分的依据。应予行政处分的，至少应包括"故意"程度足以影响案件定罪量刑的，如违反法定鉴定程序的或者故意采用不符合鉴定委托事项要求的技术方法和技术标准而得出错误鉴定意见等行为。主要表现在：一是鉴定人有主观故意的内化动机，二是"虚假鉴定"在鉴定过程、方法、依据、标准等方面存在明显的非鉴定人能力、经验限制的主观故意的外化行为，内行极易判断。而投诉鉴定人“故意作虚假鉴定”的，投诉人也可以依据有关规定自证其说。虽然实行鉴定人负责制，但是鉴定机构依据鉴定程序和机构内部质量管理体系对鉴定人所出具的鉴定意见要进行复核，故涉及“故意作虚假鉴定”的，除鉴定人依法承担法律责任外，鉴定机构也应当承担监督不力的责任。

十、涉罪精神病人的强制医疗鉴定

修改后的《中华人民共和国刑事诉讼法》第5篇第4章“依法不负刑事责任的精神病人强制医疗程序”，使得《中华人民共和国刑法》第18条的规定落到了实处，把引起关注和热议的焦点问题之一的实施暴力行为、危害公共安全或者严重危害公民人身安全的疑似精神障碍患者经诊断、复诊后引入鉴定程序，再决定是否强制医疗，做到相互协调和衔接[8]。但是，新刑诉法第284条“实施暴力行为，危害公共安全或者严重危害公民人身安全，经法定程序鉴定依法不负刑事责任的精神病人，有继续危害社会可能的，可以予以强制医疗”的“经法定程序鉴定”的规定，不够明确，建议予以细化，这将有助于新刑诉法的贯彻执行，有助于解决《中华人民共和国精神卫生法》中鉴定机构和鉴定人参与鉴定的问题，也有助于维护相关人群的合法权益，促进司法公正。

参考文献：

［1］王公义. 刑诉法修改中有关司法鉴定制度的12个问题研究［J］. 中国司法，2011（1）：33—36.

［2］汪建成. 司法鉴定基础理论研究［J］. 法学家，2009（4）：1—28.

［3］王敏远. 司法鉴定修改的有关意见［N］. 法制日报，2011-08-31（11）.

［4］房保国. 刑事证据规则实证研究［M］. 北京：中国人民大学出版社，2010：65.

［5］龙宗智，苏云. 刑事诉讼法修改如何调整证据制度［J］. 现代法学，2011，33（6）：116—122.

［6］郭华. 鉴定人与专家证人的冲突及其解决——评最高院有关专家证人的相关答复［J］. 法学，2010（5）：36.

［7］樊崇义，陈永生.科技证据的法定化——刑诉法修正不可忽视的一个重要问题［J］. 南斗学坛，2005（2）：78.

［8］全国人大常委会法制工作委员会刑法室.《中华人民共和国刑事诉讼法》释义及实用指南［M］. 北京：中国民主法制出版社，2012：507.

海南检察机关生态环境领域职务犯罪预防机制初探

陈 运 张 幸*

内容摘要： 海南生态保护立法可谓完备，除了国家层面立法，还有特区立法等。就是在这样相对完备的立法体系下，海南的自然生态环境却日益下降，相关部门的执法行为也总被诟病为“亡羊补牢”，收效甚微。本文从海南自然生态环境面临的严重问题出发，指出海南生态环境保护预防的整体工作有待得高，海南检察机关应当依法加快推进海南生态环境领域中的职务犯罪预防工作，并尝试构建检察机关生态保护监督预防机制。

关键词： 生态保护　预防　机制

近年来，许多城市连日雾霾、水源污染、土壤重金属超标……污染环境、破坏资源等重大案件时有发生，造成极其严重的后果。这些案件背后，往往存在监管部门领导干部的职务犯罪行为。这些案件对生态环境造成的破坏令人触目惊心，而其后查处的官员职务犯罪，更是值得警醒深思。被社会广泛关注的腾格里沙漠案就存在相关人员滥用职权、玩忽职守和监管失职等职务犯罪问题。

危害生态环境的职务犯罪，离百姓生活更近，百姓感受也更直接。在生态环境脆弱的今天，其职务犯罪危害更明显破坏力也更大。一个区域的环境破坏往往需要几十年甚至上百年修复，还有一些是永久性的破坏。生态环境领域的职务犯罪，危害后果往往更为严重，影响更为恶劣。一些国家工作人员玩忽职守、权钱

* 陈运，海南省人民检察院第二分院预防处处长。张幸，海南省人民检察院第二分院研究室干警。

交易，造成的可能是对生态环境的永久性破坏，甚至是对百姓生命健康的严重侵害。

良好的生态环境和自然环境是海南的一张名片，旅游业也一直是海南的支柱产业。近年来，海南在建设国际旅游岛建设中的生态环境问题不容忽视。海南省政协委员汪方怀在2015年初海南省“两会”上关于“海南环境”的提案引起广泛关注，他在接受两会记者采访时说的第一句话就是当下海南生态环境保护面临严峻挑战。从闻名遐迩的万泉河到母亲河南渡江到儋州蚂蝗（蟥）岭，再美好的自然环境，破坏式过度开发利用，即使未来用亡羊补牢的方式挽救，恐怕也是为时已晚。对此，环境学专家学者也提出人类活动对维护海南岛生态安全尤为关键。①如何及时预防并遏止这种违法活动是人们必须思考的问题。对检察而言，要依法推进海南生态环境保护首先就应当着重加强生态领域职务犯罪预防工作。

海南检察机关在海南生态保护中责无旁贷！

生态检察对于全国检察机关而言都是新命题，“打击仍是最好的预防”。针对生态环境领域内的职务犯罪预防工作，本文仅重点探讨除了打击之外的其他预防方式。

一、海南生态环境领域存在的问题

（一）海南自然生态环境现状简述

1. 水土流失

近年来，海南森林资源遭受严重破坏。基础设施的建设造成地表植被大规模的破坏，部分市县的一些企业和个人受利益驱使而违法大面积毁林开垦陡坡，以及在水库周边砍伐水源林等行为都极大地破坏了水土保持。海防林遭受到很大程度的盗伐，珊瑚礁、红树林资源也受到不同程度的破坏。导致海南省水土流失、沙化现象日益严重。根据2013年海南省第一次水利普查结果，海南省现有水土流失面积2116.04平方千米。众所周知的还有万泉河和南渡江的采沙问题。

2. 大气污染

海南环境空气质量10年来保持总体优良，但近年来专家指出全省空气质量也有下降倾向。2014年度海南省人大常委会组成专题调研组从6月6日至13日

①梁蓓、叶长青：《热带岛屿性河流万泉河入海径流量变化及影响因素》，《中国农村水利水电》2015年第1期。

分别到海口、澄迈、昌江、东方、洋浦等地，对海南贯彻实施《中华人民共和国大气污染防治法》情况进行了执法检查。由此形成的调研报告显示2013年全省环境空气质量出现轻度污染为3天，中度污染1天，这是海南第一次出现轻、中度污染。

3. 存在不同程度环境污染问题

海南海岸带与近海资源屡遭破坏，从海口至三亚，从东线文昌海湾到西线儋州临高角，几乎每一个海湾都有不同程度的破坏与污染。此外，还存在城市污水垃圾（包括废弃塑料制品）、机动车尾气和工业污染等环境污染问题。

4. 田地被毁和抛荒严重

农田被毁除了雨水冲刷等自然原因，更重要的是基本农田因非法采矿损坏非常严重。抛荒严重主要原因是近年一些县市缺水，水利欠账致多地田荒，粮食收益不高但修渠费用贵。通过记者调查，保亭、屯昌、定安、五指山、万宁等地此种现象严重。

5. 生态破坏，物种濒危加剧

虽然海南拥有丰富的生物多样性资源，但是近年来受破坏程度也相当严重。专家在进行物种资源调查时发现，海南省受保护动植物濒危状态较为严重。有关统计数据显示，海南省受威胁物种共579种，包括极危植物56种，濒危植物115种，易危植物191种，近危植物70种；极危动物6种，濒危动物30种，易危动物60种，近危动物51种。其中，海南油杉、海南黄皮、海南长臂猿等115种物种已被列为极危物种。

（二）海南自然环境下降的主要原因

1. 人为因素

专家指出造成以上现状的原因是多方面的，除了自然因素，比如大雨、台风等，人为原因是根本的原因。人为因素主要有：一是毁林乱砍滥伐，严重破坏植被；二是开矿、开山采石、工程建设；三是污染物乱排乱发。作为破坏者无疑是一味追求经济利益。

2. 相关部门监督问题

一些专家学者和媒体调查都指出监管者在执法中存在问题。

相关部门存在着下列问题：执法不严、违法不究，执法力量少，打击力度小，行政违法行为的监督力度小，预防环境保护领域不作为、乱作为。环保意识差，执法手段主要以罚款为主，以罚代执，以罚款为先的错误执法理念严重，大多数违法以罚款了事，致使只要采沙、采矿的利益大于罚款数额就会形成恶性循环。相关部门的配合也有严重问题，有监督管理权的单位和其他有关主管部门管理权之间其职能和利益交叉，不利于统一执法，造成执法不便；各部门之间争夺权力、推诿责任，不利于对生态环境的监管，甚至发生行政不作为而导致资源遭受严重破坏的情形。

3. 贪污贿赂和渎职犯罪严重

2015 年 6 月 16 日上午，最高检通报全国检察机关 2014 年 1 月至 2015 年 4 月共查办生态环境领域贪污贿赂犯罪案件 489 件 581 人，渎职犯罪 1123 件 1582 人。

就海南西部而言，H 院 2008 年建院，2009 年开展工作。2009 年至 2013 年 4 月，其反渎部门立案 8 件 9 人，其中查办涉林渎职侵权犯罪案件 4 件 5 人，占反渎立案总数的 50%。

在此过程中，每一起涉林渎职案件都造成了大量林木被乱砍滥伐。如 2011 年 10 月份 H 院反渎局调查的乐东黄流、利国大片毁林案件，毁林共 2719 亩（国家级公益林地 2552 亩，商品林地 167 亩），利国镇区域内被毁海防林 1328 亩。

三、生态环境领域内职务犯罪预防存在问题

（一）一些检察机关预防部门没有开展生态环境领域职务犯罪专项预防工作

如前文所言，生态检察对于检察机关是个新的命题，很多检察机关的预防部门都还没有开展生态环境领域职务犯罪预防工作，此项工作还处于一个初期的探索阶段，这是目前生态环境领域职务犯罪预防工作的主要问题。就海南省检察机关而言，2015 年 6 月份省院成立了海南省检察机关生态检察工作领导小组，之后，海南各地检察机关都在积极响应，开始研究探索生态检察保护中检察机关的职责等。但经查阅，省院预防处内网子栏目没有查到相关内容，经咨询目前暂时还没有开展生态环境领域职务犯罪专项预防等相关工作。①

（二）预防被动化

“重打击，轻预防”是长期以来检察机关预防工作的一个共性问题，而对于生态环境领域的职务犯罪预防工作，如前文所言几乎没有开展相关的专项预防工作，大多存在于配合反渎办案，甚至是“有打击，无预防”。这当然有多方面的原因，就目前而言，如何依托侦查一体化机制，充分运用预防手段，建立生态环

①截至 2015 年 6 月 29 日。

境领域职务犯罪预防机制还是一个新的命题，还在探讨之中。

（三）预防形式化

预防手段单一，固于模式化，预防工作仅满足于结合反渎侦查办案。经笔者查阅相关资料，就全国检察机关而言，近年来才开始注重生态环境领域的职务犯罪预防工作。如前文所言，生态检察对于检察机关而言是个新的命题，对于生态领域的职务犯罪预防工作也是个新命题。就海南检察机关的预防部门而言，几乎没有开展专项预防工作，目前所开展的预防还停留在通常是检察机关通过查办案件搞个案预防的方式，没有其他手段。

（四）预防效果不明显

预防停留在事后发检察建议，建议发案单位加以整改，但究竟有没有整改，整改效果如何，缺少刚性监督。就全国而言，检察机关目前还没有将预防宣传教育工作，没有延伸到普通老百姓当中延伸到有效预防破坏生态环境的违法犯罪行为的发生当中，没有延伸到有效恢复被破坏的生态环境的救济手段当中。

（五）预防不具专业化

检察机关缺少生态环境法学类人才，使得生态检察工作不具专业化。这是一个共性问题，是预防工作和其他生态检察工作在现在和将来都面临的一个重要问题。

四、建立保护生态环境领域职务犯罪预防工作机制

从前文所述可以看出，生态环境领域职务犯罪预防工作刻不容缓。但是，目前该项预防工作存在问题，面对如此现状，必须要加快推进生态环境领域中的职务犯罪预防检察工作，建立保护生态环境领域职务犯罪预防机制。

（一）厘清生态环境职务犯罪高发环节

(1) 日常监管环节。相关部门环保部门在履行监管职责时收受贿赂、接受吃请后，监管职责形同虚设，放任不管，有的甚至篡改、伪造检查报告，最终造成重大环境事故。

(2) 行政审批环节。根据相关法规制度，新建、改建、扩建可能产生破坏生态环境的建设项目时应组织进行环境影响评价，环境保护设施必须与主体工程“三同时”：同时设计、同时施工、同时投入使用。但是一些环保人员收受贿赂后，降低或变相降低条件，违规批准不符合条件的企业通过环评或“三同时”验收。

(3) 行政处罚环节。一些环保人员对非法排污、非法处置固体废弃物等违法

行为以罚代管，或故意减轻处罚，从中收受贿赂。

(4) 专项资金补贴领域。一些环保人员在企业申报国家专项资金补贴时，不负责任或滥用职权，造成国家专项资金被套骗。

(二) 建立相关预防机制

1. 建立破坏生态环境曝光机制

一些学者提出，检察机关对经过司法机关依法审判的破坏生态环境犯罪案件，除涉及国家机密外，应一律将破坏生态环境案件的被告人、主要案情、判决情况在媒体上公开，将破坏生态环境责任人曝光，增强打击效果。笔者赞同此种做法。特别是对一些生态环境破坏高发地域的案件，比如海南的南渡江和万泉河流域采沙案，在法院判决后将判决结果等情况在媒体公开以警示。

2. 建立生态环境工程项目同步预防机制

海南在建设国际旅游岛过程中，涉及大量的工程开发项目。海南的生态环境职务犯罪预防就应当紧紧围绕海南省生态工程的重点项目建设，把职务犯罪预防工作主动延伸到重点工程的每一个环节，从征地拆迁、招投标，到施工建设、工程验收，实行“全覆盖、零容忍”；派检察人员常驻工程项目部，实时实地了解掌握工程进展、资金拨付、工程验收等情况，并及时与环保局、林业局、建设局、水务局等相关部门和施工方沟通、协调、配合，形成合力，在生态环境保护方面和工程质量方面都确保优质。

3. 建立保护生态环境领域相关单位配合机制

检察机关组织国土、水利、林业、农牧、环保、安监、城管、住建、公安局、法院等相关单位组成预防生态环境领域职务犯罪预防小组。在生态环境保护、源头治理、项目环评、退耕还林、垃圾处理等方面，开展职务犯罪预防，共同建立生态环境保护、查办和预防生态环境领域惩治和预防职务犯罪的工作机制。通过建立保护生态环境的预防机制，促进职能部门依法行政、依法履职。

(1) 充实预防职务犯罪领导小组成员单位，将更多部门和单位纳入社会化预防的格局中来。并以此为平台，建立由党委统一领导、成员单位协调配合、检察机关从中发挥职能作用的社会化预防职务犯罪工作体系。

(2) 与法院、环保、监察等部门成立了司法与行政联动保护机制。比如可以设立区域性生态保护保护联动办公室，统筹协调当地生态环境保护事宜，一方面各个部门实现信息共享，另一方面在此基础上对污染生态环境的行为进行联动查处。对于行政缺位行为，司法机关及时督促。

(3) 建议相关部门形成联合执法常态机制。海南省地理位置特殊，除中部少数市县外，多数市县都临海，在生态检察方面也要针对其特殊性建立有重点的常态机制。比如，海南的非法捕捞问题严重，那么检察机关可以建设渔政、工商、水利、公安等部门形成联合执法常态机制，从非法捕捞工具的制售、使用和水产品的销售等多个环节予以监控，从源头上加大治理力度。同时，可将渔民福利与其遵纪守法程度挂钩，建立渔民违法行为信息库，将捕捞证发放、福利房租售、燃油费补贴等福利与其遵纪守法程度挂钩。在积极解决渔民诸多困难的同时，也对其捕捞行为形成一种约束。

(4) 多种措施手段促进预防合力。比如，一些检察机关通过短信平台向相关环保部门人员发送生态环境保护短信，这种方式又及时又经济又方便，值得学习借鉴。

4. 开展生态环境领域职务犯罪个案预防

检察机关各相关业务部门应当结合近年来查办的案件开展个案预防。比如撰写个案警示教育展板，采取“一案一剖析、一案一建议、一案一座谈、一案一回访”的工作流程，开展立体预防。

5. 生态环境领域预防调查

(1) 检察机关应当及时发现在项目审批、环境评价、产能淘汰、污染治理等重点环节、重点岗位发生的贪污贿赂、失职渎职等职务犯罪，及时联系环保等相关部门共同对其开展调查工作。通过现场走访调查等形式，及时提出建议。研究危害生态环境职务犯罪发生的重点领域、部位、环节、人群、案发特点和规律，查找相关政策、规定和制度存在的问题和监督管理存在的漏洞，制定相应的预防对策，形成专项预防报告。针对重点领域、重点行业渎职犯罪发案特点，加大对行政执法本身的监督，提前纠正和预防。通过检察机关提前介入，督促安监、环保等行政执法的落实。

(2) 通过预防调查、查办案件，不断分析归纳生态环境保护案件背后存在的管理问题、体制问题。对存在的突出问题，及时组织召开阶段性联席会议，定期通报环保工作中的职务犯罪查处情况。对存在的制度性问题，以检察建议形式建议相关行政部门纠正。对落实检察建议不力，造成严重后果的，协调其主管部门进行追责；构成违法违纪的，移交纪检部门追究纪律责任或移交检察院反渎职侵权部门追究刑事责任。

海南生态环境破坏主要存在的领域除了众所周知的万泉河外，其他地区也存在盗伐林木、偷猎保护动物、乱采沙石、乱建“农家乐”、乱建窑场、乱占耕地等破坏生态环境和自然资源的情况。检察机关应当通过预防调查对影响生态环境的重点工程进行一线排查摸底，汇总项目审批、非法开矿、非法采砂等问题。针对调查结果，加强对政府部门各种采矿手续审批机关的职务犯罪预防，对各种涉及生态环境的工程实行检察院预防部门备案制度，以防违规操作。

同时可以借助社会各界力量，对一些生态环境破坏严重或有重大开发项目的乡镇开展预防帮扶活动：一方面制定帮扶措施，解决生态保护困难，开展涉生态法律咨询等活动，通过有效的互动，帮相关部门出谋划策，堵塞生态保护漏洞。另一方面加强涉企相关行政执法单位的职务犯罪预防。通过在基层群众、企业和执法单位开展互联活动，掌握生态保护中存在的职务犯罪隐患。

6. 建立生态环境资源保护合作和监督机制

⑴ 加强内部协作配合。反贪部门在查办贪污贿赂犯罪案件时，应注意审查涉嫌危害生态环境保护的渎职犯罪线索，注意扩大查案成果，对需要数罪并罚的依法予以查清；侦监和公诉部门对危害生态环境保护渎职犯罪案件应及时介入侦查，对侦查取证方向，收集、固定证据及有关程序问题实时向侦查部门提出意见和建议，提高办案质量和效率。

⑵ 建立外部联动机制。要积极推动建立环境保护联动执法监督工作机制，建立健全与环保、国土、林业、农委、城管、工商等职能部门信息共享、线索移送、共同配合、共同预防为主要内容的行政执法与刑事司法衔接制度。在环保等部门设立检察官办公室，适时开展联合查办严重破坏生态环境违法犯罪行为专项整治行动，形成打击合力。

⑶ 建立监管部门责任机制。在相关监管部门建立目标责任机制、执法检查机制、责任追究机制和社会监督机制。只要发生了污染环境、破坏资源的行为，不论是否造成实际的危害结果，只要危害行为属实，达到一定的持续时间、数量或程度，都应当追究相关人员的责任。

⑷ 联合相关部门引入对生态环境评估预警机制。如前文所言，开展政府投资重大工程项目的职务犯罪预防和涉农重点项目的职务犯罪预防工作，与行政执法部门，如安监、环保等部门适时引入对生态环境评估预警机制，减少甚至杜绝项目建设对生态环境的不必要破坏。

7. 利用媒体宣传，加强开展警示教育力度

利用媒体宣传是环保意识深入人心的一个重要手段，也是生态环境领域职务

犯罪预防工作可以借鉴的一个手段，有助于树立全民生态环境资源司法保护意识。

⑴ 开展预防专项宣传。因为海南自然环境良好等因素，人们的环保意识相对内地大中城市较低，没有意识到生态环境领域职务犯罪对环境破坏的严重后果。因此，必须针对生态环境预防职务犯罪加大宣传力度，深入到基层一线宣传，引导群众了解破坏生态环境犯罪的相关问题。通过宣讲、剖析典型案件、公开法律文书等形式，进行有关法律法规及环保知识的普及教育，提高社会公众对环境资源类法律的知晓度，增强自身生态环境保护意识。比如，笔者曾去过海南某地，因为百姓认为当地风水好，此处一路过去已全部是坟，原来的青山变成了坟山。在21世纪的今天，在一些地方还存在如此严重的封建迷信思想，破坏生态环境，不能不让人痛心。有人曾倡导绿色植树的方式来寄托哀思，即在骨灰撒入的土地种植一棵树，随着树的长大人的哀思也有了归处。笔者觉得这样的想法挺好，这样既环保又有意义的方式应当深入人心。

⑵ 多渠道多手段。全国各地检察机关对于生态环境领域职务犯罪宣传手段方式都在积极探索尝试，海南省检察机关可以从中借鉴。比如，一些检察机关成立生态检察服务小分队，下设办案组、宣传组、调研组、维稳组，打击破坏生态资源违法犯罪，查办和预防生态领域职务犯罪，开展保护生态法制宣传，着力打造一个“打击、预防、宣传、维稳”一体化的生态检察品牌。也有一些检察机关开展以预防危害生态环境职务犯罪为重点的基层和一线干部法律知识竞赛，进行生态文明法制宣传教育，提高基层和一线干部的法治观念和廉洁意识，让大家更好地理解我国惩处环境污染犯罪的相关内容，掌握打击环境污染犯罪的法律武器，以进一步提高惩治实效。

⑶ 充分运用新媒体方式进行预防宣传。随着科技飞速发展，新媒体越来越受到人们关注。新媒体是以数字技术为基础，以网络为载体进行信息传播的媒介，被誉为“对所有人对所有人的传播”。这种新媒体形式传播速度快、范围广、教育效果生动直观，具有很强的公共宣传吸引力和影响力。生态环境保护不是一个人的事，而是长期需要全体社会全员努力的一个过程，特别需要做到深入人心。因此，检察机关生态环境领域预防职务犯罪应当充分利用新闻媒体和互联网、智能手机等现代传媒方式，将检察机关在查办和预防生态环境领域预防职务犯罪为主题的职务犯罪工作的一些真实故事以廉政宣传短片、公益海报、摄影作品和微电影等系列创作的形式，在电视台、门户网站进行播出，营造廉政文化氛围。目前，海南省检察机关对新媒体形式的预防宣传进行尝试，但一般仅限于上

级院的组织和要求，也没有涉及生态环境领域职务犯罪预防的投入。整体来讲，海南检察机关对新媒体这一块的利用还在探索实践中。

8. 建设环境法治文化

经笔者调研，就海南省而言，生态环境立法是相对完备的。试以海南林业保护立法为例，除了国家层面的立法有《中国人民共和国森林法》《中国人民共和国土地管理法》《中国人民共和国农业法》之外，海南的相关立法有《海南经济特区林地管理条例》《海南森林保护管理条例》《海南省红树林保护规定》《海南经济特区土地管理条例》《海南省自然保护区管理条例》《海南省实施〈中国人民共和国农村土地承包法〉办法》《集体林地和林木流转规定》《人大常委会关于加强重点景区沿海重点区域规划管理的决定》《海南省南渡江生态环境保护规定》《松涛水库保护规定》《万泉河流域生态保护规定》《海南经济特区沿海防护林建设与保护规定》。仅林业一项保护就有如此多的立法，细化到一条河流、一座山峰，可谓完备。

但海南省环境法治意识滞后、环境法治行为相对薄弱，致使环境保护执法执行力差、公信力弱。近年来，环境问题已经成为我国各种社会问题的关节点，环境问题日趋突出。产品质量差（特别是食品安全问题）、经济质量差和环境法治滞后的根本原因是人们尚未建立环境文化观念，整个社会的生态文明程度不高。而人们建设环境法治、发展生态经济的自觉行为，又取决于环境法治意识和生态经济观念建立、提高的程度。

建设环境法治文化，可以说是“说起来容易，做起来难”。因为文化本身就是一个非常广泛的概念，环境法治文化包含的内容也很广泛，它对于生态领域职务犯罪预防工作有一个隐性的长期的非常大的影响力。检察机关应当教育和引导环境资源监管人员以文化认同去严格、公正、高效、廉洁地适用法律，进而教育和引导社会大众对环境资源法治文化的认同，形成环境法治观、生态文明观和可持续发展观，形成尊重法律、崇尚法治的良好氛围。

当然，这些只是一个笼统的说法或者说还只是停留在书面理论的层次，具体如何去做，还需要学者和检察同行在实践中研究探索。

9. 培养相关生态环境法学类专业人才

生态检察将是检察机关的一项长期重要工作，是服务于生态文明建设的全新的系统性检察工作，检察机关需要在这方面持续加大投入，特别是人、财、物的投入。海南检察机关缺乏生态环境类法学人才，因此，不仅是在生态领域职务犯罪预防工作中，整个生态检察工作中，都应当加大对相关专业人才的培养力度，跟高校密切联系，招录环境法学类专业人才，积极开展专题培训，培养一批精通环境资源保护类案件办理的专家型、复合型人才。同时，根据生态检察工作需要，必要的时候可以聘请相关专家、技术人员组成专家委员会，帮助解决办理环境资源保护类案件中遇到的专业性、技术性难题。

五、结语

海南生态环境保护的主旨——且行且珍惜。

就如本文所言，很多地方曾经的青山绿水、蓝天白云变成如今的雾霾天仅仅用了二十多年的时间。张高丽曾说海南的生态环境是无价宝，海南目前还有良好的生态环境，但其破坏程度正在日益加剧。海南天生丽质的美是神作，可生态文明却要靠人为来完成。不论是在建设国际旅游岛还是在日常生活工作中，必须且行且珍惜！

笔者很欣喜地看到省院将今年研讨会的主题定为“生态检察”，还成立了海南省检察机关生态检察工作领导小组。之后，海南各地检察机关都在积极响应，开始探索生态检察保护中检察机关的职责等，并开展了一些有益的活动和探索，如在省院内网专门设立了“生态检察”子栏目，发布海南检察机关生态环境保护的经验做法和有益探索。这势必推进海南生态环境保护的法治化进程。

作为海南检察一员，我们必定努力将“生态检察”付诸行动！

论行政调解的检察监督

——源于两则案例的思考

王帮元*

内容摘要：行政调解是解决纠纷极为有效的方式之一，但当前行政调解对纠纷解决的效果并不理想，行政调解不规范、行政机关不注重调解、行政调解的信度不高等问题严重。检察机关通过参与社会管理、开展业务活动，监督、促进、协助行政机关依法调解，有助于社会矛盾的化解，营造和谐有序的社会环境。

关键词：行政调解　检察监督　解决纠纷　和谐稳定

案例一：

韦某持有自留山证，该证四至标志清楚，与相邻农户并无争议，但面积与实际面积差距巨大。所在村委会未经韦某同意擅自将包括其自留山在内土地发包出去，韦某向镇政府请求裁决，镇政府认为承包合同纠纷属于法院管辖范围，没有对纠纷进行调解。韦某向法院诉求返回土地。法院以其土地权属不清为由驳回起诉。韦某不服判决，申请检察机关监督。检察机关认为韦某诉称侵权成立，提出抗诉。但再审中法院与检察院达成共识，认为此地四至为相邻农户的土地，但相邻各户的界限本身不明确，加之面积与实际面积差距巨大，权属确实存在争议情形，最终还得由政府处理，作出维持原判的裁定。

案例二：

林某是退伍老兵，林某母亲生前有一块开荒地，村委会决定对该地进行规划使用，与林某发生争议村委会请求镇政府裁决，镇政府裁决该地属村委会所有。

---

*海南省人民检察院第二分院检察官，全国检察理论研究人才，全国首批检察调研骨干人才，法学硕士，研究方向：宪法与行政法学。

林某不服，提起诉讼，法院以林某已有宅基地为由，驳回林某诉求。林某向检察机关申请监督。承办检察官召开听证会，发现林某对村内空闲地使用情况不满，村民占有空闲地情况较多，而村委会要求规划使用林某的土地，林某认为镇政府执法不公平。经承办检察官对村委会管理不规范、不公平问题进行批评后，林某很快表示不再要求该争议地，三方达成和解协议。一宗申请监督案件顺利结案，作出终结审查决定。

案例一中，行政机关应该调解、裁决，而没有依法履行职责，将纠纷推向法院。当事人用尽司法救济程序后，又启动检察监督程序，最后纠纷还是交回行政机关处理。由于行政机关没有及时依法履行职责，给当事人产生了大量的讼累，也浪费了大量的司法资源。

案例二中，行政机关对纠纷没有进行充分的调查和调解，没有积极地在行政执法程序中化解矛盾，致使本来简单的纠纷未能有效解决而发展成诉讼。

行政机关是社会秩序的管理者，调处矛盾纠纷，本是行政机关进行社会管理中的一项职责。行政机关掌握着社会管理权力，对社会矛盾纠纷的解决具有天然的优势。诉讼只是纠纷解决的最后一道法律救济渠道，但并不是最经济、最有效的纠纷解决方式。与上述两案例类似的情况在海南较多。如果行政机关能够积极发挥在矛盾化解、纠纷解决方面的重要作用，以调解的方式及时化解矛盾、弥补社会裂痕，将有利于形成和谐有序的社会环境，也有助于节省司法资源。如何发挥行政调解的作用，检察机关如何有所作为，通过检察监督促进行政调解制度完善，是一个值得研究的课题。

一、行政调解概述

（一）行政调解的概念

行政调解是指行政机关对其主管范围内的民事争议和特定的行政纠纷，依照行政法律规范和有关政策的规定，在当事人自愿的基础上，通过说服和教育的方法，促使当事人友好协商，达成协议，从而解决争议的诉讼外调解活动。[①]

行政调解是行政主体解决纠纷的一种重要手段，同时调解也是一种管理方法、管理理念、管理行为，它融入到各类行政行为之中，成为行政调解的不同形态，通过调解达到行政管理的目的。行政调解也是行政权的行使方式，属于检察

①关保英主编《行政法与行政诉讼法》，中国政法大学出版社，2004，第383页。

监督的对象。同时检察机关也应积极服务大局，维护社会和谐稳定，监督行政调解，这是检察机关参与社会管理、实现检察权目的的有效途径。

行政调解的对象分为两部分，一是行政机关主管范围内的民事争议，比如公安机关对一般人身侵害赔偿、交通警察对交通事故赔偿责任、卫生部门对医疗事故纠纷、劳动监察部门对劳动争议的处理过程中都可以对双方当事人进行调解。二是对行政争议的调解，如行政征收、行政补偿的争议，因行政自由裁量权行使发生的争议也是行政调解的对象。有学者也提出，“由上一级行政机关或法定主管机关对行政补偿争议进行调解”。①

（二）行政调解的优势

调解是解决纠纷最为有效的方式之一，在国际上享有“东方经验”的美誉。行政调解具有与司法调解、人民调解以及诉讼所不同的特征和优势。

(1) 专业权威。行政主体作为国家事务的管理者在进行行政调解时，能够充分运用自己的专业知识和丰富的管理经验更准确地帮助纠纷当事人解决好各种纠纷。而与普通社会主体生活息息相关的交通、环保领域由于存在要求专业性问题的确认等情形，加之解决经济问题的考虑，行政调解已经普遍被认可。如《中华人民共和国道路交通安全法》第 74 条、《中华人民共和国大气污染防治法》第 62 条、《中华人民共和国水污染防治法》第 55 条、《中华人民共和国环境噪声污染防治法》第 61 条等都有可以申请行政机关调解处理的规定。

(2) 及时便捷。行政人员在行政管理过程中，对当事人之间的民事纠纷以及相对人与行政机关的纠纷能够较早地接触、了解，较当事人提起诉讼再由法院居中裁判，其直接性和亲历性明显优于法官。行政调解也比诉讼程序简单，当事人不需承担严格的举证责任和烦琐的程序义务。通过行政调解解决纠纷，节省了当事人大量的时间、精力和财力。“依法调解的方案可能不是最合理的，但依法调解的做法却有可能是最经济的，个案合理性因依法调解所作的牺牲有时可以因依法调解而节约的信息费用得到补偿。”

(3) 有效彻底。社会生活是丰富多彩、瞬息万变的，有些社会纠纷也是历史和现实中多种因素交互作用的结果，“法院的程序特征决定了法院适合解决被进行‘切片化’处理，从而被‘简单化’了社会关系，对于群体性、复合性纠纷，

①丁丽红：《试论我国行政补偿制度》，《河南省政法管理干部学院学报》2003 年第 4 期。

如旧城改造中的房屋拆迁，群体性山林纠纷、宗族械斗等，法院穷于应付。这种纠纷的特点是成百上千甚至上万的社会关系纠缠在一起，仅仅就其中的一部分进行审裁，达不到解决纠纷的目的”。[①]行政机关利用社会管理者的地位，便于全面考虑争议解决方案的彻底性和合理性。比如案例一的土地权属纠纷，涉及权属确定、地上附着物的处理等复杂问题，不是依法确认侵权所能解决，所以最终法检两家机关一致决定交由政府处理。

（三）行政调解的现状

（1）行为不规范。目前从我国现行法律法规以及其他规范性文件以不同的形式对行政调解制度作出了规定，但这些制度散见于不同位阶、不同性质的法律规范之中，并没有形成统一的制度安排。在实践中，行政调解的操作极不规范，程序性规定尚付阙如。有的行政机关对于有利益的就越权调解、强制调解，对没利益的就不调解。

（2）态度不积极。“在行政权权威和行政官员素质均无保证，司法机关与行政机关未形成合理协调时，行政处理结果可能得不到社会的认可，经常被法院推翻，由此导致资源和时间的浪费，必然会极大地削弱行政性 ADR 的作用，也会影响到行政机关处理纠纷的积极性。”[②]怠于调解、形式调解或者说调解不作为比较普遍，如上述两个案例，行政机关均没有进行有效的调解。

（3）效果不明显。行政调解作为三大调解之一，而且是专业性较强的调解方式，并没有发挥应有的作用。大量的劳资纠纷、医疗纠纷、征收补偿纠纷等本可在行政机关主持下达成协议，却进入诉讼程序。由于法院严格的审理程序，使得当事人的权利并不能得到有效的救济，形成了大量的上访积案，增加了司法机关的工作压力。

二、行政调解检察监督的必要性

行政主体的专业优势和权力特征如果在调解中运用不当，极有可能对当事人权利形成侵害，导致调解结果的不公，这样又会导致行政调解公信力的下降，形成一个恶性循环。因而，对行政调解的检察监督，促进依法调解，对监督行政权力、保护公民权利和完善行政调解制度都有积极意义。

---

①张建伟：《试论环境行政裁决》，《河南社会科学》2004 年 9 月。

②范愉著：《ADR 原理与实务》，厦门大学出版社，2002，第 734 页。

（一）权力监督的必然要求

行政权力具有强势的管理色彩，在调解中的影响作用也不可忽视。权力容易滥用是权力的本性，“一切有权力的人都容易滥用权力，这是万古不易的一条经验。有权力的人们使用权力一直到遇有界限的地方方才休止”。[①]行政机关和人员在对社会进行管理过程中，总是倾向于通过最便捷、最经济的方式实现管理目标。在调解活动中，行政人员居于主导地位。在程序规范尚不严格的情况下，更为行政人员肆意妄为提供了便利。因而，对行政调解的检察监督主要是对行政机关和行政人员的监督，具有较强的权力监督属性，检察机关对行政调解的监督符合权力需要监督的基本政治原理。

（二）权利保护的现实需要

对行政调解的检察监督，是保障当事人合法权利的需要。长期以来官本位的文化，使得有事找政府的习惯依然流行，再加之我国构建服务型政府的改革目标，行政机关通过调解解决矛盾纠纷具有历史的根源和现实的依据。普通社会主体在法律和专业知识中均处于弱者地位，特别是行政争议中更甚。再加之行政调解协议缺乏强制力，更增加了行政机关为了一定目的随意调解的可能。由具有较强的法律素养和社会地位的检察机关进行监督，适时提醒和纠正行政调解中的违法现象，能够有效保护普通社会主体的合法权利。

（三）制度完善的有力推手

建立健全行政调解制度是建设服务型政府的必然要求，也是建立非讼纠纷解决机制的重要内容。目前行政调解尚未形成统一的、完善的制度形态，而建立行政调解的公信力是推动行政调解立法的社会基础。通过检察监督，促进行政调解协议的达成，并得到当事人和社会的认可，将有助于推动行政调解制度的建立和完善。行政调解作为非讼纠纷解决机制的建立，对于节省司法资源也具有重要意义。“人们过去对法律的真诚而深切的尊崇和热爱演变为对诉讼的偏好和对法律的滥用，通常作为解决问题最后手段的司法手段变成了第一甚至唯一的手段。”[②]通过行政调解化解矛盾纠纷，将大大减轻法院的办案压力，促进司法公正。

①孟德斯鸠：《论法的精神》，北京商务图书馆，2004，第184页。

②马雅青：《法律至上精神的嬗变与美国“诉讼爆炸”》，《内蒙古大学学报》2000年第1期。

三、行政调解检察监督的原则

（一）依法监督原则

“检察机关进行法律监督的基本逻辑是：利用法律来监督法律的实施。”[①]检察机关对行政调解的监督也需要依法进行。虽然目前关于行政调解的法律规范并不完备，但是检察机关作为专业的、专门的法律监督机关，具有正确理解和适用现行法律的能力。对于行政调解的实体和程序问题都要根据现行法律规范和法律原则进行监督，以法律为根据提出监督意见。根据宪法规定和现实需要，对行政调解制度提出完善意见和立法建议，是依法监督的最高境界，也是检察机关努力的方向。

（二）协作配合原则

检察机关的监督权在法律上来自宪法的授权，在国家体制上受权力机关的委托，专门对法律实施情况进行监督。而行政机关是国家权力机关的执行机关，在实现法律的目的上，检察机关和行政机关是一致的，检察机关对行政调解进行监督，就是协助、配合行政机关依法进行调解，有效解决纠纷。协作配合是检察机关与行政机关在行政调解中的基本立场，对于违法的调解行为进行制止和纠正是检察监督的具体行为方式，与协作配合的原则立场并不矛盾，而是内在统一的。根据案情需要，检察机关对当事人进行释法说理，促成当事人达成并履行协议，协助行政机关进行调解，更是协调配合原则的内在要求。

（三）注重效果原则

行政调解的目的在于化解矛盾和纠纷，检察监督过程中要努力推动行政机关积极调解，促成调解协议的达成，促使纠纷得到有效化解。行政调解的民事争议和行政争议都是与行政管理活动相关，争议的解决可能需要考虑案外的因素和相关的影响。检察机关对行政机关的调解活动进行监督而不能代替，注意通过监督促进国家机关之间、国家机关和社会公众之间的理解和信任，而不是加重相互之间的矛盾和反感。在定纷止争的道路上检察机关、行政机关正向而行，通过行政调解凝聚最大的正能量，将矛盾化解于诉前，共同搭建矛盾化解的新平台。

四、行政调解检察监督的内容

（一）监督行政调解的自愿性

自愿和合法是调解的基本原则。对于发生在行政机关主管领域的民事纠纷以

---

①汤维建：《民行检察监督的基本原则研究》，《法治研究》2012 年第 8 期。

及行政争议，当事人双方对主管机关都存在一定的服从以至于畏惧感，因为行政机关的管理职责极易导致对他们的惩罚措施。一个最突出的事例就是《中华人民共和国治安管理处罚法》中有关行政调解的规定，其中明文规定相对人如果不接受调解或不履行调解协议就应对其进行行政处罚。可见此处的行政调解并非没有法律效力，而是以行政处罚作为支撑和效力表现形式的。处于这种强弱悬殊差距下，当事人是否自愿选择由行政机关进行调解处理纠纷，是首先应该考虑的。自愿性与强制性相对应，具体体现在两个方面，一个是选择调解方式的自愿，一个是对调解协议内容的自愿。对于违背任何一个自愿的调解行为，检察机关都应该制止和纠正，这是对当事人权利的尊重，也是对调解协议有效性的维护。

（二）监督行政调解的合法性

合法性监督包括实体和程序两方面。行政机关主管领域的争议和纠纷，一般具有较强的专业性，这对当事人来说可能很难全面掌握。这种知识上的不对称，为行政机关调解不公提供了便利，知识上弱势的一方当事人就更处于这种威胁之下。检察机关监督行政调解就要审查调解所依据的规范标准是否合法，调解结果是否公正合理。对于调解结果存在问题的，检察机关可以提出修改建议，或者听取各方的意见，促使各方对调解协议进行修正。监督行政调解程序合法性，可以参照其他行政裁决程序和司法调解程序。程序公正主要是为了监督行政机关是否为当事人双方提供了平等的表达机会。

（三）监督行政人员的廉洁性

“人们追逐权力不仅仅是因为权力能够满足个人的利益、价值和社会观念，而且还有权力自身的缘故，因为精神的、物质的报酬存在权力的所有和使用之中。”[①]行政机关的公信力之所以不高，就是因为行政机关掌握了社会财富和公共资源的管理和分配权，而监督的不力和制度的不完善现状为行政机关假公营私提供了可能。而在行政调解中，当事人地位财富悬殊的状况极为常见，官商勾结损害弱者利益的事例难以避免。如何防止行政调解中以强凌弱，行政人员以公务行为的廉洁性为代价制造不公调解的现象，是检察机关监督的一个重要内容。对不廉洁现象采取相应的监督手段，也是检察机关的固有职责。通过检察监督保证行政人员的廉洁性，行政调解的成功率和效果一定会大有改观。

①加尔布雷斯：《权力的分析》，河北出版社，1988，第7—8页。

五、行政调解检察监督的途径和方法

（一）融入大局、有序参与

检察机关对行政调解进行监督可说是一个困难重重的课题，一则因为没有法律的明确授权，二则行政调解制度本身尚不完善，因而监督很难实现。但是，行政调解对于有效解决纠纷的作用是大家所共识的，而且建立服务型政府的政策导向下，为了发挥行政调解的积极作用，有效化解矛盾，维护社会和谐稳定，党委和政府都会积极支持。检察机关监督行政调解，就要融入社会管理创新的大局中，寻找切入点和着力点，努力争取党委、政府的支持。各地实践中，对于发挥行政调解的作用化解社会矛盾，一般也都采取多部门合作的方式。[①]检察机关通过与当地党委、政府沟通，有序参与到行政调解工作中，与行政机关共同打造纠纷化解的新平台，发挥法律监督对行政调解的促进作用。在监督过程中，既可直接对调解活动的合法性和自愿性进行监督，也可以就相关情况向党委、人大、政府汇报，争取理解和支持，促进行政调解活动合法有序进行。

（二）政策指引、程序切入

行政权存在的根本目的就是保障相对人的合法权益。如果行政权的行使违背了这一目的就应当为相对人提供救济的渠道。行政调解程序中，行政相对人如果认为自己的合法权利受到侵害，或者可能存在行政人员不廉洁的现象，行政相对人可以向检察机关举报申诉，检察机关根据职权介入行政调解程序，对行政调解程序和行政人员的行为进行监督和查处。程序切入的方式目前虽有困难，但是党的十八届四中全会通过的《中共中央关于全面推进依法治国若干重大问题的决定》提出“检察机关在履行职责中发现行政机关违法行使职权或者不当行使职权的行为，应当督促其纠正”，阐明了“检察机关行使监督权”的另一种重要形态——对行政机关行使职权或者不行使职权进行制约和监督。根据政策精神，逐渐完善检察机关对履职过程中发现的行政违法行为的监督机制，为当事人提供的申请救济的制度通道，检察机关也便于对行政调解进行介入，实现对调解活动全

①如乐山市建立了由市人力资源和社会保障局牵头“市国资委、市工商局、市总工会、共青团市委、市妇联、市企业家联合会组成的劳动争议纠纷行政调解专门工作联席会议制度”，加大劳动争议纠纷解决力度“切实维护职工利益”，促进社会和谐。截至目前，“市人力资源和社会保障局已受理行政调解申请 59 起”，调解成功率达 100%*。见：赵川《行政调解化矛盾促和谐》，《四川劳动保障》2010 年第 10 期。

程进行监督。

（三）路径依赖、适时创新

开展对行政调解的检察监督，要立足于已有的检察业务工作基础。执法办案是检察机关的中心任务，也是对行政调解监督的主要路径。开展行政调解的检察监督，要结合检察业务活动经验，主动与相关行政机关建立联系，通过对行政调解活动派员出席、资料审查、听取当事人申诉意见以及对调解结果发表意见等方式进行监督。在目前检察业务类别中，民事行政检察部门的职责最适合实行对行政调解的监督，与行政机关联系密切的其他部门都应该有意识地对行政调解工作进行关注，将有关案件线索及时移交民事行政检察部门。民事行政检察部门在监督行政调解案件过程中发现其他刑事案件和职务犯罪案件线索及时向相关业务部门移送。检察机关作为法律监督主体，在社会上从来是以整体的而不是分立的机构呈现的，凝聚合力是做好检察工作的有利条件。任何创新都必须建立在成功经验的基础上，对行政调解的监督要逐步根据对行政调解工作特性的把握，发现、创新特殊的监督工作模式和工作方法。

六、结语

行政调解是大调解格局中的一部分，相较于人民调解和司法调解而言，行政调解目前处于短板地位，行政调解统一立法缺失，相关主体行政调解意识淡薄。推进行政调解制度完善是建设服务型政府的要求，对于化解社会矛盾、节省司法资源有着非常重要的作用。行政机关行政调解中的违法行使职权或者不当行使职权，不调解、乱调解现象理应是检察机关的监督对象。以检察监督促进行政调解制度完善，与行政机关共同搭建纠纷解决新平台，将有助于维护社会的和谐稳定。

危害生态犯罪实证研究

——以 E 分院辖区的提起公诉的此类案件为视角

李颍林 *

【内容摘要】在海南省人民检察院 E 分院辖区，危害生态犯罪①案件数量只占案件总数的很小一部分，危害生态犯案件罪名相对集中②，但这也许是因为污染环境等罪的案件都以犯罪黑数形态存在。危害生态犯罪案件的侦查取证、审查认定面临诸多困境与障碍，扩充专业知识、完善证据规则、提高取证水平、使证据之间紧密环环相扣是解决问题的出路，防控危害生态犯罪应当预防与打击双管齐下。

【关键词】生态检察　危害生态犯罪　实证研究　对策

宜人的气候、清新的空气、湛蓝的海水、美味的海鲜、闻名世界的论坛……构成了海南旖旎多姿的南国风光。而随着国际旅游岛的开发建设，海南迎来资源开发的新热潮。在海南经济社会面临的重大发展机遇面前，如何保护和合理开发利用海岛的自然资源，实现环境保护与经济发展的良性互动，成为刻不容缓、亟待解决的问题。

保护生态环境，促使人居环境和生态和谐发展，是检察机关应尽的责任。依法打击危害生态的刑事犯罪和查处背后的职务犯罪，是检察机关有效保护生态环

---

* 海南省人民检察院第二分院公诉二处检察员。

①《检察日报》2013 年 1 月 12 日第 1 版《广东集中打击危害生态犯罪》中，笔者将刑法分则第六章第六节中的破坏环境资源保护罪界定为危害生态犯罪。

②相对集中于滥伐林木、盗伐林木、非法占用农用地罪 3 罪。到目前为止，二分院辖区提起公诉的案件中尚未有污染环境罪、非法处置进口的废物罪、擅自进口固体废物罪、非法捕捞水产品罪、非法狩猎罪、破坏性采矿罪。

境的一个重要手段。2010 年至 2014 年，海南省各级检察机关围绕省委中心工作大局，依托生态检察职能，全力推进生态强省和“绿化宝岛”行动，重拳出击，查办生态领域的渎职犯罪案件 64 件 105 人，有力地遏制了生态领域职务犯罪的高发态势，为实现海南绿色崛起提供了良好的法治环境。

一、危害生态犯罪案件基本情况实证研究

（一）危害生态犯罪案件数量情况

1. E 分院办理的危害生态犯罪案件分布区域和罪名情况

表一：E 分院办理的危害生态犯罪案件分布区域情况

辖区院	二审案件件数（件）	不诉备案案件数（件）
D 检察院	5	7
L 检察院	1	5
C 检察院	1	4
B 检察院	0	3
Z 检察院	0	0
G 检察院	0	0
Y 检察院	0	0
合　计	7	19

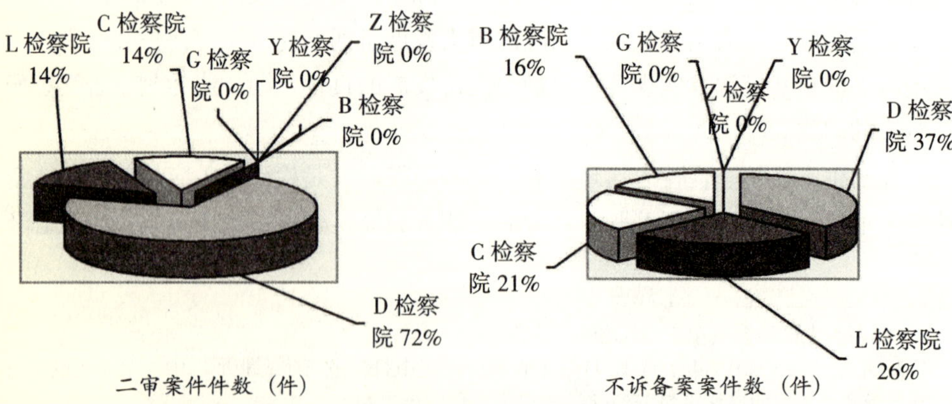

E 分院办理的危害生态犯罪案件中，二审案件几乎全是 D 市检察院提起公诉后，被告人不服判决上诉到 E 中院的；不诉备案案件主要是 D 市、L 县和 C 县

检察院向 E 分院备案的[①]。

表二：E 分院办理的危害生态犯罪案件罪名情况

罪名	上诉案件		不诉备案案件	
	件数（件）	人数（人）	件数（件）	人数（人）
非法占用农用地	2	4	11	14
滥伐林木	3	12	5	11
盗伐林木	1	2	0	0
非法收购濒危野生动物罪	0	0	3	4
非法采矿罪	1	2	0	0
合　计	7	20	19	29

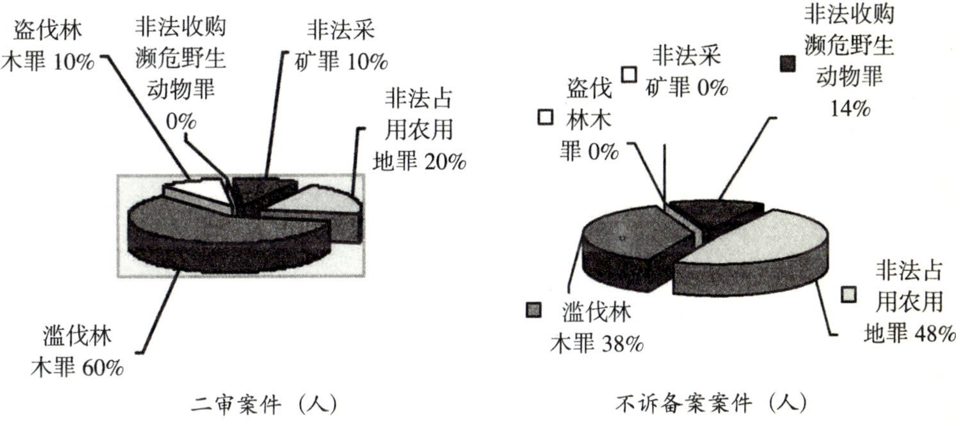

2. 辖区院公诉的危害生态犯罪案件罪名相对集中

笔者随机选取 D、L 和 C 这 3 个检察院一定时间段内提起公诉的危害生态犯罪案件进行实证分析。

①D、L 和 C 这 3 个检察院是 E 分院辖区院中办理危害生态犯罪案件数量较多的检察院，这也是笔者选取这 3 个检察院公诉的危害生态犯罪案件作为实证分析样本的原因。

表三：辖区院公诉的危害生态犯罪案件罪名情况

办案检察院 罪　名	C 检察院 (2012 年 6 有 1 日 —2015 年 5 月 31 日)	D 检察院 (2009 年 7 月1 日 —2015 年 5 月 31 日)	L 检察院 (2009 年 7 月 1 日 —2013 年 12 月 31 日)
盗伐林木罪	18 件/32 人	18 件/20 人	11 件/14 人
滥伐林木罪	20 件/29 人	15 件/25 人	27 件/39 人
非法占用农用地罪	3 件/5 人	30 件/42 人	4 件/8 人
非法采伐、毁坏国家重点保护植物罪	3 件/11 人	4 件/4 人	2 件/6 人
非法收购、运输国家重点保护植物罪	0	8 件/10 人	4 件/8 人
非法运输、收购濒危野生动物罪	0	4 件/4 人	0
非法采矿罪	1 件/2 人	0	0
合　计	45 件/79 人	79 件/105 人	48 件/75 人

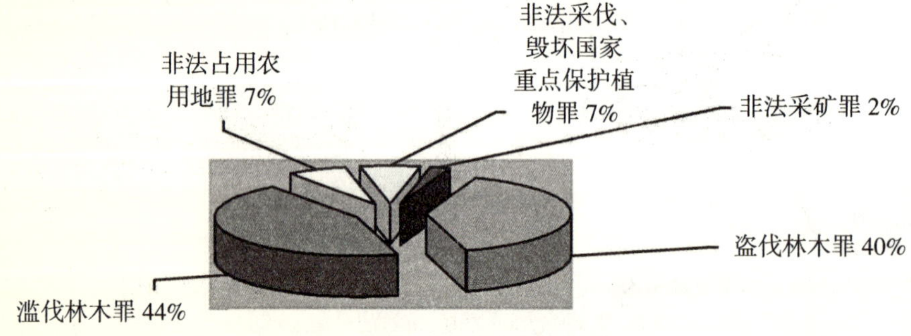

C 市检察院提起公诉的危害生态犯罪案件（件）

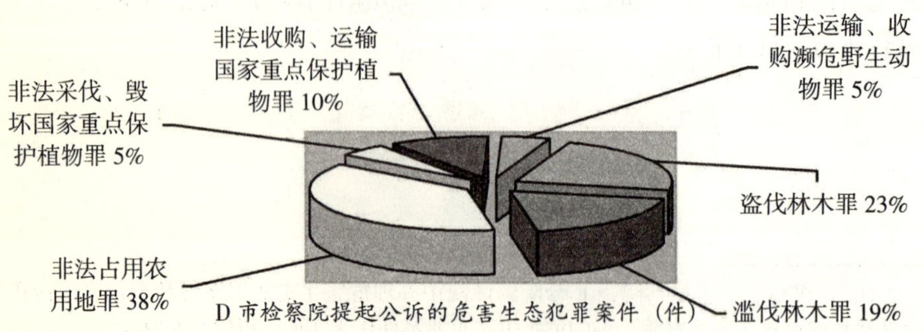

D 市检察院提起公诉的危害生态犯罪案件（件）

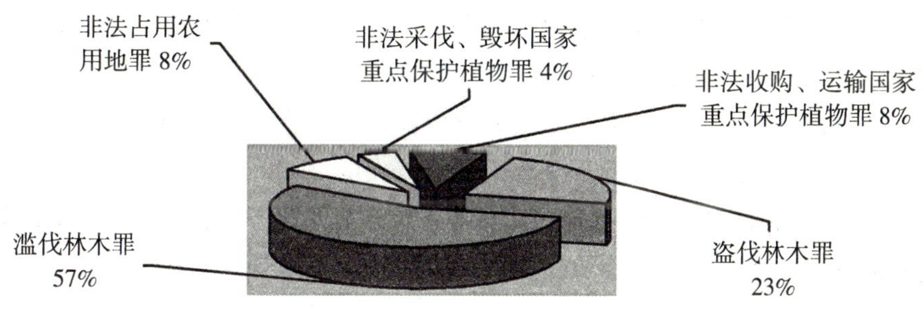

L县检察院提起公诉的危害生态犯罪案件（件）

在统计的3个辖区院提起公诉的危害生态犯罪案件中，罪名相对集中于盗伐林木、滥伐林木和非法占用农用地罪3罪。

（二）危害生态犯罪案件的特点

中国十大陆地生态系统无一例外地出现退化，就连青藏的高原生态系统也不能幸免。中国原始森林长期受到砍伐、开荒等人为活动的影响，天然森林几乎荡然无存，连绵几十千米的天然林已极罕见。海洋受到无机氮、磷酸盐、油类等的污染，许多海洋工程的兴建破坏了生物栖息环境和生态系统。沿海围海造地、开垦滩涂使野生物种的生活环境大面积丧失，红树林和次生疏林大面积减少。由于当地居民采礁烧制石灰、制作工艺品等，导致海南岛沿岸80%的珊瑚礁资源被破坏，有些岸段濒临绝迹。[①]

笔者对统计的3个检察院提起公诉的危害生态犯罪的案件进行分析，危害生态犯罪案件主要有以下特点：

一是经济利益驱使，天然林、海防林破坏严重。良好的生态环境是海南国际旅游岛发展的突出优势和长期依托，而沿海防护林就是海南生态安全的第一道防线。海南的海防林主要由耐干旱、抗风沙、耐盐碱的木麻黄树构成，起到防风抗灾、护岸固沙、调节气候、美化景观等重要作用。海南省的防护林带由于采矿和开挖高位池养虾遭到破坏。全省每年由于采矿、养虾致使海防林受到破坏和土地

①王修智主编《生命玄机》，山东科学技术出版社，2008，第301—303页。

沙化高达上千公顷（1 平方千米=100 公顷）。如被告人许某保、周某平非法占用农用地罪案①，被告人吴某辉为了建虾塘而毁林的非法占用农用地罪案。二是查处难。随着执法力度不断加大，不法分子也在挖空心思规避处罚、逃避打击。有的企业利用暗管、灌注等隐蔽方式违法排污；有的企业私自修改环境监测设备数据；有的企业与有资质的处置企业相互勾结，非法处置污染物；有的企业跨行政区划异地倾倒废物。环境污染犯罪隐蔽化、团伙化、专业化趋势明显。一些犯罪团伙，成员分工明确，合作紧密，手段专业，发现难度高，造成危害大。这也是辖区院提起公诉的案件中尚未有污染环境罪等危害生态犯罪案件的原因之一。三是干扰大。有的地方环境污染问题往往与地方政府片面追求 GDP 有很大关系，许多排污企业是地方招商引资来的利税大户，公安机关查办这类企业的污染问题容易受到干扰和制约。这也是辖区院提起公诉的案件中尚未有污染环境罪等危害生态犯罪案件的原因之一。四是监管部门失职。危害生态犯罪的背后，往往隐藏着巨大的利益链条，大部分伴有渎职犯罪。如 L 县周某波、郑某、王某夫、孙某聪等非法占用农用地、滥伐林木、盗伐林木、玩忽职守案中，村干部与村民在 2008 年至 2011 年间，分别砍伐承包林地上的木麻黄树，改种经济效益更高的西瓜，造成海防林原有植被遭到严重破坏。经评估，被毁海防林地面积达到 623.3 亩，毁林株数 32000 余株②。被告人郑某曾是 L 县某边防派出所副所长，在利益

①时任 D 市林业局护林员的被告人周某平将其管护范围内的大广坝库区边猕猴岭林场码头东侧的国家重点生态公益林地承包给被告人许某保种植香蕉。两人在未经林业主管部门批准的情况下，擅自雇请挖车毁林开垦。在开垦的过程中，技管员和护林员等人多次上前制止并告知许某保和周某平该林地是国家重点公益林地，但被告人许某保、周某平不听劝告继续开垦，后占用该地种植香蕉。东方市林业局向许某保下发《关于禁止占用林地的通知》，被告人许某保仍继续在该地种植管理香蕉。被开垦的林地面积为 200 亩，其中天然阔叶树有林地面积 86.3 亩、无林地面积 113.7 亩。

②2009 年 9 月 15 日，利国镇护林员王某珊报称：有人在利国镇新联村后第二条沙滩地砍伐林木。乐东县公安局于 2009 年 12 月 6 日立案侦查，2011 年 11 月份先后将犯罪嫌疑人周某波、郑某、周某畅、周某珠抓获。2011 年 12 月 12 日，周某波、郑某等毁林案告破。2011 年 8 月，王某夫、王某波擅自将新联村委会辖区内的 143 亩国家生态公益林与黄某刚合伙种植西瓜，造成该林地内的大量木麻黄树遭到严重毁坏，乐东县公安局于 2011 年 10 月 14 日立案侦查，并将犯罪嫌疑人王某夫、王某波抓获。2011 年 10 月 30 日，王某夫等毁林案告破。2011 年 2 月 17 日，乐东县森林公安局接到报案称：有人在黄流镇铺村村后沙滩林地里砍伐木麻黄树。乐东县公安局于 2011 年 3 月 8 日立案侦查，2011 年 12 月 1 日、2 日，林某朝、周某林分别到公安机关投案自首。2011 年 12 月 31 日，林某朝毁林案告破。

驱动下，也参与到非法占用农用地的犯罪行为当中。被告人周某芬身为被承包林地所在村村委书记兼主任，对海防林改种西瓜一事漠视不管。最终，被告人周某波、郑某等因非法占用农用地罪，分别被判处有期徒刑一年六个月到四年不等，并处相应罚金；孙某聪犯玩忽职守罪被判处有期徒刑二年；周某芬犯非国家工作人员受贿罪被判处有期徒刑五年。

二、危害生态犯罪案件侦查与审查的实证研究

近年来，在L县，逾千亩木麻黄树林被砍伐，生态系统遭到严重破坏。在儋州市海头镇至排浦港一带，整个海岸带上几乎全是密集的虾塘，海防林残破不堪，有些地方海防林断带绵延十几千米，幸存的海防林也因盗伐变得稀稀拉拉。在L县佛罗林场，数百亩海防林被毁，大片山地直接裸露海边，海风一吹，沙土到处飞扬，路人几乎无法睁眼。在L县的九所镇龙栖湾村，茂密的海防林被毁后，大海无情地吞蚀了海岸线，卷走了村民们在岸边的房屋。环境资源遭到如此严重的破坏，然而，立案查处的危害生态的犯罪的数量却是少之又少，能提起公诉的案件更是少之又少，笔者认为，其中既有危害生态案件本身取证困难的问题，也存在对于既有证据认定困难的问题。

（一）危害生态犯罪案件侦查取证的困境

1. 阻力大

一是因为经济利益驱使，非法占用农用地罪案的查处阻力较大。如被告人吴某辉为了建虾塘而毁林的非法占用农用地案。该案系新龙镇新村村民王某武等人到海南省森林公安局上访反映新村的桉树和周边公益林地被砍伐建虾塘。被告人吴某辉仅是D市交通局的一名工作人员，但该案侦查机关立案侦查1年多才移送审查起诉。据侦查人员介绍，其侦查期间几次被要求停止侦查。二是监管部门失职，查处危害生态犯罪案件的阻力更大，但在媒体的监督下也有案件被查处①。如上文所举的L县周某波、郑某、王某夫、孙某聪等非法占用农用地、滥伐林木、盗伐林木、玩忽职守案。

①2012年2月7日《人民法院报》第3版，《毁坏沿海防护林，13名被告人获刑》。“本案系在2011年10月初，据媒体和群众反映乐东县沿海防护林地遭到大面积破坏，海南省委高度重视，督促省政法委彻查此事。”

2. 取证难

一是证人不作证，甚至作假证、伪证、假证与伪证相交织，真伪难辨。如被告人吴某辉非法占用农用地罪案中，被告人吴某辉一直否认在公仓地西边建虾塘的事实。侦查期间，吴某芳、冯某朝、汤某卿等多位证人证明自己也在公仓地西边建虾塘，但缺少建虾塘的具体方位。由于证人不作证，侦查机关难以查清树系何人所砍伐，起诉书没有认定吴某辉修建虾塘时毁坏林木的数量。为了查清案件的事实，二审承办检察官通过与侦查人员到案发地实地调查，认为上述吴某芳等证人证言只能证明吴某芳等人也在公仓地西边建虾塘，但并不能否认吴某辉在公仓地西边修建 13 口虾塘的事实。同时，案中为被告人吴某辉修建虾塘的管工人员、施工人员的证言，现场指认录像与现场勘验笔录形成完整的证据锁链，证实被告人吴某辉每个虾塘具体的施工人员、明确的坐标和虾塘占地面积。本案在二审庭审中，上诉人的辩护人当庭提交一份没有任何人员签名的效果图，辩护人认为该效果图能够证明案件中的虾塘非上诉人吴某辉所修建。出庭检察员当庭提出该效果图缺少合法来源的说明，不符合证据要求。海南省第二中级人民法院的合议庭要求辩护人提交效果图的原件和出处，后辩护人无法提交，提出该效果图不作证据提交法庭。海南省第二中级人民法院采纳 E 分院维持原判的建议，依法维持原判。

二是环境污染本身具有“破坏容易，恢复难”的特征，加之实施污染行为较为隐蔽，不易及时发现。环境污染案件中相关职能部门不配合、甚至抵触司法人员取证。个别地方环境保护意识淡漠，重经济、轻环境，盲目引进重污染项目，形成了引进容易治理难、关停更难的困难局面。面对环境污染，政府部门还存在对环保执法工作不支持、干预行政执法的情况，甚至出现了主要领导出面“掩护”“开脱”环保违法行为的问题，媒体采访报道都困难重重。目前，与水环境污染取证难对应的，由于大气污染案件取证更难，还处于“零发案”阶段，而且这种状态将在一定时期内长期存在，显然与目前突出的大气污染现状严重错位。

三是针对野生重点保护植物、濒危野生动物的犯罪与其他犯罪相比更加隐蔽，发现难，取证更难。生长在居民房前屋后或村落附近的国家重点保护植物，因为人的经过而往往在非法采伐、毁坏犯罪后可能立即被发现，而森林中野生的国家重点保护植物，会因人烟稀少，被非法采伐、毁坏后难以立即发现，犯罪证据更难以保存。因此，部分非法采伐、毁坏国家重点保护植物的犯罪，最后只能以非法收购、运输国家重点保护植物罪起诉、判刑。如被告人符某付等非法收购、运输国家重点保护植物罪案[1]。因无法查明28根青皮木方料的非法采伐、毁坏的嫌疑人，只能以非法收购、运输国家重点保护植物的犯罪起诉被告人符某付。同样，针对濒危野生动物的犯罪，若非有明确的举报，根本无法查出。如被告人张某花非法运输濒危野生动物制品罪案[2]中，侦查机关无法查明杀害坡鹿的嫌疑人，被告人张某花无法提供其携带鹿制品的合法来源。被告人张某花以非法运输濒危野生动物制品罪（犯罪未遂）被判有期徒刑3年。

3. 鉴定难

有些案件因为鉴定方法缺乏标准依据、鉴定时间长等原因，在法定时限内难以取得鉴定意见；有的地方能够出具法定鉴定意见的机构少，无法满足实际办案需要；有的污染物鉴定费用或环境损害评估费用动辄数十或上百万元，公安机关办案经费捉襟见肘。

如何评估损失是司法实践中的难题。法院判决必须有过硬的评估依据，而且能获得各方认可[3]。一个水污染问题，是修复1千米还是10千米，是1年内还是10年内，在技术界定上还存在很多困难。而一些企业有破坏能力却无修复能力，进入司法程序一旦被判决承担“环境修复责任”，往往会面临“倾家荡产”的问题，无疑会给发展中的县市领导者带来极大的压力，不少地方财政为此“不堪重负”。

①2012年3月26日下午，符某付和符某琼等4人商量合伙收购青皮木，在前往东方市江边乡土眉村看中藏匿于土眉桥附近西南面500米处一槟榔地旁防牛沟中的28根青皮木方料后，以11000元的价格购得该批木材。当晚10时许，该4人雇请符某明装运，木材全部装上车后，符某明则独自一人驾车将购买的木材运往乐东黎族自治县。2012年3月27日凌晨1时许，车辆被海南省森林公安局猕猴岭派出所查获。经查实，被告人符某付等，5人收购、运输该批木材并未办理任何相关手续且该木材为国家重点保护的植物青皮木材积量为2.7557立方米，立木蓄积量为5.0104立方米。被告人被判有期徒刑3年。

②2009年9月初的某一天，两个青年用摩托车运一张坡鹿皮、一个坡鹿胎和一只山猪到被告人张某花家电冰箱存放。2009年9月14日晨约6时，青年打电话给被告人张春花，叫其帮忙将坡鹿皮、坡鹿胎和山猪寄到儋州市那大镇。当天上午10时许，被告人张某花从家里的冰箱将这一批坡鹿制品和一只山猪运到八所镇十字路口，被告人张某花将坡鹿制品和一只山猪寄上儋州市那大镇的班车时，被接到群众举报的派出所民警抓获，当场扣押了一张坡鹿皮、一个坡鹿胎和一只山猪。经海南师范大学生命科学院鉴定，被告人张某花携带的这一批鹿制品物种为偶蹄目（Artiodactyla）鹿科（Cervidae）鹿属（Cervus）的海南坡鹿，是国家一级重点保护野生动物。该物种被《濒危野生动植物国际贸易公约》（ITES）列为附录I，世界自然保护联盟（IUCN）中国濒危动物红皮书（兽类）和中国物种红色名录将其列为“濒危”等级。

③http：//politics.people.com.cn/n/2013/0620/c70731-21909937-2.html，2015年5月20日访问。

4. 认定难

首先，由于大气污染物流动性大、稀释速度快等原因，提取固定证据和责任认定难。其次，行为人主观上明知濒危野生动物认定难。如果行为人确实不知是珍贵、濒危野生动物，出于过失非法收购、运输、出售的则不构成非法收购、运输濒危野生动物罪。

（二）危害生态犯罪案件审查认定的障碍

1. 能力欠缺

一是由于办案人员欠缺计算机、环境保护相关方面的专业知识所产生的证据认识障碍。侦查人员对实体证据的把握、程序证据的要求、环境保护部门采样的规范性、鉴定结果的客观性，都要体现出较为熟练的专业素养。二是由于案件本身缺乏有效证据的情况所导致的事实认定障碍。欠缺计算机、环境保护相关方面的专业知识，会导致审案人员对于案件证据的审查产生认识障碍，无法看懂环境污染犯罪案件的电子数据、鉴定意见等证据，不能对案件开展有效审查。

2. 证据缺陷

危害生态犯罪案件中的单位犯罪、鉴定资质、鉴定程序、公私财产损失等诸多问题都要有足够的证据来证明。非法占用农用地罪案件中应该有计划用地报告，规划用地文件破坏土地资源收费收据等书证；土地管理部门、乡镇政府、村委会出具的证明材料；证明行为人非法占用农地的数量、用途及被破坏的情况等材料；土地资源毁坏及农用地丧失种植条件，土地沙化、盐渍化、水土流失的鉴定意见，被破坏农用地的估价鉴定意见[①]等相关证据。在笔者所统计的非法占用农用地罪案件中，大部分案件均缺少以上的相关证据，对案件的认定产生一定的影响。海南沿海防护林主要作用是防风固沙，毁坏海防林的量刑一定要比毁坏普通林木的量刑要重，部分毁林案因鉴定意见没有表明案中林木系海防林，仅以普通林木处理，导致量刑偏轻。如上述L县周某波等毁林案中，鉴定意见中没有明确指明该林木系海边的防护林。

3. 执法不力

地表水污染、地下水污染、大气PM2.5、土壤重金属污染等环境污染事件，以及非法捕猎盗猎、滥采滥伐等危害生态犯罪案件频频被媒体曝光，凸显出环境

①彭东主编《公诉案件证据参考标准》，法律出版社，2014，542页。

执法力量不足、执法手段缺失、执法和惩处不到位等问题。

4. 司法滞后

与地沟油、病死猪肉、毒奶粉等危害食品安全案件进入刑事司法惩处迅速增长的比例相比，同样严重侵犯公众健康权，甚至造成环境公共安全事件的肇事企业和个人，却鲜有被以“重大环境污染事故罪①”或“污染环境罪②”提起公诉，最后被判处刑罚的。其中，江苏以上述罪名被处以刑罚的 15 年间仅有 17 人，而检察机关提起的环境公益诉讼案件仅 1 起。

由于法律制度的缺失，“摸着石头过河”已经很多年，仍然处于“无章可循”境地。目前大多数地方司法机关出台的类似文件或措施，都只能停留在“表态”和“口号”上，并不一定能真正受到地方政府的欢迎。一般老百姓发现环境污染后，习惯第一时间向环保执法部门举报，很少想到司法机关，这与民众通过司法途径打击环境违法的意识薄弱存在较大关系。

《最高人民法院、最高人民检察院关于办理环境污染刑事案件适用法律若干问题的解释》结合办理环境污染刑事案件取证难、鉴定难、认定难等实际问题，对有关环境污染犯罪的定罪量刑标准作出了新的规定，是人民法院、人民检察院充分发挥刑事司法职能，积极回应人民群众关切的一项重要举措。

（三）危害生态犯罪案件侦查取证的出路

1. 加强学习，扩充专业知识，提高取证水平

专业人才办理专业案件是破解危害生态犯罪案件侦查取证困境最主要的出路。危害生态犯罪的侦查具有专业性、技术性强和取证难、固定证据难等特点，急需一批专门研究和查办危害生态犯罪案件的行家里手。要将具有计算机、生态保护专门知识的人才吸收进侦查队伍，在侦查中善于发现问题的关键，不说外行话，少做无用功。

2. 强化证据意识，完善取证规则

侦查机关要客观、全面地做好证据的收集、审查工作，严格审查证据的来源、形式和内容，严格把握案件事实关、证据关和法律适用关，特别是对犯罪的主观故意、危害结果认定等方面的证据，要加大审查力度，严防“三无证据”，

---

①1997 刑法规定罪名。

②2011 年刑法修正案八的罪名。

确保案件办理质量。对被告人不认罪的案件，要综合运用多种证据形式来固定证据，使各个证据之间紧密环环相扣，相互印证。如上文所述的被告人吴某辉非法占用农用地罪案，侦查人员在被告人不认罪的情况下，为了固定被告人吴某辉非法挖虾塘的事实，分别使用了为被告人吴某辉非法挖虾塘的管工人员汤某开的证言和其现场指认笔录、录像，开挖掘机为被告人吴某辉非法挖虾塘的施工人员方某公、周某明、符某杰、周某军、张某庆的证言和其现场指认笔录、录像，被告人吴某辉非法挖虾塘的现场勘查笔录，每个虾塘的具体坐标、面积等证据。且为被告人吴某辉管工的汤某开和开挖掘机的施工人员方某公、周某明、符某杰、周某军、张某庆均与被告人吴某辉无利害冲突，各个证据之间紧密环环相扣，相互印证。由于证据确实充分，被告人吴某辉被法院以非法占用农用地罪判处有期徒刑2年6个月，并处罚金人民币3000元。

3. 加强联系、沟通、指导

侦查机关要加强与检察机关公诉部门的沟通、联系，公诉部门将案件审查中的情况及时沟通反馈，必要时向上级检察院的公诉部门反映、请示、汇报，增强业务指导，以增强引导侦查的针对性和及时性。上级检察院的公诉部门通过个案指导、类案研讨、疑难复杂案件会诊等形式，加强对危害生态犯罪案件的指导力度，有效提升办理此类案件的法律效果和社会效果。

4. 加强法制宣传和证人保护工作

“好人不怕坏人、邪不压正”成为社会的主旋律，证人作证无后顾之忧，才敢于作证、勇于作证。

三、危害生态犯罪案件的防控对策研究

（一）预防危害生态犯罪的对策

1. 加大法制的宣传力度，以案释法

通过宣传，全民皆知天然林、海防林、重点保护植物、野生动物的生态价值，自觉保护生态环境，减少危害生态犯罪的发生。利用庭审，用现实案例教育群众，使公众了解生态、环保法律法规，提高群众法制意识，引导群众爱护生态环境，促使当地企业，特别是排污企业遵守环保法律法规，帮助企业树立保护生态资源、维护自然和谐的意识，为“生态海南”建设创造良好的法治环境。

绝大多数生态环境领域渎职犯罪都是国家机关工作人员私心作祟以及错误的执法观念诱发的。检察机关严打危害生态犯罪背后的“保护伞”和渎职行为，就能迫使负有监管职责的人员绷紧监管的弦。加强警示教育、树立正确的执法观、

提高领导干部防腐拒变的能力尤为重要。检察机关加大惩治力度的同时，也要搞好职务犯罪预防。针对相关部门在查处破坏生态环境案件中执法监督意识不强、证据收集不完善等问题，结合重大典型案例开展警示教育和法制宣传，深入到林业、国土、水务、环保等部门，通过以案释法，帮助工作人员提高法律素养和执法能力。对于查办案件中发现的监管体制机制、制度中存在的问题，及时向环保部门和发案单位提出整改意见和建议，共同研究治理对策，从源头上预防和减少违法犯罪的发生。

2. 提高环保等执法部门的执行力

一段时间以来，受 GDP 指挥棒的影响，不少人错误地认为只要对地方经济有贡献，环保违规可大可小，对环境执法失之于宽、失之于软。环保部门在环境执法时“腰杆不硬”，明知企业排污，也不能严肃依法处罚，其结果是“轻责免罚，重责轻罚”，既影响了环境执法的权威，也助长纵容污染行为的蔓延，增加了合法企业的守法成本。今年是新《中华人民共和国环境环保法》实施的第一年，新《中华人民共和国环境环保法》在按日计罚、追究地方政府责任、刑事处罚等方面更为完善，给环境执法赋予了更有力的“尚方宝剑”。而良法能否促善治，关键在于执行。环境执法，贵在敢于动真碰硬，对环境违法行为“零容忍”，依法对环境违法行为严惩，同时加强对环境执法的监督，坚决纠正不作为、乱作为等问题。否则，如果环境监督执法只是走过场，法律法规被束之高阁，约谈将成空谈，再严的法律也只能沦为一纸空文。“史上最严”环保法要真正具有严格的约束力，必须勒紧法治的缰绳，严肃执法追责，对各类环境违法行为绝不姑息，真正起到举一反三、警示一片的作用。只有让最严环境执法成为新常态，刚性执法方成治污“猛药”，才能激励更多企业直面阵痛、重焕生机，更好守护我们的蓝天绿水。

3. 打击危害生态犯罪常态化

保护生态环境是一场持久战，对危害生态犯罪的严厉打击就是最好的预防，要将打击危害生态犯罪常态化。对危害生态环境的犯罪行为，公安机关与环保等相关职能机关坚持重拳出击、露头就打。当前针对打击危害生态犯罪出现的新情况、新问题，调整思路是关键，要加大打击力度，不要再坚持以预防为主，不打击就无所谓预防。

4. 实行领导干部生态环境损害责任终身追究制

海南地产业短时间内的突飞猛进，除了使属于公众的优质海岸线变得越来越少，还给海南生态带来了负面影响。不少开发商为了方便，把海防林砍掉、沙坝推掉，破坏原来的地貌。由于受经济利益驱使，乱砍滥占沿海基干林带挖塘、采钛，导致沿海地区的森林遭受严重破坏。从珊瑚礁到红树林再到海防林，媒体曾多次曝光海南沿海生态保护存在的问题。要把权力关进制度的笼子，任何人、任何单位非因法定事由、法定程序不得征用、占用“天保”工程、海防林中的林木、林地①。重点是管住地方政府的手，尤其要杜绝以省重点项目名义侵占海防林带，否则，就是“只许州官放火，不许百姓点灯”。以重点项目为名，政府能将手伸向在沙漠化严重的海边生长的生态林、海防林，百姓自然能将手伸向“与己无关”的“天保林”②。

要把生态文明内容纳入国民教育体系和干部培训机构教学计划，制定实施体现生态文明要求的市县党政领导政绩考核办法，实行领导干部生态环境损害责任终身追究制。无论什么时候，地方政府都不能以牺牲环境为代价来换取经济的增长，不能为了一时经济利益和政绩而破坏了人民长远的利益。要把环境问题突出、重大环境事件频发、环境保护责任落实不力的地方作为督察对象。强化环境保护“党政同责”和“一岗双责”的要求，对问题突出的地方追究有关单位和个人责任。对造成生态环境损害负有责任的领导干部，不论是否已调离、提拔或者退休，都必须严肃追责。

---

①1996年12月9日，林业部发布了《沿海国家特殊保护林带管理规定》。该规定第4条指出，经国务院批准，下列沿海基干林带划定为国家特殊保护林带：（一）在沙岸地段，从适宜植树的地方起向岸上延伸200米。该规定第10条指出，禁止采伐沿海国家保护林带内的林木。依照有关规定需要对沿海国家特殊保护林带内的林木进行抚育和更新采伐的，必须经所在地县级人民政府林业行政主管部门审核，报省级人民政府林业行政主管部门批准，并报林业部备案。

②http：//money.163.com/13/0909/16/98BJ4AQ100252603.html，2015年6月21日访问。“棋子湾原是海南岛唯一保留着比较完好的原始天然雨林景观的地方。2009年镇政府领导出面说服村民把3000亩土地出租给雨润公司建度假区，租期为40年。谁知现在变成建高尔夫球场，不仅毁坏了大量的生态林和海防林，还占用了大片耕地。现在雨润公司圈的土地面积高达4000多亩，失地村民怨声载道。”利用“体育休闲公园”的理由以租代征更改土地用途，大大减少征地价款，如此“变脸”的做法，监管之手在哪？要真正纠正类似昌江县高尔夫球场违法乱建问题，不仅要对违规建设的开发商进行处罚，也要对政府官员实行问责，深究彻查高尔夫球场“变脸”的幕后推手，以早日还公众一个真相，重塑地方政府的公信力。

（二）打击危害生态犯罪的对策

1. 完善对危害生态犯罪的打击机制

海南岛四面环海，是一个受台风袭击比较频繁的省份。海防林可将海风一级一级地减小，在台风时期起到了至关重要的作用。《中华人民共和国森林法》等法律对海防林保护有明确规定，在沿海沙岸地带，从适宜种树的地方起200米属于国家特殊保护林带，禁止采石、采沙、采矿、采伐和毁林，沿海特殊保护林带内的林地不得占用、征用。治理危害生态行为，单靠环保、林业等行政部门的单打独斗是不够的，借助司法的威力惩治危害生态犯罪是必经之路。

因此，要建立多机关、多警种联动机制，形成打击危害生态犯罪的整体合力。公安机关要与海关等相关职能机关加强联系，刑侦部门要与森林公安、治安、技侦、网监、法制等部门加强沟通，建立联动机制，便于刑侦部门搜集、掌握危害生态犯罪案件的有关信息，了解犯罪规律，发挥各部门共同打击此类犯罪的整体优势。以情报导侦为基础，建立多元化打击模式。情报部门要密切关注危害生态犯罪案件的发案动向，紧紧围绕发案情况、作案手段等情况，进一步加大对危害生态犯罪案件的统计、分析、研判工作，为侦查部门及时提供预警信息，增强动态控制能力。

完善打击机制与模式，对于打击有分工的或者是犯罪集团的危害生态犯罪案件尤为有效。对于这样类型的案件如果要一网打尽、有效取证，必须采用多警联动、多元化打击模式。如果只靠森林公安、治安大队的力量，既无法保证抓获全部犯罪嫌疑人，无法确保先期的有效取证。只有结合公安多个部门的力量，甚至联合其他有关机关的力量，才能有效打击此类犯罪。

2. 严打危害生态犯罪背后的“保护伞”

危害生态犯罪频发，这与国家机关相关工作人员的决策失误、监管不力、不作为或者乱作为、充当“保护伞”有着千丝万缕的关联。像盗伐林木、滥伐林木、非法采矿、污染环境等犯罪都是需要一定的时间才能完成的犯罪，监管部门和人民真正发挥监管作用，就会减少犯罪的可能性。

检察机关坚持对危害生态犯罪背后的贪污贿赂、读职侵权犯罪行为“零容忍”，严打危害生态犯罪背后的“保护伞”。通过走访行政执法机关、情况通报、备案审查、查阅行政执法案件台帐和卷宗、受理举报、关注媒体报道、信息共享平台查询等方式，重点查办国家机关工作人员玩忽职守、滥用职权，导致生态环境资源遭受严重破坏的职务犯罪案件，在发放林木采伐许可证等林业行政审批过程中的失职渎职及贪污贿赂犯罪案件，帮助破坏生态环境资源犯罪分子逃避处罚或徇私舞弊不移交刑事案件等职务犯罪案件。2013 年至 2014 年 4 月份，全国检察机关共查办涉及生态环境的渎职犯罪案件 1545 人，其中 2014 年 1 月至 4 月查办 349 人①。

3. 专门机关办理危害生态犯罪

检察机关惩治、监督、预防等职能，分别由侦查监督、公诉、反贪污贿赂、反渎职侵权、民事行政检察、职务犯罪预防等内设机构承担，办理案件需要加强内部案件线索移送和查办案件的配合，不利于从快严厉打击破坏生态环境犯罪。由专门机构处理生态环境案件，效率更高。

成立专门机构是有效开展生态环境保护检察工作的基础。②当前危害生态犯罪频发，案件呈现侦查难、取证难、损害评估难等特征。开辟生态司法“绿色通道”，走生态检察工作的专门化道路，凝聚人力物力，是克服“三难”的有效途径。贵州、湖南、福建、河北等省的检察机关，通过整合职务犯罪侦查、公诉、民事行政监督等多项法律监督职能，已纷纷设立生态环境保护专门机构，实现与公安机关、人民法院在诉讼环节上有效对接，进一步优化司法资源，提高办案效率，为生态环境提供更全面、有效、到位的司法保护。

组织专门力量，集中优势检力，突出打击污染破坏水资源、大气资源、土地资源、森林资源、矿产资源等生态环境资源领域刑事犯罪，重点是非法狩猎、非法采伐森林、非法开采矿产、污染环境犯罪，做到对破坏生态环境资源犯罪案件及时介入、优先办理、快捕快诉。针对生态环境领域渎职犯罪因果关系复杂、损失后果难以量化、量刑偏轻等问题，积极同法院沟通，确保统一量刑标准，逐步解决渎职犯罪轻刑化问题，确保案件质量。

怎样化解有关生态与民生之间的矛盾是海南检察机关必须面对的新课题。今后生态检察工作要在行政执法和刑事司法“两个衔接”上下足工夫，打好“组合拳”，以力破当前制约海南生态文明建设的体制机制障碍和执法困局。海南检察机关要充分发挥打击、预防、监督、教育、保护各项检察职能，结合当地实际，创新开展“绿色检察”行动，为保护海南生态环境、加强生态安全保障和生态文明建设发挥积极作用。

---

①http：//news.xinhuanet.com/legal/2014-06/12/c_126610976.htm，2015 年 5 月 20 日访问。

②周宵鹏：《河北检察专设生态环保内设机构》，《法制日报》 2015 年 5 月 14 日第 5 版。

检察机关如何为新一轮农垦改革服务研究

陈　颖*

摘　要：2009年以来，海南省人民检察院H院及辖区检察院在海南省农垦系统内查办了一批职务犯罪案件。本文以这些案例为对象，通过查阅案卷、与涉案人员座谈等调查方式，深入研究了农垦系统职务犯罪案件的基本特点，分析了农垦系统职务犯罪案件频发的原因，并有针对性地提出了相应的对策建议及措施。在海南省农垦改革不断深入的情况下，希望能够通过制度建设、完善管理等方式预防农垦系统内职务犯罪案件的发生。笔者之所以选择2009年至2012年查办农垦职务犯罪的案件为样本研究农垦改革的对策措施，是由于这4年以来农垦系统职务犯罪案件呈大幅度上升的趋势，因此具有典型性和实践性。

关键词：农垦改革　职务犯罪预防

近年以来海南省人民检察院H院紧紧围绕省委项目建设年的部署，坚决贯彻省院的工作部署，以查办农垦系统项目合作和土地转让中的贿赂犯罪为重点，坚持做到“三个有利于”，即有利于农垦的改革和稳定、有利于项目建设、有利于营造良好的法制环境，成功查办了农垦系统项目合作开发过程中涉及的贿赂犯罪系列职务犯罪案件。由于农垦系统系列职务犯罪案件有一定的共性和代表性，所以针对农垦系统系列案件，H院组织人员进行了一次系统调查。

一、2009年以来H院辖区查办农垦系统职务犯罪案件的基本情况

（一）辖区基层院查办农垦系统职务犯罪案件的情况

2009年至2011年，辖区基层院共查办农垦系统职务犯罪案件共8件14人。其中，贪污、挪用公款类案件6件12人，受贿类案件2件2人。

---

* 海南省人民检察院第二分院预防处正科级检察官助理。

（二）2012年H院查办农垦系统职务犯罪案件情况

2012年H院农垦系统系列职务犯罪案件共6件6人，其中受贿类案件5件5人，行贿案件1件1人。所立案件均是大案，其中要案5件，挽回经济损失500多万元。原兰洋农场场长黄海忠涉嫌受贿230万元；原海南省农垦总局计划处处长韩升畴涉嫌受贿250万元；原兰洋农场场长陈晓忠涉嫌受贿99万元；原保国农场场长彭华达涉嫌受贿95万元；原海南省农垦总局计划处主任科员莫运书涉嫌受贿22万；原蓝洋农场国土科长符格涉嫌行贿40万元。

二、海南农垦系统职务犯罪案件特点

（一）农场场长和财务人员为职务犯罪高发人员

三年中农场场长、财务人员被检察机关立案查处的占立案侦查人员的58.6%。他们多是利用企业改制、领导频繁替换、财务管理混乱、上级主管部门监督制约管理不到位的漏洞，共同或单独伺机作案，实行贪污、挪用公款犯罪。因企业其他职工虽有所怀疑，却很难抓到真凭实据，侦破难度及成本较高。

（二）发案领域多集中在土地出租、土地征收补偿、基建工程建设等领域

从2009年至2012年发生的职务犯罪案件情况来看，案件发生的环节主要有：农场行政审批、财物发放、社会保险、基础设施建设、土地补偿等。

（三）涉案部门向农场行政管理部门转移

从2009年至2012年的职务犯罪案件来看，农场行政管理人员呈上升趋势。这主要是因为，在垦区不断完善财务管理制度，经营管理权限向农场行政管理部门集中的情况下，发案的重点单位也相应地出现了变化。

（四）职务犯罪行为以贪污、挪用为主，尤以贪占专项资金为甚

检察机关三年立案侦查的14件案件中，贪污、挪用公款案占立案数的42.8%。此外，检察机关根据举报对涉嫌职务犯罪案件线索进行初查的过程中，发现被查的单位在国家拨付的专项资金的使用上存在较大问题，主要是编制虚假工程决算，虚报工资、补偿款等，骗取专项资金。

（五）基础设施工程建设、土地开发中行贿受贿类的职务犯罪案件频发，涉及土地开发的特大案件有所增加

近年来为了推进我省农垦系统改革，借着海南国际旅游岛建设的东风，加大了对农垦土地资源的开发利用，但相应的土地开发利用制度并不规范，导致土地开发审批中，农垦系统内大量职务犯罪案件的发生。

（六）犯罪主体呈多元型、群体型，犯罪年龄两极分化

多元型表现为个人、单位、部门贪污受贿相互交织，单位、部门以权经商，乱收费，私设小金库，而个人从中侵吞公款，或以为单位谋取利益为名而个人从中行贿受贿。群体型则表现为某些国家工作人员相互勾结，有组织进行贪污受贿，有的虽相对独立但彼此知情，心照不宣，其往往在一个部门或系统内成窝成串贪污受贿，共同侵吞国有资产，使国家遭受重大损失。通过对职务犯罪案件的分析，犯罪年龄虽然仍以 40 岁左右为主，但已开始向两极分化。临退休之前冒险狠捞一把的“59 岁”现象，以及正值当年、思想过度开放的 30 岁左右的“少壮派”犯罪，都有不断增加的趋势。“少壮派”犯罪起步早，胆量大，作案手段更加智能化。

三、海南农垦系统职务犯罪产生的原因

（一）国有企业转制或领导人变更中易诱发职务犯罪是经济体制转变过程中的客观反映

在新旧经济体制转轨过程中，宏观调控难度加大，微观制约有待完善，管理上出现的某些真空和漏洞，给职务犯罪分子以可乘之机。少数人经不起利益诱惑的考验，在金钱和利益的诱惑下，为追求个人物质享受，满足攀比、超前消费的心理，利用手中权力，进行贪污贿赂犯罪。如兰洋农场原场长黄海忠及副场长符格，借农场及下属企业转制或破产之机，高估债务，低评资产，转移、隐匿资产，实施贪污、私分国有资产犯罪。

（二）缺少外界监管，日常监督、打击不力

农垦系统内的各级部门缺少外界监管，日常监督、打击不力，是农垦系统职务犯罪活动居高的重要原因。海南农垦长期以来是一个相对独立的“王国”，农垦系统内的农场只受农垦总局的监管，而各个农场分布于全省各地，有些还在偏远山区，农垦总局很难对其日常工作进行有效监管。况且，农垦系统只靠系统内部的监督作用、效果也是有限的，很多职务犯罪案件在被发现后都不了了之或被当作纪律问题处理，职务犯罪的成本太低。另外，在案件查处过程中，检察机关侦查人员不足，侦查设备落后，严重影响了侦破能力，也影响了破案率。

（三）改革前各地农场政企不分助长了职务犯罪案件的发生

海南农垦系统改革前各地农场政企不分，社会管理全与企业经营权结合在一起；改革过程中，制度不健全，监管不到位，使利用权力牟利更加容易，助长了职务犯罪案件的发生。对权力缺乏有效的监督制约，这给职务犯罪提供了客观条

件。一方面，是企业内部管理制度不完善，内部监督不力。农场作为独立经营的法人单位，大都具备较大的自主权，在海南农垦改革中，上级单位只重视农场效益，或只看重经营者自身权益，在企业内部没有建立起有效的监督制约机制，管理上存在一些漏洞。另一方面，农场管理层政企不分，地方政府对农场缺少相应的制度制约，权力处于没有约束的状态。农场的监察、审计及财务部门只是企业的内设工作部门，负责人由场长安排，这就出现监下不监上的情况，很难发挥其对企业廉洁、效能情况应有的监督作用；负有监管职能的上级单位往往只注重企业效益，忽视对农场经营管理人员的监督管理，一把手说了算，为农场管理者提供了非法牟利的机会。

（四）在海南农垦系统改革中，一些人私心膨胀是犯罪的主观原因

农垦系统改革开始之初，正逢海南国际旅游岛建设开启、岛内房地产业兴起一时，土地成为最有价值的资源之一。作为海南“最大地主”的海南农垦，成为人人盯着的香饽饽。各地的农场管理者也成为不法商人争相拉拢、腐蚀的对象。在这种形式下，一些农垦系统官员思想滑坡、政治素质下降，放松了对自己世界观的改造，不注意政治学习，追逐社会上那些不健康的东西，追求生活享受，是导致行为堕落和以权谋私的主观原因，是滋生腐败的“温床”。在以权谋私方面，值得注意的有三种手段：一是模糊公私界线，假公谋私；二是乘管理混乱、浑水摸鱼；三是等待时机，钻空子弄钱。

职务犯罪具有巨大的社会危害性，以职务犯罪为重点的腐败行为，是人民群众最深恶痛绝的社会丑恶现象。它严重损害社会公平正义，降低党和政府的威信，毒化社会风气，诱发不稳定因素，妨碍经济发展，破坏社会和谐。

五、防治农垦系统职务犯罪的对策建议

从海南农垦系统近年来治理和预防职务犯罪的实践看，由于在各级党委领导下，纪检、监察、检察等部门加大了预防和惩治力度，农垦系统反贪工作成绩是显著的，反腐败形势是好的。但也要清醒地看到职务犯罪的形势还很严峻，农垦系统反腐败斗争任务还很艰巨，犯罪分子还会在新的条件下，以新的手段进行犯罪。因此，必须不断加大反腐败的力度，强化反腐败措施，以预防和惩治新的职务犯罪。

（一）坚定不移地贯彻标本兼治、综合治理的方略

要坚决贯彻惩防并举、注重预防的反腐倡廉战略方针，进一步加强职务犯罪预防工作。全省检察机关要根据党中央反腐败的总体要求，在检察实践中加强对

党员领导干部的思想教育和监督工作，抓紧完善垦区惩治和预防腐败体系，形成预防网络，加强重点部门、重点部位的预防措施，把反腐倡廉工作融入经济建设、政治建设、文化建设、社会建设和党的建设之中，加大案件多发领域的防治工作，拓展从源头上防治腐败工作领域，努力减少农垦系统国家工作人员贪污贿赂犯罪的发生。

（二）加大对职务犯罪的惩治力度

必须在总局党委统一领导、纪委组织协调下，加大对职务犯罪的惩治力度。随着中央和海南省政府对海南农垦改革政策的落实和财政支持力度的加大，农垦系统的经济总量将显著增加，经济贸易将更加活跃。全省检察机关要同相关部门紧密配合，以宽严相济的刑事政策为指导，形成司法合力，重点查办工程建设、土地出让、采购等重点领域的腐败案件；严肃查办农垦系统党政机关和领导干部利用人事权、司法权、行政审批权、行政执法权进行权钱交易的职务犯罪；严肃查办发生在农垦下属企业重组、改制、破产和经营过程中发生的贪污贿赂案件。始终保持惩治腐败的强劲势头，坚决查办大案要案和群众反映强烈的案件，坚决惩处腐败分子，以震慑犯罪，净化农垦系统和谐社会建设的经济发展环境和法制环境。

（三）强化农垦系统财务管理制度的监督落实

目前，海南农垦总局已在总局直属企业实行了取消基层单位核算，实行报账制、财务管理刚性预算，分局统一管理农场资金等财务管理制度，有效地减少和堵塞了财务管理上的漏洞，预防贪污贿赂犯罪工作取得显著成效，管理层次的管理人员犯罪呈下降趋势。但各基层农场由于复杂的原因并没有被取消财务管理权限，基层农场对财务监督管理措施落实不到位、规章制度执行不力，也是部分农场诱发贪污贿赂犯罪案件的主要原因。全省检察机关要重点关注依法清欠、财务大检查、专项资金审计中发现的贪污贿赂犯罪，进一步堵塞财务管理漏洞，健全财务监督制度，保证资金安全。

（四）加强重点行业的预防和治理

加强重点行业的预防和治理转变工作重点，加强对水利、交通、基建、土地开发等资金密集的、与农业基础建设和小城镇建设相关部门贪污贿赂犯罪规律的研究与探索。检察机关要转变工作重点，按照高检院提出的“抓系统、系统抓”的工作方法，将交通、土地管理、教育、金融、电力和农业基础建设投资有关的领域确定为重点职务犯罪预防的领域，加强情报信息收集，注意总结发案规律，加大查处力度。

（五）抓好龙头企业职务犯罪预防工作

海南农垦系统建设龙头企业是总局党委为增加产品附加值、延长农业产业链、增强市场竞争力、提高职工收入的战略举措。龙头企业引进的是科技含量高、技术先进、资金密集的设备，龙头企业的经营业绩与垦区农户的经济利益密切相连。龙头企业运转的资金量大，涉及的资金额度大，一旦出现贪污挪用犯罪会给国家造成重大损失。检察机关与计划、财务、国资委、审计、纪检监察等部门要加强对国有企业运营和国有资产保值监管的力度。在省委的统一领导下，检察机关要加强对龙头企业负责人和掌握企业财务、采购、销售等重点岗位人员的职务犯罪的教育预防，及时查处这方面的案件，促进龙头企业健康发展，惠及农垦千家万户，保证农垦系统的稳定与和谐。

（六）加强预防和惩治农垦企业破产改制中的职务犯罪

鉴于农垦职务犯罪多发生在国企危困、破产、改制过程中，因此，应该健全企业预防犯罪机制。一是加强对困难企业的审计力度，摸清家底，对症下药，做好警示，尽可能避免破产改制情况的发生；二是领导和各职能部门要千方百计帮助企业加强管理，团结动员职工群众共渡难关，减少企业转制、改制所发生的负面效应；三是有关政法部门要深入企业和群众，搞好法制宣传，宣传国家惩治犯罪的法律、政策和典型案例，进行警示教育；四是进一步规范和深化场务公开，尤其是财务公开或转制、改制方案公开，给企业职工群众亮明家底，切实建立起互信的监督制约机制；五是企业破产或改制前，检察机关应及早介入。一方面积极配合党委、政府做好群众工作，另一方面要严查深挖职务犯罪，竭力防止国有资产流失，给群众一个明白、还好干部一个清白，维护社会稳定。

（七）继续深化落实农垦场区的政企分离政策，使场区经营者和管理者尽快实现实际分离

分离后的承担场区社会管理职能的机构应尽快纳入当地政府机构编制。同时，尽快制定涉及农场经营管理权限、农垦土地流转等领域的制度规定，使农场经营、土地开发中有法可依。一方面可以推动农垦系统经济效益的提高，另一方面也可以保护和约束相关干部在利益诱惑下能够保持廉洁。